Walter Thimm, Grit Wachtel

Familien mit behinderten Kindern

Wege der Unterstützung
und Impulse zur Weiterentwicklung
regionaler Hilfesysteme

mit Beiträgen von
Ralf Drabent, Kirsten Günther, Gerhard Haack,
Annette Hirchert, Martina Kemme, Denise Kursawe,
Bettina Lindmeier

Juventa Verlag Weinheim und München 2002

Die AutorInnen

Walter Thimm, Jg. 1936, Prof. Dr. phil, war bis Ende 2001 Professor für Allgemeine Behindertenpädagogik an der C. von Ossietzky Universität Oldenburg (Institut für Sonderpädagogik, Prävention und Rehabilitation). Seine Arbeitsschwerpunkte sind Theorien der Behindertenhilfe und Regionalisierungsforschung.

Grit Wachtel, Jg. 1963, Dr. paed., ist wissenschaftliche Assistentin am Institut für Rehabilitationswissenschaften der Humboldt-Universität zu Berlin.
Ihre Arbeitsschwerpunkte sind Familienforschung (Familien mit behinderten Kindern) sowie Rehabilitationspädagogik und Behindertenhilfe in den neuen Bundesländern.

Bibliografische Information Der Deutschen Bibliothek

Die Deutsche Bibliothek verzeichnet diese Publikation in der Deutschen Nationalbibliografie; detaillierte bibliografische Daten sind im Internet über http://dnb.ddb.de abrufbar.

Umschlaggestaltung: Atelier Warminski, 63654 Büdingen
Umschlagfoto: Thimm (privat)
Printed in Germany

ISBN 3-7799-1655-X

Vorwort

Bei der vorliegenden Publikation handelt es sich um den Abschlussbericht eines vom Bundesministerium für Familie, Senioren, Frauen und Jugend geförderten Modellvorhabens, das an zahlreichen Orten der Bundesrepublik versuchte, Einblicke in die konkreten Lebensbedingungen von Familien mit einem behinderten Kind zu nehmen und danach fragte, inwieweit für diese Familien eine mit anderen Familien vergleichbare Lebensführung, „ein Leben so normal wie möglich“ sichergestellt werden kann.

Es sollten „Wege der Unterstützung von Familien mit behinderten Kindern“ gesucht werden, die zu diesem Ziel führen. Kein leichtes Unterfangen, wenn bei der Suche allzu häufig keine Wegweiser zu finden sind, manche an sich mögliche Wege gar nicht vorhanden sind, andere Wege sich als zu schmal oder als Sackgasse erweisen, im Sande verlaufen, zu verschlungen sind, dringend reparaturbedürftig erscheinen.

Gemeinsam haben wir – das ist das Team der Arbeitsstelle REHAPLAN der Carl-von-Ossietzky-Universität Oldenburg – mit Praktikerinnen und Praktikern aus allen Bundesländern unter Einbeziehung einer großen Anzahl von Familien, die wir befragt haben, über drei Jahre versucht, wichtige Koordinaten zur Gestaltung einer Hilfelandschaft im Umkreis von Familien mit einem behinderten Kind auszumachen, die diesen Familien gleiche Lebensperspektiven wie anderen Familien eröffnet.

Die Mitarbeiterinnen[1] und Mitarbeiter der Arbeitsstelle REHAPLAN kommen mit eigenen Beiträgen zu Wort. In die jeweiligen Beiträge sind aber Ergebnisse aus vielen gemeinsamen Gesprächen eingeflossen. Die schriftliche Rechenschaftslegung über die einzelnen Arbeitsgebiete lässt nur erahnen, welche zusätzlichen Belastungen durch allgemeine Aufgaben in einem so weit gespannten Projekt, wie es das Modellvorhaben darstellt, von jedem einzelnen bewältigt werden mussten. Beispielhaft seien genannt: die Pflege der Kontakte zu den Partnern aus den Regionen, Vorbereitung und Durchführung von insgesamt sechs großen Projektkonferenzen, Berichterstattungen an das Ministerium, Beiträge zu Fachkonferenzen, Anleitung von studentischen Hilfskräften, Beratung von interessierten Diplompädagogik Studierenden, Überwachung des Finanzhaushalts. Nur großes Engagement und Bereitschaft zur Kooperation haben Durchführung und Abschluss des Modellvorhabens ermöglicht. Dafür gebührt Anerkennung und Dank. Ein be-

1 Die Mitarbeiterinnen des Modellvorhabens haben sich dafür ausgesprochen, in aller Regel die männliche Schreibweise aus Gründen der Vereinfachung anzuwenden. Sie haben das auch dort, wo beide Geschlechter gemeint sind, nicht als diskriminierend empfunden.

sonderer Dank gehört den hochengagierten Kooperationspartnern aus Praxisfeldern der Modellregionen. Sie waren entscheidende Impulsgeber im Forschungsprozess. Viel haben wir auch der Mitwirkung von studentischen Hilfskräften zu verdanken, die nicht selten weit über ‚Hilfstätigkeiten' hinausging. Genannt seien die längerfristig beschäftigten: Stefan Wilkemeyer, Kirsten Täuber, Kirsten Günther, Wiebke Meyer und Dorothee Große Kracht, die mit großer Geduld die Endredaktion des Manuskriptes betreute.

Wegen der notwendigen Anonymisierung der schriftlichen Interviews können wir uns nach der Auswertung nicht an die Eltern selbst wenden. Sie müssen hier unseren pauschalen Dank entgegennehmen.

Wir sind dem Familienministerium dankbar, das eine Publikation unseres Abschlussberichtes in einem Fachverlag ermöglichte. Damit erhoffen wir uns auch die Ansprache von Lesergruppen außerhalb der behindertenpädagogischen Professionsgemeinschaft: Sozialpädagogen, Sozialarbeiter, Sozialplaner, Kommunalpolitiker usw. Sie alle sollen motiviert werden, regionale Wege der Unterstützung von Familien mit einem behinderten Kind mit in ihren Blick zu nehmen.

Oldenburg, März 2002
Walter Thimm

Inhalt

1. Familien mit behinderten Kindern in Deutschland – Wege der Unterstützung

(W. Thimm)

1.1 Familien mit behinderten Kindern – eine Problemskizze

In der Bundesrepublik lebt nach vorsichtigen Schätzungen in knapp 3% aller Mehrpersonenhaushalte ein behindertes minderjähriges Kind. Insbesondere bei schwer-, mehrfach- und geistigbehinderten Kindern bleibt der größere Teil auch noch bis ins hohe Erwachsenenalter in der Herkunftsfamilie. Die Hauptlast der Pflege und Betreuung behinderter Kinder liegt nach wie vor, trotz des Ausbaus der vielfältigen therapeutischen, pädagogischen und sozialen Hilfen in den letzten 40 Jahren bei den Familien und hier wiederum bei den Müttern. Die dadurch entstehende Benachteiligung von Familien mit behinderten Kindern gegenüber anderen Familien zeigt viele Facetten. Sie reicht von ökonomischer Benachteiligung (z.B. durch erzwungenen Verzicht auf Berufstätigkeit der Mutter) über Verlust und Einschränkungen sozialer Aktivitäten (z.B. im Freizeitbereich; Verzicht auf Urlaubsreisen) bis hin zu psychischen und physischen Erschöpfungszuständen der Eltern (z.B. bei andauerndem Schlafentzug). Die Probleme von Familien mit behinderten Kindern und ihre Benachteiligung werden von der Bundesregierung in den Berichten zur Lage der Behinderten regelmäßig benannt (zuletzt Bundesministerium für Arbeit und Sozialordnung 1998). Projekte zu einzelnen Problembereichen suchen konkrete Hinweise zu gezielten familien- und sozialpolitischen Interventionen (z.B. Thimm u.a. 1997: Bericht über Familienentlastende Dienste; Engelbert 1999).

Aus einer Fülle von Einzeluntersuchungen, Situationsschilderungen betroffener Eltern und nicht zuletzt aus den familienbezogenen politischen Aktivitäten vor allem der Bundesvereinigung Lebenshilfe für Menschen mit geistiger Behinderung e.V. (Marburg), die ja im wesentlichen von betroffenen Eltern getragen wird, lässt sich die spezifische Situation so zusammenfassen:

Als belastend wirkt sich für Eltern eines behinderten Kindes in zunehmendem Maße aus, dass im Planungshorizont von Schwangerschaftsverhütung, pränataler Diagnostik, Schwangerschaftsabbruch und neuerdings selektierender Präimplantationsdiagnostik immer weniger Raum bleibt für ein geschädigtes Kind: es wird als gesellschaftlicher Störfall angesehen, den es zu vermeiden gilt. Ärzte und Eltern, die das anders sehen, werden möglicherweise in Zukunft aus der Solidargemeinschaft entlassen und haben für die Folgen selbst aufzukommen.

Übereinstimmend wird in der Literatur – und das schon über einen langen Zeitraum bis in unsere Tage hinein – konstatiert, dass die Geburt eines geschädigten Kindes bzw. die Feststellung einer dauerhaften Behinderung für viele Familien eine krisenhafte Situation heraufbeschwören kann. Es wird vom „Diagnoseschock“ gesprochen. Die Situation der „Erstmitteilung“ wird von vielen Müttern als traumatisch erlebt. Mögliche weitere Stadien der Krisenverarbeitung sind uns zwar aus verschiedenen Modellen bekannt, gesicherte empirische Belege liegen aber für Familien mit behinderten Kindern nicht vor. Insbesondere im Hinblick auf Mütter ist kritisch zu hinterfragen, ob als ‚gelungen’ bezeichnete Krisenverarbeitung nicht nur die gesellschaftliche Rollenanpassung an ein von anderen Frauen als überholt angesehenes Frauen- und Mütterideal meint. Lange waren die möglichen Anpassungsprobleme von Geschwisterkindern und Vätern überhaupt nicht in den Blick genommen worden. Inzwischen liegen auch hierzu interessante Studien vor, die aber auch ein uneinheitliches Bild ergeben (Hackenberg 1983; 1992; Hinze 1991).

Inwieweit professionelle Hilfen zur Krisenverarbeitung notwendig sind, ist nicht geklärt. Es scheint aber sicher zu sein, dass lebendige Selbsthilfegruppierungen (Müttergesprächskreise, Krabbelgruppen, an einigen Orten Kontaktpersonen schon in der Geburtsklinik!) manche krisenhafte Situation aufzufangen in der Lage sind. Für diese erste Phase, dann aber auch für andere krisenhafte Übergänge (Kindergarten- und Schuleintritt des behinderten Kindes, Schulentlassung, Eintritt der Pubertät, Eintritt in das junge Erwachsenenalter mit der Frage nach einer Erwerbstätigkeit) müssten in einer Region niederschwellige Angebote zur Verfügung stehen.

Die als schwierig empfundene Lage wird nicht selten erheblich dadurch erschwert, dass sich das System der Behindertenhilfe mit den unterschiedlichsten Anspruchsberechtigungen an verschiedene Rechtssysteme, unterschiedlichsten behördlichen Zuständigkeiten und dann auch häufig noch unterschiedlichen Zuständigkeiten von Maßnahmenträgern als Chaos präsentiert. Es gibt keine zentrale Zuständigkeit in einer Wohnregion. Informationsdefizite und die Angst, Wichtiges für das Kind zu versäumen, prägen den ohnehin belasteten Alltag zusätzlich.

Generell ist der Sektor der sogenannten offenen Hilfen (ambulanten, vorstationären Hilfen) unter Einbeziehung fest verankerter Selbsthilfestrukturen vor Ort nur schwach ausgeprägt. Die Angebote der Behindertenhilfe richten sich primär an das behinderte Kind selbst. Direkte Entlastungsangebote für die Familienangehörigen (z.B. Kurzzeitentlastung, um den Eltern einen Urlaub zu ermöglichen oder alltägliche Hilfen zur Haushaltsentlastung) stehen

– wegen mangelnder Finanzierungsgrundlage – nicht in ausreichendem Maße zur Verfügung. Hier wirkt sich auch die mangelnde Kooperation von Sozialämtern (zuständig für die Eingliederungshilfe für Behinderte) und den Jugendämtern (zuständig für Hilfen nach dem Kinder- und Jugendhilfegesetz) negativ aus.

Hilfen für Familien mit behinderten Kindern als Nachteilsausgleiche gegenüber anderen Familien müssen wichtige gesellschaftliche Veränderungen berücksichtigen, wenn sich der Abstand zu einem ‚Leben wie andere Familien' nicht weiter vergrößern soll. Fragen nach dem gewandelten Selbstverständnis von Frauen und Müttern (z.B. der legitime Wunsch nach Wiederaufnahme der Berufstätigkeit), die Zunahme von Alleinerziehenden (vor allem Frauen), der Verlust von größeren familialen Verbänden, diese und andere Fragen des familialen und gesellschaftlichen Wandels stellen auch andere Anforderungen an das Hilfesystem als vor etwa vierzig Jahren. Angemessene Antworten zeichnen sich erst ansatzweise ab. Hierzu gehört auch, dass das Verhältnis zwischen Eltern und Professionellen der Behindertenhilfe nicht mehr als Experten-Laien-Verhältnis gestaltet werden sollte (Eltern als Kotherapeuten in der Anfangsphase der Frühförderung!), sondern Eltern als Experten in eigener Sache die Regiekompetenz bei der Inanspruchnahme von Hilfen übernehmen sollten. Auch davon sind wir noch entfernt.

Wie auch in anderen Feldern der sozialen Arbeit hat der zweifellos notwendige Prozess der Verrechtlichung der Hilfen für Familien in Problemlagen und die damit einhergehende Verberuflichung des Helfens neben der Gefahr einer Entmündigung der Klienten einen Verlust an freiwilligem sozialem Engagement im Lebensumfeld behinderter Menschen und ihrer Familien nach sich gezogen.

Die familienpolitischen Zielsetzungen der Bundesregierung greifen eine Reihe der genannten Probleme auf. Sie gehen von der Grundannahme aus, dass „auch für behinderte Kinder ... die Familie der beste Lebensraum (sei) und die besten Chancen für ihre Entwicklung" biete (BMA 1998, 9.1). Ausdrücklich einbezogen werden hierbei auch schwerst- und mehrfachbehinderte Kinder (ebd. 9.16). Dabei werden die besonderen Belastungen von Familien mit behinderten Kindern benannt und die immer noch bestehenden Defizite im Hilfesystem aufgezeigt.

Der „primäre Lebensraum Familie mit einem behinderten Kind" ist so zu gestalten, dass die Familienangehörigen – so wie in anderen Familien – „ihre sozialen und kulturellen Bedürfnisse erfüllen und ihr Zusammenleben nach innen und außen gemäß ihrer Lebensplanung realisieren können" (BMA 1998, 9.2). Die Angehörigen eines Kindes mit Behinderungen sollten so wie dieses auch „am gesellschaftlichen Leben unter weitestgehender Normalisierung und Selbstbestimmung teilhaben können" (ebd. 9.3).

In der Koalitionsvereinbarung der derzeitigen Bundesregierung werden folgende Arbeitsschwerpunkte genannt: „Rechte von Menschen mit Behinderungen stärken", „Sichere Zukunft für die Familien", „Bürgerengagement anerkennen und unterstützen".

Trotz des Ausbaues vieler pädagogischer und sozialer Hilfen in den letzten Jahrzehnten bestätigen Untersuchungen bis auf den heutigen Tag, dass sich Familien mit einem behinderten Kind vielfältigen und unterschiedlichsten Belastungen ausgesetzt sehen, die sich benachteiligend auswirken und das insbesondere für die Mütter als die Hauptbetreuungspersonen. Den Müttern ist, wie es sozialpolitisch gefordert wird (so im Bericht der Bundesregierung zur Lage der Behinderten 1998) eine „ihnen gemäße Lebensführung" häufig nicht möglich. Dabei lassen vorliegende Untersuchungen folgende Schlüsse zu:

- Immer wieder konstatierte Überbelastungen der Familien an pflegerischen und betreuenden Aufgaben – oft über viele Jahre – resultieren daraus, dass vorhandene Hilfsmöglichkeiten nicht bekannt sind, nicht genutzt werden oder dass an sich mögliche Hilfen vor Ort unkoordiniert nebeneinander herlaufen oder im Kompetenzgerangel unterschiedlichster Zuständigkeiten erst gar nicht etabliert werden. Auf einen Nenner gebracht: Die problematische Situation dieser Familien ist auch ein Problem der mangelnden Effektivität und der Dislokation vorhandener Ressourcen. Die Hilfestrukturen zeigen im Ländervergleich, aber auch in regionalen Vergleichen eine große Disparität auf. Von Chancengleichheit innerhalb der Bundesrepublik sind wir weit entfernt!
- Die Ineffektivität mancher Hilfearten resultiert auch daraus, dass auf einen gesellschaftlichen Rollen- und Bedürfniswandel, der auch die Mitglieder einer Familie mit einem behinderten Kind betrifft – und hier wiederum insbesondere die Mutter als Hauptbetreuungsperson – nicht angemessen reagiert wird.
- Unter den Bedingungen der geltenden Leistungsgesetze, die, trotz des global anerkannten Grundsatzes, dass ambulante Hilfen Vorrang haben sollen gegenüber stationären Angeboten, immer noch primär institutionenorientiert sind, ist eine auf überschaubare Sozialräume ausgerichtete, lebensweltlich orientierte Gestaltung der Hilfen nur schwer zu verwirklichen.

Hier setzt das vom Bundesministerium für Familie, Senioren, Frauen und Jugend geförderte Modellvorhaben „Wege der Unterstützung von Familien mit behinderten Kindern" (1998 bis Ende 2001) an, das „Vorschläge zur Koordinierung formeller und informeller Hilfen und Impulse zur Weiterentwicklung regionaler Hilfesysteme" in Orientierung an dem Leitkonzept der Normalisierung erarbeiten sollte.

1.2 Leitkonzept: Normalisierung

In Theorie und Praxis des Systems der Behindertenhilfe, aber auch in sozialpolitischen Zusammenhängen, hat sich in den letzten Jahren ein radikaler Perspektivenwechsel angebahnt. Er findet u.a. seinen Niederschlag in zunehmender Ausrichtung der behindertenpädagogischen Praxis an förderorientierten Konzepten, in den vielfältigen Integrationsbewegungen, im wachsenden Selbstvertretungsanspruch vieler behinderter Menschen, in Selbsthilfegruppierungen und -organisationen.

Wir orientieren uns in unserem Denken, Planen und Handeln in zunehmendem Maße nicht mehr in erster Linie an Institutionen in einem besonderen Hilfesystem, sondern eher an Funktionszusammenhängen, die durch Beeinträchtigungen gefährdet, gestört, erschwert werden. Zusammenfassend und verdichtet bedeutet das ein Wechsel *vom institutionsbezogenen Denken, Planen und Handeln (vor allem auf Sondersysteme ausgerichtet) zum integrativen Denken, Planen und Handeln, das funktionsbezogen an den Alltagsbeziehungen behinderter Menschen ansetzt.*

Diesem Perspektivenwechsel liegt eine Orientierung zugrunde, die weltweit als Normalisierungsprinzip diskutiert wird. Die Forderung nach Normalisierung der Lebensumstände behinderter Menschen, ursprünglich von Skandinavien (Dänemark 1959) ausgehend, über Amerika dann zunehmend auch in Deutschland rezipiert, nahm ihren Ausgangspunkt in der Reform der Lebensbedingungen geistig behinderter Menschen in den großen Anstalten. Der Grundgedanke, dass alle Bürgerinnen und Bürger in einem Staat, in einer Gemeinde, *ein Leben so normal wie möglich* führen sollen, das den Standards aller anderen Menschen in etwa entspricht, ist in seiner Schlichtheit zunächst einmal selbstverständlich und weithin konsensfähig. In ihrer Konkretisierung entwickelte die Normalisierungsidee allerdings ein Reformprogramm mit großer Sprengkraft.

Geschichte, internationale Entfaltung und die Rezeption des Normalisierungskonzeptes in Deutschland sind vielfach belegt (Thimm, v. Ferber u.a. 1985; Thimm 1994; Beck, I., Düe, W., Wieland, H. 1996; Thimm u.a. 1997), als sozialpolitische Programmatik eingegangen u.a. in die Leitlinien und Empfehlungen zur Behindertenpolitik in Niedersachsen (1993), im Dritten und Vierten Bericht der Bundesregierung zur Lage der Behinderten (BMA 1994 und1998).

Normalisierung als Leitvorstellung für das sozialpolitische, sozialadministrative, soziale und pädagogische Interventionssystem und als Zielperspektive besagt:

- Für behinderte Mitbürgerinnen und Mitbürger und ihre Familien ist ein Leben unter den gleichen ökonomischen, sozialen und kulturellen Bedingungen zu gewährleisten, wie das für nichtbehinderte Mitbürger als selbstverständlich angesehen wird.

- Normalisierung stellt für die Planung und die Praxis der Hilfen für Behinderte und ihre Familien die Orientierung an den alltäglichen Lebenswelten und ein Höchstmaß an Partizipation der Hilfeadressaten in den Mittelpunkt. Daraus ergibt sich eine konsequente Ausrichtung an dezentralisierten, gemeinwesenorientierten Strukturen der Hilfen.

Abb. 1: Normalisierung als Leitvorstellung
Partizipation durch Lebenswelt- und Gemeinwesenorientierung

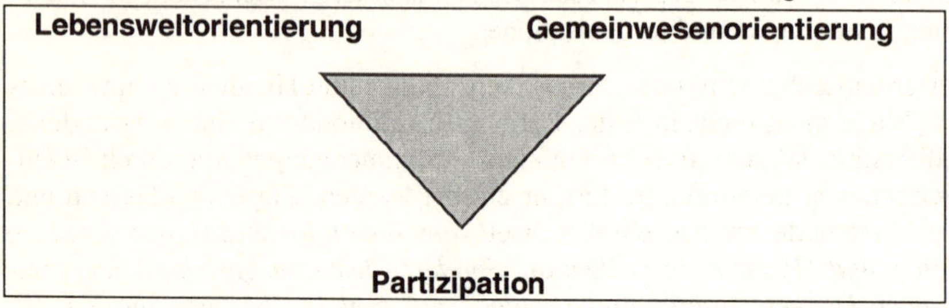

Mit der Forderung nach einer alltagsorientierten Ausrichtung von Hilfen und der Gestaltung von Lebensräumen, die auch Eltern behinderter Kinder eine mit anderen Familien vergleichbare individuelle Lebensplanung ermöglichen sollen und der eingeforderten Gemeinwesenorientierung sind wesentliche Elemente genannt, wie sie in der Entwicklung der Behindertenhilfe der letzten 25 Jahre unter dem Leitgedanken der Normalisierung auf nicht wenigen Feldern der Behindertenhilfe wirksam geworden sind.

In den deutschen Forschungen zur Übertragbarkeit des Normalisierungskonzeptes wurde schon früh über die Ausrichtung auf Einrichtungen (insbesondere des Wohnens) hinausgehend der Blick gelenkt auf die Situation von Eltern behinderter Kinder. Sich aus der Normalisierungsperspektive ergebende familienpolitische Forderungen zur Verbesserung der Lebenssituation von Familien mit behinderten Kindern finden sich in mehreren Forschungsberichten (Normalisierungsprojekt, Thimm, v. Ferber u.a. 1985; Projekt Familienentlastende Dienste, Thimm u.a. 1997).

> „Der Marginalisierung der Eltern und Angehörigen geistig behinderter Menschen musste entgegengewirkt werden ... Die gesellschaftspolitische Gegensteuerung muß darauf gerichtet sein, nicht nur den Behinderten selbst, sondern auch seine Familie, in der er lebt, darin zu unterstützen, ein Dasein zu führen, das dem normalen so ähnlich wie möglich ist“ (v. Ferber, in Normalisierung 1986, 79f.).

Diese Forderung hat nichts an Aktualität eingebüßt.

Das Modellvorhaben, über das hier berichtet werden soll, steht unter der sozialpolitischen und pädagogischen Leitidee der Normalisierung. Dem handlungsorientierten Normalisierungskonzept, wie wir es weiterentwickelt haben, liegt ein interaktionistisch geprägtes Verständnis von gesellschaftlichen Institutionen und ihrer Veränderbarkeit zugrunde. Programmatisch kommt das in Begriffen wie: Normalisierung als Aufwertung der sozialen Rollen („Social role Valorization", W. Wolfensberger 1991) oder „Leben in Nachbarschaften" (Thimm 1994) zum Ausdruck.

1.3 Wege der Unterstützung – Das Modellvorhaben im Überblick

Vorschläge zur Koordinierung formeller und informeller Hilfen und Impulse zur Weiterentwicklung regionaler Hilfesysteme – Modellvorhaben – Finanzierung: Bundesministerium für Familie, Senioren, Frauen und Jugend Laufzeit: 1.12.1998 bis 31.12.2001

1.3.1 Ziele, Fragestellungen

Neben der uns bekannten und in 1.1 kurz beschriebenen Situation von Familien mit behinderten Kindern in der Bundesrepublik und der sich aus dem Normalisierungskonzept ergebenden Forderung nach einer konsequenten Gemeinwesenorientierung des Hilfesystems zählen zu den rahmengebenden Bedingungen des Modellvorhabens auch Erfahrungen und Forschungsergebnisse vorangegangener Arbeiten der Arbeitsstelle REHAPLAN. So konnten wir bei der Konzeption und der Durchführung des Modellvorhabens insbesondere auf das ebenfalls bundesweit angelegte vierjährige Begleitprojekt zum Ausbau von Familienentlastenden Diensten (FED), das schon 1991 Partner aus Regionen der neuen Bundesländer einbezog, zurückgreifen (Thimm u.a. 1997). Unmittelbar dem Modellvorhaben vorausgegangen war eine Pilotstudie zur Situation der stationären Hilfen für behinderte Kinder und Jugendliche und ihre Familien (Heimstudie). Hier stießen wir auf erhebliche Informationsdefizite in der Fachwelt und offenkundigen Diskussions- und Handlungsbedarf in bezug auf die Einpassung dieses Sektors in regionsbezogene Hilfesysteme. Der Heimsektor wurde als ein besonderer Schwerpunkt in das Modellvorhaben aufgenommen. Durch zusätzliche Mittel des Bundesfamilienministeriums wurde die Entwicklung eines Internet gestützten Informationssystems („Familienratgeber") in der ersten Projektphase ermöglicht.

Aus der generellen Zielsetzung des Modellvorhabens, Wege der Unterstützung von Familien mit behinderten Kindern zu beschreiben und Impulse zur Weiterentwicklung regionaler Hilfesysteme zu erarbeiten, wurden in Orientierung am Leitkonzept der Normalisierung folgende Fragen abgeleitet:

- Welche familienunterstützende Angebote der Behindertenhilfe, familienbezogene Hilfen der allgemeinen Infrastruktur (z.B. aus der Kinder- und Jugendhilfe) und welche Potentiale freiwilligen sozialen Engagements lassen sich in ausgewählten Regionen finden?
- Wie wird eine regionale Hilfelandschaft durch die Adressaten, die Familien selbst eingeschätzt?
- Inwieweit sind Angebot – Nachfrage – Bedarf in einer Region aufeinander abgestimmt?
- Welche Maßnahmen zur Verbesserung des Unterstützungssystems einer Region sind angezeigt?
- Gibt es ausländische Beispiele für ‚neue Wege'?

1.3.2 Untersuchungs- und Interventionsbereiche

Diese Fragen wurden vier Untersuchungs- und Interventionsbereichen zugeordnet.

1. Familienorientierte Unterstützungssysteme
Von einem generellen Überblick zur Situation in der Bundesrepublik ausgehend sollen u.a. über Auswertungen von Umfragen bei den Länderministerien Situationsberichte zu den einzelnen Bundesländern erstellt werden. Dabei sind spezifische Ausgangsbedingungen in den neuen Bundesländern herauszuarbeiten.

In einem nächsten Schritt sollen Bestandsaufnahmen in den Modellregionen zur Lage von Familien mit einem behinderten Kind, zum Unterstützungssystem und zum Verhältnis Angebot – Bedarf – Nutzung erstellt werden. Das im Modellvorhaben entwickelte Informationssystem „Familienratgeber" soll erprobt werden.

Von entschiedener Bedeutung ist es, wie das regionale Angebot von den Familien selbst eingeschätzt wird. Hierzu sollen Eltern in den Regionen befragt werden.

2. Problemfeld stationäre Hilfen
Zu diesem Bereich liegen Vorarbeiten vor (Thimm u.a. 1998). Die Notwendigkeit der Aufnahme eines Kindes in ein Heim interpretieren wir als problematisches Verhältnis zwischen dem Hilfebedarf einer Familie und dem regionalen Unterstützungssystem. In Anknüpfung an den Vorschlag zur klaren Positionierung von stationären Hilfen in einem netzwerkorientierten System der Hilfen im Bericht an das Bundesministerium für Familie, Senioren, Frauen und Jugend (BMFSFJ) (Thimm u.a. 1999, 46ff.) greifen wir einige der von uns dort aufgelisteten Forschungsdefizite auf. Sie sollen im Zusammenhang der Ziele des Modellvorhabens untersucht werden. In

dem Problemfeld „Kinder und Jugendliche mit Behinderungen in Heimen und ihre Familien" stellen sich Fragen nach der bestmöglichen Anpassung des Unterstützungssystems an die Bedürfnislagen von Familien in besonderer Schärfe. Der Aufhellung des Bedingungsgeflechtes in diesem „Extrembereich" messen wir große Bedeutung zu: die Angemessenheit eines Unterstützungssystems muss sich gerade für extreme Hilfeproblemlagen erweisen, wenn man die – unbemerkte – Entstehung von neuen Randlagen nicht hinnehmen will. Eltern von behinderten Kindern in den mit uns kooperierenden Heimen sollen zu ihrer Situation vor der Heimaufnahme ihres Kindes befragt werden.

3. Infrastruktur sozialen Engagements
An konkreten Lebenslagen und an alltäglichen Bedürfnissen orientierte, nichtprofessionelle Hilfebeziehungen, die wesentlich zur Gestaltung *„menschenwürdiger sozialer Räume"* beitragen (BMA 1998, 1.16) werden begünstigt, wo sie an eine schon vorhandene ‚Infrastruktur' zur sozialräumlichen Erschließung von informellen Ressourcen (Nachbarschaft, Wohnviertel, Kirchengemeinde, Wohngemeinde) anknüpfen können. Daher sollen in den Projektorten Netzwerke freiwilligen sozialen Engagements in unterschiedlichen Feldern personenbezogener sozialer Hilfeleistungen ermittelt und Möglichkeiten zur Vernetzung mit den Hilfen für Kinder mit Behinderungen und ihre Familien aufgezeigt werden.

4. Modelle aus dem Ausland
Auch in anderen europäischen Staaten, deren Hilfesysteme für Menschen mit Behinderungen und ihre Familien mit Deutschland vergleichbar entwickelt sind, gibt es Probleme der angemessenen Hilfen für schwerst- und schwerstmehrfachbehinderte Kinder und ihre Familien. Es haben sich in einigen Ländern z.T. Angebote entwickelt, die in Deutschland nicht existieren. Das Modellprojekt kann auch hier auf erste Vorarbeiten zurückgreifen (FED-Projekt 1991-1996, Thimm u.a. 1997; Pilotstudien 1998, Thimm u.a. 1999). Die bestehenden Kontakte zu Projekten in Großbritannien (Universität Bristol) wurden 1999 wieder aufgegriffen. „Englische Lösungen" (insbesondere das Modell der Patenschaften zwischen Familien ohne und mit behinderten Kindern) sollen im Hinblick auf ihre Übertragbarkeit in deutsche Kontexte überprüft werden. Ebenso sollen neuere Entwicklungen in Dänemark, in den Niederlanden und in Schweden aufgegriffen werden.

1.3.3 Modellregionen und Partner

Unter Einbeziehung der Fachverbände der Behindertenhilfe wurden Kooperationspartner aus der Praxis gewonnen. Jedes Bundesland ist mit einer Modellregion vertreten (Städte, Gemeinden, Landkreise), die Partner sind Vertreter eines Trägers/Anbieters in der Region, Leiterinnen und Leiter eines Angebotes, z.B. einer Frühförderstelle oder eines ambulanten familienentlastenden

Dienstes, in einem Falle der kommunale Koordinator der Behindertenhilfe. Hinzu kommen – ebenfalls über alle Bundesländer verteilt – 17 Vertreterinnen und Vertreter eines stationären Angebotes für behinderte Kinder im Umfeld einer Modellregion. In diesem Teilbereich des Modellvorhabens sollte wenigstens ein Heim aus jeder Modellregion einbezogen werden. Um geeignete Heime zu gewinnen, wurde im November 1999 zu einer Gesamtkonferenz „Stationäre Hilfen" eingeladen. Die kooperierenden Heime (siehe folgende Übersicht) sind konzeptionell und strukturell sehr unterschiedlich. In einer Modellregion ist der Kooperationspartner bereits eine stationäre Einrichtung und in fünf Modellregionen ist eine stationäre Einrichtung für Kinder und Jugendliche in der selben Trägerschaft wie der Kooperationspartner. In weiteren Fällen wiesen die Kooperationspartner aus den Modellregionen auf bestehende stationäre Angebote in der Region hin.

Abb. 2: Geografische Lage der Modellregionen

Kooperationspartner in den Modellregionen

Baden-Württemberg: Offene Hilfen Sonnenhof e.V. – Schwäbisch Hall

Bayern: Verein für Körperbehinderte Allgäu – Kempten

Berlin: Verein für ambulante Versorgung Hohenschönhausen e.V.

Brandenburg: Familienentlastender Dienst/ambulanter Pflegedienst der Lebenshilfe Cottbus

Bremen: AWO Bremen – Verband für Soziale Arbeit

Hamburg: Leben mit Behinderung Hamburg

Hessen: Frühförderstelle Rödelheim/Frankfurt a.M. (Verein Arbeits- und Erziehungshilfe e.V.)

Mecklenburg-Vorpommern: Mobiler Familienentlastender Dienst Lebenshilfe Neubrandenburg

Niedersachsen: Caritas-Verein Altenoythe e.V.

Nordrhein-Westfalen: Behindertenhilfekoordinator der Stadt Bielefeld

Rheinland Pfalz: Verein z. Förderung körperbehinderter Menschen Bad Kreuznach und Umgebung e.V.

Sachsen: Lebenshilfe OV Dresden e.V. Familienentlastender Dienst

Sachsen-Anhalt: Freizeit- und Begegnungsstätte des Lebenshilfewerks Anhalt GmbH

Schleswig-Holstein: Ambulanter Dienst der Lebenshilfe Stormarn; Ahrensburg

Thüringen: Familienentlastender Dienst der Ortsvereinigung Lebenshilfe Arnstadt

Kooperationspartner: Stationäre Einrichtungen

Baden-Württemberg: Sonnenhof (Diakonie) in Schwäbisch-Hall

Bayern: Kinderpflegeheim Helenenhof (Privat) in Hopferbach

Berlin: Heilpädagogisches Kinder- u. Jugendheim (Caritas) in Berlin-Hohenschönhausen

Brandenburg: Wohnstätte für Kinder und Jugendliche mit geistiger Behinderung (Lebenshilfe) in Cottbus (das Heim befindet sich noch im Bau)

Bremen: Kaisen-Stift (Betriebsgesellschaft mbH) in Bremen

Hamburg: Sonderpädagogische Einrichtung der Stiftung Anscharhöhe in Hamburg

Hessen: Kinderhaus Frank (Verein Arbeits- und Erziehungshilfe) in Königstein/Frankfurt

Mecklenburg-Vorpommern: Heilpädagogisches Wohnheim Weitin (Diakonie) in Weitin

Niedersachsen: Haus Regenbogen (Diakonie) in Oldenburg

Heimstatt-Clemens-August (Cl.-August-Stiftung) Neuenkirchen-Vörden

St.Vincenzhaus (Stiftung St. Vincenzhaus) in Cloppenburg

Nordrhein-Westfalen: WHV Arche/Regenbogen, Teilanstalt Bethel (v-Bodelschw.-Anstalten Bethel) in Bielefeld

Kinderheilstätte Nordkirchen (Caritas) in Nordkirchen

Rheinland-Pfalz: Neu-Bethesda im Rehabilitationszentrum Bethesda (kreuznacher diakonie) in Bad Kreuznach

Sachsen: Wohnheim für behinderte Kinder u. Jugendliche (Lebenshilfe) in Dresden

Sachsen-Anhalt: Haus „Sternchen“ (Albert-Schweitzer-Familienwerk e.V.) in Merseburg

Schleswig-Holstein: Heilpädagogische Wohngruppe für Kinder und Jugendliche (Lebenshilfewerk Stormarn) in Siek

1.3.4 Wissenschaftlicher Rahmen

Auf den Wissenschaftsbereich und den Forschungstyp bezogen handelt es sich bei dem Modellvorhaben um ein gemeinwesenorientiertes (gemeindepsychologisches) und netzwerktheoretisch ausgerichtetes, praxisbegleitendes und praxisgestaltendes Projekt der Rehabilitationsforschung. Es agiert, bezogen auf die Internationale Klassifikation von Beeinträchtigungen der Weltgesundheitsorganisation (ICIDH 2 – International Classification of Functioning and Disability von 1999), auf der Ebene der Partizipation („Teilhabe an Lebensbereichen") von Angehörigen behinderter Kinder und beabsichtigt, für die Rehabilitationsplanung wichtige Gesichtspunkte angemessener Interventionen zu ermitteln.

Das forscherische Vorgehen zeichnet sich durch eine Vielfalt von Untersuchungsbereichen im Praxisfeld, Anwendung unterschiedlichster Methoden und ein Höchstmaß der Einbindung in die Praxis aus. Die Breite des Forschungsfeldes und die angestrebten Funktionen der Beurteilung, Bewertung, Steuerung und Optimierung vorhandener Praxis durch Forscher und Praktiker erforderten ein breites methodisches Inventar. Es umfasste (in Auswahl, nähere Angaben finden sich in den Einzelberichten):

- Literaturanalysen (zu allen Untersuchungsbereichen);
- Dokumentenanalysen (z.B. Länderberichte, Institutionsbeschreibungen);
- Erhebungen (Bestandsaufnahmen in den Regionen, Elternbefragungen);
- Vermittlung von Impulsen an die Praxis durch Konferenzen (z.B. zu den Projektabsichten, zur Gemeinwesenorientierung, zum familialen Wandel, zu Problemen der Regionalisierung im stationären Sektor);
- Durchführung und Auswertung von themenbezogenen Arbeitsgruppen (z.B. Austausch zwischen den verschiedenen Regionalvertretern; Austausch über spezielle Versorgungsbausteine, über Finanzierungsfragen);
- Einzelberatungen und andere Interventionen (z.B. Nutzung des Ratgebers, Elternarbeit).

Zentraler Ort des Austausches für alle waren insgesamt sechs jeweils zweitägige Projektkonferenzen, davon vier in Oldenburg und je eine in Nordkirchen (Standort eines Heimes) und Berlin (Präsentation auf einer Tagung). An diesen Konferenzen nahmen bis zu 40 Vertreter aus den Regionen und den Heimen teil. Zu speziellen Fragen wurden Experten eingeladen (R. Nave-Herz, Oldenburg; Ch. Alt, Deutsches Jugendinstitut München; H. Weiss, Reutlingen; H. Thiersch, Tübingen).

Daneben fanden Einzelbesuche in den Regionen statt. In jeweils drei bis vier Regionen war über die gesamte Projektlaufzeit eine Mitarbeiterin zuständig für alle die Zusammenarbeit zwischen den Kooperationspartnern und dem Projektteam in Oldenburg betreffenden Angelegenheiten. Eine

Mitarbeiterin war darüber hinaus zuständige Ansprechpartnerin für die Kooperationspartner aus den Heimen.

Über die Konferenzen und Einzelbesuche hinausgehend wurden die regionalen Vertreter telefonisch und schriftlich in alle Aktivitäten einbezogen. Alle schriftlichen Fixierungen (Konferenzprotokolle, Gesprächsaufzeichnungen, Erhebungsergebnisse, Beschreibung von Diensten/Angeboten/Einrichtungen) wurden zunächst den jeweilig betroffenen Partnern mit der Bitte um Korrektur und Bestätigung und anschließend allen zur Verfügung gestellt. Bei öffentlichen Darstellungen handelt es sich also, so weit es Kooperationspartner direkt betrifft, um autorisierte Aussagen.

Eingebunden in das Modellvorhaben waren von der Arbeitsstelle REHAPLAN mit mir als Leiter insgesamt acht Mitarbeiterinnen und Mitarbeiter (drei mit wissenschaftlichen Dienstleistungen aus einem universitären Hauptamt; vier wissenschaftliche Angestellte – BAT II/halb – und eine Honorarkraft aus Projektmitteln). Hinzu kamen über die gesamte Projektlaufzeit bis zu zehn studentische Hilfskräfte, fünf von ihnen längerfristig. Sie waren festen Arbeitsbereichen zugeordnet, konnten an Präsentationen und Konferenzen auch außerhalb Oldenburgs teilnehmen, waren mit relativ selbständigen Aufgaben (z.B. zur Vorbereitung einer Diplomarbeit) betraut.

So standen im Verlaufe der drei Jahre etwa 30 bis 40 Vertreter aus der Praxis, das Forschungsteam und Studierende (insgesamt bis zu 50 Personen) in ständigem Austausch miteinander. Es ist ein besonderes Merkmal dieses Modellvorhabens, dass in einem wissenschaftlichen Vorhaben eine dichte Kommunikationsstruktur zwischen Praktikern, einem universitären Forschungsteam und Studierenden hergestellt wurde. Das Modellvorhaben wurde so zu einem gemeinsamen Lernfeld, in das unterschiedliche Erfahrungen und Sichtweisen zu einer gemeinsamen Zielsetzung eingebracht wurden. Das gemeinsame Lernen dieser unterschiedlichen Gruppen im Forschungsprozess war von vornherein methodisch intendiert. Wir versprachen uns davon die größten Impulse zur Weiterentwicklung der Hilfen für Familien mit einem behinderten Kind am Wirkungsort jedes einzelnen von uns.

Ausgangsbedingungen, Untersuchungsbereiche, Handlungsfelder und wissenschaftlicher Rahmen des Modellvorhabens sind in der Abbildung 3 zusammengefasst.

Abb. 3: Untersuchungs- und Interventionsbereiche

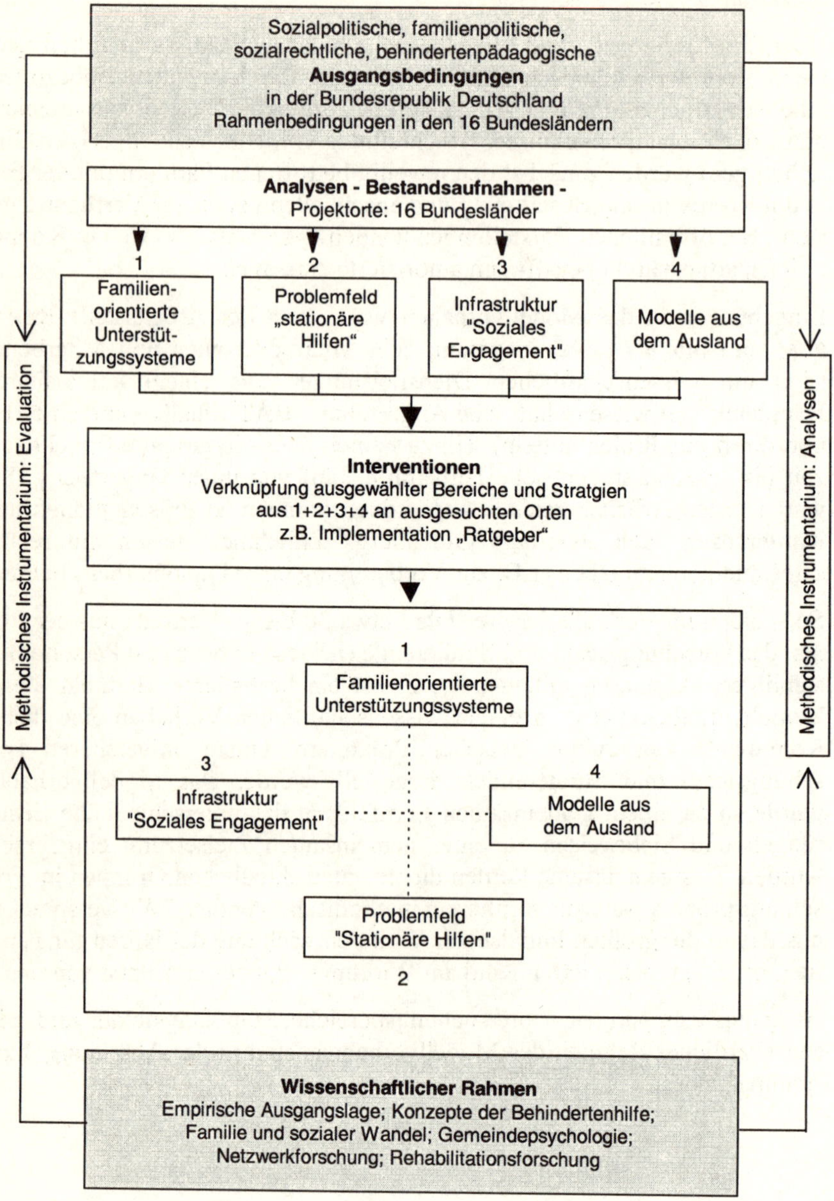

1.4 Thesen zur Gemeinwesenorientierung

1. Gesellschaftliche Wandlungsprozesse (‚Umbrüche'), stichwortartig gekennzeichnet mit „Pluralisierung von Welt- und Lebensanschauungen", „Entstandardisierung von Lebensverläufen und Lebenslagen", „Individualisierung als Chance und Risiko", rücken die Gestaltung der Feinstruktur sozialräumlicher Lebensbedingungen in den Blickpunkt der Gesellschaftspolitik. Neuere Ansätze zu Theorien der Gerechtigkeit fordern geradezu vernünftige Diskurse über die gerechte Verteilung von Ressourcen für Lebenschancen in den nahen Lebensräumen der Menschen heraus (Rawls 1975; 1995; Walzer 1992).
2. Wir haben große Fortschritte zu verzeichnen auf den unterschiedlichen Ebenen des sonderpädagogischen Fördersystems, des Behindertenhilfesystems insgesamt, bei der Durchsetzung der *individuellen Perspektive* von besondern Unterstützungsbedarfen. In der Fachliteratur wird das als Perspektivenwechsel vom institutionsbezogenen Denken, Planen und Handeln zum personenbezogenen Denken, Planen und Handeln bezeichnet, der individuelle Bedarfslagen ins Auge fasst (so im mehrdimensionalen WHO-Konzept von Behinderung; in der Ausrichtung des BSHG; in den personenbezogenen Konzepten der Psychiatrie; bei der Ablösung der „Sonderschulbedürftigkeit" durch die Forderung nach Feststellung des individuellen sonderpädagogischen Förderbedarfes). Diese Perspektive trägt den modernen, auf individuelle Autonomie abzielenden Bedürfnissen auch im Hinblick auf beeinträchtigte Menschen Rechnung.
3. Die Individuum bezogene Perspektive bedarf der Ergänzung durch eine *sozialräumliche Perspektive*, die die Gestaltung des Gemeinwesens in den Blick nimmt. Die Feststellung und Reklamierung von individuellen Hilfen zur Integration und Partizipation (z.B. zur individuellen pädagogischen Förderung in allgemeinen Schulsettings; zum Wohnen, zur Arbeit, zur Verbesserung der Lebensbedingungen von Familien mit einem behinderten Kind), ihre Legitimationen und legislativen Absicherungen laufen ins Leere, wenn nicht gleichzeitig die Gestaltung der Infrastruktur der nahen sozialen Räume, in denen Partizipation und Integration alltagspraktisch verwirklicht werden müssen, in Angriff genommen wird. Personenbezogene Hilfen bedürfen der Stützung durch entsprechende sozialräumliche Strukturen: Lebenschancen konstituieren sich nur in einem ausgewogenen Verhältnis von individuellen Optionen und sozialen Einbindungen (Dahrendorf 1979). Die Realisierung einer eigenen Konzeption von ‚meinem' Leben vollzieht sich zunächst einmal in der gemeinschaftlichen Lebenspraxis mit anderen in einem überschaubaren sozialen Raum (vgl. dazu im Hinblick auf Kinder- und Jugendhilfe Keupp 1990). Die „Entdeckung des Gemeinwesens" (The Spirit of Community, Etzioni 1995) der Behindertenhilfe nahezulegen, das ist eine zentrale Absicht des Modellvorhabens.

4. In zunehmendem Maße ist Familienpolitik neben der Globalsteuerung z.B. von einkommensbezogenen Leistungen auch auf die Steuerung regionaler Programme ausgerichtet (Familienpolitik als Regionalpolitik, vgl. Handbuch der örtlichen und regionalen Familienpolitik 1996). Auf Behinderte und ihre Familien bezogene Planungen müssen das berücksichtigen. Die konsequente regionale Ausrichtung des Projektes trägt dem Rechnung. Dabei haben wir von einer bestehenden regionalen kulturellen Vielfalt auszugehen, die individuelle Lebenslagen, familiale Lebensformen, Bildungschancen sowie Werte und Einstellungsmuster in unterscheidbaren Regionen innerhalb eines größeren politischen Raumes unterschiedlich prägen. Diese kulturelle Variabilität ist in jüngster Zeit zum soziologischen Forschungsgegenstand geworden (Bauereiss u.a. 1997; Bertram u.a. (Hrsg.) 2000).
5. „Örtliche Sozialplanung" als „Instrument zur Konkretisierung kommunaler Sozialpolitik" wird seit den 70er Jahren vom Deutschen Verein für öffentliche und private Fürsorge propagiert. In den Gebietskörperschaften (Gemeinden, Kreisen) wird dieses offensichtlich unterschiedlich gehandhabt. Neben Altenhilfe- und Jugendhilfeplanung ist Behindertenhilfeplanung eher die Ausnahme. Sie anzuregen und mit den anderen örtlichen Sozialpolitikfeldern zu verknüpfen, dazu könnten Vorgehensweise und Ergebnisse unseres Projektes eine Hilfe sein. Wir glauben, dass die Träger der Behindertenhilfe diesen Weg unbedingt beschreiten müssen. Sie sollten lokale Behindertenpolitik anmahnen und mitgestalten.
6. Die Bemühungen um die Verbesserung der Lage behinderter Menschen und ihrer Familien über die Realisierung regionaler Netze in einer konkreten, überschaubaren Lebensregion sind Teil einer Strategie, die von Rauschenbach (1994) als „inszenierte Solidarität" bezeichnet wird. „Inszenierte Solidarität" als gemeinwesenorientiertes Programm könnte ein notwendiges gesellschaftspolitisches Korrektiv demokratischer Gesellschaften sein, die ihren Mitbürgerinnen und Mitbürgern auf der einen Seite freiheitliche, plurale Lebensformen ermöglichen, also ein Höchstmaß an Individualisierung, auf der anderen Seite aber auch das Individuum zu einer höchst riskanten Selbstgestaltung auffordern. In bemerkenswerter Weise haben die beiden großen christlichen Kirchen in Deutschland in ihrem Memorandum „Für eine Zukunft in Solidarität und Gerechtigkeit" (1998) zu diesen gesellschaftspolitischen Erfordernissen der humanen Gestaltung unserer postmodernen Gesellschaft Stellung bezogen: „Die Erwartung einer umfassenden staatlichen Steuerung gesellschaftlicher Prozesse (ist) kritisch zu hinterfragen. Vielmehr ist es nötig, die Kräfte der gesellschaftlichen Selbststeuerung und Selbstverwaltung zu stärken" (57).

In diesen Zusammenhang von gemeinwesenorientierter Subsidiarität und Solidarität sind die Bemühungen um die Verbesserung der Situation beeinträchtigter Kinder und ihrer Familien zu stellen.

Das Modellvorhaben war nicht darauf ausgerichtet, einen repräsentativen Überblick über die spezifischen Hilfebedarfslagen von Familien mit behinderten Kindern in der Bundesrepublik zu erstellen, um darauf aufbauend relativ globale sozial- und familienpolitische Forderungen abzuleiten. Wir wollten vielmehr, bezogen auf konkrete Lebensregionen, Hilfebedarfe und Angebotsstrukturen in Verbindung bringen und auf diese konkreten Regionen bezogen beispielhaft aufzeigen, wie durch Verbesserung der Informationslage, durch bessere Koordinierung, durch Angebotsverlagerungen, durch Verknüpfung mit anderen kinder- und familienbezogenen Hilfen und schließlich auch mit der Einbeziehung nichtprofessioneller Aktivitäten angemessene regionale Hilfestrukturen zu sein hätten.

1.5 Im Mittelpunkt: Die Familien

Die dem Modellvorhaben vorangestellte Leitvorstellung der Normalisierung mit ihren drei Eckpunkten Lebensweltorientierung – Gemeinwesenorientierung – Partizipation rückt mit dem Ziel der höchstmöglichen Partizipation die Adressaten von sozialpolitisch gesteuerten Hilfen – hier Familien mit einem behinderten Kind – in den Mittelpunkt. Will man der Forderung nach der Regiekompetenz von Hilfeadressaten Rechnung tragen, die Hilfeadressaten auch als Mitproduzenten von Hilfearrangements ansieht, dann müssen die Aussagen und Interpretationen Betroffener zu ihrer Situation mehr als bisher berücksichtigt werden.

Nur selten beziehen sich in der Praxis tätige Pädagogen (auch Lehrer!) und Sozialarbeiter über ihre persönliche Erfahrung hinausgehend auf systematisch erworbene Kenntnisse zur Situation von Familien, ihre Inanspruchnahme von Hilfen, ihre Einschätzungen, ihre Wünsche. Das in der alltäglichen beruflichen Begegnung mit Eltern in den jeweiligen Hilfesegmenten (z.B. in einer Frühförderstelle, im FED, in einem Heim) gesammelte Erfahrungswissen mag in vielen Fällen für das konkrete, durch den beruflichen Auftrag eng definierte Handeln ausreichen. Eine Zusammenschau, ob die sich aus vielen Puzzleteilen zusammengesetzte Bedürfnislage der Eltern in das vorgestanzte Muster der Hilfelandschaft einfügen lässt, setzt umfassendere, systematisch erworbene Kenntnisse voraus.

Anhaltspunkte für eine Einschätzung des Passungsverhältnisses zwischen Angeboten und von den Eltern als erforderlich angesehenen Hilfen bieten unterschiedliche Untersuchungen zur Situation von Eltern behinderter Kinder, wie sie im Kapitel 3, Abschnitt 3.3.2 zusammengefasst werden. Sie bedürfen aber dringend einer regionsspezifischen und problemorientierten Konkretisierung, wie wir das mit den Elternbefragungen im Modellvorhaben versucht haben. Das betrifft zum einen Familien mit ihren zu Hause lebenden behinderten Kindern, zum anderen aber auch die spezielle Situation von Eltern, deren behindertes Kind auf Dauer in einer stationären Einrichtung lebt. In den Kapiteln 3 und 4 werden diese Untersuchungen vorgestellt und anschließend zueinander und zu anderen Untersuchungsbereichen in Beziehung gesetzt (Kapitel 5). Über die gewonnenen Ergebnisse hinausgehend könnten unsere Untersuchungen aber auch als Muster für weitere regionale Elternbefragungen genutzt werden.

1.6 Das Projektteam

Dipl.-Sozialwiss. Annette Hirchert, Dipl.-Päd. Martina Kemme, Dipl.-Päd. Denise Kursawe, Dipl.-Päd. Carsten Krüger (1999/2000), Ralf Drabent M.A. (2000/2001) als wissenschaftliche Angestellte im Modellvorhaben. Mit einem eigenen Beitrag vertreten ist Dipl.-Päd. Kirsten Günther (Wissenschaftliche Hilfskraft). Gerhard Haack, Geschäftsführer i.R. (Gesellschaft für Paritätische Sozialarbeit Wilhelmshaven) als Honorarkraft; Dr. Bettina Lindmeier (Wiss. Angestellte der C. v. Ossietzky Universität Oldenburg); Dr. Grit Wachtel (Wiss. Assistentin der Humboldt Universität Berlin); Prof. Dr. Walter Thimm (Projektleitung, C. v. Ossietzky Universität Oldenburg).

Träger des Modellvorhabens war die Arbeitsstelle REHAPLAN im Institut für Sonderpädagogik, Prävention und Rehabilitation, Fachbereich Pädagogik der Carl von Ossietzky Universität Oldenburg, Postfach 25 03, D-26111 Oldenburg, Tel. 0441-798-2010, Fax: 0441-2012,
E-Mail: walter.thimm@uni-oldenburg.de;
Internet: www.uni-oldenburg.de/fb1/ew2/rehaplan.html.

2. Zur behindertenpolitischen Ausgangslage in den Bundesländern

(G. Haack)

2.1 Vorbemerkungen

Im Rahmen der gesetzlichen Vorgaben des Bundes sind die Bundesländer verantwortlich für die Ausgestaltung des Sozialhilferechtes in ihrem Geltungsbereich. Die bestehenden Freiräume werden von den Bundesländern als überörtliche Träger der Sozialhilfe (in Baden-Württemberg, Hessen und Nordrhein-Westfalen sind dieses die Landeswohlfahrtsverbände bzw. die Landschaftsverbände) höchst unterschiedlich geregelt, so z.B. bei den offenen Hilfen oder dem Verhältnis zwischen Eingliederungshilfe und Pflege. Unter der zentralen Perspektive der Regionalisierung der Hilfe für behinderte Menschen und ihre Familien müssen wir von unterschiedlichen Ausgangsbedingungen in den Bundesländern ausgehen. Unter Hinweis auf die Anliegen des Modellvorhabens wurden Materialien zur Behindertenhilfeplanung bei den Fachministerien der Bundesländer angefordert. Von 14 Bundesländern gingen Materialien ein (siehe Auflistung am Ende dieses Kapitels).

Diese Materialien erwiesen sich als sehr uneinheitlich, was eine Auswertung erschwerte und einen Vergleich unter einheitlichen Kriterien unmöglich machte. Bei den ausgewerteten Unterlagen handelt es sich um Behindertenpläne der Sozialministerien, Tätigkeitsberichte der Länder in der Funktion als überörtliche Träger der Sozialhilfe über vergangene Zeiträume, Tätigkeitsberichte und Planungen von Landesbehindertenbeauftragten und Behindertenbeiräten, wissenschaftliche Gutachten u.a.

Die Auswertung des umfangreichen Materials für die einzelnen Bundesländer und die vergleichende Darstellung erfolgten unter folgenden Gesichtspunkten:

1. Wie wird der Begriff Familie definiert?
2. Wie ist die Lage der Familie in dem Bundesland?
3. Wie wird die Lage der Familie mit behinderten Kindern gesehen?
4. Welche Hilfsangebote gibt es? Welche werden darüber hinaus für notwendig gehalten?
5. Welche Aussagen werden zu den Kindern in stationären Einrichtungen gemacht?

6. Welche Aussagen gibt es zur Einbindung der ehrenamtlichen Arbeit in das Hilfssystem?
7. Von welchen Leitgedanken geht das Bundesland in der Hilfe für Behinderte aus?

Gemeinsam ist allen Unterlagen, dass sie mit absolutem Vorrang die Lebenssituation des behinderten *Erwachsenen* behandeln und damit die Lebensbereiche Arbeit, Wohnen und Mobilität den Vordergrund stellen. Die Hilfe für behinderte Kinder und Jugendliche steht im Umfang zurück. Das hängt sicher auch damit zusammen, dass in den für Kinder zentralen Lebensfeldern Kindergarten und Schule die berichtenden Sozialministerien keine Zuständigkeit haben. Noch weiter zurück tritt die Analyse der Lebenssituation der Familien mit behinderten Kindern und Jugendlichen. Mit Ausnahmen (vor allem Bayern, Nordrhein-Westfalen und Sachsen) findet sich dazu in den Unterlagen wenig Substantielles.

2.2 Vergleichende Darstellung

2.2.1 Zum Familienbegriff

In den meisten Berichten aus den Ländern fehlen Angaben darüber, von welchem allgemeinen Bild einer Familie ausgegangen wird. Was in diesem Zusammenhang definiert wird, geht in die Richtung, die durch den Kinder- und Jugendbericht 1997 aus Sachsen Anhalt wie folgt beischrieben wird:

> „Ein zeitgemäßer Familienbegriff, der der Familienpolitik des Landes zugrunde liegt, versteht Familie als dynamische Form menschlichen Zusammenlebens, die von kulturellen Wertvorstellungen sowie von sozialen und wirtschaftlichen Bedingungen der Gesellschaft geprägt ist und dem gesellschaftlichen Wandel unterliegt. Familien sind demnach sowohl Ehepaare und nicht eheliche Gemeinschaften mit Kindern als auch alleinerziehende ledige, verheiratet getrennt lebende, geschiedene und verwitwete Väter und Mütter mit ihren Kindern. Ebenso können aber auch Erwachsene mit Familienangehörigen der vorangegangenen Generation zusammen eine familiäre Lebensgemeinschaft bilden. Dabei ist es nicht unbedingt Voraussetzung, dass die Familienmitglieder in einem Haushalt leben. Dieser Familienbegriff ist somit offen für die Akzeptanz unterschiedlicher Familienformen. Er schließt zugleich die Diskriminierung bestimmter Familienmodelle aus. Die Leistungen der verschiedenen Familienformen für die Entwicklung der Kinder und Jugendlichen sind unersetzbar und verdienen deshalb Schutz und Unterstützung durch Staat und Gesellschaft."

2.2.2 *Allgemeine Aussagen zur Familie*

Die Beurteilung der speziellen Lebensverhältnisse von Familien mit behinderten Familienangehörigen kann nicht losgelöst von den allgemeinen Lebensverhältnissen gesehen werden. Deshalb kommen den Aussagen über den allgemeinen Wertewandel, die sich in einigen Berichten finden, besondere Bedeutung zu.

In den westlichen Bundesländern werden folgende Entwicklungen festgestellt: Die Ehegemeinschaften werden offensichtlich instabiler. Darauf deuten stark zunehmende Scheidungsraten hin (BAY, NRW, NDS). Die „unvollständigen" Familien nehmen deshalb zu (BAY 13,3%). Familien mit drei und mehr Kindern werden immer seltener (BAY, NRW, NDS). In Niedersachsen stellt man fest, dass zwar die Eheschließungen zugenommen haben, die Zahl der kinderlosen Familien aber steigt. Auch der Wertewandel wird in einigen Berichten angesprochen: Bayern definiert ihn mit folgenden Begriffen: Individualismus, Utilitarismus, Hedonismus und Materialismus. NRW spricht von der Zunahme des Individualismus, der u.a. zu einer erheblichen Abnahme der innerfamiliären Leistungsfähigkeit geführt hat.

Zu diesen Feststellungen, die für drei westliche Bundesländer getroffen wurden, kontrastiert der Bericht aus Sachsen: Für dieses Bundesland wird festgestellt, dass die Zahl der Eheschließungen seit dem Ende der DDR drastisch zurückgegangen ist. Aber auch die Zahl der Ehescheidungen ist in diesem Bundesland rückläufig.

2.2.3 *Spezielle Feststellungen zur Lage der Familien mit behinderten Kindern*

Die Belastungen, denen Familien mit behinderten Familienangehörigen ausgesetzt sind, werden vor allem in den Berichten aus Bayern, Sachsen und Nordrhein-Westfalen beschrieben. Dabei werden folgende Feststellungen getroffen: Die meisten Menschen mit Behinderung (ca. 80%) leben nicht in Heimen, sondern in ihren Familien oder sogar allein in einer eigenen Wohnung inmitten einer Gemeinde. Die Bereitschaft zur Pflege eines behinderten Angehörigen der Familie hängt aber nicht ausschließlich von der Größe der Wohnung und von infrastrukturellen Gegebenheiten ab, sondern nicht unwesentlich auch davon, welche Ziele sich die innerhalb einer Familie in Frage kommende Hauptpflegeperson für ihr Leben gesetzt hat. Dies wiederum aber ist nicht unabhängig von gesellschaftlich anerkannten Wertvorstellungen, wie z.B. der positiven Bewertung des Aspekts der Selbstverwirklichung in Beruf und Freizeit, zu sehen. Generell ist hier der in den westlichen Gesellschaften zu beobachtende Wertewandel angesprochen. Aber auch veränderte Strukturmerkmale der Familie, die wiederum wenigstens zum Teil in dem Wertewandel und den geschilderten infrastrukturellen Gegebenheiten der heutigen Zeit ihre Ursache haben, bringen Veränderungen in den Möglichkeiten mit sich, einen behinderten Angehörigen innerhalb der Familie betreuen und pflegen zu können. Die verschiedenen Dimensionen dieser Belastung erstrecken sich dabei auf Zeit, Gesundheit, körperliche Belastbarkeit, finanzielle Ressourcen, Beruf, Familienleben, außerfamiliäre Kontakte, Gefühlsbereich im allgemeinen und Beziehung zum behinderten Angehörigen (Bayern).

In der Arbeit „Wissenschaftliches Gutachten zur Lebenssituation von behinderten Menschen und zur Behindertenpolitik in NRW“ (1993) wird angesichts der Belastungen der Familien einerseits und des allgemeinen Struktur- und Wertewandels andererseits die sich ergebende Problematik in folgender Frage zugespitzt:

> „...ist die Fixierung auf die Familie als zentrales Hilfesystem überhaupt noch haltbar und für die betroffenen Menschen zumutbar?“

Allerdings findet sich hier auch folgende Feststellung:

> „Richtet man das Augenmerk auf die gegenwärtige Situation von Familien mit behinderten Angehörigen, so ist folgender Widerspruch festzustellen: Die gesamt-gesellschaftlichen Veränderungen im System Familie treffen Familien mit behinderten Angehörigen ganz besonders. Gleichzeitig hat aber gerade hier das soziale Netz der Familie seine Bedeutung, Funktion und Tragfähigkeit über den sozialen Wandel hinaus bewahren können und müssen...“

Für die neuen Bundesländer könnte folgende generelle Aussage aus Sachsen repräsentativ sein:

> „Die allgemeine Lebenssituation in den neuen Ländern ist strukturell durch einige Bedingungen gekennzeichnet, die die Lebenslage von Familien mit Kindern mit Behinderung erschweren. Die Haushalte in den neuen Ländern verfügen in der Regel über weniger Geld und es gibt mehr Alleinerziehende als in den alten Bundesländern. Informationen über Rechte und sozialstaatliche Leistungen sind noch nicht selbstverständlich ebenso wie der Umgang mit dem neuen System der Behindertenhilfe.“

2.2.4 Hilfen für die Familie

In den meisten Berichten wird auf die Notwendigkeit von Entlastungen für die Familien verwiesen. Dabei wird die Entlastung in einem doppelten Sinne verwendet: einmal zur tatsächlichen Minderung der anfallenden Aufgaben, namentlich für die Mütter, und zum anderen zur Erhaltung der Pflege- und Betreuungsbereitschaft.

In Bayern werden unter dem Sammelbegriff „Offene Hilfen" Familienentlastende Dienste und andere ambulante Hilfen für dringend erforderlich gehalten. Ihnen werden folgende Funktionen zugewiesen: Aufbau lebenspraktischer Fertigkeiten und Förderung der Selbstbestimmung; bestmögliche Integration in die Gemeinschaft durch längstmöglichen Verbleib in der gewohnten Umgebung; Vermeiden oder Hinausschieben teurerer Krankenhaus- oder Heimaufenthalte; Unterstützung bzw. Entlastung von Familien mit pflegebedürftigen Angehörigen, die in vielen Fällen bis an den Rand ihrer physischen und psychischen Leistungsfähigkeit gelangen, und damit für die Erhaltung der Pflegebereitschaft von Familien. Der bayerische Bericht führt auch die Ablösung des Behinderten von der Ursprungsfamilie auf, die auch zur Entlastung der Familie führe. Dazu gehören u.a. Begleitung und Assistenz durch ambulante Dienste, die Öffnung einer Einrichtung nach außen, das Probewohnen in einer Einrichtung, die kurzzeitige Trennung von der Familie durch die Teilnahme an Freizeitangeboten, die Möglichkeit zur Kurzzeitbetreuung, die familiennahe Unterbringung des Angehörigen und die Mitsprache und Mitwirkung der Angehörigen im Rahmen der jeweils gewählten Wohnform.

Auch Nordrhein-Westfalen kommt in dem erwähnten Gutachten und im Landesbehindertenplan zu ähnlichen Schlüssen. Allerdings ist hier die Perspektive etwas anders, was aus folgendem Zitat deutlich wird:

> „Im Mittelpunkt der Kritik stehen bisherige Strategien, die hochspezialisierte Sondersysteme als die Lösung favorisieren, um dem Hilfebedarf behinderter Menschen in allen Lebensphasen und Lebensbereichen zu entsprechen. So wird heute die traditionelle Alternative zwischen Familie oder stationären bzw. teilstationären Einrichtungen als einzig mögliche Lebensorte für Menschen mit besonderem Hilfebedarf zunehmend in Frage gestellt. Behinderte Menschen, ihre Angehörigen und LebenspartnerInnen verweisen auf Isolation und Fremdbestimmung durch Institutionalisierung und Professionalisierung, lebenslange Abhängigkeiten sowie Belastungssituationen mit vielfältigen Auswirkungen."

Wichtig erscheint auch folgender kritischer Hinweis:

> „Charakteristisch für Familien mit behinderten Angehörigen ist somit einerseits die Kumulierung allgemeiner Probleme und andererseits die Unmöglichkeit, übliche Familienstrukturen zu leben. Dies hat jedoch bisher nicht dazu geführt, die öffentliche Unterstützung zu erhöhen, vielmehr ist im Zusammenhang mit wirtschaftlicher Krisenentwicklung und sozialpolitischen Krisenbewältigungsversuchen zu beobachten, dass – mehr oder weniger versteckt – immer höhere Leistungsanforderungen im finanziellen und psychosozialen Bereich an die Familie, an ihre Selbststeuerungs- und Selbsthilfekraft gerichtet werden ... Das Lebensrisiko Behinderung mit allen Folgewirkungen wird ‚privatisiert', d.h. die Verantwortlichkeit für die Lebenssituation wird – ungeachtet der damit

verbundenen Mehrbelastungen – scheinbar selbstverständlich – der Familie/Lebensgemeinschaft zugemutet. Angesichts dieser Tatsachen muss kritisch hinterfragt werden, ob eine Fixierung auf die Familie als soziales Netzwerk und zentrales Hilfesystem im Rahmen einer funktionierenden Sozial- und Behindertenpolitik in dieser Form legitim ist. Ergänzende und unterstützende sozialpolitische Maßnahmen durch dauerhafte, verlässliche ambulante Hilfsangebote sind unumgänglich...“

Folgende ambulanten Dienste wurden in NRW untersucht und beschrieben:

- Individuelle Schwerstbehindertenbetreuung: Ihre Hilfs- und Unterstützungsleistungen umfassen pflegerische Hilfen, Hilfen im Haushalt und außer Haus, Hilfen bei der Ausübung einer beruflichen Tätigkeit sowie bei der Freizeitgestaltung.
- Mobile Soziale Hilfsdienste verstehen sich als ergänzendes Angebot zu den ambulanten pflegerischen Fachdiensten. Zielgruppen sind wie bei der Individuellen Schwerstbehindertenbetreuung behinderte und pflegebedürftige Menschen.
- Familienentlastende Dienste: Im Unterschied zu den bisher beschriebenen Angeboten ambulanter Dienste richtet sich das Angebot an Familien mit behinderten Angehörigen. Vorrangiges Ziel ist die Entlastung nichtbehinderter Familienangehöriger von der Pflege und Versorgung und ihre Unterstützung durch die Schaffung individueller Freiräume zur Erholung und Wahrnehmung eigener Interessen und Bedürfnisse.

Auch Sachsen misst den FED große Bedeutung zu, macht jedoch auf das Ergebnis einer Umfrage aufmerksam, nach der Ambulante Hilfen wie zum Beispiel Familienentlastende Dienste oder Sozialstationen nur von 14,4% der Familien genutzt werden. Mehr als die Hälfte derjenigen, die ambulante Dienste nicht in Anspruch nehmen, kennen kein entsprechendes Angebot in ihrem Umfeld. Diesbezüglich besteht noch ein großer Informationsmangel. Weitere Ergebnisse dieser Umfrage sind: ca. 64% der Familien mit behinderten Kindern bis 6 Jahren nutzen die Frühfördereinrichtungen. In 34% der befragten sächsischen Familien besucht das Kind einen allgemeinen Kindergarten oder eine allgemeine Schule. Der Anteil der befragten sächsischen Familien mit Kindern, die einen heilpädagogischen Kindergarten oder eine Förderschule besuchen, beträgt 54%.

Die Feststellung von Informationsmängeln über bestehende Angebote findet sich auch in den Berichten anderer Bundesländer und löst Forderungen nach verbesserter Beratung aus (NRW, BAY).

Der Bericht aus Schleswig Holstein weist auf die Bedeutung geeigneten Wohnraumes für die Familien hin. Auch dort wird der Familienentlastende Dienst für wichtig gehalten. Ein flächendeckendes Angebot ist noch nicht vorhanden.

In Rheinland-Pfalz werden Maßnahmen der Familienerholung und Familienbildung als Hilfen erwähnt. In Brandenburg planen die Landkreise und kreisfreien Städte in eigener Verantwortung ein Netz ambulanter Beratungs- und Betreuungsangebote. 1996 gab es in 13 Kreisen und kreisfreien Städten insgesamt 32 Familienentlastende Dienste. Zuschüsse des Landes erhalten die Kreise für: Beratung und Betreuung älterer und behinderter Menschen, Gewinnung und Organisation ehrenamtlicher Kräfte, Beratung und Begleitung von Pflegeangehörigen, Familienentlastende Dienste (FED), hauswirtschaftliche Versorgung im Vorfeld und Umfeld der Pflege, Beratungsdienste zur Wohnraumanpassung für alte und behinderte Menschen und für die berufliche Eingliederung schwerbehinderter Menschen (Integrationsdienste). In den zurückliegenden Jahren entstanden oft durch das Engagement Einzelner im Rahmen von Selbsthilfegruppen, Verbänden, aber auch in den Kommunen ambulante Angebote für Kinder und Jugendliche mit Behinderungen wie z.B. Familienentlastende Dienste, Beratungsdienste u. dgl. Es wurden als Möglichkeit der Finanzierung AFG-Mittel (AB-Maßnahmen, Maßnahmen nach §249 AFG bzw. Mittel zur Projektförderung durch das Land) genutzt. Gleichzeitig erfolgte der Aufbau regionaler Frühförder- und Beratungsstellen und andere Beratungsangebote in freier und kommunaler Trägerschaft.

In Thüringen werden neben den Familienentlastenden Diensten und den Frühförderzentren die vom Land geförderten Familienzentren als Orte der Begegnung, Kommunikation und Freizeitaktivitäten auch für Familien mit behinderten Angehörigen erwähnt.

2.2.5 Kinder und Jugendliche in stationären Einrichtungen

Die Auswertung der Berichte aus den Bundesländern ergab, dass sich in dieser Frage noch deutliche Unterschiede zwischen den neuen und den alten Bundesländern ergeben. In den neuen Bundesländern spielen Entflechtungen, Enthospitalisierungen, Abbau von Fehlbelegungen und Ausdifferenzierung der stationären Angebote noch die beherrschende Rolle. Da die Positionen, von denen die Berichte und Planungen ausgehen, unterschiedlich sind, folgen hier die Einzelberichte in teilweise sehr komprimierter Form:

Brandenburg: Eine Erhebung über die Lebenssituation von Kindern und Jugendlichen kam 1994 zu dem Ergebnis, dass die Situation in baulicher und technischer Hinsicht in den bestehenden Wohnungen und Wohnheimen für behinderte Kinder und Jugendliche unzureichend sei und Kinder und Jugendliche fehlplatziert in Pflege- und Altenheimen untergebracht waren. Die vorhandenen Wohnheime waren überbelegt und Gruppenstrukturen nicht erkennbar. Eine interministerielle Arbeitsgruppe legte eine Planung mit folgenden Vorhaben vor: Vernetzung des Angebotes mit allen anderen Hilfen und Lebensbereichen, Orientierung der stationären Hilfen im Verbund am Normalisierungsprinzip, Schaffung kleiner Heime mit Gruppenstruktur, Reduzierung des Platzbestandes um 50% (angestrebter Bestand im Jahr 2010: 485 Plätze). Hinweise auf die Notwendigkeit der Einbeziehung der Herkunftsfamilien in die Belange des Heimes und für die von den Heimen ausgehende Elternarbeit finden sich nicht.

Sachsen-Anhalt: Der Kinder- und Jugendbereich in den stationären Wohnheimen für Behinderte zeigt deutlich eine abnehmende Tendenz des Bedarfes an stationärer Versorgung. Dies liegt insbesondere an der rückläufigen Tendenz der Geburtenentwicklung sowie den Verbesserungen bei der medizinischen Versorgung und dem Ausbau ambulanter regionaler Hilfen für Betroffene und Angehörige von Betroffenen. So führt die Ausübung des Wunsch- und Wahlrechts der Eltern zu Veränderungen bei der Nachfrage stationärer Angebote.

> „Im Vergleich zu früher werden heute gern integrative Einrichtungen und auch Angebote von heilpädagogischen Heimen der Jugendhilfe in Anspruch genommen, die in der Lage sind, Eingliederungshilfeleistungen gemäß §§39, 40 BSHG zu erbringen und durch die Ämter für Versorgung und Soziales anerkannt wurden. Dabei ist allerdings zu beachten, dass nur ein Teil der heilpädagogischen Einrichtungen in der Lage ist, geistig und körperlich Behinderte aufzunehmen. Schwerstpflegefälle sind dabei ausgeschlossen.“

Als Alternative zur vollstationären Unterbringung ist der Ausbau des Pflegekinderwesens geplant. Seit Ende 1995 läuft in dem Bundesland ein Enthospitalisierungsprogramm, das dazu dient, Fehlbelegungen in den Psychiatrien abzubauen.

Sachsen: 1997 lebten in Sachsen 2.161 Kinder und Jugendliche mit Behinderung im noch nicht schulfähigen Alter in stationären Einrichtungen. Davon wohnten 1.659 (76,8%) in Heimen für behinderte Kinder, 138 (6,4%) in Heimen für behinderte Erwachsene, 342 (15,8%) in Heimen für behinderte Erwachsene und Kinder (Komplexeinrichtungen), 16 (0,7%) in Altenpflege-/Seniorenheimen und 6 (0,3%) in Einrichtungen für psychisch Kranke. Aus diesen Zahlen ergibt sich, dass 165 (7,5%) Kinder und Jugendliche mit Behinderung ‚fehlplatziert' untergebracht waren.

Kinder und Jugendliche mit einer schwersten Körperbehinderung oder Sinnesbehinderung leben im Schulalter vorwiegend in Heimen, da oft nur so die Erfüllung der Schulpflicht an meist überregionalen Schulen zu sichern ist.

Zur Situation von Kindern und Jugendlichen mit geistiger Behinderung wurde festgestellt, dass, wenn geeignete Plätze in Einrichtungen für Erwachsene nicht rechtzeitig bereitgestellt werden können, junge Erwachsene oft noch längere Zeit in den Heimen für Kinder verbleiben und damit die Plätze für Kinder blockieren. Auch Kinder und Jugendliche mit schwerer Lernbehinderung – eine Entwicklungsstörung überwiegend schulischer Fertigkeiten – leben hauptsächlich im Schulalter in Heimen. Durch die Wirksamkeit der Frühförderung, die Fortschritte bei der Integration und unter Berücksichtigung der möglichen Unterstützung der Familie durch Leistungen der Pflegeversicherung, durch Landesblindengeld und Angebote des Familienentlastenden Dienstes (FED) haben Familien mit einem von Behinderung bedrohten oder behinderten Kind heute größere Chancen, die damit einhergehenden Belastungen im eigenen Hause besser und länger zu bewältigen. Trotzdem besteht weiterhin ein Bedarf an Heimplätzen für Kinder und Jugendliche insbesondere bei geistiger Behinderung, schwersten Körperbehinderungen, schwerer Sinnesbehinderung sowie Mehrfachbehinderung. In Sachsen wird noch ein ungedeckter Bedarf an Heimplätzen gesehen, der aber noch nicht quantifiziert werden kann.

Hamburg: Da der Hamburger Bericht sich insgesamt nur mit dem behinderten Erwachsenen beschäftigt, findet sich nur wenig, was für das Thema des Projektes informativ wäre. So heißt es zur Altersstruktur der Heimbewohner:

> „Insbesondere im Altersspektrum der unter 15-Jährigen finden sich in der Population der stationäre und/oder teilstationäre Hilfen in Anspruch nehmenden Behinderten deutlich weniger Menschen, als es der Alters Verteilung der hamburgischen Bevölkerung entspricht. Hierbei ist zu berücksichtigen, dass Behinderte der unteren Altersgruppen verstärkt noch in den Herkunftsfamilien leben und versorgt werden, ohne dabei die primär den Erwachsenen offenstehenden hier diskutierten teilstationären Hilfen in Anspruch zu nehmen."

Bemerkenswert ist, dass durch die Umstrukturierung der stationären Hilfen zu ambulanten Betreuungsformen in Wohnungen eine nicht unerhebliche Anzahl von Kindern und Jugendlichen in solchen offeneren Wohnformen betreut wird. Aber selbst hier finden sich keine Hinweise auf eine praktizierte, angedachte, geplante oder auch nur für sinnvoll erachtete Zusammenarbeit mit den Angehörigen dieser Kinder und Jugendlichen.

Nordrhein-Westfalen: Für den Teilbereich Westfalen-Lippe liegt eine Planungsstudie vor, in der für die kommenden Jahre einige erhebliche Strukturveränderungen vorgesehen sind. Es wird zunächst festgestellt, dass in den letzten Jahren folgende versorgungsstrukturelle und versorgungsinhaltliche Aspekte und Grundsätze an Bedeutung gewonnen haben: ambulant vor stationär, regional vor überregional, gemeindeintegriert und regional vernetzt, soziale Integration, Normalität und Selbstbestimmung. Diese Aspekte müssten bei der Versorgung junger Menschen mit Behinderungen zusammen mit den aktuellen fachlichen und versorgungsstrukturellen Entwicklungen bedacht werden. Um eine angemessene, am Hilfebedarf der behinderten Kinder und Jugendlichen und ihrer Eltern orientierte Versorgung sicherzustellen, müssen verschiedene Bausteine mit unterschiedlichen inhaltlichen Schwerpunkten und Betreuungsintensitäten, vorgehalten werden. Es werden eine Fülle von ambulanten, teilstationären und vollstationären Einrichtungen und Maßnahmen als Versorgungsbausteine aufgeführt, die miteinander vernetzt sein und miteinander kooperieren sollen. Zur Bedarfslage wird festgestellt, dass in Westfalen-Lippe bereits eine weitgehend ausreichende quantitative Versorgung an stationären Betreuungsmöglichkeiten mit hohem qualitativen Versorgungsstandard für Kinder und Jugendliche mit Behinderungen besteht. Außerfamiliäre vollstationäre Hilfen für junge Menschen mit Behinderungen wird es auch künftig geben müssen, doch wird keine Notwendigkeit zum Ausbau des vorhandenen Systems gesehen. Anders als in früheren Jahren sollen unter dem Aspekt der Familiennähe stationäre Unterbringungen möglichst ortnah realisiert werden.

Die Studie des Landschaftsverbandes Westfalen-Lippe wurde im Modellvorhaben aufgegriffen und ausführlich diskutiert (vgl. Kapitel 4). Unsere Empfehlungen zur Entwicklung des stationären Sektors greifen wesentliche Aussagen dieser Studie auf (vgl. Kap. 8).

Niedersachsen beschränkt sich in seinem „Landesbericht zur Entwicklung von Armut und Reichtum“ auf einige Bemerkungen zur Finanzierung der stationären Versorgung von Menschen mit einer Behinderung.

Rheinland-Pfalz trifft für das spezielle Problem der Kinder und Jugendlichen in stationären Einrichtungen so gut wie keine Aussagen, macht aber für den gesamten stationären Bereich darauf aufmerksam, dass die vorhandenen Qualitätsstandards nur „schwerlich abgesenkt“ werden können, jedoch eine Erhöhung der Standards nach allgemeiner Einschätzung „finanziell nicht mehr leistbar“ ist. Kostendämpfungsmaßnahmen sind deshalb nur in der Entwicklung von Alternativen zu den bestehenden Heimstrukturen zu sehen. Der Aufbau eines bedarfsgerechten, regionalen Hilfenetzes mit individuellen und differenzierten Unterstützungsmöglichkeiten ist ein denkbarer Ansatz, humanitären und wirtschaftlichen Interessen Rechnung zu tragen.

Schleswig-Holstein verfügt über ein quantitativ ausreichendes und qualitativ sehr differenziertes Angebot an stationären Hilfen. Aufnahmeengpässe entstehen, wenn Kinder und Jugendliche in den Heimen zu Erwachsenen werden, dann jedoch dort Bewohner bleiben, weil sie dort ihr Zuhause gefunden haben. Dann bereitet es im Einzelfall durchaus Schwierigkeiten, einem schwerstbehinderten Kind oder Jugendlichen und seinen Eltern ein Angebot zum Wohnen zu machen. Wenn es nicht gelingt, die für Kinder und Jugendliche geschaffenen Plätze längerfristig für diese Altersgruppe wieder freizumachen, wird es erforderlich, die Aufnahmekapazitäten zu erweitern. Bei solchen Erweiterungsplanungen ist es notwendig, die örtlich bestehenden Möglichkeiten zur Sicherung der Beschulung dieser schwerstbehinderten Kinder und Jugendlichen mit einzubeziehen und eine Abstimmung mit den betroffenen Schulträgern und dem Schulamt vorzunehmen.

2.2.6 Einbindung ehrenamtlicher Arbeit in das Hilfesystem

Die gründlichste Analyse zum *ehrenamtlichen Engagement* findet sich im *bayrischen* Landesplan. Grundsätzlich wird hier ein in weiten Teilen der Bevölkerung, auch unter jüngeren Menschen, großes Interesse an ehrenamtlicher Tätigkeit unterstellt. Durch ehrenamtliche Tätigkeit lässt sich zwischen der praktizierten Selbstverantwortung und dem Gemeinschaftsgefühl der Bürger eines Landes einerseits und der institutionalisierten Hilfe durch einen Daseinsvorsorge betreibenden Staat und seinem differenzierten System von Hilfen andererseits einen Mittelweg einschlagen, der einer Perfektionierung, Überprofessionalisierung und Überspezialisierung der Hilfen entgegenwirkt.

Das ehrenamtliche Potenzial ist unter Beibehaltung des Besonderen in die Gestaltung des öffentlichen Lebens und der Hilfeangebote bewusst und gezielt einzubeziehen. Dieses Besondere liegt darin, dass ehrenamtliche Mitarbeiter ein ursprüngliches, elementares Helfen wollen und ein unvoreingenommenes Herangehen an die Aufgaben und Probleme, ein unbürokratisches Denken, eine nicht an Dienststunden gebundene Verfügbarkeit, weniger routinemäßiges Handeln, weniger Abhängigkeit von Methoden und Institutionen und ihre eigenen Lebenserfahrungen einzubringen wünschen.

Die *niedersächsische* Landesregierung führt zu diesem Thema im Rahmen einer Neubestimmung der Aufgaben des Staates aus:

> „Aktivierung und Beteiligung
>
> Die vielfach vorhandene Bereitschaft zur Übernahme von mehr Verantwortung muss durch die Gesellschaft aufgegriffen werden, was eine Aktivierung der Gesellschaft bedeutet. Dies ist jedoch kein einseitiger Prozess, bei welchem der Staat in herkömmlicher Weise anordnet, was zu geschehen hat. Vielmehr muss in einem wechselseitigen Lernprozess das Engagement der Bürgerinnen und Bürger geweckt und aktiviert sowie durch entsprechende Rahmenbedingungen gestaltet werden, damit es nicht seinerseits zu einer für den Staat zu bewältigenden Aufgabe wird. Der aktivierende Staat in einer aktiven Gesellschaft zielt darauf hin, dass Solidarität, Eigeninitiative und Eigenverantwortung miteinander vereint werden sollen.
>
> Integration und Partizipation
>
> Da sozial Schwache traditionell weniger zu einer selbstbewussten Interessenvertretung neigen, können solche auf ‚Individualisierung' zielende Strategien im Zusammenhang mit Armutsbekämpfung nur integrierend wirken. Aber auch der Staat fühlt sich zu einem Perspektivenwechsel genötigt. Er kann es sich weniger als je zuvor leisten, das Reservoir gesellschaftlicher Partizipations- und Solidaritätsbereitschaft brach liegen zu lassen.

Verhältnis zur Professionalität

Entscheidend ist aber auch die angemessene Gewichtung von professionellen sozialen Dienstleistungen und Selbsthilfeaktivitäten. Die Unterversorgung mit sozialen Dienstleistungen ist ein Aspekt von Armut. Fehlende Mitbestimmung und Kontrolle der Menschen über die Institutionen, die mit ihren Bediensteten tagtäglich in ihrem Gemeinwesen intervenieren, ist ebenfalls ein Aspekt von Armut. Bewohnerinnen und Bewohner in benachteiligten Gebieten sind häufig Objekt kommunaler Interventionen, ohne über Sinn und Ziel der Maßnahmen hinreichend informiert zu sein und Selbstgestaltungsmöglichkeiten zu besitzen. Hilfe zur Selbsthilfe muss daher auf die Eröffnung und Erweiterung der Handlungsspielräume der Bewohnerinnen und Bewohner ausgerichtet sein und ihre Selbsthilfe- und Konfliktfähigkeit stärken. Dies setzt gleichzeitig eine Neuorientierung professioneller sozialer Dienste voraus."

Diese vom Grundsatz her positiven Analysen kontrastieren mit den Ausführungen des Bundeslandes *Sachsen*:

„In der DDR wurde die ‚gesellschaftliche Mitwirkung' vom sozialistischen Staat eingefordert und gesteuert. Hinsichtlich möglicher ehrenamtlicher Betätigungsfelder bestand kein freies und plurales Angebot. Vielmehr gaben Partei, Massenorganisationen und Betriebe weitgehend vor, welches Engagement zu welcher Zeit und in welchem Umfang erwartet wurde. Die Bereitschaft der Bürger zur gesellschaftlichen Mitwirkung war in der Wendezeit ganz besonders stark ausgeprägt. Mit zunehmendem Abstand zu dieser Zeit der friedlichen Revolution zeigte sich jedoch, dass aufgrund des enormen gesellschaftlichen und politischen Wandlungsprozesses viele Menschen in Sachsen und in den anderen neuen Bundesländern verunsichert waren. (...) Freude und Enttäuschung über diese Entwicklung in den letzten Jahren stehen heute nahe beieinander. Viele Menschen sind dankbar dafür, dass sie nach Jahrzehnten der Diktatur ihr Recht auf Freiheit, Selbstbestätigung und persönliche Entfaltung uneingeschränkt wahrnehmen können. Sie bringen sich durch ehrenamtliche Mitarbeit in den begonnenen Erneuerungsprozess ein. Andererseits zeigen sich aber nicht wenige Menschen enttäuscht über das Tempo und die befürchtete Richtung der gesellschaftlichen Entwicklung. Sie können sich damit nicht identifizieren und wenden sich resigniert von einem Prozess ab, der für sie kompliziert, unübersichtlich und nicht überschaubar ist. Diese sehr unterschiedlichen Entwicklungstendenzen müssen gesehen werden, wenn über gesellschaftliche Mitwirkung in Sachsen berichtet wird. Die Forderung zur Mitwirkung am gesellschaftlichen Erneuerungsprozess zeigt eine höchst unterschiedliche Resonanz und stößt keineswegs auf einhellige Akzeptanz in der Bevölkerung. Intensives Bemühen um ein tieferes Verständnis des Neuen ist Aufgabe aller Träger gesellschaftlicher, wirtschaftlicher, kultureller und politischer Verantwortung."

2.2.7 Leitgedanken

Durchgängig wird die Hilfe für Behinderte unter dem Leitbild der Normalisierung gesehen mit mehr oder weniger starken Aspekten der Selbstbestimmung, Selbstverwirklichung und Kundenorientierung.

In mehreren Dokumenten finden sich Ausführungen zu den Begriffen „Selbständiges und selbstbestimmtes Leben“, ohne dass genauer beschrieben wird, was damit genau gemeint sei. Der Bericht des Freistaates *Bayern* legt Definitionen vor, die insgesamt hilfreich sein können:

Selbstbestimmung: Ausgehend von dem Gedanken der Selbsthilfe und der gegenseitigen Hilfe ist es in den letzten Jahren zu Gründungen von Selbsthilfeorganisationen und -gruppen gekommen, aus denen heraus Bestrebungen zur größeren Einflussnahme auf die Lebens- und Hilfegestaltung erwuchsen. Die Bestrebung nach eigenverantwortlicher Entscheidung über die eigenen Lebensumstände ist die Selbstbestimmung. Auf die Einflüsse des „Empowerment“ im Sinne von „Kontrolle haben über die Gestaltung der eigenen Lebenswelt“ (entwickelt in den angelsächsischen Ländern) wird verwiesen. Der bayerische Bericht weist auch auf die aus der Bürgerrechtsbewegung der USA kommenden Bewegung für selbstbestimmtes Leben (Independent Living) hin, die eine selbsthilfeorientierte Gegenbewegung zur Absonderung und Institutionalisierung von Menschen mit Behinderung darstelle und radikal die ihrer Meinung nach in der Behindertenhilfe bestehende patriarchalische und autoritäre Struktur kritisiere. Der Begriff Selbständigkeit meint demgegenüber das Maß der Unabhängigkeit von fremder Hilfe. Selbständigkeit ist so gesehen keine Voraussetzung für Selbstbestimmung!

In den Länderberichten, in denen auf den Willen der Menschen mit Behinderungen nach Selbstbestimmung eingegangen wird, werden diese Bestrebungen positiv beurteilt und als zukunftsweisend angesehen, so in Hamburg, Rheinland Pfalz, Nordrhein Westfalen. Die konkretesten Vorstellungen zur Umsetzung dieser Konzeptionen entwickeln Hamburg und Rheinland Pfalz (beide Länder allerdings auch unter nicht zu übersehenden Vorstellungen von Kosteneinsparungen).

2.3 Materialien

Folgende Veröffentlichungen aus den Bundesländern wurden hinsichtlich der Fragestellungen aus dem Modellprojekt ausgewertet:

Freistaat Bayern

Bayrisches Staatsministerium für Arbeit und Sozialordnung, Familie, Frauen und Gesundheit (1994)	Dritter Bayrischer Landesplan für Menschen mit Behinderungen

Baden-Württemberg

Sozialministerium (1996)	Einrichtungen für Behinderte in Baden Württemberg – Ein Wegweiser
Ders. (Juli 1998)	Frühforderung behinderter und von Behinderung bedrohter Kinder in Baden-Württemberg, Rahmenkonzept 1998
Ders. (1995)	Alternde und alte Menschen mit geistiger Behinderung in Baden Württemberg, Zur Situation in Werkstätten für Behinderte und in Wohneinrichtungen

Berlin

Senatsverwaltung für Soziales (Oktober 1992)	Leitlinien zum Ausbau Berlins als behindertengerechte Stadt
Abgeordnetenhaus von Berlin (Drucksache 12/507611.12.1994)	Vorlage über die Wohnversorgung erwachsener geistig behinderter Menschen in Berlin, Wohnbericht 1994
Abgeordnetenhaus von Berlin (Drucksache 13/120806.1. 1997)	Mitteilung über die Umsetzung der Leitlinien zum Ausbau Berlins als behindertengerechte Stadt

Brandenburg

Ministerium für Arbeit, Soziales, Gesundheit und Frauen (1999)	Menschen mit Behinderungen 1994 bis 1998
Ministerium für Stadtentwicklung, Wohnen und Verkehr (1998)	Planen und Bauen für alte und behinderte Menschen
Landesamt für Datenverarbeitung und Statistik (1997)	Statistische Berichte: Schwerbehinderte im Land Brandenburg
Landesamt für Soziales und Versorgung (1998)	Leistungen, Schwerpunkte, Perspektiven
Landesbehindertenbeirat (Juni 1998)	1. Bericht über die Arbeit...
Landesbehindertenbeirat (März 1998)	Empfehlungen zum Auf- und Ausbau ambulanter Hilfen für Kinder und Jugendliche mit Behinderungen
Deutsche Vereinigung für die Rehabilitation Behinderter (DVfR)	Interdisziplinäre Entwicklungsförderung im Kindesalter dargestellt am Beispiel der Länder Berlin und Brandenburg

Freie und Hansestadt Hamburg

Freie und Hansestadt Hamburg, Behörde für Arbeit, Gesundheit und Soziales (1999)	Lebenssituation behinderter Menschen in Hamburg: Bericht zur Entwicklung der sozialen und beruflichen Rehabilitation

Hessen

Hessisches Ministerium für Frauen, Arbeit und Sozialordnung	Wegweiser für Behinderte - Informationen - Einrichtungen - Anschriften 1997

Mecklenburg-Vorpommern

Bürgerbeauftragter des Landes Mecklenburg-Vorpommern (Stand 1.12.1996)	Eckwerte zur Förderung und Integration behinderter Menschen in Mecklenburg Vorpommern
Bürgerbeauftragter des Landes Mecklenburg-Vorpommern (Stand Dezember 1998)	Ratgeber für Behinderte, 2. Auflage

Niedersachsen

Niedersächsischer Landtag (Drucksache 14/228.09.1998)	Landesbericht zur Entwicklung von Armut und Reichtum, Unterrichtung durch die Landesregierung zu dem Beschluss des Landtages vom 12.12 1998
Niedersächsisches Ministerium für Frauen, Arbeit und Soziales (1998)	Unsere Pflegeversicherung
Ders. (1999)	Das Betreuungsrecht
Ders. (1993)	Orientierungsrahmen und Empfehlungen zur Altenpflegepolitik
Behindertenbeauftragter des Landes Niedersachsen (1998)	Niemand darf wegen seiner Behinderung benachteiligt werden – auch nicht in der Arbeitswelt
Ders. (1997)	Wer: Wenn nicht wir...: Selbstbestimmtes Leben in Niedersachsen, 2. Auflage
Ders. (1998)	Selbstbestimmung bis ins hohe Alter
Ders. (1998)	Die Pflegeversicherung – Menschen mit Behinderungen ziehen Bilanz
Ders. (1997)	Selbstbestimmtes Wohnen, Wege zur Annäherung an ein notwendiges Ziel

Nordrhein Westfalen

Ministerium für Arbeit, Soziales und Stadtentwicklung, Kultur und Sport, (Hrsg.) (1993)	Behinderte Menschen in Nordrhein-Westfalen, Wissenschaftliches Gutachten zur Lebenssituation von behinderten Menschen und zur Behindertenpolitik in NRW
Ders. (1998)	Mit gleichen Chancen leben, Integration von Menschen mit Behinderungen in NRW
Ders. (1998)	Ratgeber für Schwerbehinderte
Ders. (1998)	Mit gleichen Chancen leben, Aktionsprogramm zur Integration von Menschen mit Behinderungen in NRW
Landschaftsverband Rheinland, Hauptfürsorgestelle (1996)	Die Rheinische Hauptfürsorgestelle, Partner für Arbeitgeber und Behinderte im Beruf, Handbuch
Ders. (1997)	Nachteilsausgleiche für Menschen mit Behinderungen
Ders. (1998)	Werkstätten für Behinderte
Ders. (1995)	Blinde und Arbeit
Ders. (1998)	Daten und Fakten zum Schwerbehindertengesetz, Jahresbericht
Landschaftsverband Westfalen-Lippe, Abteilung Sozialhilfe (Juni 1999)	Kinder und Jugendliche mit Behinderungen in Westfalen Lippe

Rheinland-Pfalz

Ministerium für Arbeit und Soziales (1998)	Landesplan für behinderte Menschen
Ministerium für Arbeit und Soziales (1995)	Leitfaden für Behinderte

Sachsen

Staatsministerium für Soziales, Gesundheit und Frauen (November 1992)	Gutachten zum Stand der Behindertenhilfe in Sachsen
Ders. (Januar 1996)	Menschen mit Behinderungen
Ders. (Oktober 1996)	Zur Sozialen Lage im Freistaat Sachsen
Ders. (Januar 1996)	Regionale und überregionale Dienste und Angebote zur Hilfe und Selbsthilfe für Menschen mit Behinderungen im Freistaat Sachsen
Ders. (Oktober 1996)	Jugendpolitisches Programm der Sächsischen Staatsregierung, Landesjugendplan
Ders. (Oktober 1996)	Kindertageseinrichtungen in Sachsen

Sachsen-Anhalt

Ministerium für Arbeit, Soziales und Gesundheit (November 1997)	Behindertenbericht des Landes Sachsen Anhalt, Berichtszeitraum 1993-1996
Ders. (November 1997)	Arbeitsmarkt und Sozialbericht des Landes Sachsen-Anhalt 1996/1997, einschließlich Kinder- und Jugendbericht gem. § 17 AG KJHG

Schleswig-Holstein

Die Ministerin für Arbeit, Soziales, Jugend und Gesundheit des Landes Schleswig-Holstein (Oktober 1995)	Bericht zur Situation der Menschen mit Behinderung in Schleswig Holstein und Grundsätze für eine Verbesserung der Lebensverhältnisse (Landesbehindertenplan)

Thüringen

Thüringer Ministerium für Soziales und Gesundheit (Dezember 1997)	Jugend und Familie
Ders. (November 1998)	Zweiter Sozialbericht

3. Familienorientierte Unterstützungssysteme

3.1 Erste Hilfe im Labyrinth: Familienratgeber

(G. Haack)

Es ist in Fachkreisen bekannt, dass vor allem in der aktuellen Ausgangssituation einer Familie, mit der Diagnose einer Behinderung konfrontiert zu werden, Fragen nach Hilfen auf ein (auch für Fachleute!) undurchschaubares Labyrinth von untereinander kaum koordinierten Hilfeangeboten, Institutionen und zuständigen Behörden stoßen. Dazu entwickelte die Arbeitsstelle REHAPLAN in Kooperation mit der Bundesvereinigung Lebenshilfe für Menschen mit geistiger Behinderung e.V. Marburg in der ersten Projektphase ein Internet-Informationssystem „Familienratgeber“ (vgl. Abb. 2). Beispielhaft wird in dieser Mustervorlage eine weitgehend ausdifferenzierte idealtypische Angebotspalette der Behindertenhilfe in 13 Themenfeldern („Rubriken“, vgl. Tab. 1) aufgezeigt. Informationen lassen sich über verschiedene Suchstrategien abrufen. Mit dieser internetbasierten Plattform sollen Städte, Gemeinden und Landkreise angeregt werden, eine gebietsspezifische Version für den „Familienratgeber“ zu erstellen. Ein solcher regionsspezifischer Ratgeber kann leicht fortgeschrieben werden, ermöglicht unterschiedlichen Interessenten einen schnellen Zugriff auf Adressen und Erläuterungen zu Angeboten, zeigt aber auch Angebotslücken in einer Region auf. Wie notwendig ein solcher zentraler Zugang zu Informationen über alle Angebote für behinderte Menschen und ihre Familien ist, haben auch unsere Angebotserhebungen in den Modellstandorten gezeigt. Trotz erheblicher Anstrengungen waren in den meisten Fällen schnelle, zuverlässige und umfassende Informationen über alle Hilfsmöglichkeiten nicht zu bekommen. Selbst Fachleute aus einem Bereich sind nicht zuverlässig informiert über andere Angebote. Auch für die Anbieter von Hilfen selbst und ihr Personal könnte also ein solches Infosystem in einer Region von höchstem Nutzen sein.

In einer kleinen Broschüre wurde das Ratgeberprojekt vorgestellt und um Mitarbeit in unseren Modellregionen bzw. über die Bundesvereinigung Lebenshilfe in lokalen Lebenshilfevereinigungen geworben.

Infosystem Familienratgeber

Eltern mit behinderten oder von Behinderung bedrohten Kindern sollen in ihrer Wohngemeinde einen „Ratgeber“ nutzen können, der umfassende Informationen über Behörden, Institutionen, Einrichtungen und Selbsthilfegruppierungen und deren Angebote bietet.

Diesem übergeordneten Ziel dienen folgende Teilziele:

1. Modernes Informationssystem für Städte, Landkreise und Gemeinden.

   Ein Informationssystem auf Grundlage einer internetbasierten Datenbank über Hilfen für Familien mit behinderten Kindern soll es Städten, Landkreisen und Gemeinden ermöglichen, eine gebietsspezifische Version für einen „Ratgeber für Familien mit behinderten Kindern“ zu erstellen. Die Erfassung dieses Datenangebots kann in dreifacher Hinsicht dienlich sein. Die entwickelte Ratgeber-Oberfläche dient einer Kommune als Ratgeber für Bürger mit Behinderungen und ihrer Angehörigen. Der Datenbestand ist leicht zu aktualisieren, Informationen können ohne großen Aufwand verändert werden. Die kostspielige Neufassung von Ratgeber-Broschüren, die oftmals mühsame Recherche der sich schnell verändernden Daten, Adressen und Informationen gehört somit der Vergangenheit an. Entweder als Internet-Angebot oder in gedruckter Form als Broschüre ist das Informationssystem „Familienratgeber“ das Bindeglied und Kommunikationsmittel zwischen der Kommune und den Bürgern mit Behinderungen und ihren Angehörigen. Die entwickelte Plattform der internetbasierten Datenbank bietet für Kommunen deutliche Kostenvorteile bei der zukünftigen Erstellung von Informationen für behinderte Menschen und ihre Angehörigen im Vergleich zu der Entwicklung konventioneller Produkte.

2. Bestandsaufnahme zur Planung und Steuerung kommunaler Angebote

   Über die vorliegende ausdifferenzierte Angebotspalette erschließen sich neue Steuerungsmöglichkeiten für den Bereich der kommunalen Sozialplanung im Bereich der Hilfen für behinderte Menschen. Über eine vollständige quantitative Bestandsdatei der regionalen Angebotsstruktur lassen sich Angebotslücken identifizieren. Lokale Angebote können untereinander abgeglichen und stärker miteinander vernetzt werden, der Blick über den Tellerrand zu anderen Kommunen oder überregionalen – bislang unbekannten Angeboten – ermöglicht neue Perspektiven für die Planung und Steuerung kommunaler Hilfen.

3. Grundlage für interkommunale Vergleiche

   Durch die Gestaltung einer bundesweit einheitlichen Benutzeroberfläche werden kommunale Leistungs- und Angebotsstrukturen vergleichbar. Hier können über den interkommunalen Vergleich Kennzahlen für Leistungs- und Kostenprofile erstellt und Benchmarking für die Planung und Steuerung kommunaler Hilfen ermöglicht werden. Das Informationssystem Familienratgeber ist auch ein wertvolles Instrument für die zukünftige Entwicklung kommunaler Angebotsprofile. Mit der Entwicklung des Familienratgebers war Dipl.-Päd. Carsten Krüger betraut.

Ende 1999 wurde die Arbeit von REHAPLAN mit der Erstellung der Datenplattform abgeschlossen. Die „Bundesvereinigung Lebenshilfe für Menschen mit geistiger Behinderung e.V." übernahm die weitere Arbeit zur Einführung des Familienratgebers in die Praxis.

Damit bestanden folgende Funktionszusammenhänge im Ratgeber-Projekt (siehe Abb. 1).

Abb. 1: Funktionszusammenhänge:

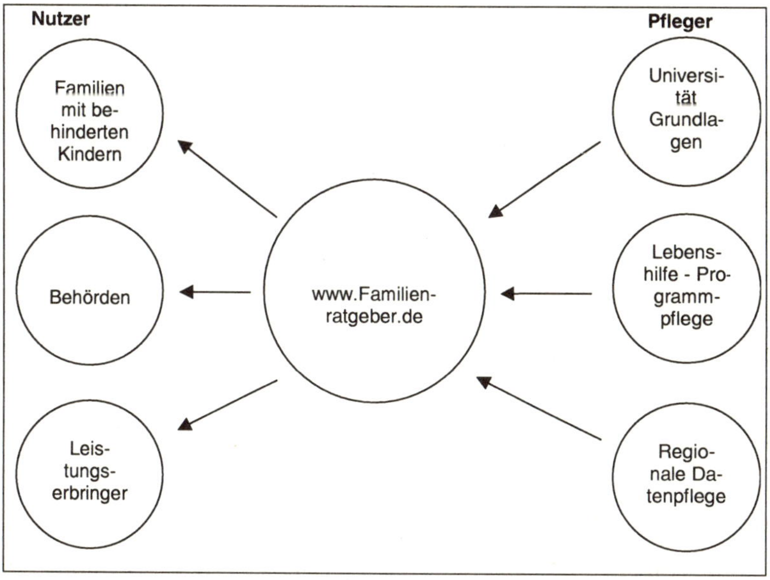

Im Rahmen des Modellprojektes „Wege der Unterstützung von Familien mit behinderten Kindern" wurde die „Regionale Datenpflege" an zwei Standorten übernommen. Modellhaft wurden die regionalen Daten weiterer Regionen in größtmöglicher Vollständigkeit eingegeben. Dabei sollte das entwickelte Programm in Hinblick auf seine Funktionstüchtigkeit erprobt werden, Erfahrungen gesammelt werden, welche Probleme sich bei der regionalen Einführung ergeben könnten und für andere potenzielle Nutzer ein Anschauungsmodell bereitgestellt werden.

Dabei wurde wie folgt vorgegangen:

1. Alle Daten, die der Universität im Rahmen des Modellvorhabens aus den Modellregionen zugeflossen waren, sind in das Internetprogramm eingegeben worden.

2. Für die Stadt Wilhelmshaven, die nicht Modellregion ist, und die Modellregion Neubrandenburg sind durch Arbeit von REHAPLAN (G. Haack, M. Bretz) nahezu vollständige Eingaben erfolgt. Über die Eingabe aller relevanten Adressen haben viele der Leistungsanbieter die Chance genutzt, ihre einrichtungsspezifischen Konzeptionen in das Ratgeberprogramm einzugeben.

Tab. 1: Regionale Daten im Infosystem (Stand September 2001)

Hilfsangebote (Rubriken)	Wilhelmshaven	Neubrandenburg	26 andere Regionen
Vorgeburtliche Diagnostik	20	1	9
Beratung	17	10	106
Selbsthilfe	4	7	67
Geburt und Diagnose	5	2	34
Frühförderung	10	11	48
Kindergärten	6	7	160
Alltagshilfen und Alltagsentlastung	20	6	51
Schule	5	9	149
Freizeit, Sport und Erwachsenenbildung	5	4	63
Förderung erwachsener Menschen	14	6	25
Wohnen	8	4	67
Bildung und Arbeit	3	3	23
Kommunale Behörden	13	1	40
Insgesamt	130	71	842

Beispielhaft sei das Vorgehen in Wilhelmshaven dokumentiert, um anderen Regionen Mut zu machen, eine regionsspezifische Version des Familienratgebers zu erstellen.

Abb. 2: Der Familienratgeber im Internet

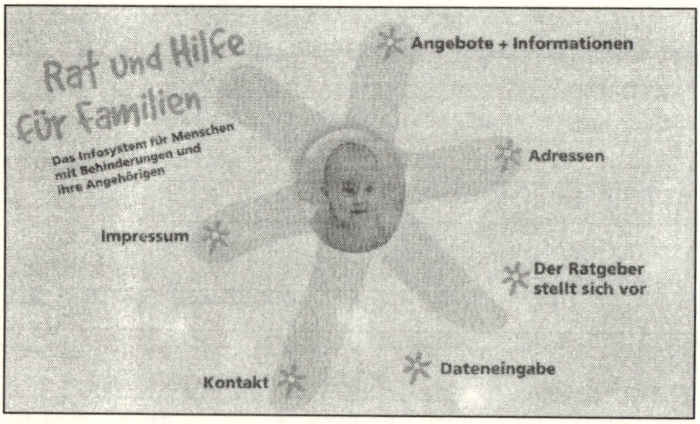

Erfahrungen mit der Einführung des Ratgebers in der Region Wilhelmshaven

Die Aufnahme der Adressen in das Programm ging relativ zügig voran, da Adressenmaterial vorlag und ergänzende Angaben recht unproblematisch beschafft werden konnten. Es standen zur Verfügung das örtliche Telefonbuch, der Wegweiser für Wilhelmshafen und Auskünfte von Organisationen und Behörden, die angefordert wurden.

Es sind 130 Adressen eingegeben worden. Eine große Zahl der Adressen ist mit Detailauskünften versehen, sie spezifische Akzente der Arbeit betonen. Die Anbieterliste erhebt keinen Anspruch auf Vollständigkeit. Während die für den Ratgeber relevanten Behörden und die frei-gemeinnützigen Anbieter vollzählig erfasst werden konnten, fehlen sicherlich noch gewerbliche Dienstleister. Die Ärzteschaft ist deshalb unvollständig, weil es einer Programmergänzung bedarf.

Es ist davon auszugehen, dass z.Zt. die wenigsten Organisationen und Institutionen über einen Zugang zum Internet verfügen. Beim Sammeln und Aufbereiten von Materialien ist also eine Einspeisung von Daten über E-Mail oder andere Formen der automatischen Datenübertragung nahezu völlig ausgeschlossen. Es können auch nicht Auskünfte unter Hinweis auf den Ratgeber nach dem Muster: „Wenn Sie das und das aufrufen..." erwartet werden. Wer also verwertbares Datenmaterial einholen will, muss dieses schriftlich tun. Das verwendete Anschreiben enthält unter anderem den Einführungstext aus dem Ratgeber (siehe Kasten Infosystem Familienratgeber).

Um die Angaben der in das Adressenverzeichnis aufzunehmenden Angebote in größtmöglicher Einheitlichkeit zu erhalten, ist zu empfehlen, Fragebögen zu verwenden, die den Kriterien des Eingabeformulars aus dem Programm entsprechen. Weiterhin wurde aus dem Programm der Zuordnungskatalog entnommen und den Organisationen zugeschickt, damit diese ihre Aktivitäten selbst zuordnen konnten. Das hat im Prinzip sehr gut funktioniert.

Als Antwort erhält man dann – zum Teil handschriftliche – Daten und Texte, die für die Dateneingabe erst aufgearbeitet werden müssen. Das ist insbesondere bei der Aufnahme von Texten (z.B. aus Informationsblättern) recht mühselig und ohne einen Scanner in vertretbarem Zeitaufwand kaum zu schaffen.

Es wurde die Erfahrung gemacht, dass alle Organisationen und Institutionen über Zeitmangel klagen, der selbst das Ausfüllen eines Fragebogens behinderte. Deshalb konnte nicht darauf gehofft werden, dass das Datenmaterial von einer Organisation oder Behörde in das Internet eingespeist werden würde. Nach einigen Gesprächen war klar, dass die erste Datenaufbereitung von jemandem gemacht werden musste, der von anderen Aufgaben frei war. Einen regional aufbereiteten Ratgeber entgegenzunehmen und die laufende Datenpflege zu leisten, dazu wird sich Bereitschaft finden. Die Gespräche hierzu sind in Wilhelmshaven noch nicht abgeschlossen. Es ist daran gedacht, diese Aufgabe dem Gesundheitsamt zu übertragen, weil dort vor einigen Jahren auch der „Gesundheitsführer“ entstanden ist.

Hilfreich war bei der Datenerfassung, dass der kommunale Behindertenbeirat, in Wilhelmshaven ein Sonderausschuss des Rates der Stadt, sich sofort bereit fand, bei der Erstellung des regionalen Planes mitzuarbeiten und das Vorhaben zu unterstützen. Im Behindertenbeirat sind die größten Leistungsanbieter, die Sozialverwaltung der Stadt Wilhelmshaven, die Arbeitsverwaltung und der Rat der Stadt durch die Vorsitzende des Sozialausschusses vertreten.

Im Behindertenbeirat wurde folgender Weg der Datenerfassung und -verarbeitung besprochen: Das Datenmaterial, das schon vorliegt, insbesondere durch den Wegweiser des Arbeitskreises Gesundheit, wird unverändert übernommen, es sei denn, Änderungen sind schon bekannt. Die großen Anbieter erhalten Fragebögen, anhand derer sie ihr Angebot beschreiben. Sind die Daten erfasst, soll eine Pressekonferenz stattfinden und alle relevanten Organisationen und Institutionen aufgefordert werden, ihren Eintrag zu überprüfen und ggf. Änderungswünsche an die dann zuständige Stelle zu geben. Mit diesem Verfahren konnte schneller gearbeitet werden, als wenn man auf einen umständlichen und erfahrungsgemäß zunächst unvollständigen Datenrücklauf hätte warten müssen.

Es ist zu hoffen, dass dieses Verfahren sich auch für die Arbeit an anderen Orten bewähren kann. Über die im Programm des Ratgebers noch vorhandenen Mängel wurde die Bundesvereinigung Lebenshilfe informiert.

Ähnlich war das Vorgehen in Neubrandenburg. Hier bearbeitete ein Student des Diplomstudienganges Sonderpädagogik in Oldenburg (M. Bretz) in Zusammenarbeit mit der Lebenshilfe Neubrandenburg vor Ort die Datenerfassung und Eingabe.

Die Erfahrungen mit der regionalen Dateneingabe lassen sich wie folgt zusammenfassen:

1. Das System „Familienratgeber“ ist funktionstüchtig.
2. Der Dateneingabe ist ohne längere Einarbeitung möglich. Es ist vorgeschlagen worden, einen schriftlichen Leitfaden zu entwickeln. Dieser könnte Schulungen entbehrlich machen und es erleichtern, dass für Personen, die mit der regionalen Datenpflege betraut sind, eine Einarbeitung unproblematisch erfolgen kann.
3. Die Darstellungen der eingegeben Daten ist übersichtlich und benutzerfreundlich.
4. An beiden Orten zeigten sich die Leistungsanbieter und Behörden sehr kooperativ. Daten und Texte wurden bereitwillig zur Verfügung gestellt.

5. Es hat sich aber herausgestellt, dass weder bei den Leistungsanbietern noch bei den Behörden damit gerechnet werden kann, dass dort Internetzugänge vorhanden sind. Deshalb ist die Nutzung des Programms selbst für diese zwei Nutzergruppen zur Zeit noch nicht durchgängig anzunehmen.
6. Hier liegt auch ein Problem für die regionale Datenpflege. Es wurde bislang für zweckmäßig gehalten, dass wegen der erforderlichen Kontinuität der Datenpflege eine Fachbehörde diese Aufgabe übernehmen müsste. Wenn man aber nicht mehr davon ausgehen kann, dass in diesen Behörden ein Internetzugang vorhanden ist, dann müssten andere Wege gesucht werden.
7. Inwieweit Bürger mit Behinderungen und deren Angehörige über einen Internetzugang verfügen, lässt sich nicht sagen. Um die Nutzungshäufigkeit überprüfen zu können, wäre es sinnvoll, das Programm um ein entsprechendes Statistikprogramm zu erweitern.
8. Wenn der „Familienratgeber" regional eingeführt ist, bedarf es einer intensiven regionalen Öffentlichkeitsarbeit, ihn für potenzielle Nutzer bekannt zu machen.

Die hier geäußerten Probleme sollen aber nicht verdecken, dass es sich bei dem „Familienratgeber" um ein Medium handelt, dass sehr zukunftsträchtig ist. Unter der Voraussetzung, dass das Grundprogramm (Plattform) regelmäßig gepflegt und den Änderungen angepasst wird (man denke an das neue SGB IX) und eine regionale Datenpflege kontinuierlich garantiert ist, dürfte es sich bei dem Familienratgeber um eine Entwicklung handeln, die allen anderen vergleichbaren Informationssystemen überlegen sein wird.

Interessenten für die Erstellung lokaler Versionen setzen sich bitte in Verbindung mit:

Bundesvereinigung Lebenshilfe für Menschen mit geistiger Behinderung e.V., Marianne Elsner, Raiffeisenstraße 18, 35043 Marburg, Telefon: 06421/491-184, Fax: 491-167, E-Mail: marianne.elsner@lebenshilfe.de

3.2 Regionale Angebotsstrukturen

(G. Wachtel)

3.2.1 Methodische Aspekte der Untersuchung

Familien sind in ihren alltäglichen Lebensvollzügen in vielfältige Lebensbereiche eingebunden. Dazu zählen nach Finke (1998) u.a. Arbeitswelt, Wohnen, Umwelt, familienfördernde Infrastruktur, Sozialraum, Gesundheit, Bildung, familienunterstützende Dienste, familienergänzende Kinderbetreuung. Ziel der nachfolgend in ihren methodischen Ansätzen und Ergebnissen zu beschreibenden Untersuchung war die quantitative und in Ansätzen qualitative Erfassung der sozialen Infrastruktur, wie sie sich Familien mit Kindern mit Behinderung[1] in den 16 ausgewählten Modellregionen aus Sicht der Leistungserbringer präsentiert. Das Hauptaugenmerk lag auf personenbezogenen Angeboten, die vorrangig den Bereichen „Familienergänzende Kinderbetreuung", „Familienunterstützende Dienste", „Bildung" und in Teilen „Gesundheit" sowie „Sozialraum" zuzuordnen sind. Mit anderen Worten: es sollten Angebote der Behindertenhilfe, der Kinder- und Jugendhilfe, der Selbsthilfe, im Bildungsbereich usw. aus diesen Lebensbereichen erhoben werden, die für Familien mit Kindern mit Behinderung regional zur Verfügung stehen. Im weiteren wird deshalb zur Kennzeichnung der Untersuchung häufig auch von der ‚Angebotserhebung' die Rede sein. Diese Untersuchung stellt damit einen wesentlichen Baustein zur Beschreibung der jeweiligen regionalen Unterstützungsnetzwerke dar.

Die Untersuchung untergliedert sich in zwei, aufeinander bezogene Teile:

1. Erfassung von Anzahl und Art der Angebote (quantitative Darstellung der Angebotsstruktur);
2. Beschreibung der Angebote hinsichtlich ausgewählter Parameter (qualitative Beschreibung der Angebotsstruktur).

Zu 1.
Um die Anzahl und Art der in einer Region vorhandenen Angebote für Familien mit behinderten Kindern zu erfassen, wurde eine Adressenrecherche

---

1 Im Verständnis des Modellprojektes zählen zur Zielgruppe Familien mit mindestens einem Kind mit Behinderung, von 0 Jahren bis zur Beendigung der Schule, unabhängig davon, ob dessen Schulpflicht ruht. Der zugrunde gelegte Familienbegriff geht davon aus, dass eine Familie aus mindestens einer erwachsenen Person und einem Menschen einer jüngeren Generation, sprich einem Kind, besteht. Der gegenwärtige Lebensort des Kindes kann dabei sowohl innerhalb als auch außerhalb der Familie liegen. Für die Beschreibung, ob eine Behinderung vorliegt, wird auf die Definition im Sinne des §39 BSHG (Eingliederungshilfe) zurückgegriffen. Zur Zielgruppe gehören demnach Familien mit Kindern mit geistigen, körperlichen und Sinnesbehinderungen. Familien mit Kindern mit anderen Beeinträchtigungen und Behinderungen zählen nicht zur Zielgruppe.

durchgeführt. Die Ergebnisse dieser Recherche bildeten zum einen die Grundlage für eine regionale Angebotsbeschreibung aus quantitativer Sicht. Zum anderen stellte die entstandene Adresskartei die Grundlage für die sich anschließende Befragung der Leistungserbringer dar. Die gewonnenen Adressen sollten außerdem über die Eingabe in die internetbasierte Version des Familienratgebers (siehe Kap. 3.1) für die Modellregionen nutzbar gemacht werden.

In Anlehnung an das Raster zur Beschreibung von Angeboten im Familienratgeber wurden Leistungsanbieter aus folgenden Bereichen ermittelt: Frühförderung/Sozialpädiatrisches Zentrum (SPZ), institutionelles Tagesangebot für Kinder, Schule, Heim/stationäre Hilfe, Familienentlastender Dienst (FED)/Familienunterstützender Dienst (FUD), Kurzzeit-/Ferienbetreuung, Pflegedienst, Freizeitangebot, Beratungsstelle, Selbsthilfe, Verein/Verband, Amt, Sonstiges. Die Recherche erfolgte entsprechend der nachfolgend dargestellten Vorgehensweise:

- Recherche in regionalen Ratgebern, Wegweisern für Menschen mit Behinderungen;
- Recherche in vorliegenden spezialisierten Verzeichnissen (z.B. Heimverzeichnis, Verzeichnis der Frühförderstellen, Verzeichnis der Selbsthilfegruppen, Schulverzeichnis);
- Recherche der CD-Rom „Das Telefonbuch. Für Deutschland. Herbst 1999“;
- Kontaktaufnahme mit den zuständigen Behörden, Behindertenbeauftragten/-beiräten u.ä., mit dem Ziel, aktuelle Adressenlisten zu erhalten;
- Zusammenarbeit mit den Kooperationspartnern der jeweiligen Modellregion hinsichtlich der Ermittlung von Adressen bzw. der Korrektur von Adressenlisten.

Festzustellen ist, dass bereits in diesem Untersuchungsschritt wider Erwarten z.T. erhebliche Schwierigkeiten auftraten. Sie betrafen die Typisierung der Einrichtungen ebenso wie das Auffinden von aktuellen Adressen. Zum Zeitpunkt der Erhebung lagen in keiner Region vollständige aktuelle Verzeichnisse über bestehende Angebote der Behindertenhilfe, Jugendhilfe und/oder Selbsthilfe vor. Vollständige Überblicke über Hilfen für Familien mit behinderten Kindern auf Landesebene lagen für Sachsen (Staatsministerium 1999) und Baden-Württemberg (Sozialministerium 1996) vor. Diese Darstellungen erwiesen sich jedoch als nicht fehlerfrei. Zudem stellten sich die Adressrecherchen als äußerst zeitaufwändig dar. Zusammenfassend ist davon auszugehen, dass keine vollständigen Samples, d.h. eine Übersicht über alle Angebote einer Region, die Familien mit Kindern mit Behinderung bei ihrer Lebensgestaltung unterstützen können, erstellt werden konnten. Dies betrifft insbesondere Angebote, die Familien mit Kindern mit Behinderung nicht zu ihrem Hauptadressatenkreis zählen, z.B. integrative Kindertagesstätten und integrative Schulen, aber auch Beratungsstellen.

Somit sind Angebotslücken aus quantitativer Sicht nicht genau zu bestimmen. Es lassen sich lediglich Hinweise darauf oder Verdachtsmomente formulieren.

Zu 2.
Um die in den einzelnen Regionen bestehenden familienorientierten Unterstützungssysteme genauer beschreiben zu können, wurde eine schriftliche Befragung der recherchierten Anbieter durchgeführt. Ziel war die Ermittlung von Informationen aus den Bereichen „Allgemeine Daten“, „Klientel“, „Tätigkeitsfelder“, „Finanzierung“, „Erreichbarkeit“, „Regionale Bezüge/ Vernetzung“, „Angebotslücken“, „Freiwilliges Soziales Engagement“. Dazu wurde ein selbst konstruierter „Fragebogen zur Erhebung regionaler Angebote der Behindertenhilfe“ genutzt, der einem umfangreichen Pre-Test unterzogen wurde.

Befragt wurden alle Leistungserbringer in einer Region, unabhängig davon, ob das Angebot hauptamtlich oder im Rahmen des freiwilligen sozialen Engagements erbracht wird. Zu diesen Diensten oder Einrichtungen, die ihre Angebote an Familien mit behinderten Kindern richten, zählen wir

- professionelle Anbieter aus dem Bereich der Behindertenhilfe, der Kinder- und Jugendhilfe sowie aus dem schulischen Bereich;
- Initiativen, Selbsthilfegruppen, Vereine, Verbände u.ä., deren Tätigkeit vorrangig auf freiwilligem sozialen Engagement basiert;
- kommunale Behörden und Fachabteilungen.

Die Erhebungsphase erstreckte sich von Dezember 1999 bis Juni 2000. Der Fragebogen wurde mit einem Anschreiben an insgesamt 1771 Anbieter in 16 Modellregionen verschickt. Der Rücklauf der Fragebögen war in den einzelnen Regionen sehr unterschiedlich. Er liegt zwischen 21% in Bremen und 50% in Dresden. In die statistische Auswertung flossen 596 Fragebögen ein. Bezogen auf die Anzahl der verschickten Fragebögen ist diese Zahl relativ gering. Ausfälle sind u.a. dadurch bedingt, dass einige Adressen doppelt, jedoch unter verschiedenen Bezeichnungen, im Sample aufgeführt waren. 64 Briefe erwiesen sich als unzustellbar. Das bestätigt unseren Eindruck, dass sich aktuelle Aussagen über die Angebotsstrukturen nur sehr schwer treffen lassen, da einige Adressen in den bei der Adressrecherche hinzugezogenen Dokumenten veraltet zu sein scheinen. Zudem kamen telefonische und schriftliche Rückmeldungen von Einrichtungen, Diensten etc., dass sie kein Angebot für die angesprochene Zielgruppe „Kinder und Jugendliche mit Behinderungen und ihre Familien“ vorhalten.

Im Sinne der Zielstellung des Modellvorhabens fand die Auswertung der Angebotserhebung regionsbezogen statt, wobei angestrebt wurde, die bestehende ‚Unterstützungslandschaft‘ unter quantitativen und qualitativen Aspekten zu beschreiben. Im Anschluss sollte jedoch auch versucht werden, übergreifende Schlussfolgerungen zu formulieren. Die im ersten Schritt gewählte

Auswertung mit Hilfe des Statistikprogramms SPSS erwies sich als nur begrenzt angemessen. Aufgrund der Rücklaufquoten bestand die erhöhte Gefahr, dass die zu erstellende Beschreibung der ‚Unterstützungslandschaft' die Realität verzerrt abbildet. Aus diesem Grund wurde die statistische Beschreibung durch deskriptive Darstellungen ergänzt, in die auch Informationen aus weiteren Gesprächen, Dokumentenanalysen etc. einflossen.

Die Ergebnisse wurden über Zwischenberichte und projektinterne Informationsmaterialien allen Projektpartnern zugänglich gemacht und auf Gesamtkonferenzen mit dem Forschungsteam sowie untereinander diskutiert. In einzelnen Regionen fanden Regionalkonferenzen statt. Eine zusammenfassende Darstellung der Entwicklungsempfehlungen seitens des Forschungsteams erfolgt im Rahmen dieser Publikation (vgl. Kap. 8).

3.2.2 Zusammenfassung der Ergebnisse

Der zusammenfassenden Darstellung ausgewählter Ergebnisse der Angebotserhebung sei eine Vorüberlegung vorangestellt, die deutlich machen soll, dass Fragen der Unterstützungsnetzwerke für Familien mit Kindern mit Behinderung weit über das traditionelle System der Behindertenhilfe hinausgehen. Sie soll stichpunktartig eine Herangehensweise beschreiben, die dieses System als subsidiär im Hinblick auf Unterstützungsnetzwerke für Familien generell versteht und damit gleichzeitig den konzeptionellen Rahmen für die nachfolgende Auswertung skizzieren. Fragt man nach dem Unterstützungsangebot, das Familien mit Kindern mit Behinderung in ihrer Gemeinde, ihrer Stadt oder ihrem Stadtteil zur Verfügung steht, so bietet sich aus unserer Sicht ein dreischrittiger Zugang an, der von einer allgemeinen Perspektive ausgeht und erst am Ende den Blick auf spezifische Angebote fokussiert.

Den Ausgangspunkt unserer Überlegungen bildet die Prämisse, dass Familien mit Kindern mit Behinderung ebenso wie allen anderen Familien eine gleichberechtigte und umfassende gesellschaftliche Teilhabe an allen relevanten Lebensbereichen entsprechend ihrer individuellen Lebensplanung zu ermöglichen ist. Im ersten Schritt wäre somit die kommunale Gesamtentwicklung aus einer kinder- und familienorientierten Perspektive zu betrachten. Es wäre z.B. zu fragen, wie Aspekte der Kinder- und Familienpolitik in die kommunale Gesamtentwicklung eingebettet werden. Wie kinder- und familienfreundlich sind die vorhandenen kommunalen Strukturen, welche Angebote existieren für Familien? Sind es in erster Linie die Familien, die sich den bestehenden Strukturen anpassen müssen oder wird der Heterogenität der Familienformen, der Heterogenität der individuellen familialen Lebensentwürfe und Bedürfnisse Rechnung getragen? Praktische Entwicklungsschritte in diesem Zusammenhang wurden u.a. im Rahmen des Modellprojektes „Familien- und Kinderfreundlichkeit in der Kommune" begleitet, das im Auftrag des Bundesministeriums für Familie, Senioren, Frauen und Jugend (BMFSFJ) vom Institut für Entwicklungsplanung und Strukturforschung Hannover (ies) realisiert wurde. Im Mittelpunkt stand hier die Frage, wie kann Familien- und Kinderpolitik im Sinne einer sozialen Strukturpolitik weiter entwickelt werden und in die Gesamtleistungen der Kommunen wirkungsvoll integriert werden (Modellprojekt, o.J.).

Im zweiten Schritt erfolgt eine Fokussierung der Betrachtungsweise unter dem Aspekt, ob die bestehenden „Regel"-Angebote für Familien mit Kindern mit Behinderung offen sind. Diese Herangehensweise sieht sich u.a. in Übereinstimmung mit der im SGB IX, §19, Abs. 3 formulierten Forderung, dass „bei Leistungen an behinderte oder von einer Behinderung bedrohte Kinder eine gemeinsame Betreuung behinderter und nichtbehinderter Kinder angestrebt" wird.

Hinsichtlich familienunterstützender Angebote wäre in diesem Kontext z.B. zu fragen, ob es zunehmend gelingt einen Perspektivwechsel zu unterstützen, in dessen Folge Kinder mit Behinderung nicht in erster Linie über ihre Defizite definiert, sondern zuerst als Kinder mit ihren alltäglichen Bedürfnissen wahrgenommen werden. Gestalten „Regel"-Einrichtungen und Dienste ihre Angebote unter einer Perspektive, die Heterogenität von Kindern und Jugendlichen als Chance und nicht vorrangig als Hindernis begreift, öffnen sie sich somit auch für Kinder und Jugendliche mit Behinderung? Die nachdrückliche Akzentuierung der Überprüfung der Möglichkeiten zur Nutzung von „Regel"-Angeboten mag manchen Leser, manche Leserin verwundern. Aber trotz der bereits mehrere Jahrzehnte währenden Diskussionen um gemeinsame Bildung und Erziehung von Kindern mit und ohne Behinderung im Vorschulalter und im Schulalter ist in Deutschland zum gegenwärtigen Zeitpunkt z.B. in den Bereichen familienunterstützende Kinderbetreuung und Bildung nicht davon auszugehen, dass der Nutzung von „Regel"-Angeboten in allen Bundesländern oberste Priorität eingeräumt wird (vgl. dazu Dittrich 1998, Sonderpädagogische Förderung 2001). Im Rahmen unserer Untersuchung wurde dies z.B. im Extremfall daran deutlich, dass Kindertagesstätten die an sie adressierten Fragebögen an die Sonderkita der Lebenshilfe e.V. weiterleiteten mit dem Vermerk, dass Familien mit Kindern mit Behinderung nicht zu ihrer Adressatengruppe zählen.

Im Kontext der Diskussion der Bedingungen, die „Regel"-Angebote bereit machen für die Beachtung der veränderten Anforderungen, die sich aus differenzierten familialer Lebenswelten ergeben sowie für die Arbeit mit heterogenen Kindergruppen schließt sich somit ein dritter Schritt an. Hier ist zu fragen, welche speziellen Angebote benötigen Familien mit Kindern mit Behinderung in ihrer jeweils individuellen Situation zusätzlich zu den bereits vorhandenen allgemeinen Angeboten, in welchem Rahmen können diese Angebote bereit gestellt werden und wie werden sie mit den „Regel"-Angeboten verknüpft bzw. koordiniert.

Nach dieser kurzen Vorbemerkung nun zurück zu den Ergebnissen der Angebotserhebung. Da es den Rahmen der vorliegenden Publikation sprengen würde, die regionalen Beschreibungen detailliert wieder zu geben, soll an dieser Stelle versucht werden, anhand einzelner Schwerpunkte den Bogen zwischen der Darstellung ausgewählter regionaler Spezifika und übergreifenden Schlussfolgerungen zu spannen.

Informationen über regionale Angebote für Familien mit Kindern mit Behinderung

Bereits im Ergebnis der Adressenrecherche lässt sich feststellen, dass Informationsmaterialien, in denen Angebote für Familien mit Kindern mit Behinderung übergreifend, d.h. unabhängig von den existierenden Rehabilitationsträgern und über das traditionelle System der Behindertenhilfe hinausgehend dargestellt werden, kaum existieren. Die traditionelle Gliederung des existierenden Unterstützungssystems, z.B. in Behindertenhilfe und Jugendhilfe, die beide familienergänzende Betreuungsangebote und familienunterstützende Angebote bereit stellen, scheint eine Zusammenführung zu erschweren. Auffallend ist zudem, dass Regelangebote in ihrer primären Zuständigkeit für Familien mit Kindern mit Behinderung nur in einzelnen Regionen wahrgenommen werden. Für einige Regionen lagen Übersichten für ausgewählte Angebotstypen (z.B. Schulen, Heime) vor, die z.T. aber veraltet waren. Computergestützte Informationszugänge, die einfacher zu aktualisieren und ggf. auch über das Internet recherchierbar sind, standen zum unmittelbaren Zeitpunkt der Erhebung in keiner der Modellregionen zur Verfügung. Es sind jedoch Entwicklungen in diesem Bereich zu beobachten. So gibt es seit Sommer 2000 in Schwäbisch Hall eine Datenbank unter dem Titel „Gesundheits- und Hilfe-Wegweiser“ als CD-Rom, die vom Landratsamt Schwäbisch Hall erstellt worden ist sowie für Bielefeld eine Datenbank für Angebote der Behindertenhilfe, die vom Behindertenkoordinator der Stadt entwickelt wurde.

Eine Ansprechperson, die einen Überblick über existierende regionale bzw. in Frage kommende überregional arbeitende Dienste und Einrichtungen geben kann, ist für Ratsuchende selten zu finden. Es gibt nur in wenigen Fällen übergeordnete Auskunftsstellen. Die in vielen der Modellregionen existierenden, z.T. ehrenamtlich arbeitenden, Behindertenbeauftragten waren nur zum Teil auskunftsfähig. Mehrheitlich entstand der Eindruck, dass der Schwerpunkt ihrer Arbeit nicht im Bereich der Beratung Betroffener lag, sondern eher darin zu sehen ist, die politischen und sozialen Rahmenbedingungen für behinderte Menschen vor Ort mitzugestalten.

In einigen Regionen übernehmen einzelne Angebote, z.B. Frühförderstellen, oder Träger der Behindertenhilfe die Aufgabe, Menschen mit Behinderungen und ihre Familien über bestehende Angebote zu informieren. Dieses scheint allerdings eher zufällig, aufgrund privaten Interesses und nicht aufgrund eines übergeordneten Planungsinteresses stattzufinden. Als positives

Beispiel ist die Beratungsstelle für Menschen mit Behinderungen in Bielefeld (o.J.) zu erwähnen.

> „Die zentrale Beratungsstelle für Menschen mit Behinderungen hat die Aufgabe, auf jeden Einzelfall bezogen die optimalen Hilfen herauszufinden. Sie berät den Hilfesuchenden und führt durch die Vielfalt von Leistungsanbietern und Leistungsträgern.
>
> Die Mitarbeiter gehen in einem Beratungsgespräch auf die Behinderungsart, die Ursache, und das Auftreten von Behinderungen in allen Lebensaltersstufen ein. Sie informieren über die unterschiedlichen Hilfen in den Bereichen Frühförderung, Kindertageseinrichtungen, Schule, Arbeit, Wohnen, Freizeit, und Selbsthilfe.
>
> Beispiele aus der Beratungspraxis:
>
> - Die Mutter eines drei Wochen alten Säuglings fragt nach, welche Hilfemöglichkeiten es gibt, wenn das Untersuchungsergebnis mit Verdacht Trisomie 21 sich bestätigt.
> - Familie X ist vor zwei Monaten aus Extertal nach Jöllenbeck verzogen. Sie hat einen fünfjährigen Sohn, der gewickelt und gefüttert werden muss. Wo gibt es einen Platz in einem integrativen Kindergarten? Ihr Sohn kann in Extertal bleiben. Wer zahlt die Fahrtkosten? ...
>
> Die städtische Beratungsstelle berät trägerunabhängig. Die Beratungsstelle ist keinem Dienstleister verpflichtet und an keinen Leistungsträger gekoppelt. Die Beratungsstelle kooperiert mit Leistungsträgern (Arbeitsamt und Versorgungsamt) und Leistungsanbietern (Dienste und Einrichtungen)."

Es entsteht der Eindruck, dass in den Regionen, in denen es keine träger- und leistungsanbieterunabhängigen Beratungsmöglichkeiten gibt, die Betroffenen einem für sie nur schwer zu überschauenden Angebotsfeld gegenüberstehen. Eltern behinderter Kinder sind bei ihren Recherchen über Angebote zur Zeit nach Einschätzung der befragten Einrichtungen und Dienste in der Hauptsache auf zwei Informationsquellen angewiesen. Zum einen schöpfen sie einen Großteil ihrer Informationen aus der sog. „Mund-zu-Mund-Propaganda" im soziokulturellen Milieu Gleichbetroffener. Zum anderen erhalten sie Anhaltspunkte zu Angeboten der Region durch die Vermittlung über andere Anbieter. Welche dies konkret sind, stellt sich regional differenziert dar. In manchen Regionen sind es die zuständigen Ämter, die Zuweisungen zu Einrichtungen vornehmen, in anderen Regionen Ärzte, Frühförderstellen, Kindertagesstätten. Die Bedeutung, die der Vermittlung durch andere Institutionen, Dienste etc. zu kommt, soll an dieser Stelle kurz reflektiert werden. Für die Eltern kann durch diese Art der Weitergabe von Informationen die Informationssuche erheblich erleichtert und verkürzt werden. Gleichzeitig besteht die Gefahr, dass ggf. eine einseitige, von den

Interessen der Anbieter geleitete Vermittlung erfolgt, insbesondere dann, wenn es sich um Einrichtungen eines Trägers handelt oder wenn die vermittelnde Institution nur über begrenzte Kenntnisse der Angebotsstruktur verfügt. Um eine individuelle, bedürfnisadäquate Vermittlung zu realisieren, erscheint die Einführung eines individuellen, familienbezogenen „Case Managements" in Verantwortung einer neutralen Stelle erforderlich. Diese Stelle kann gleichzeitig gewährleisten, dass Bedarfe hinsichtlich der Weiterentwicklung des regionalen Unterstützungssystems, die im Zusammenhang mit der individuellen Hilfeplanung erkannt werden, in einem festzulegenden Verfahren weitergeleitet werden können.

Gleichzeitig erweist es sich für viele Anbieter als nur schwer möglich, ihr Angebot in dem gesamten Angebotsnetz zu positionieren, wenn sie nicht zu einem Träger gehören, der regionaler Hauptanbieter der Behindertenhilfe ist (Beispiel: Altenoythe). Bei den befragten Diensten und Einrichtungen dominieren übergreifend über alle Regionen drei Wege, um das Angebot regional bekannt zu machen: die Vermittlung über andere Einrichtungen bzw. Dienste, die Darstellung des Angebotes im Rahmen von Veranstaltungen sowie die sog. „Mund-zu-Mund-Propaganda".

Zusammenfassend ist somit festzustellen, dass in der Mehrzahl der untersuchten Regionen Informationswege fehlen, die die ‚Kundensouveränität' der Eltern erhöhen und damit Chancengleichheit fördern könnten. Gangbare Wege aus unserer Sicht wären zum einen die Bereitstellung über Internet recherchierbarer regionaler Datenbanken, wie z.B. im Rahmen des „Familienratgebers" (vgl. Kap. 3.1). Diese Datenbanken sollten professionelle Unterstützungsangebote aus dem Bereich der Behindertenhilfe, der Kinder- und Jugendhilfe sowie dem Bildungsbereich enthalten, des weiteren Informationen zu Selbsthilfegruppen, Arbeitskreisen und Ansprechpartnern in den Verwaltungen und Ämtern. Zum anderen erscheint es notwendig, dass trägerunabhängige, regionale Stellen geschaffen werden, die die Aufgaben der Information sowie bei Wunsch der Eltern auch der Vermittlung und Koordination von Unterstützungsangeboten übernehmen.

Angebotsspektrum

Die vorliegenden Ergebnisse der Angebotserhebung ermöglichen trotz einiger Ausfälle für jede Region einen Überblick über das bestehende Unterstützungssystem für Familien mit Kindern mit Behinderung. Der Vergleich dieser regionalen Angebotsbeschreibungen bestätigt nachdrücklich, dass deutliche Disparitäten hinsichtlich der existierenden Unterstützungsnetzwerke für Familien mit behinderten Kindern zwischen den verschiedenen Regionen bestehen. Neben dem Einfluss sozial-, familien- und bildungspolitischer Konzepte (vgl. Kap. 3.1.1) ist in diesem Zusammenhang auch explizit danach zu fragen, inwiefern ein auf unterschiedlichen Wertemustern beruhendes Nachfrageverhalten der Eltern sowie bestehende Trägertraditionen am Zustandekommen dieser Unterschiede beteiligt sind.

Die nachfolgende Darstellung zu den bestehenden Unterstützungsnetzwerken erfolgt in Anlehnung an eine lebenslaufbezogene Gestaltung von Hilfen. Auffälligkeiten im Sinne von Funktionseinschränkungen werden häufig von Ärzten festgestellt. Im Rahmen unserer Untersuchung haben wir nicht geklärt, in welcher Form die Verantwortung für diese Erstinformation der Eltern im Bereich der medizinischen Versorgung wahrgenommen wird. Ganz wesentlich erscheint aber die Einbindung dieses Bereiches in das Informationsnetz für Familien mit Kindern mit Behinderung. Ärzte sollten mindestens über Informationen zu übergreifenden Informationsangeboten/stellen, zu Angeboten der Frühförderung, zu Beratungsstellen sowie zu Selbsthilfeangeboten verfügen.

Frühförderangebote nehmen im Netzwerk der Unterstützungsangebote für Familien mit Kindern mit Behinderung einen wichtigen Platz ein. In vielen Fällen gestaltet sich über dieses Angebot der erste Zugang zu spezifischen Unterstützungsangeboten. Mit einer Ausnahme steht in allen Modellregionen mindestens ein Angebot zur regionalen Frühförderung bereit[2]. Entsprechend der förderalen Struktur der Bundesrepublik gestaltet sich dieses Angebot zwischen den Regionen äußerst differenziert. Schränkt man die Sicht auf Frühförderangebote auf die Altersgruppe der Kinder von null bis drei Jahren ein, so zeichnen sich drei grobe Entwicklungslinien ab:

- Es erfolgt eine Schwerpunktsetzung auf mobile Frühförderung im häuslichen Bereich bzw. auf die Kombination mobiler und ambulanter Angebote in Frühförderzentren bzw. -stellen. Eine teilstationäre Betreuung für Kinder im Alter von null bis drei Jahren ist nur in besonderen Ausnahmefällen möglich.
- Neben der mobilen häuslichen und ambulanten Frühförderung werden in unterschiedlichem Umfang auch Angebote zur teilstationären Betreuung für diese Altersgruppe bereit gehalten, z.B. in Form von Integrationskindertagesstätten, die Kinder mit und ohne Behinderung vom Säuglingsalter bis zur Einschulung aufnehmen. In einer der Modellregionen bietet z.B. eine dieser Kitas neben ganztägiger Betreuung Förderung und heilpädagogische Maßnahmen sowie ein breites Spektrum fachtherapeutischer Leistungen an.
- Neben Angeboten zur ambulanten Frühförderung existieren Angebote zur teilstationären Betreuung in Sondergruppen oder integrativen Einrichtungen. Behinderungsspezifische Hilfen bzw. Beratungsleistungen werden durch externe Spezialisten erbrachte und in der Regel mit dem Angebot dieser Einrichtungen verknüpft.

---

2 In einigen Regionen befinden sich auch ein oder mehrere Sozialpädiatrische Zentren (SPZ), die aber aufgrund ihres überregionalen Charakters hier nicht näher betrachtet werden sollen.

Angebote zur Frühförderung sind traditionell ein Angebot der Behindertenhilfe. Die dargestellten Entwicklungslinien lassen aber auch erkennen, dass bereits Modelle existieren, die eine stärkere Verzahnung mit Angeboten der Kinder- und Jugendhilfe aufweisen. Im Sinne der oben dargestellten Leitideen ist zu fragen, inwiefern Frühförderangebote in die Jugendhilfeplanung einzubeziehen sind. Dieser Verzahnung kommt auch im Hinblick auf die veränderte Frauenrolle im familialen Kontext eine wesentliche Bedeutung zu. Auch Frauen mit kleinen Kinder mit Behinderung müssen, wenn sie es wünschen, die Chance erhalten, einen doppelten Lebensentwurf zu realisieren. Angemessene Angebote zur familienergänzenden Kinderbetreuung stellen dabei ein tragendes Element dar. Da aber für Frauen mit Kindern generell „neben fehlenden Arbeitsplätzen ... unzureichende Betreuungsangebote weiterhin das Haupthindernis für die Beschäftigung“ sind (Engelbrech 2001, 6), sind Lösungen des Problems somit nur im Gesamtkontext einer Veränderung der sozialen Infrastruktur für Familien mit Kindern und hier ganz speziell mit Kleinkindern denkbar.

Ergänzende Gespräche haben gezeigt, dass in einem Teil der Regionen Frühförderstellen zumindest ansatzweise Aufgaben der Hilfeplanung und des „Case Managements“ wahrnehmen, bis einschließlich zur Aufnahme des Kindes in eine vorschulische Betreuungseinrichtung. Sie können dabei in der Regel auf ein gutes, z.T. informelles, Kooperationsnetz zu anderen Stellen zurückgreifen. In einigen anderen Regionen dagegen sind kaum Kontakte zwischen Angeboten zur Frühförderung und zur institutionellen Tagesbetreuung gegeben, wodurch Übergänge erheblich erschwert werden können. Insbesondere betrifft es städtische Regionen, die über ein ausgebautes Netz integrativer wohnortnaher Betreuungsangebote im Vorschulbereich verfügen und somit strukturell ein stärker individualisiertes Hilfearrangement ermöglichen. Wenn, wie oben bereits angedeutet, auch Frühförderung Bestandteil der Jugendhilfeplanung wäre, wäre es einfacher möglich, die erforderlichen Kommunikationsstrukturen aufzubauen.

Der Rechtsanspruch auf einen Kindergartenplatz für Kinder von drei Jahren bis zum Schuleintritt zieht nach sich, dass in allen Regionen familienergänzende Betreuungsangebote für diese Altersgruppe existieren, zu deren Aufgaben sowohl Betreuung und Erziehung als auch Förderung zählen. Jedoch sind auch hier deutliche strukturelle Differenzen zu erkennen, die sowohl im Bezug zu regionalen Charakteristika als auch zur Kulturhoheit der Bundesländer zu sehen sind. Sie liegen im wesentlichen in drei Punkten:

- hinsichtlich der Anteile der gemeinsamen Erziehung von Kindern mit und ohne Behinderung in Regel- bzw. Integrationseinrichtungen am Gesamtangebot familienergänzender Betreuung im Vorschulalter für Kinder mit Behinderung;
- hinsichtlich der Existenz und des Anteils an schulvorbereitenden Einrichtungen bzw. Vorklassen, z.B. für Kinder mit Sinnesbehinderungen, die

unmittelbar Sonderschulen angegliedert sind und damit den differenzierten sachlichen Zuständigkeiten für das jeweilige Angebot (hier z.B. Schulbehörden);

- hinsichtlich der Öffnungszeiten der Einrichtungen (z.B. ganztägig, halbtags, mit und ohne Mittagsschließzeit).

So wurde z.B. mit Ausnahme von Sachsen-Anhalt für die neuen Bundesländer ein breites Angebot an integrativen Kindertagesstätten mit ganztägigem Betreuungsangebot ermittelt, wobei im Rahmen der Untersuchung keine Aussagen über die Qualität der Angebote sowie den Zugangsmöglichkeiten gemacht werden können. Das Angebot in anderen, insbesondere süddeutschen, Regionen ist dadurch gekennzeichnet, dass Einrichtungen unter Mittag geschlossen sind oder nur halbtags zur Verfügung stehen (siehe Beispiel unten).

Die Angebotsstruktur an sich lässt keine Aussagen darüber zu, inwiefern das vorgehaltene Angebot quantitativ ausreichend ist. Der für viele Regionen zutreffende Hinweis, dass zumindest in integrativen Kindertagesstätten gelegentlich bzw. ständig Wartezeiten bei der Aufnahme von Kindern mit Behinderung sowie eine begrenzte Kapazität insbesondere bei der Aufnahme von Kindern mit schweren Behinderungen besteht, gestattet die Vermutung, dass keine bedarfsgerechte Versorgung gewährleistet wird. Es sollte angestrebt werden, dass für alle Kinder mit Behinderung, unabhängig von Art und Ausprägungsgrad, bei Bedarf der Eltern ein Angebot im Rahmen einer möglichst wohnortnahen, integrativen Kindertagesstätte unterbreitet werden kann. Damit würde es Eltern von Kindern mit Behinderung gleichzeitig erleichtert, Nachbarschafts- und Gemeinwesenbezüge zu pflegen, ein Umstand, der bei der Betreuung der Kinder in entfernten Sondereinrichtungen häufig erschwert ist (Engelbert 1994). Wenn es gelingt, bereits in den ersten Lebensjahren in integrativen Kindertageseinrichtungen allgemeine Bildungs- und Erziehungsziele sowie Ziele der individuellen Förderung erfolgreich zu verknüpfen, so stellt dies u.E. ein wesentliches Moment dar, Eltern für eine Fortführung dieses Weges zu sensibilisieren.

Ein wesentliches Moment im Lebenslauf eines Kindes stellt der Übergang aus einer vorschulischen in eine schulische Einrichtung dar. Hier stellen sich Fragen nach der Angebotsstruktur, nach der Kooperation zwischen den entsprechenden Einrichtungen, aber auch nach der Beratung der Eltern. Hinsichtlich der Angebotsstruktur, die hier nur betrachtet werden kann, scheinen sich im Bereich der traditionellen Sonderangebote der Behindertenhilfe keine Schwierigkeiten bei diesem Übergang zu ergeben. Der Übergang aus einem Sonderkindergarten in eine Sonderschule verläuft in der Regel relativ reibungslos. Schwieriger scheint sich in einigen Regionen der Übergang von Kindern mit Beeinträchtigungen zu gestalten, die bisher in integrativen Kindereinrichtungen betreut wurden und für die keine bedürfnisgerechten Folgeangebote bereit gestellt werden (können) und/oder deren

Förderbedarf sich nicht eindeutig einem der existierenden Förderschwerpunkte zuordnen lässt (z.B. Kinder, die als „seelisch behindert“ im Sinne des KJHG klassifiziert wurden).

Die Angebotsstrukturen im Schulbereich lassen sich differenzieren zwischen Angeboten in Sonderschulen und Angeboten in integrativ arbeitenden Regelschulen. Für den Bereich der Sonderschulen ist festzustellen, dass in allen der befragten Modellregionen ein sonderschulisches Angebot für Kinder und Jugendliche mit geistiger Behinderung vorgehalten wird, in Bremen als Kooperationsmodell zwischen Sonder- und Regelschulen. Zudem existieren in einem Teil der befragten Regionen weitere Sonderschulen, die aber überwiegend einen überregionalen Einzugsbereich haben (z.B. Schulen für Kinder und Jugendliche mit Sinnesbehinderung, mit Körperbehinderung, mit Sprachbehinderung). Die Sonderschulen sind zu unterscheiden in Halbtags- und Ganztagsschulen. Die Mehrzahl der Sonderschulen, in denen Kinder und Jugendliche mit dem Förderschwerpunkt „Geistige Entwicklung“ beschult werden, arbeitet als Ganztagsschulen, wobei sich hinter dieser Bezeichnung zeitlich sehr differenzierte Öffnungszeiten verbergen (siehe Beispiel Modellregion 1 unten).

Angebote zur integrativen Beschulung von Kindern und Jugendlichen mit Behinderung stellen sich entsprechend den schulpolitischen Konzepten der Bundesländer sehr differenziert dar. Während z.B. in Bremen und Hamburg sowohl im Grund- als auch im Sekundarschulbereich ein verhältnismäßig breites Angebot an integrativen Beschulungsmöglichkeiten ermittelt werden konnte, waren in anderen Regionen überhaupt keine entsprechenden Angebote ausfindig zu machen. In einem Teil der Regionen bestehen ausschließlich Angebote im Grundschulbereich. Die oben bereits angemahnte Öffnung von Regelangeboten auch für die Bedürfnisse von Kindern und Jugendlichen mit Behinderung erweist sich sowohl im Bereich der vorschulischen Bildung und Erziehung, deutlich stärker aber noch im Bereich der schulischen Bildung als hoch aktuell. Zu den Problemen, die im Zusammenhang mit der Öffnung der Regelangebote angesprochen wurden, zählen z.B. komplizierte Antragsverfahren, die verzögerte Bereitstellung zusätzlicher Lehrerstunden, fehlende Angebote für Kinder und Jugendliche mit schweren Behinderungen.

Eine deutliche Öffnung von schulischen Regelangeboten zieht Veränderungsbedarf auch auf der Ebene der außerschulischen Betreuung nach sich, wie ein Beispiel aus Berlin sehr anschaulich erkennen lässt: „Eine Schülerin (sonderpädagogischer Förderbedarf mit Schwerpunkt geistige Behinderung) besucht eine Integrationsklasse einer Schule mit offenem Ganztagsbetrieb. Nach Darstellung der Eltern verläuft die Integration ihrer Tochter sehr erfolgreich. Dieses wünschenswerte Erziehungsziel wird jedoch in Frage gestellt durch die Tatsache, dass die Schülerin vom offenen Ganztagsbetrieb ausgeschlossen ist. Als Grund wird von der Schule auf die Behinderung des

Kindes und eine ungenügende Erzieherzumessung verwiesen“ (Der Behindertenbeauftragte 2000). Insbesondere für Kinder und Jugendliche mit einem auch mit zunehmendem Lebensalter nicht zurückgehenden Betreuungsbedarf stellt sich die Frage, welche außerschulischen familienergänzenden Betreuungsangebote nach dem Schulbesuch am Nachmittag und in den Ferien, während der Schließzeiten der Einrichtungen, bereit gestellt werden können. Bezüglich der nachmittäglichen Betreuungsangebote betrifft es in besonderem Maße Familien, deren Kinder in integrativen Settings beschult werden, die in der Regel nicht als Ganztagsangebote konzipiert sind, aber auch Sonderschulen, die nicht im gesamten Wochenverlauf am Nachmittag geöffnet haben. Das untenstehende Beispiel zeigt einen Lösungsansatz für dieses Problem, der vereinzelt in dieser oder ähnlicher Form auch in anderen Regionen realisiert wird. In Anbetracht der Tatsache, dass damit zumindest in Teilen Betreuungslücken geschlossen werden können, die für berufstätige Eltern entstehen, ist dieses Vorgehen zu begrüßen. Es stellt sich aber gleichzeitig die Frage, ob Betreuungsangebote dieser Art nicht auch in Kooperation mit Angeboten der Kinder- und Jugendhilfe im Freizeitbereich zu realisieren wären. In Regionen, die bereits ein breiteres Angebot an integrativen Beschulungsmöglichkeiten bereithalten, existieren integrative Hortangebote in unterschiedlicher Trägerschaft, wobei mehrheitlich offen bleibt, bis zu welchem Alter Schüler und Schülerinnen mit Behinderung dort betreut werden können.

In der Gesamtsicht erweist sich der Bereich der nachmittäglichen Betreuung für Schüler und Schülerinnen noch mehr aber der Freizeitbereich als ein schwer zu fassendes Angebot, über dessen konkreten Strukturen kaum Aussagen möglich sind. Möglicherweise deutet diese Tatsache aber auch auf deutliche Betreuungslücken am Nachmittag hin. Den Freizeitbereich betreffend ist zu vermuten, dass vor allem über das Grundschulalter hinausgehend für Kinder und Jugendliche mit Behinderungen ungedeckte Bedarfe bestehen. Erwähnenswert ist ein Angebot in einer der Modellregionen. Dort sollen im Rahmen der integrativen Jugendarbeit Kinder und Jugendliche mit Behinderung dabei unterstützt werden, ihre Freizeit unter Wahrnehmung vorhandener Möglichkeiten im sozialen Umfeld zu gestalten.

Der Versuch, im Rahmen der Angebotserhebung, Angebote in den Regionen zur Kurzzeit- und Ferienbetreuung von Kindern mit Behinderung zu ermitteln, erwies sich ebenfalls als kompliziert, da dieses Angebot, sofern es existiert, selten als eigenständiges Angebot bereit gestellt wird. Leistungsanbieter sind z.B. FED/FUD, Jugendfreizeitheime, Horte, stationäre Einrichtungen. Tendenziell ist aufgrund der vorliegenden Angaben zu vermuten, dass Angebote zur Ferienbetreuung für Schulkinder nicht in allen Regionen bereitgestellt werden bzw. deren Umfang nicht bedarfsadäquat ist. Einrichtungen zur Kurzzeitbetreuung verweisen z.B. mehrheitlich auf Wartelisten in Ferienzeiten.

Wie bereits angedeutet, stellt ein wesentliches Charakteristikum bedürfnisgerechter Hilfen deren Verfügbarkeit im Bedarfsfall dar. Es ist z.B. zu fragen, ob institutionelle Tagesbetreuungsangebote im Vorschulalter bzw. Schulen hinsichtlich ihrer Öffnungszeiten bei Bedarf oder Wunsch die Berufstätigkeit beider bzw. eines alleinerziehenden Elternteils gestatten sowie ob familienergänzende Betreuungsangebote in der Region auch an Wochenenden oder in Ferienzeiten zur Verfügung gestellt werden. Beispiele aus zwei Modellregionen sollen einen Einblick in diese Thematik ermöglichen.

Beispiel Modellregion 1

Institutionelle Tagesbetreuungsangebote für Kinder mit Entwicklungsverzögerungen im Alter von null bis drei Jahren werden in der Regel nicht angeboten. Angebote zur Frühförderung werden ausschließlich in mobiler oder ambulanter Form erbracht. Beide Kindergärten, die ein spezielles Augenmerk auf die Betreuung von Kindern mit Entwicklungsverzögerungen und Behinderung legen, haben lt. eigenen Aussagen ganztägig geöffnet. Konkret heißt das: Ein Kindergarten ist Montag, Donnerstag und Dienstag von 8.30-15.15 Uhr bzw. 15.00 Uhr, Mittwoch und Freitag von 8.30-12.00 Uhr geöffnet. Der zweite Kindergarten ist Montag, Dienstag und Donnerstag von 8.00-14.45 Uhr, Mittwoch von 8.00-13.10 und Freitag von 8.00-11.45 Uhr geöffnet. Die Regelkindergärten, in denen bisher nur vereinzelt Kinder mit Entwicklungsverzögerungen betreut werden, sind von 7.25 bzw. 8.00 Uhr bis 16.00 Uhr geöffnet, jeweils mit einer unterschiedlich langen Mittagsschließzeit. Angesichts der genannten Öffnungszeiten ist davon auszugehen, dass eine Berufstätigkeit beider Elternteile bzw. einer alleinerziehenden Person nur unter Zuhilfenahme weiterer Betreuungsangebote realisierbar ist.

Hinsichtlich der Öffnungszeiten der befragten Schulen bietet sich ebenfalls ein heterogenes Bild. Die befragte Förderschule für Kinder und Jugendliche mit dem Förderschwerpunkt „Lernen" hat an drei Tagen in der Woche bis Mittag geöffnet, an zwei Tagen bis 15.25 Uhr. Inwiefern im Anschluss daran eine Betreuung der Schüler und Schülerinnen möglich ist, ist unbekannt. Die A-Schule, eine Schule in der Kinder und Jugendliche mit geistiger und Mehrfachbehinderung beschult werden, hat täglich von 8.15 bis 14.40 Uhr geöffnet. An einem Tag in der Woche in der Schulzeit organisiert ein freier Träger ein kostenpflichtiges Nachmittagsangebot in den Räumen der Schule (14.30-17.00 Uhr). Die zweite Schule in der Region für Kinder und Jugendliche mit dem Förderschwerpunkt „Geistige Entwicklung" ist Mittwoch und Freitag von 8.30 bis 12.15 Uhr geöffnet, an den anderen Tagen von 8.20 bis 15.30 Uhr. Neben dem bereits genannten Nachmittagsangebot unterbreitet der oben erwähnte freie Träger ein kostenpflichtiges Betreuungsangebot für den schulfreien Nachmittag am Mittwoch, einschließlich Mittagessen sowie ein Betreuungsangebot für die Kinder und

Jugendlichen, die am Donnerstagnachmittag bzw. -abend an einer Behinderten-Sportgruppe teilnehmen. Auch für Eltern von Kindern mit Behinderung im schulpflichtigen Alter ist zu fragen, ob die bestehenden nachschulischen Betreuungsangebote ausreichen, um bei Wunsch oder Bedarf die Berufstätigkeit beider Elternteile bzw. einer alleinerziehenden Person zu ermöglichen.

Angebote des Familienunterstützenden Dienstes werden zeitlich auf die Bedürfnisse der Familie abgestimmt. Angebote zur Ferienbetreuung von Kindern mit Behinderung unterbreiten zwei der befragten Anbieter, wobei es sich dabei ausschließlich um Kinder mit geistiger und mehrfacher Behinderung handelt. Außerdem ist eine Betreuung in der Kurzzeiteinrichtung während der Schulferien möglich, wobei es dort zu Wartezeiten kommt.

Beispiel Modellregion 2

Angebote zur Frühförderung werden in mobiler und ambulanter Form bereitgestellt. Außerdem stehen in den Kindertagesstätten Betreuungsmöglichkeiten für Kinder unter drei Jahren zur Verfügung. Die integrativen Kindertagesstätten in kommunaler Trägerschaft sind werktags von 6.00/ 6.30 Uhr bis mindestens 17.00 Uhr geöffnet. Zwei Kindertagesstätten bieten Öffnungszeiten bis 20.00 Uhr an. Die integrativen Kindertagesstätten in freier Trägerschaft sind 9½ Stunden am Tag geöffnet (7.00-16.30/7.30-17.00). Die Öffnungszeiten der Sondereinrichtungen variieren. Sie bieten jedoch im Minimalfall eine Betreuung von 6.45 bis 16.15 Uhr an.

Die beide befragten Schulen für Geistigbehinderte arbeiten als Ganztagsschulen, beginnend um 7.00 Uhr bis 15.30 bzw. 16.00 Uhr. Angebote zur Ferienbetreuung werden durch diese Schulen nicht unterbreitet. Damit werden auch hier Betreuungslücken sichtbar. An den drei anderen überregionalen Spezialschulen für Kinder mit Behinderung wird eine Ganztagsbetreuung durch die Kommune realisiert, die auch eine Ferienbetreuung einschließt. Außerdem stehen sieben integrative Horteinrichtungen, allerdings mit begrenzter Kapazität, zur Verfügung. Kinder mit Behinderung können dort bis zur 6. Klasse betreut werden. Ferienbetreuungen und Ferienfahrten für Kinder und Jugendliche mit geistiger und Mehrfachbehinderung werden durch den Familienentlastende Dienst (FED) der Lebenshilfe übernommen, wobei die bestehenden Nachfragen nicht befriedigt werden können. Weitere Angebote zur Feriengestaltung für Kinder mit Behinderung konnten nicht ermittelt werden.

Stationäre Anbieter für den von uns betrachteten Personenkreis der Kinder und Jugendlichen mit Behinderung sind in fast allen Regionen nachweisbar, jedoch überwiegend in geringer Zahl (vgl. ausführlich dazu Kap. 4). Es scheint somit eine teilstationäre und ambulante Angebotsstruktur zu überwiegen, wobei an dieser Stelle eine deutlichere Differenzierung zwischen den Angeboten für Kinder und Jugendliche mit unterschiedlichen Behinderungsarten erforderlich wäre, die aber nicht geleistet werden kann.

In der Mehrzahl der Modellregionen scheint die unter diesen Voraussetzungen wichtige Vielfalt von FED/FUD mit dem Ziel der Bereitstellung alltagsbezogener familialer Unterstützungsangebote jedoch nicht ausreichend entwickelt. Sofern dieses Angebot existiert, gibt es häufig Wartezeiten aufgrund einer eher dünnen Angebotsdecke. Durch den FED/FUD zu erbringende Unterstützungsleistungen, deren Anteil ohnehin bereits um ein Vielfaches hinter dem Umfang der in den Familien erbrachten informellen Hilfe zurücksteht (Böttner u.a. 1997), können dadurch oft nicht bedürfnisadäquat genutzt werden. Die Folge ist weiterhin eine deutliche Einschränkung der verfügbaren freien Zeit, insbesondere für die Mütter als Hauptbetreuungspersonen, – sowohl für Regeneration als auch für die Realisierung eigener Interessen – sofern das Maß an alltäglichen Hilfeleistungen und pflegebezogenen Tätigkeiten das für die entsprechende Altersgruppe übliche Maß an Hilfen deutlich überschreitet (Metzler u.a. 1997).

Das Spektrum an Beratungsstellen variiert zwischen den Regionen erheblich. Erwartungsgemäß werden in den Großstädten wesentlich mehr Beratungsangebote vorgehalten als in Kleinstädten und ländlichen Regionen. Dies betrifft insbesondere auf einzelne Behinderungsarten spezialisierte Beratungsstellen. Beratungsstellen, deren Zielgruppe Familien an sich sind, scheinen eher selten in Kontakt mit Familien mit Kindern mit Behinderung zu kommen.

Betrachtet man die Unterstützungsnetzwerke, so ist zusammenfassend festzustellen:

- Die untersuchten Regionen zeigen deutliche Disparitäten hinsichtlich der bestehenden Unterstützungsnetzwerke.
- Im Bereich der familienergänzenden Betreuungsangebote sowie familienunterstützender Dienste bestehen in Teilen gravierende Defizite hinsichtlich der bedarfsgerechten Unterstützung von familiären Systemen. Angebote in diesem Bereich entsprechen erst in Ansätzen den deutlich pluralisierten Lebenswelten von Familien und insbesondere den in Veränderung begriffenen Lebensentwürfen von Frauen. Unterstützungssysteme scheinen sich insbesondere in Teilen der alten Bundesländer mehrheitlich an einem Leitbild einer Familie zu orientieren, welches durch die kontinuierliche Beschäftigung und das damit verbundene stabile Einkommen des Ehemanns geprägt ist, während die nichterwerbstätige Mutter für die Erziehung, Betreuung und Förderung der Kinder zuständig ist[3].

3 Untersuchungen des Institutes für Arbeitsmarkt- und Berufsforschung in Nürnberg belegen, dass dieses traditionelle westliche Alleinverdiener-Modell für Frauen mit Kindern an Bedeutung verloren hat. Selbst mit Kleinkindern wünschen sich nur 14% der westdeutschen und 4% der ostdeutschen Mütter ein Arbeitszeitmodell, wonach

Ziel der Hilfen scheint es vorrangig zu sein, die Mutter bei der Förderung und Betreuung ihres Kindes zu unterstützen, damit sie wiederum ihrer Rolle als Mutter, Hausfrau und Ehefrau besser gerecht werden kann. Die Realisierung eines doppelten Lebensentwurfes, der die Vereinbarkeit von Erwerbsarbeit und Familie beinhaltet, und eines der möglichen Lebensmuster für Mütter mit behinderten Kindern ist, setzt dagegen voraus, dass dieses Bedürfnis der Mütter gesellschaftlich akzeptiert wird und seine Umsetzung durch entsprechende Angebote ermöglicht wird. Bedürfnisorientierung bedeutet in diesem Zusammenhang u.a. auch, dass Unterstützungsangebote nicht nur primär auf die Mütter ausgerichtet sind, sondern auch Väter einbeziehen.

- Als spezielles Problem kristallisiert sich ein unzureichendes Angebot an alltagsnahen, äußerst flexiblen familienunterstützenden Hilfen heraus.
- Parallel zu den Anforderungen, die sich auf das Feld der Behindertenhilfe konzentrieren, stellen sich bereits im Kleinkindalter und deutlich zunehmend im Vorschul- und Schulalter Anforderungen an ein Unterstützungsnetzwerk für Familien mit Kindern mit Behinderung, die über das konkrete Feld der Behindertenhilfe hinausgehen. Sowohl für den familienergänzenden als auch für den Bildungsbereich gilt: „Regel"-Angebote sollten immer Vorrang vor gesonderten Unterstützungsangeboten haben, d.h. alle Angebote sollen prinzipiell offen sein für die spezifischen Bedürfnisse von Kindern mit Behinderung und ihren Eltern. Besondere Unterstützungsangebote, die aufgrund von behinderungsspezifischen Bedürfnissen erforderlich sind, sollten in den Alltag integriert und mit „Regel"-Angeboten der Kinder- und Jugendhilfe bzw. im Bildungsbereich koordiniert werden. Ganz besondere Berücksichtigung sollte dabei die Gestaltung von Angeboten für Familien finden, in denen Kinder und Jugendliche leben, deren Betreuungs- und Pflegebedarf deutlich über das für die entsprechende Altersgruppe übliche Maß hinausgeht. Es ergibt sich der Auftrag an alle Bereiche der sozialen Unterstützung behinderungsbedingte Belange stärker als es bisher geschieht zu beachten. Zudem darf sich die Jugendhilfe nicht ihrer Verantwortung für Kinder mit geistigen oder körperlichen Beeinträchtigungen entziehen mit dem Verweis auf die Zuständigkeit der Sozialhilfe. Das diese Tatsache einer stärken Beachtung bedarf, belegen die Untersuchungsergebnisse nachdrücklich. So findet z.B. die Gruppe der Kinder und Jugendlichen mit Behinderung erst vereinzelt in der kommunalen Kinder- und Jugendhilfeplanung Berücksichtigung (z.B. Bielefeld). Eine stärkere Kooperation zwischen der Behindertenhilfe, der Kinder- und Jugendhilfe sowie den regionalen Schulbehörden erscheint im Kontext einer familienunterstützenden Infrastruktur dringend erforderlich.

---

nur ein Partner berufstätig ist. Durchschnittlich 65% der befragten Frauen mit Kindern in Ost und West bevorzugen eine Kombination von Voll- und Teilzeit (Engelbrech 2001, 10).

Vernetzung und Zusammenarbeit der Einrichtungen und Dienste
Das sich Kooperationsbeziehungen bzw. die für den jeweiligen Anbieter bedeutsamen Kontakte in Abhängigkeit vom Angebot gestalten, ist kaum verwunderlich. Aussagefähig sind möglicherweise bestimmte Verdichtungen, die sich im Ergebnis der Angebotserhebung wie folgt herauskristallisieren: Kontakte der befragten Anbieter konzentrieren sich (mit unterschiedlicher Gewichtung) auf Ärzte und therapeutisches Personal, die zuständigen Rehabilitationsträger und die angeschlossenen Dienste sowie auf Kindertageseinrichtungen und Schulen. Die Kontakte zu Heimen und stationären Einrichtungen für Kinder und Jugendliche scheinen in der Mehrzahl der Regionen eher dünn. In diesem Zusammenhang stellt sich die prinzipielle Frage, welche Rolle Heime, in denen Kinder und Jugendliche mit Behinderung leben, im örtlichen Netzwerk der Hilfen einnehmen sollen und können? Kontakte zu Angeboten, die eher dem Bereich der ‚Offenen Hilfen' in der Behindertenhilfe zuzurechnen sind, wie Familienentlastende Dienste (FED), Freizeitangebote und Selbsthilfegruppen werden in der überwiegenden Anzahl der Regionen ebenfalls nur vereinzelt erwähnt.

Eher gering ausgeprägt scheint auch die Zusammenarbeit mit Einrichtungen, die Hilfen für Familien nach dem KJHG, z.B. Hilfen zur Erziehung, anbieten. Dies gilt allerdings umgekehrt auch für die Einrichtungen der Kinder- und Jugendhilfe im Sample, die diese Hilfen anbieten. Familien mit behinderten Kindern stellen nach eigenen Aussagen nicht die eigentliche Zielgruppe und damit auch nur einen geringen Bruchteil ihres Klientels dar. Kontakte zu anderen Angeboten, die Hilfen für Familien mit behinderten Kindern im Sinne des §39 des BSHG leisten, bestehen deshalb, mit Ausnahme von medizinisch- therapeutischen Angeboten, kaum.

Auffällig ist ferner, dass die Frage nach weiteren für die fachliche Zusammenarbeit wünschenswerten Kontakten in der Tendenz zurückhaltend beantwortet wird. Sofern Antworten vorlagen, wurde in der Tendenz insbesondere eine Intensivierung der Kontakte zu Ärzten, Psychologen und Therapeuten gewünscht. Nahezu ausnahmslos wird auf die Frage danach, warum es zu gewünschten weiteren Kontakten nicht kommt, der Faktor Zeit bzw. Zeitmangel angeführt. Einer der Kooperationspartner bringt es auf den Punkt mit der Aussage: „Die Ressource ‚Kommunikation/Koordination' ist mehr als ausgereizt".

Zu konstatieren ist, dass in den Modellregionen ca. zwischen 25 und 50 Prozent der Anbieter nicht an vernetzenden sozialraumbezogenen Arbeitskreisen teilnimmt. Ursachen könnten in den folgenden Umständen begründet liegen: Es ist davon auszugehen, dass in kleinräumigen und übersichtlichen Sozialstrukturen zumeist über Jahre gewachsene persönliche Beziehungen von Mitarbeitern verschiedener Einrichtungen eine prägende Ebene der Vernetzung darstellen. Es wäre zu diskutieren, ob damit auch die Notwendigkeit vernetzender Gremien entfällt. In einigen Regionen, u.a. der neuen Bundesländer, stellt sich die Frage, ob quervernetzende Gremien hinsichtlich der Zielgruppe überhaupt existieren bzw. den Anbietern bekannt sind. Mit an Sicherheit grenzender Wahrscheinlichkeit spielt der Zeitfaktor (s.o.) sowie die Kooperationsbereitschaft der Professionellen in diesem Zusammenhang ebenfalls eine entscheidende Rolle. Quervernetzende Kommunikation ist ein zeitintensiver eigener Arbeitsbereich geworden, der einen eigenen Zeitkorridor benötigt und für dessen Realisierung die Bereitschaft vorhanden sein muss.

Die Einrichtungen scheinen sich aufgrund von Kapazitätsproblemen Vernetzungstätigkeiten kaum stellen zu können. In den Rückläufen der befragten Einrichtungen und Dienste ist nirgendwo ein Hinweis darauf enthalten, dass die durch Vernetzung angestrebte verbesserte Ausnutzung von Ressourcen durch die Kostenträger in der Vergütungsregelung angeregt wird. Die Sachausstattung sowie das Know How der Anbieter sind bis auf wenige Ausnahmen noch nicht geeignet, die neuen Informationstechnologien dabei entlastend einzusetzen. Diese Tatsache mag nicht für alle Einrichtungen und Dienste im einzelnen zutreffen, deutet aber eine Tendenz an. Hieraus ergibt sich folgende Überlegung: Wäre es möglicherweise sinnvoll, Empfehlungen zu erarbeiten, ggf. im Ergebnis von entsprechenden Modellprojekten, die Kommunikationsschwerpunkte bezüglich der unterschiedlichen Ansprüche benennen und die gleichzeitig modellhaft aufzeigen, welche Vernetzungen unter welcher Zielsetzung „zwingend erforderlich", nur „wünschenswert" oder ggf. auch „entbehrlich" wären?

In der Mehrzahl der Regionen stellen die Mitarbeit in themenspezifischen (Fach-) Gremien auf regionaler und überregionaler Ebene sowie die Einbindung in Gremien des Trägerverbandes die am häufigsten anzutreffenden Formen der Einbindung dar. Eine Mitarbeit in Arbeitskreisen, die der Gesamtentwicklung der regionalen Infrastruktur sozialer Dienstleistungen dienen könnten, erfolgt vergleichsweise selten. Möglicherweise ist hier zu fragen, ob Vertreter der Trägerverbände direkt dort eingebunden sind, die dann auch für die Informationsweitergabe zuständig sind. Es gibt wenig Überschneidungen hinsichtlich der Einbindungen der einzelnen Anbieter in fachspezifische und quervernetzende, regionale Gremien.

Auffallend war die besonders geringe Einbindung von Kitas und Schulen sowohl in Fachgremien, und damit den Austausch untereinander betreffend, als auch in regionale Gremien. Möglicherweise ist die Erklärung hinsichtlich der Fachgremien darin zu suchen, dass diese Einrichtungen den fachlichen Austausch eher „vermittelt" erleben. Einer der Kooperationspartner verwies darauf, dass in der entsprechenden Region jeder Träger über Fachberaterinnen und Fachberater verfügt, die trägerspezifische Erfahrungen reflektieren, in übergeordneten Arbeitskreisen austauschen und die konzeptionelle Debatte konkret vor Ort anstoßen. Die fehlende Einbindung in regionale Gremien stellt sich dagegen als strukturelles Problem dar. In Anbetracht ihrer Bedeutung für Familien mit Kindern erscheint ihre Verzahnung mit originären Angebote der Behindertenhilfe sowie weiteren Angeboten der Kinder- und Jugendhilfe mit dem Ziel der Bereitstellung bedarfsgerechter Angebote, z.B. während der Schließzeiten dieser Einrichtungen, dringend erforderlich.

Hilfen für Familien, die nicht von einem institutionsbezogenen Denken, Planen und Handeln geprägt sind, sondern sich funktionsbezogen am Alltag jeder einzelnen Familie orientieren, erfordern eine transparente Vernetzung. Diese Vernetzung bezieht sich sowohl auf die Leistungserbringer teilstationärer und ambulanter familienunterstützender Angebote, ggf. auch stationärer Angebote, als auch auf die Rehabilitationsträger (z.B. Sozialhilfe und Kinder- und Jugendhilfe). Diese Vernetzung scheint deshalb besonders dringlich, da davon auszugehen ist, dass mehrheitlich ein transparentes und koordiniertes Unterstützungsangebot im Rahmen einer kommunalen Sozialplanung fehlt. Die Tatsache, dass es zu wenig konkrete Regeln und Strukturen für gemeinsame Planungsprozesse von Betroffenen, Leistungsanbietern und Rehabilitationsträgern gibt, wirkt sich erschwerend auf die Entwicklung eines lokalen Netzwerkes an Unterstützungsangeboten aus. Als beispielgebend sei an dieser Stelle die Rolle des Behindertenkoordinators in Bielefeld erwähnt. De Schwerpunkt seiner Arbeit liegt auf der Koordination behindertenrelevanter Belange und Maßnahmen in folgenden Bereichen: Frühförderung, Tageseinrichtungen für Kinder, Schule, Arbeit, stationäre und ambulante Versorgung, Freizeit und Weiterbildung, Wohnen, bebaute Umwelt und Verkehr, Selbsthilfegruppen, Beratung, Öffentlichkeitsarbeit zu Problemen der Behinderten-Integration (Behindertenkoordinator Bielefeld o.J.).

Selbsthilfe und Ehrenamtliches Engagement

Ausgehend von der Annahme, dass unterschiedliche Formen der Selbsthilfe ein reiches Potential an Unterstützungsleistungen für Eltern in sich bergen, wurde im Rahmen der Angebotserhebung versucht, auch Angebote dieser Art zu erfassen. Die besondere Bedeutung der Selbsthilfe liegt in der Möglichkeit des unmittelbaren Austausches und der gegenseitigen Unterstützung von Betroffenen, den die professionelle Behindertenhilfe nicht ersetzen kann. Zu unterscheiden ist zum einen zwischen Selbsthilfegruppen, die sich ausschließlich zum informellen Austausch treffen und Gruppen, die Angebote für andere vorhalten. Zum anderen kann eine Unterscheidung getroffen werden zwischen Gruppen, die ausschließlich ehrenamtlich arbeiten und Gruppen, die bezahlte Mitarbeiter einstellen. Zu den Gruppen, die ausschließlich ehrenamtlich arbeiten, zählen z.B. Elterngruppen von Kindern mit einer speziellen Behinderung (z.B. Down-Syndrom). Im Rahmen der Erhebung zeichnen sich deutliche Ungleichheiten zwischen den Regionen im Bereich der Eltern- und Familienselbsthilfe bis hin zum völligem Fehlen solcher Angebote ab. Insbesondere in den neuen Bundesländern scheinen ehrenamtlich arbeitende Selbsthilfegruppen von Familien mit Kindern mit Behinderung eher marginal zu sein. Hier ist zu fragen, ob fehlende Traditionen im Zusammenschluss von Eltern behinderter Kinder diese Situation begründen können.

Ein kontinuierliches Zusammenwirken zwischen professionellen Unterstützungsangeboten für Familien mit Kindern mit Behinderung und bürgerschaftlichem Engagement scheint sich nur zögerlich und punktuell zu entwickeln. Zu den Aufgaben, die die sog. ehrenamtlichen Mitarbeiter und übernehmen, zählen u.a. Organisation von Angeboten und Maßnahmen, Übernahme von Betreuungsaufgaben, Mitarbeit in Gremien und die Übernahme von Beratungstätigkeiten. Ob es zu Vernetzungen in Form kontinuierlicher Zusammenarbeit zwischen professionellen Hilfeangeboten und bürgerschaftlichem Engagement auf der Ebene der Mitarbeiterstrukturen kommt, ist aufgrund der vorliegenden Daten nicht beantwortbar.

Es ist zu vermuten, dass der enge Zeitrahmen in der Mehrzahl der Modellregionen eine gestaltete Beziehung zwischen professionellen Unterstützungsangeboten und freiwilligem sozialen Engagement verhindert. Zwei Entwicklungen überfordern scheinbar die Einrichtungen:

1. Das alte, pflichtethisch begründete Ehrenamt befindet sich im Zustand der Erosion. Das Ehrenamt wird mehr und mehr als eine Beziehung auf Gegenseitigkeit betrachtet. Der Terminus „Ehrenamt“ ist nur noch sehr wenig zutreffend und sollte künftig durch „Freiwilliges Soziales Engagement“ ersetzt werden. Mitarbeiter und Mitarbeiterinnen des freiwilligen sozialen Engagements müssen durch Personalentwicklungsmaßnahmen professionell eingebunden werden. Das heißt, es müssen kompetente Ansprechpersonen und Führungskräfte bereitgestellt werden, die begleiten, anleiten und Konflikte regeln. Personalentwicklung bedeutet Qualifizierung zum Nutzen der Einrichtung wie der Mitarbeiter durch Weiterbildung, Supervision und Zielvereinbarungen zur Übernahme von Verantwortung.
2. Die Einrichtungen müssen milieuspezifische Anknüpfungen zum freiwilligen sozialen Engagement suchen und gestalten. Beides ist mit einem gewissen konzeptionellen und zeitlichen Aufwand verbunden, der gegenwärtig scheinbar kaum leistbar ist.

Es scheint so, dass zur Zeit ein großes Reservoir an Bereitschaft zum freiwilligen sozialen Engagement (noch) brach liegt und der „Inszenierung“ bedarf (ausführlich vgl. dazu Kap. 6).

Die Verknüpfung regionaler Erhebungen zur Struktur des bestehenden Unterstützungsnetzwerkes für Familien mit Kindern mit Behinderung mit ausgewählten Strukturdaten der Regionaldatenbank des Deutschen Jugendinstitutes (DJI) zur Situation von Familien, z.B. aus den Bereichen Bevölkerungsentwicklung, Bildungswesen, Einkommen, Jugendhilfe, Sozialleistungen und Schwerbehinderte, aber auch Aussagen zu regional spezifischen Wertemustern oder Erziehungsorientierungen (vgl. Kap. 8.3), bietet u.E. einen Ansatz für eine verhältnismäßig dezidierte Deskription der Lebenswelten von Familien mit behinderten Kindern in den einzelnen Modellregionen.

Handlungsrelevante Informationen im Sinne des Projektziels sind jedoch erst dann zu gewinnen, wenn diese differenzierten Beschreibungen die Grundlage für die Entwicklung von Modellen bilden, anhand derer Konstellationen von Bedingungsfaktoren und daraus resultierende Wirkungszusammenhänge heraus gearbeitet werden. Neben den genannten Indikatoren sind dabei bestehende Konzepte in den Bereichen Sozialpolitik, Bildungspolitik sowie Kinder- und Jugendhilfe ebenso in Betracht zu ziehen wie die subjektive Widerspiegelung der Bedarfslagen durch die Familien in Orientierung an lebensalters- und geschlechtsspezifischen sowie kulturspezifischen Bedürfnissen. Im Ergebnis dieser Analyse könnten dann sowohl vorhandene Defizite als auch modellhafte Entwicklungen deutlich gemacht werden und unter gleichberechtigter Beteiligung der Adressaten von familienorientierten Dienstleistungen Perspektiven für die Weiterentwicklung des bestehenden Systems entwickelt werden, z.B. in Form von Behindertenplänen, Regionalkonferenzen (vgl. Alt 2000).

Da mit dem dargestellten Zugang ein in diesem Forschungsbereich relativ neuer Weg gewählt wurde, stellen die mit dem Abschlussbericht vorzulegenden Ergebnisse die ersten, möglicherweise noch recht zaghaften Schritte dar, die im weiteren im Sinne der aktiven Gestaltung regionalisierter Hilfesysteme aufgegriffen und fortgesetzt werden sollten.

3.3 Die Sicht der Eltern

(A. Hirchert)

3.3.1 Einführung

Über die Angemessenheit des in einer Region bestehenden Hilfesystems lassen sich nur zutreffende Urteile fällen, wenn die Sicht der Adressaten systematisch in die Beurteilung einbezogen wird. Darauf hatten wir im einleitenden Kapitel 1 hingewiesen. Dringend erforderliche Bestandsaufnahmen zur regionalen Hilfelandschaft, wie wir sie beispielgebend in den vorangegangenen Abschnitten dargestellt haben, bedürfen ebenso dringend der Ergänzung durch Einschätzungen der Adressaten: Eltern behinderter Kinder aus unseren 16 Modellregionen wurden von uns schriftlich um eine Beurteilung des in ihrem Lebensumfeld existierenden Angebotes gebeten. Insgesamt konnten wir dabei auf die Situationsbeschreibung von 1083 Eltern zurückgreifen.

Eine Spiegelung der Ergebnisse aus Angebotserhebung und Elternbefragung soll Aufschluss geben über Zugangswege und Grenzen, denen Eltern gegenüber stehen. Diese Verknüpfung wird in Abschnitt 5.2 vorgenommen.

In einer zweiten Untersuchung wurden Eltern von Kindern, die in Heimen der Behindertenhilfe leben, zum gleichen Themenbereich wie die hier untersuchte Elterngruppe befragt (retrospektiv bezogen auf den Zeitpunkt der Heimaufnahme des Kindes). Die Ergebnisse dieser zweiten Elternbefragung werden in Abschnitt 4.5 präsentiert. Eine verknüpfende Betrachtung der Ergebnisse beider Elternbefragungen findet sich in Abschnitt 5.1. Im Vergleich dieser beiden Gruppen soll untersucht werden, ob sich Eltern deren behindertes Kind zu Hause lebt, von Eltern, deren Kinder in Heimen der Behindertenhilfe leben, bezüglich ausgewählter Merkmale unterscheiden, und ob diese geeignet erscheinen, die Aufnahme des Kindes in ein Heim zu erklären.

Auf der Grundlage der Intentionen des Modellvorhabens wurde die in Tab. 2 dargestellte Systematik entwickelt. (vgl. dazu den Aufbau des Fragebogens, Abschnitt 3.3.3.)

Tab. 2: Fragebereiche der Elternbefragungen

	Formelle Angebote innerhalb der Behindertenhilfe	Informelle Angebote	Formelle Angebote außerhalb der Behindertenhilfe
Wissen	1	2	3
Nutzung (gedeckter Bedarf)	4	5	6
Ungedeckter Bedarf	7	8	9

Im folgenden Abschnitt wird der Stand der Forschung relevanter Elternbefragungen aufgearbeitet, deren Erkenntnisse in die Planung unserer Untersuchung einflossen.

3.3.2 Literaturanalyse relevanter Elternbefragungen

Es wurden empirische Untersuchungen recherchiert, die die Wünsche und Bedürfnisse von Eltern behinderter Kinder hinsichtlich des Hilfesystems thematisieren und relevante Ergebnisse zusammentragen. Insgesamt waren 11 qualitative bzw. quantitative Untersuchungen für uns von Interesse. Die Samplegröße differierte von 15 Personen bis zu 2016 Befragten.

Zunächst sollen die später zitierten Studien kurz vorgestellt werden: Die älteste einbezogene Untersuchung stammt aus dem Jahr 1986. Wedekind untersuchte Familien in Dänemark und Deutschland hinsichtlich der Wirkungen von Sozialpolitik auf Menschen mit geistiger Behinderung und Eltern geistig behinderter Kinder. In diesem Zusammenhang ist lediglich die Gruppe der 281 in Deutschland befragten Eltern von Interesse.

Jeltsch-Schudel (1988) untersuchte Bewältigungsformen von Familien mit geistig behinderten Söhnen und Töchtern. Mit 76 Müttern geistig behinderter Kinder führte sie Leitfadeninterviews, mit 9 dieser Familien zusätzlich je ein Tiefeninterview.

Alle anderen recherchierten Untersuchungen sind wesentlich jünger. Sarimski (1996) untersuchte die Bedürfnisse von Eltern mit behinderten Kindern, indem er als Instrument die deutsche Fassung des „Family Needs Survey" einsetzte. Er befragte 97 Mütter und 79 Väter aus 97 Familien, deren behinderte Kinder zum Zeitpunkt der Befragung jünger als sieben Jahre alt waren. Die befragten Familien rekrutierte er über Frühförderstellen bzw. heilpädagogische und integrative Kindergärten. Auch Lanners/Lambert (1999) untersuchten die Bedürfnisse der Eltern behinderter Kleinkinder anhand der französischen Version des „Family Needs Survey". Sie befragten 80 Väter und 98 Mütter aus 98 Familien, die sie über zwei Frühförderdienste rekrutierten.

Wie die Untersuchungen von Sarimski und Lanners/Lambert ist auch die Befragung von Eckert (2001) im Bereich der Bedürfnisforschung anzusiedeln. Er befragte 7 Mütter und 8 Elternpaare mit einem behinderten Kind über ihre Erfahrungen und Bedürfnisse, um diese als Grundlage der Planung für familienorientierte Angebote in der Heilpädagogik zu nutzen. Diese Eltern von Kindern mit autistischen Störungen wurden mit Hilfe von Institutionen des Bundesverbandes „Hilfe für das autistische Kind" bzw. der Zeitschrift „Autismus" rekrutiert, die zur Teilnahme an der durchgeführten Untersuchung aufrief.

Neben den Bedürfnissen von Eltern interessierte in der Untersuchung von Häußler/Wacker/Wetzler aus dem Jahr 1996 vor allem die Lebenssituation von Menschen mit Behinderung in privaten Haushalten. Es wurden insgesamt 353 mündliche Interviews geführt, davon 88 (44 West, 44 Ost) mit Eltern behinderter Kinder, also der Gruppe, die in diesem Zusammenhang von Interesse ist. Diese Eltern wurden über den Hilfe- und Pflegebedarf im elterlichen Haushalt lebender Kinder und Jugendlicher unter 16 Jahren befragt.

Auch die Studie von Häußler/Bormann (1997) liefert Daten zur Lebenssituation von Familien mit behinderten Kindern, allerdings ausschließlich in den neuen Bundesländern. Mit einem Nettorücklauf der Haupterhebung von 2016 wird sie als repräsentativ eingestuft. In einer vertiefenden Studie mit 120 Befragten wurden weitere Erkenntnisse gewonnen.

Alle weiteren Untersuchungen legen ihr Gewicht vor allem auf die Bewertung von Diensten der Offenen Hilfen durch die Eltern. Das Zentrum für Planung und Evaluation Sozialer Dienste der Universität – Gesamthochschule Siegen (1999) untersuchte die Entwicklung, Politik und Qualitätsstandards Familienunterstützender Dienste in Nordrhein-Westfalen. Es wurden 827 Hauptbetreuungspersonen von Personen befragt, die einen Familienunterstützenden Dienst (FUD) nutzen. Erfragt wurden Informationen zum Hilfebedarf, zur Lebenssituation sowie zur sozioökonomischen Situation. Des weiteren interessierte die Motivation der Inanspruchnahme und die Bedeutung von Hilfen für die Inanspruchnahme. Zudem wurden die Hauptbetreuungspersonen nach ihren Erfahrungen mit dem FUD befragt.

Die Studie von Böttner/Hamel/Kniel/Windisch (1997) erforschte die Lebensqualität durch Offene Hilfen indem sie fragte, welche Bedeutung die Offenen Hilfen für behinderte Menschen und ihre Angehörigen in Hessen haben. Befragt wurden neben alleinstehenden Frauen und Männern mit körperlichen Beeinträchtigungen die für uns relevante Gruppe von 40 FED-Nutzern, die sich vor allem aus Müttern geistig behinderter Kinder zusammensetzte.

Ebenfalls mit der näheren Betrachtung der FEDs beschäftigte sich die Studie von Thimm u.a. (1997). Sie nahmen den quantitativen und qualitativen Ausbau ambulanter Familienentlastender Dienste (FED) in den Blick. In 17 Interviews in der Region Weser-Ems und 28 Interviews im gesamten Osten Deutschlands wurden Nutzer von FEDs befragt.

Untersuchungen von Engelbert (1999) beschäftigen sich mit den Bedingungen und Folgen der Nutzung von Hilfen für behinderte Kinder. In 325 standardisierten, mündlichen Interviews mit Eltern behinderter Kinder im Vorschulalter in NRW werden dabei die Bedingungen der Inanspruchnahme öffentlich bereitgestellter früher Hilfen beleuchtet. Hervorzuheben ist bei diesen Untersuchungen die regionsbezogene Vorgehensweise, die z.T. Fragestellungen unseres Modellvorhabens berührt. Es wurden Angebotsstrukturen (eingeschränkt auf den Adressatenkreis 3- bis 5-jähriger behinderter Kinder und ihrer Familien) in ausgewählten Regionen Nordrhein-Westfalens, die sich hinsichtlich bestimmter „soziokultureller Merkmale“ unterschieden, in Beziehung gesetzt zur Inanspruchnahme durch die Eltern. Im Vordergrund stand dabei die Frage, welche Rolle sonstige interne und externen Ressourcen („familiale sowie soziale Ressourcen in Form von informeller Unterstützung“) bei der „Inanspruchnahme“ von „sozialpolitischen Hilfen“ spielen (Engelbert 1999, 99f.;113).

Welche Erkenntnisse lassen sich aus den beschriebenen Untersuchungen hinsichtlich des Wissens der Eltern über Angebote, über die Nutzung dieser Angebote durch die Familien und über ungedeckte Bedarfe sammeln?

Zunächst geht es um die Frage, was die befragten Eltern über das Vorhandensein unterstützender Dienste und Einrichtungen in ihrem Umfeld wissen. Dabei richtet sich das Interesse verstärkt auf Offene Hilfen, da sie niederschwellig und familiennah Hilfe und Unterstützung anbieten.

Häußler/Wacker/Wetzler (1996) stellen fest, dass in den alten Bundesländern zwei Drittel der befragten Personen in ihrem Wohnumfeld offene Hilfen bekannt sind, in den neuen Bundesländern jedoch nur ca. 40%. Ca. 20% (W) bzw. 35% (O) geben an, ein solches Angebot existiere nicht und ca. 10% (W) bzw. 25% (O) wissen es nicht. Der Informationsgrad über das Vorhandensein von Offenen Hilfen im Wohnumfeld ist demnach im Westen höher, jedoch ist auch der Grad der Verbreitung Offener Hilfen im Osten niedriger (Häußler/Wacker/Wetzler 1996, 356ff.).

Der geringere Informationsgrad von Befragten im Osten spiegelt sich auch in den Zahlen von Häußler/Bormann wieder. Mehr als einem Drittel ihrer befragten Personen ist kein einziges ambulantes Angebot bekannt, 26,7% stellen fest, das keines in erreichbarer Nähe existiert, und weitere 12,5% wissen es nicht. Wenn Angebote bekannt sind, dann meistens der Pflegedienst. Mobile soziale Dienste und FED sind weitgehend unbekannt (Häußler/Bormann 1997, 168). So wundert es nicht, dass sich 56,7% der befragten Eltern nicht ausreichend über Einrichtungen, Betreuungsmöglichkeiten, Therapiemöglichkeiten, Hilfen aller Art sowie ihre Finanzierung informiert fühlen (Häußler/Bormann 1997, 139f.). Leider fehlen hier Vergleichszahlen für den Westen.

Wenn Eltern über Offene Hilfen in ihrer Umgebung informiert sind, dann handelt es sich meistens um die Gemeindeschwester (ca. 60%) oder um Sozialstationen (ca. 35%). Erst an dritter Stelle folgen Angebote der Verbände der freien Wohlfahrtspflege (ca. 26%), womit vor allem mobile soziale Hilfsdienste und individuelle Schwerstbehindertenbetreuung gemeint sind. Es handelt sich also vor allem um pflegerische Angebote, die den Eltern bekannt sind (Häußler/Wacker/Wetzler 1996, 358).

Neben ost-west-deutschen Unterschieden beim Wissen über Angebote spielen weitere Unterschiede eine Rolle. Kenntnis und Nutzungsbereitschaft von Hilfen nehmen mit dem Schweregrad der kindlichen Behinderung deutlich zu. Eltern von Kindern mit einem hohen Unterstützungsbedarf haben zu über 70% schon einmal von familienentlastenden Diensten gehört, dagegen nur knapp 50% der Eltern von Kindern mit einem geringen Unterstützungsbedarf. In Anspruch genommen haben aus der Gruppe mit hohem Bedarf dieses Angebot ca. 20% gegenüber ca. 5% aus der Gruppe mit niedrigem Bedarf (Engelbert 1999, 169). Allgemein nimmt der Informationsstand bezüglich verfügbarer Dienstleistungsangebote mit dem Bildungsgrad und vor allem mit der Berufsposition der Eltern zu. Ganz besonders deutlich werden diese Zusammenhänge bei zentral gelegenen medizinisch-diagnostischen Einrichtungen, wie etwa beim SPZ (Engelbert 1999, 246).

Interessant ist, dass von denjenigen, die keine Offenen Hilfen nutzen, über die Hälfte kein entsprechendes Angebot kennen, das in Anspruch genommen werden könnte. Hier liegt die Vermutung nahe, dass mangelndes Wissen über das Vorhandensein Offener Hilfen dringenden Unterstützungsbedarf seitens der Familie verhindert (Häußler/Bormann 1997, 75ff.).

Informationen über Offene Hilfen erhalten die Eltern laut Häußler/Bormann vor allem durch die Massenmedien (ca. 50%), aber auch durch Ärzte oder medizinisches Personal (ca. 40%). Frühförderstellen, Informations- und Beratungsstellen, Ämter/Behörden, Fachleute der ambulanten Dienste, Bekannte/Verwandte, Schule und Kindergarten und Selbsthilfegruppen sind jeweils nur zwischen 10-15% vertreten. Andere Familien mit einem behinderten Kind dienen zu ca. 20% als Informationsquelle, um über Offene Hilfen informiert zu werden (Häußler/Bormann 1997, 141).

In der Siegener Untersuchung hingegen erhielten die Eltern Informationen über Offene Hilfeangebote vor allem durch Verwandte, Freunde, Bekannte (26%), Träger (22%), die Medien oder Infomaterialien (11%). Andere betroffene Familien oder Selbsthilfegruppen, Kostenträger oder Ärzte hatten nur eine marginale Bedeutung bei der Informationsvermittlung (Siegen 1999, 99).

Bei Böttner/Hamel/Kniel/Windisch wiederum haben rund die Hälfte der Befragten Kenntnisse über die später genutzten Dienste durch Organisationen der Behindertenhilfe erhalten oder durch die Dienste selbst. Weitere Informationsvermittler sind Kindergärten, Schulen, Werkstatt für Behinderte oder Frühförderstellen sowie Freunde, Nachbarn und Bekannte (1997, 162). Es zeichnet sich also kein einheitliches Bild, wer bei der Information der Eltern über Offene Hilfen die entscheidende Rolle spielt.

Nutzung und Hauptbetreuungsperson

Neben der Frage nach der Nutzung bzw. Nicht-Nutzung von Angeboten und Diensten durch die befragten Familien interessiert auch, wer die Pflege und Betreuung des Kindes mit Behinderungen hauptsächlich übernimmt und ob diese Person durch weitere freiwillige Helfer unterstützt wird. Denn nur so wird deutlich, welchen Anteil an Unterstützung die formellen Angebote der Behindertenhilfe am Gesamt-Hilfeaufkommen der Familie übernehmen und welche entlastende Wirkung sie somit haben.

Zunächst soll der Umfang der insgesamt benötigten Hilfe in Familien mit einem behinderten Kind dargestellt werden. Der Großteil der Kinder aus der Studie von Häußler/Bormann braucht rund um die Uhr Betreuung (36,7%), ein weiteres Drittel mehrmals täglich. 40% der Eltern geben an, dass ihr Kind auch nachts besondere Betreuung benötigt. Das macht den hohen Pflege- und Betreuungsaufwand deutlich, vor den sich die Familien gestellt sehen (Häußler/Bormann 1997, 148).

Wer leistet diese Pflege und Betreuung? In den von Häußler/Bormann untersuchten Familien ist in 92,5% der Fälle die Mutter die Hauptbetreuungsperson. Als zweite Pflegeperson werden vor allem die Väter (66,7%) oder vaterähnliche Positionen einnehmende Personen (12,7%) genannt. Die Hauptbetreuungsperson – also fast immer die Mutter – betreut das Kind in jeweils einem Drittel der Fälle rund um die Uhr oder mehrmals täglich (Häußler/Bormann 1997, 151ff.). Geschwister des behinderten Kindes betreuen es nur sehr selten intensiv. Auch außerfamiliale, freiwillige Helfer wie Nachbarn und Freunde spielen bei der regelmäßigen Hilfeleistung eine untergeordnete Rolle (Häußler/Bormann 1997, 75ff.). Auch Böttner u.a. betonen, dass Freunde, Bekannte und Nachbarn nur in geringem Umfang für Unterstützungsleistungen zur Verfügung stehen. Wichtige Hilfestellung leisten der Mutter Verwandte, bezahlte Helfer des FED sowie andere professionelle Helfer (Böttner/Hamel/Kniel/Windisch 1997, 178). Die Hilfe durch Verwandte betont auch Jeltsch-Schudel (1988, 192).

Zu ähnlichen Ergebnissen bzgl. der Unterstützungsstrukturen kommt die Siegener Arbeitsgruppe. Die Hauptbetreuungsperson wurde gebeten einzuschätzen, welche Personen dem behinderten Familienmitglied in welchem Umfang helfen. Demnach leistet die Hauptbetreuungsperson durchschnittlich 75,1% der gesamten Hilfen, weitere Angehörige engagieren sich durchschnittlich mit 12,5% am Gesamthilfeaufkommen, andere freiwillige Helfer zu 1,8% und bezahlte Helfer leisten 10,5% der Hilfen. Sie schlussfolgern daraus, dass der überwiegende Anteil behinderungsbedingter Hilfen auch im Falle der Inanspruchnahme eines FUD nicht durch bezahlte Hilfen, sondern durch die Hauptbetreuungsperson erbracht werden (Siegen 1999, 40ff.).

Die von Thimm u.a. befragten westdeutschen Frauen gaben an, im Bereich der informellen Hilfen wenig auf innerfamiliale Unterstützung hoffen zu können. Sowohl die Geschwister des behinderten Kindes und noch mehr den Ehemann bitten die Mütter nicht gerne um Hilfe. Auch freundschaftliche Beziehungen möchten die Frauen nur sporadisch durch die Bitte um Unterstützungsleistungen belasten, da sie sonst eine Auflösung der Freundschaft fürchten. Einfacher erscheint es, Hilfe bei der alltäglichen Betreuungs- und Pflegearbeit durch entlohnte, nichtinstitutionelle Helferinnen abzurufen. Im Osten hingegen beobachteten Thimm u.a. eine stärkere Involvierung vor allem des Ehepartners, der Geschwisterkinder und der Großeltern (Thimm u.a. 1997, 374ff.). Der Ost-West-Unterschied lässt sich nach Thimm u.a. damit erklären, dass im Osten ein hoher Betreuungsbedarf in teilstationären Einrichtungen gedeckt zu werden scheint, z.T. sogar auch in den Ferien und über die normalen Öffnungszeiten hinaus, was für den Westen nicht gilt (Thimm u.a. 1997, 453).

Neben der dominanten Pflege und Betreuung des Kindes in der Familie bzw. durch die Hauptbetreuungsperson werden nach Häußler/Wacker/Wetzler formelle Offene Hilfen nur von 14,4% der Familien mit behinderten Kindern im Westen und 10,9% im Osten genutzt (Häußler/Wacker/Wetzler 1996, 359). Häußler/Bormann kommen in ihrer ostdeutschen Studie zu etwas höheren Nutzerzahlen für ambulante Hilfen. Sie werden von 14,4% der befragten Familien genutzt. Allerdings gaben 50,9% der Befragten an, solche Angebote nicht zu nutzen (Häußler/Bormann 1997, 75ff.). Hier stellt sich die Frage, warum nicht mehr Familien formelle Angebote der Offenen Hilfen nutzen, zumal die von Wedekind untersuchten Eltern diese Entlastungsmöglichkeiten den privaten Regelungen vorziehen würden (Wedekind 1986, 263, 311ff.).

Ein Grund dafür, warum der Anteil formeller Offener Hilfen bei der Betreuung und Pflege des Kindes mit Behinderungen nicht höher ist, könnte an der im Vergleich zur Familie relativen Unflexibilität der Angebote liegen. Die von Böttner u.a. befragten Familien kritisierten am FED besonders die unflexible Übernahme von Betreuungen zu ungünstigen Zeiten und fehlende oder unzureichende Angebote. Kurzfristig auftauchender Hilfebedarf kann nur in 18% der Fälle immer, in 51% meistens und in 15% nur manchmal bis gar nicht von Diensten abgedeckt werden (Böttner/Hamel/Kniel/Windisch 1997, 165ff.).

Ungedeckte Bedarfe

Diese Forderungen nach flexiblerem Einsatz Offener Hilfen leiten über zu der Frage, ob die befragten Eltern ungedeckte Bedarfe anmeldeten. Mehr Flexibilität speziell der FEDs wünschen sich auch die von Thimm u.a. Befragten. Außerdem deckt der FED nach Meinung der westdeutschen Mütter nur einen Teil des gesamten Hilfebedarfs. Die Befragten suchen nach weiteren Entlastungsangeboten, da die FEDs auf die Gesamtsituation nur einen geringen Effekt zu haben scheinen. Gewünscht werden neben der flexiblen Gestaltung der Betreuung vor allem Entlastungen und Betreuungen über längere Zeiträume wie im Urlaub, den Ferien oder am Wochenende (Thimm u.a. 1997, 377ff.).

In die gleiche Richtung weisen die Ergebnisse von Sarimski. 40% der Mütter wünschen sich Unterstützung, um mehr Zeit für sich zu haben. Und die

Vermittlung von geeigneten ambulanten Diensten (u.a. Babysitter, Kinderarzt) empfinden 11-17% als dringendes Bedürfnis (Sarimski 1996, 97ff.).

Auch von den von Häußler/Wacker/Wetzler befragten Familien gibt die Hälfte an, die durch ambulante Hilfen erhaltene Hilfe sei nicht ausreichend. Gefordert werden vor allem flexiblere, häufigere und längere Betreuungszeiten. Dabei wünschen sich 33,3% eine Betreuungsmöglichkeit am Wochenende, 28,4% im Wochenverlauf, 25,9% in den Abendstunden und 18,5% im Tagesverlauf. Flexiblere Urlaubsvertretung wird von 40,7% genannt, schnellere Verfügbarkeit in akuten Notfällen von 35,8% (Häußler/Wacker/Wetzler 1996, 361). Ebenso wünschten sich die von Häußler/Bormann befragten Familien vor allem eine schnelle Verfügbarkeit der Dienste (Häußler/Bormann 1997, 169). Alles läuft also auf ein ‚mehr' an Flexibilität sowie ein ‚mehr' an Betreuung hinaus.

Böttner u.a. können den zusätzlichen Bedarf an Betreuung quantifizieren. Bei der Hälfte der Eltern ist der Umfang der bewilligten Hilfen nicht ausreichend, ihr zusätzlicher Bedarf beläuft sich auf durchschnittlich 30 Stunden/Monat. Dabei werden neben allgemeinen Bereichen wie Betreuung, Aufsicht und Entlastung vor allem fehlende Hilfen zu „ungünstigen Zeiten" genannt (Böttner/Hamel/Kniel/Windisch 1997, 156). So wundert es nicht, dass sich die Mehrheit der von Böttner u.a. befragten FED-Nutzer mehr Unterstützung wünschen (Böttner/Hamel/Kniel/Windisch 1997, 180).

Ein weiterer von den Eltern angemahnter Bereich ungedeckten Bedarfs stellt die Informiertheit der Eltern dar. Die von Lanners/Lambert befragten Eltern wünschen sich vor allem Informationen (Lanners/Lambert 1999, 42). Auch die von Engelbert befragten Eltern mahnen am häufigsten Informations- und Beratungsangebote an (Engelbert 1999, 172). Nichts anderes äußern die Eltern der wedekindschen Studie, die sich aufgrund des Zuständigkeitswirrwarrs verschiedener Institutionen mehr Informationen über Entlastungsmöglichkeiten und finanzielle Unterstützung wünschen (Wedekind 1986, 285).

Wie Lanners/Lambert und Engelbert beobachtet auch Eckert einen verstärkten Bedarf nach Informationsvermittlung und Beratung sowohl auf die Behinderungsformen, Fördermöglichkeiten als auch auf die Angebotsstruktur im Wohnumfeld bezogen (Eckert 2001, 265ff.). Ebenso wünschten sich die von Häußler/Wacker/Wetzler befragten Eltern bessere Informationen über vorhandene Dienste und Einrichtungen (Häußler/Wacker/Wetzler 1996, 356).

Fasst man alle vorgetragenen Ergebnisse zusammen, so lassen sich alle Aussagen wie folgt komprimieren: Längst nicht allen Eltern von Kindern mit Behinderungen sind Hilfsangebote in ihrem Wohnumfeld bekannt. Dabei steigt der Grad der Informiertheit mit der Schwere der kindlichen Behinderung und der Bildung bzw. der Berufsposition der Eltern. Tendenziell ist das Wissen über formelle Angebote und Hilfen im Osten Deutschlands geringer ausgebildet, jedoch war hier die Infrastruktur Offener Hilfen zum Zeitpunkt der Datenerhebung auch noch nicht so weit ausgebaut wie im Westen Deutschlands.

Selbst in Familien, die über formelle Angebote und Hilfen in ihrem Wohnumfeld informiert sind und die diese nutzen, decken sie nur einen geringen Teil der Hilfen, die für die Pflege und Betreuung des Kindes anfallen. Besonders hoch scheint der ungedeckte Bedarf an Unterstützung in den Bereichen Urlaubs- und Ferienbetreuung sowie Wochenend- und Notfallbetreuung zu sein. Allgemein werden seitens der Eltern flexiblere, häufigere und längere Betreuungszeiten angemahnt sowie eine bessere Koordination der Informationsvermittlung.

3.3.3 Die Bewertung regionaler Angebote durch Eltern behinderter Kinder – Anlage der Untersuchung

Aus Kosten- und Zeitgründen haben wir uns für eine schriftliche Befragung mit weitgehend standardisiertem Fragebogen entschieden. Die schriftliche Befragung setzt eine sorgfältige Organisation voraus. Zunächst wurde der Fragebogen nach seiner Erstellung mit Hilfe eines Pretests geprüft und leicht modifiziert. Bei der entgültigen Verschickung wurde dem Fragebogen ein einführendes Begleitschreiben beigelegt, das über die Ziele der Untersuchung und über die verantwortlichen Träger Aufschluss gibt, und es wurde Anonymität zugesichert. Ein adressierter und frankierter Rückumschlag sorgte für die erleichterte Rücksendung des Fragebogens.

In der hier vorgestellten Untersuchung wurden sowohl geschlossene Fragen als auch halboffene und offene Fragen verwendet. Abbildung 3 verdeutlicht den Aufbau des Fragebogens, der unter der E-Mail-Adresse annette.hirchert@berlin.de angefordert werden kann.

Im Folgenden soll kurz auf die Rekrutierung des Samples und die Erhebungsphase eingegangen werden. Unsere Aufgabe bestand darin, an möglichst viele regional verstreute Eltern behinderter Kinder heranzutreten. Der Zugang wurde über Schulen und Kindergärten gewählt und nicht über andere Angebote wie FED oder SPZ, wofür folgende Gründe sprachen:

- Bei Kindergärten und Schulen kann davon ausgegangen werden, dass diese Angebote von fast allen Kindern genutzt werden, da eine allgemeine Schulpflicht besteht und der Besuch des Kindergartens zwar nicht Pflicht ist, aber er doch ein sehr häufig genutztes Angebot darstellt. Leider können so nicht diejenigen Kinder erfasst werden, deren Schulpflicht ruht oder die nicht einen Kindergarten besuchen.
- Da wir erfahren wollten, ob Eltern bzw. ihre Kinder Angebote wie FED oder SPZ nutzen, konnten wir den Zugang nicht über diese Einrichtungen wählen. Denn sonst hätten wir nur solche Familien erreicht, die diese Angebote tatsächlich nutzen.

Abb. 3: Aufbau des Fragebogens

Bereich 1: Die allgemeine Situation der befragten Familien	
Informationen über die befragte Person verwandtschaftliche Beziehung der/des Befragten zum behinderten Kind Lebt mit (Ehe-)Partner im Haushalt? Geburtsjahr Bundesland Schulabschluss Ausbildungsabschluss Berufstätigkeit	Informationen über den Haushalt Behinderungsart des Kindes Geschätzte Schwere der Behinderung des Kindes Alter des jüngsten Kindes Alter des behinderten Kindes Geschlecht des behinderten Kindes Behindertes Kind schon einmal außerfamiliär untergebracht? Kinderzahl im Haushalt Zahl der behinderten Kinder im Haushalt Erwachsenenzahl im Haushalt Zahl der behinderten/pflegebedürftigen Erwachsenen im Haushalt Zusammensetzung des Haushalts-Nettoeinkommens Höhe des Haushalts-Nettoeinkommens

Bereich 2 Der Betreuungs- und Pflegeaufwand für das behinderte Kind
Behindertenausweis Grad der Behinderung Pflegestufe Ausmaß über das altersspezifische Maß hinausgehender Hilfe in Stunden Nächtliche Betreuung notwendig?

Bereich 3: Finanzielle Hilfen zur Pflege und Betreuung des behinderten Kindes
Leistungsempfang nach Pflegeversicherungsgesetz? Kosten und Erstattung der Kosten

Bereich 4: Personenbezogene Hilfen zur Pflege und Betreuung des Kindes mit Behinderungen
Weitere Betreuungspersonen? Ausmaß an Betreuung durch weitere Betreuungspersonen Ausmaß an Erwerbstätigkeit der Familienengehörigen

Bereich 5: Wissen über Angebote und Hilfen
Einrichtungen Genug Wissen? Durch wen informiert?

Bereich 6: Nutzung von Angeboten und Hilfen
Besuch teilstationärer Einrichtungen Tägliche Betreuungsdauer in teilstat. Einr. Zufriedenheit mit teilstat. Einr. Verbesserungsvorschläge bzgl. besuchter teilstat. Einr. Nutzung sonstiger Angebote Veränderungswünsche bzgl. sonstiger Angebote

Bereich 7: Ungedeckter Bedarf an Angeboten und Hilfen
Wann wird zusätzliche Betreuung gewünscht? Gewünschte zusätzliche Betreuung durch wen? Welche Hilfen sind wünschenswert? Kurzfristige Betreuungshilfen abrufbar? Durch wen?

Als Multiplikatoren wurden also Schulen und Kindergärten gewählt. Ausgangsbasis für die Adressenrecherche der Multiplikationseinrichtungen war der Datenpool der 16 Modellregionen, über den wir aufgrund der Angebotserhebung (siehe Abschnitt 3.2) bereits verfügten. Von allen in den Regionen recherchierten Adressen sind diejenigen Schulen, Kindergarten und Kindertageseinrichtungen herausgefiltert worden, die als Sonder- oder Integrationseinrichtungen ausgewiesen sind. Regeleinrichtungen wurden nur dann berücksichtigt, wenn aus dem Rücklauf der Angebotserhebung ersichtlich war, dass sie mehr als 10 behinderte Kinder integrieren. Es wurden zudem diejenigen Einrichtungen gestrichen, die angegeben hatten, keine Angebote für unsere Zielgruppe anzubieten.

Die ermittelten Einrichtungen wurden angeschrieben und um Mitarbeit gebeten. Ca. eine Woche später wurden alle diese Einrichtungen angerufen um zu erfahren, ob sie sich an unserer Aktion beteiligen und wie viele Bögen sie benötigen.

Abb. 4: Übersicht der verschickten Fragebögen nach Bundesland

Bundesland	**Angeschriebene Einrichtungen**	**Verschickte Fragebögen**
Baden-Württemberg, Schwäbisch-Hall	9	133
Bayern, Kempten	10	360
Berlin, Hohenschönhausen	5	66
Brandenburg, Cottbus	11	349
Bremen	28	918
Hamburg	52	725
Hessen, Frankfurt	9	57
Mecklenburg-Vorpommern, Neubrandenburg	11	267
Niedersachsen, Cloppenburg	7	125
Nordrhein-Westfalen, Bielefeld	27	827
Rheinland-Pfalz, Bad Kreuznach	6	306
Saarland, Saarpfalz-Kreis	9	84
Sachsen, Dresden	23	182
Sachsen-Anhalt, Zerbst	4	320
Schleswig-Holstein, Stormarn	14	232
Thüringen, Arnstadt	4	90
Summe	229	5041

Es wurden insgesamt 5041 Fragebögen angefordert. In den an die Einrichtungen verschickten Paketen befand sich die jeweils gewünschte Zahl der Fragebögen, die gleiche Zahl an Anschreiben für die Eltern sowie frankierte und an uns adressierte Rückumschläge und ein weiteres Anschreiben an die

Institution, in dem wir noch einmal genau die Zielgruppe erklären und uns für die Mitarbeit bedanken.

Aus unserem Vorgehen zur Rekrutierung resultierte, dass wir aus 16 Modellregionen, die sich in je einem der 16 Bundesländer befinden, eine je unterschiedliche Menge an Rücklauf erwarten konnten, wie Abbildung 4 verdeutlicht.

Der Verschickungszeitraum der Fragebögen lag im April 2001. Der Rücklauf war Ende August abgeschlossen. *Insgesamt sind 1083 gültige Fragebögen an uns zurückgeschickt worden. Das entspricht einer bereinigten Rücklaufquote von 21,5%.*

Die im Fragebogen enthaltenen Informationen wurden mit Hilfe eines Codeplans codiert und offen formulierte Fragen kategorisiert. Daran anschließend wurden die Daten in das Datenverarbeitungsprogramm SPSS (Statistical Package for the Social Sciences) eingegeben und einzelne Variablen zusätzlich aufbereitet.

3.3.4 Darstellung der Ergebnisse

Die Präsentation der Ergebnisse erfolgt in der Reihenfolge der in Abb. 3 (Aufbau des Fragebogens) genannten Bereiche (1-7).

Die allgemeinen Situation der befragten Familien
Es war ein Rücklauf aus 16 Modellregionen zu erwarten, wobei jedes Bundesland mit je einer Modellregion vertreten war. Insgesamt ist de facto ein Rücklauf aus allen Regionen außer aus Thüringen zu verzeichnen. Die teilweise sehr hohen Unterschiede im Rücklaufverhalten sind auf die von uns angewendete Methode der Rekrutierung zurückzuführen. Wir waren durch die Multiplikatoren „Schule“ und „Kindergarten“ an die Eltern herangetreten. Da jedoch nicht in allen Regionen die gleiche Anzahl von Multiplikatoren zur Verfügung stand und diese auch in ganz unterschiedlichem Ausmaß in der Lage waren, Eltern anzusprechen, sind die Rückläufe aus den einzelnen Regionen sehr unterschiedlich hoch. (Insgesamt N=1083)

Nordrhein-Westfalen hat mit 16,4% die höchsten Rücklaufzahlen zu verzeichnen, gefolgt von Hamburg und Bremen mit jeweils 11,6%. Es folgen Brandenburg, Niedersachsen und Rheinland-Pfalz mit jeweils 8,2%. Schleswig-Holstein, Sachsen-Anhalt und Bayern liegen zwischen 6-7%, Baden-Württemberg, Mecklenburg-Vorpommern und Sachsen zwischen 4-5%. Am spärlichsten vertreten sind Berlin mit 0,8%, Hessen mit 0,5% und das Saarland mit 1,5%.

Teilt man die Bundesländer in Ost- und West-Regionen auf, so ist Ostdeutschland mit 24,8% der Fälle vertreten, Westdeutschland dementsprechend mit 75,2%. Verglichen mit der Bevölkerungszahl in Ost- und Westdeutschland (Osten: 19%; Westen: 81%; stat. Jahrbuch 2000) ist also der Osten leicht überrepräsentiert.

Bei der Beschreibung der Familiensituation interessiert zunächst, wer in der Familie die *Hauptbetreuungsperson* des Kindes ist. Wie nicht anders zu erwarten war, ist dies in der überwältigenden Mehrheit von 88% der Fälle die Mutter. Der Vater übernimmt diese Aufgabe in 4,4% der Fälle, die Pflegemutter in 3,4% der Fälle. Auffallend ist der unvermutet hohe Anteil der Stiefväter mit 2,2%. Alle anderen Familienangehörigen (Stiefmutter, Großmutter, Schwester, Lebensgefährtin des Vaters, Pflegevater, Großvater, Bruder, Sonstiges) tauchen nur im Promillebereich auf. Die Hauptbetreuungsperson ist in über 75% der Fälle zwischen 31 und 46 Jahre alt. Dies verwundert nicht, da sie ja überwiegend der Elterngeneration angehört und nicht z.B. der Großelterngeneration.

Wie sieht nun das *Behinderungsbild* des jeweiligen Kindes aus? Die folgende Abbildung 5 gibt an, in welchem Verhältnis die im Vordergrund stehende Behinderung bei den Kindern auftrat.

Abb. 5: Im Vordergrund stehende Behinderung des Kindes (in %)

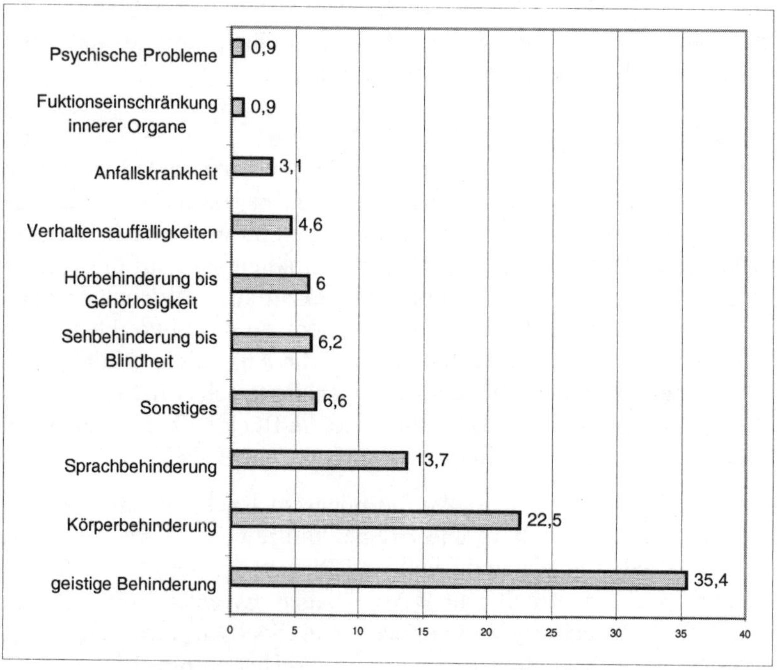

Geistige Behinderungen lagen mit über einem Drittel an erster Stelle, gefolgt von Körperbehinderungen mit fast einem Viertel. Sprachbehinderungen lagen bei knapp 15%, alle anderen Behinderungen lagen unter 10%. Da die Stichprobe unserer Befragung nicht repräsentativ gezogen wurde, bleibt offen, ob die Anteile der einzelnen Behinderungsarten denjenigen der

Grundgesamtheit entsprechen. Diese Grundgesamtheit ist aufgrund der Offenheit des Behindertenbegriffs und datenschutzrechtlicher Bestimmungen für die Bundesrepublik nicht genau bestimmbar. In diesem Zusammenhang muss jedoch noch einmal auf den Einfluss der Methode der Rekrutierung hingewiesen werden, denn wir hatten überproportional großen Zugang zu Eltern von Kindern, die eine Sondereinrichtung besuchen.

Die Hauptbetreuungsperson hatte während der Befragung die Möglichkeit, auch eine oder mehrere sekundäre Behinderungen anzugeben. Am häufigsten wurde mit einem Viertel aller Fälle eine Sprachbehinderung genannt, gefolgt von Verhaltensauffälligkeiten, geistiger Behinderung und Körperbehinderung mit jeweils knapp 15%. Die anderen Behinderungen lagen bei unter 10% aller Fälle.

Eine Darstellung der Verknüpfung primärer und sekundärer Behinderungen des Kindes scheint an dieser Stelle interessant zu sein, um zu prüfen, ob bestimmte Erstbehinderungen oft bestimmte Zweitbehinderungen nach sich ziehen. Allerdings lassen sich hier aufgrund der jeweiligen Fallzahlen sichere Aussagen lediglich für die im Vordergrund stehenden Behinderungen „geistige Behinderung“, „körperliche Behinderung“ und „Sprachbehinderung“ formulieren.

Abb. 6: Zusätzliche Behinderungen des Kindes (in %)

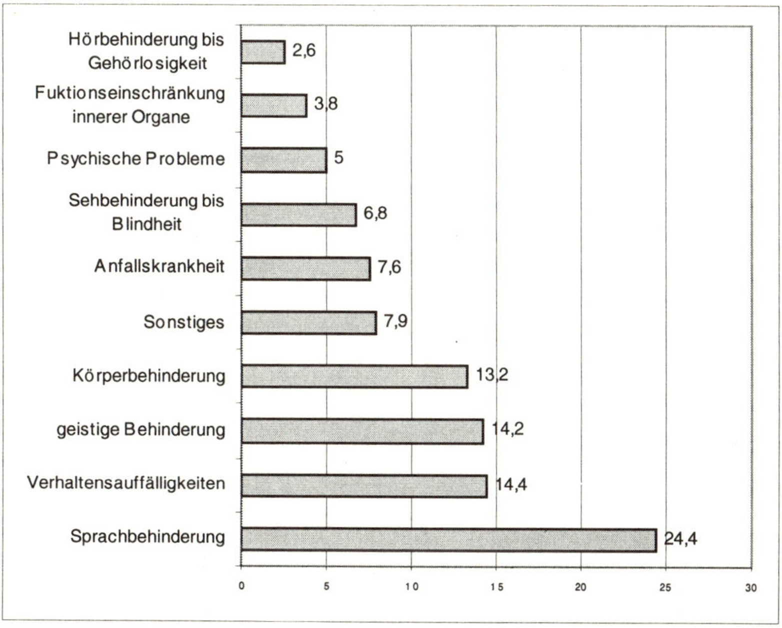

Von den insgesamt 362 Befragten mit primär geistig behinderten Kindern gaben die meisten an (31,3%), die Zweitbehinderung ihres Kindes sei eine Sprachbehinderung, gefolgt von Körperbehinderungen (21,8%) und Verhaltensauffälligkeiten (16%). Ähnlich sah dies bei 235 Kindern aus, die primär körperlich behindert sind. Bei ihnen dominierten geistige Behinderungen (27,5%). An zweiter Stelle rangierten Sprachbehinderungen (23,2%), Anfallskrankheiten sowie Sehbehinderungen stellten die dritthäufigste Zweitbehinderung dar (12,2%). Bei den 141 primär Sprachbehinderten sah die Situation anders aus. Sie waren zusätzlich hauptsächlich verhaltensauffällig (26,3%), aber auch geistig behindert (16,3%). Ein großer Teil (17,8%) ließ sich aber auch nicht spezifizieren. Zusammenfassend weist ein großer Teil der Kinder die Verknüpfung von geistigen und körperlichen Behinderungen auf, und ein großer Teil der primär geistig oder körperlich behinderten Kinder hat eine Sprachauffälligkeit.

Fragt man die Hauptbetreuungsperson, wie stark sie die Behinderung des Kindes einschätzt, so ordnet sie in 41,4% der Fälle ihr Kind als „mittelschwer behindert" ein. 30,7% halten ihr Kind für schwerstbehindert, 27,9% für leicht behindert.

Die Einschätzung des Schweregrades der Behinderung ist sehr abhängig von der Art der Behinderung. Bei einer körperlichen Behinderung des Kindes gibt die weit überwiegende Zahl der Hauptbetreuungspersonen (51,7%) an, das Kind sei schwerstbehindert bzw. mittelschwer behindert (35,2%). Im Falle einer geistigen Behinderung antworten ebenfalls sehr viele Eltern (35,2%), das Kind sei schwerstbehindert bzw. mittelschwer behindert (53,1%). Die Tendenz, das Kind als mittelschwer oder schwerstbehindert einzustufen, ist ebenfalls bei einer Seh- oder Hörbehinderung gegeben. Kinder mit Sprachbehinderungen (73,5%) und Verhaltensauffälligkeiten (60,4%) hingegen werden am häufigsten als leicht behindert eingestuft. Bei den anderen Behinderungsarten lassen sich eindeutigen Trends schwer festmachen, da die Fallzahlen sehr gering sind.

Im Folgenden soll nun auf die *Zusammensetzung der Familie* eingegangen werden, in der die Hauptbetreuungsperson und das behinderte Kind leben. Auskünfte darüber, ob die Hauptbetreuungsperson mit einem Partner zusammenlebt, lassen evtl. Rückschlüsse darauf zu, ob sie von dieser Seite Unterstützung bei der Betreuung des Kindes erhoffen kann. 17,5% der Befragten gaben an, alleinerziehend zu sein und konnten somit nicht mit Unterstützung durch ihren Partner rechnen. Alleinerziehende sind also in unserer Untersuchungsgruppe häufiger anzutreffen als in Familien, in denen kein behindertes Kind lebt. Ihr Anteil an der Gesamtbevölkerung beträgt 13,2% (Stat. Jahrbuch 2001, 64).

Neben der Partnerfrage dient auch die Frage nach weiteren Kindern zusätzlich zum behinderten Kind zur Ermittlung zusätzlicher Belastungs- bzw. Entlastungsfaktoren, je nachdem wie alt die Kinder sind. Ältere Kinder können durchaus die Hauptbetreuungsperson bei ihren Betreuungs- und Pflegeaufgaben unterstützen, jüngere Kinder stellen eher selbst eine Quelle von Arbeit dar. Insgesamt gaben 26,9% der Befragten an, dass neben dem behinderten Kind keine weiteren Kinder im Haushalt der Familie leben. In 41,6% der Haushalte lebt ein weiteres Kind, 20,6% haben zwei weitere Kinder, 6,4% haben drei weitere Kinder und jeweils knapp 2% vier bzw. fünf und mehr Kinder.

Wie erwähnt wird davon ausgegangen, dass ältere Kinder tendenziell weniger Arbeit bereiten als jüngere Kinder und sogar die Hauptbetreuungsperson bei anfallenden Arbeiten unterstützen können. Da besonders kleine Kinder sehr viel Zeit beanspruchen, kann das Alter des jüngsten Kindes Aufschluss über die Belastung der Hauptbetreuungsperson geben. Der Großteil der jüngsten Kinder ist mit 28,2% zwischen 4 und 8 Jahren alt, gefolgt von den 8 bis 12-Jährigen mit 25,4%. Die meisten „kleinsten Kinder" sind also wie nicht anders zu erwarten ist den jüngeren Altersgruppen zuzurechnen. Addiert man diesen Gruppen noch die der unter 4-Jährigen hinzu wird deutlich, dass in fast 70% der Familien ein Kind zwischen 0-12 Jahren betreut wird. Allerdings besagen diese Zahlen nicht, ob es sich bei diesem jüngsten Kind gleichzeitig auch um das Kind mit Behinderungen handelt.

Auch das Alter des behinderten Kindes gibt evtl. Aufschluss über die Belastung der Mutter, obwohl der Zusammenhang zwischen Alter und Betreuungsaufwand im Falle eines behinderten Kindes nicht so eng zu sein scheint wie bei einem nicht-behinderten Kind (vgl. Abb. 7). Der Großteil der Kinder (ca. 80%) ist zwischen 4 und 16 Jahre alt. Die meisten Kinder (27,2%) sind zwischen 1989 und 1992 geboren, also zum Zeitpunkt der Befragung zwischen 8 und 12 Jahre alt. Eine weitere fast ebenso große Gruppe stellt mit 27,1% die Gruppe der zwischen 1985 bis 1988 geborenen Kinder dar, die zum Zeitpunkt der Befragung zwischen 12 und 16 Jahren als waren. Die drittgrößte Gruppe sind mit 24,8% die Gruppe der Kinder zwischen 4 und 8 Jahren, also die zwischen 1993 bis 1996 Geborenen. Mit Abstand folgen alle weiteren Altersgruppen.

Abb. 7: Gruppiertes Alter des behinderten Kindes (in %)

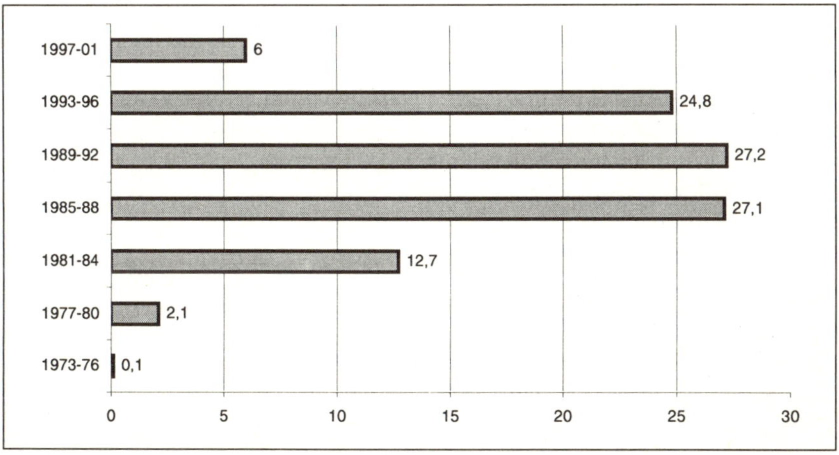

Jungen sind – was die Kinder mit Behinderungen angeht – in unserem Sample eindeutig überrepräsentiert. Sie stellen 59,6% der Kinder, die Mädchen nur 39,5%.

Neben der Zahl und dem Alter der Kinder kann auch die Frage, ob weitere Personen mit im Haushalt wohnen, Aufschluss darüber geben, ob die Hauptbetreuungsperson Unterstützung von weiteren Familienmitgliedern erfahren kann oder ob sie diese weiteren Personen evtl. auch versorgen muss. Dazu muss ermittelt werden, ob diese erwachsenen Familienmitglieder behindert oder pflegebedürftig sind. Einschränkend ist allerdings zu sagen, dass die Behinderung eines weiteren Familienmitgliedes nicht zwangsläufig bedeutet, dass es hilfe- oder pflegebedürftig ist. In nur 65 Familien leben eine oder mehrere „weitere Personen“ über 18 Jahre mit im Haushalt. In 34 dieser Familien sind diese weiteren Personen nicht durch eine Behinderung beeinträchtigt. In insgesamt 34 von 65 Fällen stehen also die Chancen gut, das die Hauptbetreuungsperson durch weitere, nicht behinderte Personen über 18 Jahren im Haushalt Unterstützung erhält. Allerdings existieren auch in 31 von 65 Familien eine oder sogar zwei behinderte Personen über 18 Jahren.

Der Schulabschluss, die Ausbildung sowie die derzeitige Tätigkeit sind neben der Höhe des Einkommens wichtige Daten, um den sozialen Status der befragten Familien zu ermitteln. Im Vergleich mit Daten der amtlichen Statistik lässt sich feststellen, ob und inwiefern der Status der von uns befragten Familien vom Durchschnitt aller Familien in Deutschland abweicht. Dabei sind sowohl die Daten der Befragten als auch die der eventuellen Partner zu berücksichtigen.

Sowohl bei den Frauen als auch bei den Männern unseres Samples sind Schwankungen bei den einzelnen Bildungsabschlüssen im Vergleich mit der amtlichen Statistik festzustellen, die aber insgesamt in keine spezifische Richtung gehen. Das Schulbildungsniveau der Befragten und ihrer Partner weicht also insgesamt nicht einseitig in eine Richtung vom Durchschnitt aller Personen in Deutschland ab.

Bezüglich des Ausbildungsniveaus ist festzustellen, dass im geschlechtsspezifischen Bereich nur geringe Unterschiede auftreten. Frauen haben öfter keinen Abschluss und besuchten auch öfter eine Berufsfachschule als Männer. Männer absolvierten hingegen häufiger ein Fachhochschul- oder Hochschulstudium (vgl. Abb. 8).

Wie nicht anders zu erwarten war, ist mit 43% ein großer Teil der Frauen nicht erwerbstätig oder arbeitslos (vgl. Abb. 9). Die Mütter sind in einem höheren Maße nicht erwerbstätig bzw. arbeitslos als der bundesrepublikanische Durchschnitt mit 37,2% (Stat. Jahrbuch 2001, 109). In wieweit der Grad der mütterlichen Erwerbstätigkeit mit der Betreuung des behinderten Kindes zusammenhängt, ist Thema einer im Zusammenhang mit dem Modellvorhaben entstandenen Dissertation (Hirchert, i.V.). Wenn Frauen einer Erwerbstätigkeit nachgehen, arbeiten sie sehr oft als Angestellte. Bei den Männern ist die Nicht-Erwerbstätigkeit bzw. Arbeitslosigkeit wesentlich geringer ausgeprägt. Auch sie sind zum größten Teil angestellt tätig, jedoch nicht so häufig wie die Frauen.

Abb. 8: Ausbildung aller Befragten und ihrer Partner nach Geschlecht (in %)

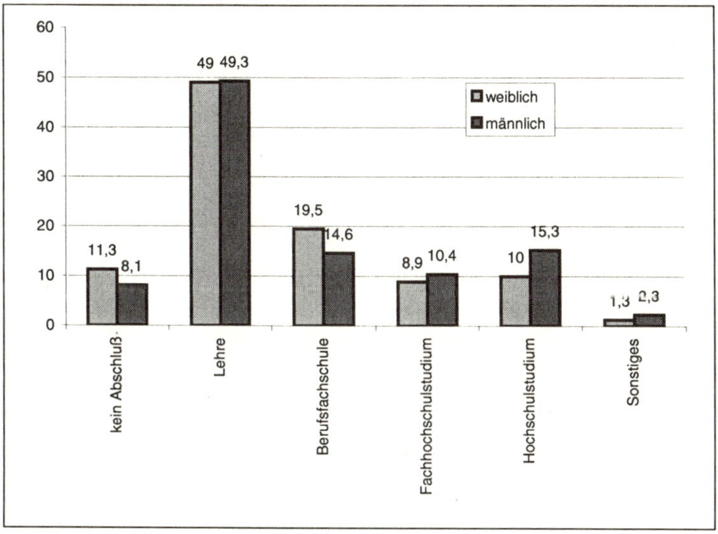

Abb. 9: Erwerbstätigkeit aller Befragten und ihrer Partner nach Geschlecht (in %)

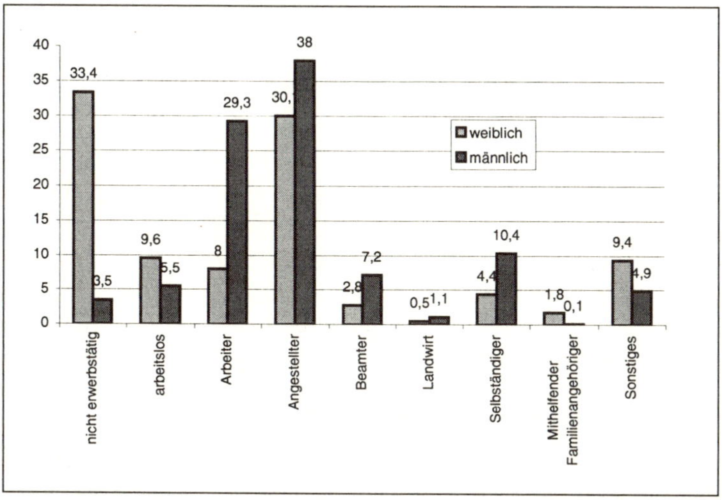

Um sich ein Bild von der Situation der Familien zu machen, darf auch die finanzielle Situation nicht vernachlässigt werden. Die Frage nach den Quellen des Lebensunterhalts wurde leider nicht ergiebig beantwortet. Nach der Höhe des Familieneinkommens gefragt, gaben die meisten Befragten (22,8%) an, zwischen 3000-4000 DM zur Verfügung zu haben. Allerdings sagt dieser Wert noch nichts über das tatsächlich zur Verfügung stehende Pro-Kopf Einkommen aus, da die Zusammensetzung der Haushalte zwischen 2 bis zu 12 Personen streute.

Schaut man sich die Höhe der Einkünfte aufgeteilt mach der Personenzahl im Haushalt an, so verwundert es nicht, dass tendenziell mit steigender Personenzahl das Pro-Kopf-Einkommen in der Familie sinkt. In Zwei-Personen-Haushalten stehen in 75% der Fälle zwischen 900-2000 DM pro Haushaltsmitglied zur Verfügung, in Drei-Personen-Haushalten sind es nur zwischen 830-2000 DM. Die Beträge sinken in Vier-Personen-Haushalte auf 625-1500 DM pro Haushaltsmitglied und in Fünf-Personenhaushalte auf 500-1200 DM pro Haushaltsmitglied. Da die Zahl der 6-12-Personen-Haushalte relativ gering ist, sind hier Angaben über prozentuale Verteilungen nicht mehr sinnvoll, jedoch verwundert es nicht, dass hier mehrheitlich pro Familienmitglied noch weniger Geld zur Verfügung steht. Insgesamt liegt das Einkommen der von uns befragten Familien allerdings über dem bundesdeutschen Durchschnitt (Stat. Jahrbuch 2001, 64).

Betreuungs- und Pflegeaufwand für das behinderte Kind

Um den Pflegeaufwand für ein behindertes Kind in seiner Familie ermitteln zu können, fragten wir nach folgenden Faktoren: Hat das Kind einen Schwerbehindertenausweis und wenn ja, wie hoch ist der Grad der Behinderung? Ist das Kind in eine Pflegestufe (nach dem Pflegeversicherungsgesetz) eingestuft und wenn ja in welche? Wie hoch schätzt die Hauptbetreuungsperson den zeitlichen Aufwand, den die Pflege und Betreuung des behinderten Kindes über das altersspezifische Maß hinaus in Anspruch nimmt? Muss die Betreuung des Kindes auch nachts erfolgen?

Über einen Schwerbehindertenausweis verfügen 74,2% aller Kinder aus den befragten Familien. Die Mehrheit von ihnen (69,5%) hat einen Grad der Behinderung von 100%, und weitere 15,4% haben einem Grad von 80%. 42,9% der Kinder sind in keine Pflegestufe eingruppiert. Jeweils ca. 20% haben die Pflegestufe 1, 2 oder 3. Interessant ist die Beobachtung, dass ein Zusammenhang zwischen dem Grad der Behinderung, der Höhe der Pflegestufe und der subjektiv von der Hauptbetreuungsperson empfundenen Schwere der Behinderung besteht. Je höher der Grad der Behinderung bzw. die Pflegestufe, desto eher steigt auch die subjektiv von der Hauptbetreuungsperson empfundene Schwere der kindlichen Behinderung.

Wie oben erwähnt, wurde die Hauptbetreuungsperson gebeten abzuschätzen, wie viele Stunden tägliche Betreuung ihr behindertes Kind benötigt, die über das altersspezifische Maß hinausgehen. Das arithmetische Mittel liegt bei 6,8 Stunden täglich, der Modus, also der am häufigsten genannte Wert, liegt für 140 Befragte jedoch nur bei 2 Stunden täglich. Aber immerhin geben auch 88 Befragte an, ihr Kind benötige rund um die Uhr Betreuung. Wie schon bei der Pflegestufe und beim Grad der Behinderung steigt die von der Hauptbetreuungsperson geschätzte Schwere der kindlichen Behinderung mit der Stundenzahl, die täglich für die Betreuung des Kindes vonnöten ist.

Neben dem täglichen Betreuungsaufwand gibt auch die Frage, ob und wie oft das Kind nachts betreut werden muss, Aufschluss über den Betreuungs- und Pflegeaufwand. Die Mehrheit der Hauptbetreuungspersonen (44,8%) gibt an, das Kind benötige nachts keine Betreuung. In 27,2% der Fälle benötigt es nur gelegentlich nachts Hilfe. Jede Nacht einmal stehen 11,4% der Hauptbetreuungsperson auf, um ihren Kindern zu helfen und 16,7% werden jede Nacht mehrmals benötigt. Auch hier lässt sich ein Zusammenhang zwischen der Häufigkeit nächtlicher Betreuung und der von der Hauptbetreuungsperson geschätzten Schwere der kindlichen Behinderung feststellen.

Finanzielle Hilfen zur Pflege und Betreuung des behinderten Kindes

Fast alle Befragten (1000 von 1083) geben an, dass besondere finanzielle Aufwendungen bei der Betreuung und Pflege des behinderten Kindes anfallen. Am häufigsten (342 Fälle) entstehen die Ausgaben durch nicht näher kategorisierte Posten, in 243 Fällen wird Geld für Hilfsmittel ausgegeben, 274 mal spielt die Betreuung als Kostenfaktor eine Rolle und 114 mal der Posten „besondere Ernährung“.

Die Höhe der Kosten variiert je nach Kategorie. Besonders viel Geld wird für Betreuung und „sonstiges“ ausgegeben. Bei denjenigen, die Kosten durch Hilfsmittel angaben, betrug die Höhe in ca. 90% der Fälle zwischen 0-299 DM pro Monat. Für Ernährung gaben ebenfalls die meisten (ca. 82%) zwischen 0-299 DM aus. Ähnlich sah es bei der Höhe der Kosten für Betreuung aus. Sie lag allerdings nur in ca. 71% der Fälle zwischen 0-299 DM, also tendenziell höher. Weitere 18,8% der Familien gaben zwischen 300-499 DM für Betreuung aus. Die sonstigen, nicht spezifizierten Ausgaben lagen in ca. 65% der Fälle zwischen 0-299 DM, Weitere 18% gaben zwischen 300-499 DM aus, fast 10% der Personen sogar zwischen 500-999 DM.

Erstattet wurden die Kosten in wesentlich geringerem Umfang. Bei den Kosten für Hilfsmittel und Betreuung wurden in jeweils ca. 80% der Fälle nur zwischen 0-99 DM erstattet. Bei der Ernährung wurden sogar in 95,5% der Fälle nur 0-99 DM erstattet, ebenso wie bei dem Posten „sonstiges“ (93,5%). Da besonders hohe Kosten in den Kategorien Betreuung und „sonstiges“ anfallen, werden hier durch die magere Erstattung die Haushaltslöcher der Familien nur dürftig gestopft.

Neben dem geringen Umfang der Erstattung angefallener Kosten ist zu beklagen, dass insgesamt nur 56,7% der Antwortenden Leistungen nach dem Pflegeversicherungsgesetz erhalten, fast alle in Form von Pflegegeld. 3,9% erhalten Pflegegeld und Sachleistungen und 0,3% ausschließlich Sachleistungen. Ein großer Teil von 43,3% erhält gar keine Leistungen.

Personenbezogene Hilfen zur Pflege und Betreuung des Kindes mit Behinderungen

Die Hilfe von Familienangehörigen steht im Vordergrund. Der Vater spielt bei Entlastung der Hauptbetreuungsperson, also im Regelfall der Mutter, die wichtigste Rolle. In 692 Fällen wird er als Unterstützer der Hauptbetreuungsperson genannt, gefolgt von der Großmutter mit 412 Nennungen. Weiterhin scheint die Schwester des behinderten Kindes eine Rolle für seine Betreuung zu spielen (211) sowie der Großvater (180) und der Bruder des behinderten Kindes (178). Andere Personen werden wesentlich seltener genannt.

„Personen, die nicht zur Familie gehören" werden zwar in 232 Fällen genannt, wobei allerdings viele der Befragten bei diesem Item vor allem Institutionen nannten wie z.B. den Kindergarten, der in diesem Kontext, in dem es nur um Personen ging, eigentlich nicht gemeint war. Vor diesem Hintergrund darf der relativ hohen Zahl von 232 Nennungen nicht zu viel Gewicht beigemessen werden. Andere familienexterne Personen wie Freunde und vor allem Nachbarn spielen eine untergeordnete Rolle.

Der Vater ist nicht nur der häufigste Unterstützer der Mutter, er leistet auch mit Abstand am längsten Hilfe. Ein Drittel der genannten Väter kümmert sich mehrmals täglich um das Kind, ein Viertel ein- bis zweimal täglich. Rund um die Uhr kümmern sich immerhin 6,9% der Väter. Damit entlasten ca. 70% der Väter die Hauptbetreuungsperson mindestens einmal am Tag. Bei den hohen Unterstützungsleistungen der Väter ist zudem zu bedenken, dass sie größtenteils auch beruflich stark involviert sind. Eine deutliche Mehrheit von 68,1% der Väter arbeiten 40 Stunden und mehr pro Woche.

Die Großmütter kümmern sich seltener und dann auch weniger lang um das behinderte Kind. 40% von ihnen kümmern sich „seltener" und jeweils ein Viertel einmal bzw. mehrmals pro Woche um das Kind mit Behinderungen. Ähnliche Werte weisen die Großväter auf. Bei den Schwestern und Brüdern überwiegt eine Unterstützung der Mutter mehrmals pro Woche.

Wissen der Eltern über Angebote und Hilfen

Uns interessierte, welche Angebote und Hilfen der Hauptbetreuungsperson in ihrer Region überhaupt bekannt sind bzw. von welchen sie weiß, dass sie in ihrer Region nicht existieren. Denn nur, wenn die Hauptbetreuungsperson über die Angebote in ihrer Region informiert ist, ist sie in der Lage, diese in Anspruch zu nehmen. Zudem wollten wir analysieren, ob sich Unterschiede abzeichnen, wenn Angebote innerhalb oder außerhalb der Behindertenhilfe bekannt sind. Bei der Gruppierung der Daten in die Bereiche „formelle Angebote innerhalb der Behindertenhilfe", „formelle Angebote außerhalb der Behindertenhilfe" und „informelle Angebote" kam es jedoch bei zahlreichen Angeboten zu Schwierigkeiten bei der Einordnung. Fraglich ist z.B., ob es sich bei den genannten Horten und Krippen um Regel- oder

Sondereinrichtungen handelte. Gleiches gilt für Beratungsstellen, Ferienbetreuung und Freizeitangebote (siehe Abb. 10). Bei den letztgenannten Angeboten bleibt zudem offen, ob es sich um formelle Angebote handelt oder um ehrenamtliche Angebote wie z.B. von Pfadfindern, die in den Bereich „informelle Angebote" fallen würden. Auch bei Selbsthilfegruppen kann es sich um formelle und informelle Angebote handeln. Eine rigide Trennung der drei Bereiche bietet sich also nicht an, allenfalls können Trends festgestellt werden.

Welche Angebote sind also den Hauptbetreuungspersonen in ihrer Region bekannt? Unter den ersten zehn der insgesamt 30 abgefragten Angebote befanden sich acht Angebote aus dem Bereich „formelle Hilfen außerhalb der Behindertenhilfe". Dies verwundert jedoch nicht, da es sich hier um Stellen handelt, die allgemein weit verbreitet sind wie Ärzte und Krankengymnastik. Aus dem Bereich „formelle Angebote innerhalb der Behindertenhilfe" wurden vor allem Sonderschulen und Frühförderstellen genannt. Bedenklich scheint zu sein, dass ein wesentlicher Prozentsatz der Hauptbetreuungspersonen für die Angebote Behindertenbeauftragter, Behindertenbeirat und individuelle Schwerstbehindertenbetreuung angibt nicht zu wissen, ob dieses Angebot in ihrer Region existiert. Offen bleibt zwar, ob diese Angebote tatsächlich nicht existieren, aber festzuhalten bleibt, dass sehr vielen Eltern nicht über das entsprechende Wissen verfügen.

Informelle Hilfen wurden von uns nur in geringem Maß standardisiert abgefragt. Gefragt wurde lediglich nach Selbsthilfegruppen und Nachbarschaftsdiensten. Beides war den Hauptbetreuungspersonen selten bekannt bzw. existiert häufig nicht in der jeweiligen Region. Diese Erkenntnisse korrespondieren mit den getroffenen Aussagen, dass informelle Hilfen zumeist aus der Familie heraus rekrutiert werden und Nachbarn oder Freunde nur eine untergeordnete Rolle spielen. Gerade die Familie soll aber durch formelle Angebote entlastet werden, um sie nachhaltig vor Überlastungssituationen zu bewahren. Jedoch fehlen niederschwellige Offene Hilfen wie FED und Ferien- und Kurzzeitbetreuung in der Wahrnehmung der Hauptbetreuungsperson.

Allgemein ist der Grad der Information über „Angebote innerhalb der Behindertenhilfe" geringer als derjenige über „Angebote außerhalb der Behindertenhilfe". Wie oben erwähnt, spielt hier sicherlich eine Rolle, dass letztere allgemein stärker in den Regionen vertreten sind. Auf behindertenspezifische Bedürfnislagen können sie aber oft nicht eingehen. So wundert es nicht, dass sich die Befragten über das Angebot in ihrer Region mehrheitlich (60,5%) nicht gut informiert fühlen. Als Vermittler von Informationen dienen laut Hauptbetreuungsperson vor allem die Schule, Ärzte und andere Eltern, was nicht verwundert, denn sowohl (Sonder)-Schulen als auch Ärzte sind den meisten Befragten in ihrer Region bekannt. Zu fragen ist, warum Beratungsstellen als Informationsvermittler relativ schlecht abschneiden, obwohl doch Beratung und Information als Schlüsselfunktion für die Nutzung familienunterstützender Angebote zu ihrem Kernaufgabengebiet gehört.

Abb. 10: Wissen der Hauptbetreuungsperson über Angebote und Hilfen

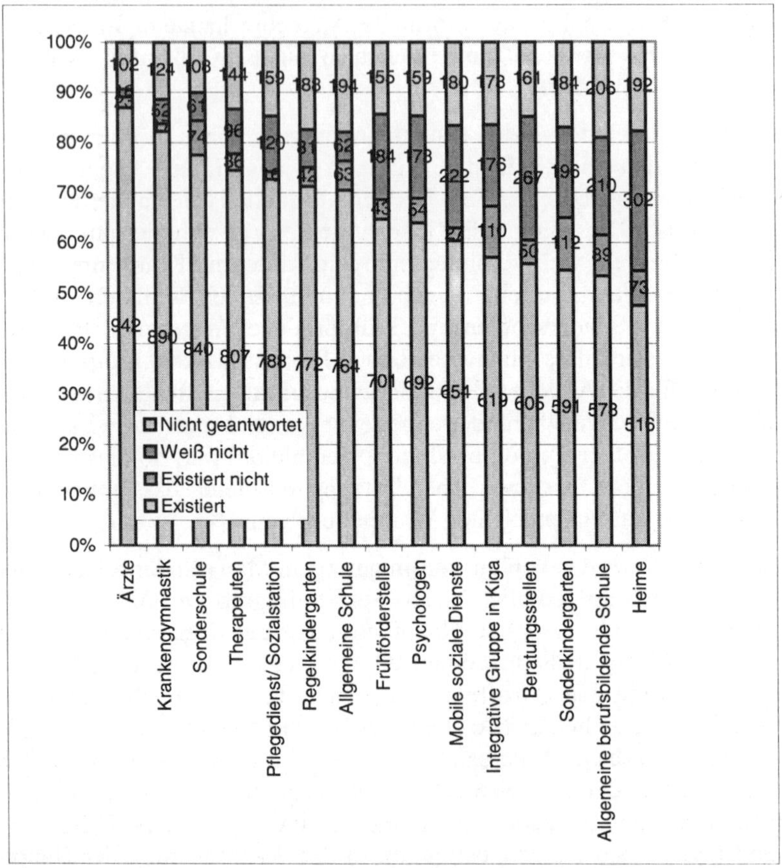

Nutzung von Angeboten und Hilfen

Im folgenden Komplex wird dargestellt, welche Bildungs-, Förder-, Beratungs- und Betreuungsangebote von den Familien in welchem Umfang genutzt werden.

Zunächst wurde nach der aktuell besuchten Bildungseinrichtung gefragt. Dabei ist zu berücksichtigen, dass gerade diese Bildungseinrichtungen als Multiplikatoren unseren Zugang zum Feld ebneten. Deshalb werden Krippen sowie alle berufsbezogenen Einrichtungen so gut wie gar nicht genannt. Außerdem sind Sondereinrichtungen stark vertreten, da wir hier natürlich effektiver Eltern rekrutieren konnten als in integrativen Einrichtungen (vgl. Abschnitt 3.3.3). So verwundert es nicht, dass 68,1% der Kinder eine Sonderschule besuchen. Nur 5,8% aller Kinder besuchen eine integrative Klasse und 1% eine allgemeine Schule. Allerdings wird Integration im Kindergarten ausgeprägter praktiziert. Jeweils 10% aller Kinder besuchen einen Sonderkindergarten oder eine integrative Gruppe, 0,7% besuchen einen allgemeinen Kindergarten.

Fast 90% der Kinder besuchen ihre Einrichtung zwischen 5 und 8 Stunden pro Tag. Die meisten Befragten sind zufrieden mit der Einrichtung, die ihr Kind besucht. 56,2% sind sehr zufrieden, weitere 36,3% sind eher zufrieden. Lediglich 7,6% sind eher bzw. sehr unzufrieden. Gefragt nach Veränderungswünschen standen ganz oben auf der Wunschliste auf das Kind ausgerichtete Items wie „bessere Förderung" und „mehr Integration". Lediglich „Ferienbetreuung" wurde als primär der Entlastung der Eltern dienendes Item ebenfalls häufig gewünscht, „längere Betreuungszeiten" und „flexiblere Betreuungszeiten" wurden selten angemahnt. Die Wünsche der Eltern betreffen also eher die Verbesserung der Situation ihres Kindes als unmittelbar ihre eigene Situation.

Neben Bildungseinrichtungen wurde auch die Nutzung anderer Angebote zur Förderung, Beratung und Betreuung behinderter Kinder und ihrer Familien abgefragt. Genutzt werden vor allem Angebote und Hilfen, die in den Regionen allgemein über einen hohen Bekanntheitsgrad verfügen. Ärzte und Krankengymnastik stehen hier an erster Stelle. Insgesamt werden die Angebote und Hilfen von wesentlich weniger Familien in Anspruch genommen als Familien über die Existenz der Angebote informiert sind. Liegt das daran, dass der Bedarf an Hilfe, die von diesen Stellen geleistet wird, nicht bei allen Familien gegeben ist, wie es z.B. im Falle der Ärzte und Krankengymnastik unmittelbar einleuchtet? Interessant ist, dass familienentlastende Angebote wie Familienentlastende Dienste (FED) sowie Kurzzeit- und Ferienbetreuung nur etwa von 25-40% der Familien genutzt werden, die dieses Angebot kennen. Wenn ein FED oder eine Kurzzeitentlastung in Anspruch genommen wird, dann mehrheitlich seltener als alle zwei Wochen. Das stimmt zumindest beim FED nachdenklich, der seiner Konzeption nach öfter von Familien in Anspruch genommen werden kann. Aus diesen Zahlen lässt sich nicht schließen, dass die 60-75% der Befragten, die dieses Angebot kennen, aber nicht nutzen, hier keinen Bedarf haben. Besonders hinsichtlich der Nutzung von FED darf nicht vergessen werden, dass die Finanzierung dieses Angebots oftmals auch über die finanzielle Beteiligung der Familien abgedeckt wird, was für viele Familien nicht bezahlbar ist. Dies ist auch für Angebote wie Kurzzeit- und Ferienbetreuung der Fall, wenn sie häufiger in Anspruch genommen werden.

Ungedeckter Bedarf an Angeboten und Hilfen

Nachdem die Befragten darüber Auskunft gegeben haben, über welche Angebote sie Kenntnis haben und welche sie nutzen, wollten wir abschließend in Erfahrung bringen, ob und welchen ungedeckten Bedarf die Eltern anmelden. Zusätzlich zu den bereits genannten Betreuungsangeboten wünschen 65,6% der Antwortenden mehr Betreuung. Besonders häufig benötigen sie diese zusätzliche Betreuung in Notfällen (375 Fälle). Etwa halb so oft wird Betreuung am Wochenende, während der Schließzeiten der Einrichtungen, im Urlaub oder während der Abendstunden angemahnt. Was die Hauptbetreuungspersonen mehrheitlich nicht wünschen, ist die Abgabe ihres Kindes von Montag bis Freitag oder eine Betreuung in der Nacht.

Nach Meinung von 29% der befragten Personen können diese ungedeckten Bedarfe am besten von Familienangehörigen gedeckt werden. Bereits besuchte Einrichtungen kommen für 27% als Entlastung in Frage. Der FED stellt für immerhin 22,5% ebenfalls einen Entlastungsfaktor dar. Eine bezahlte Haushaltshilfe oder Nachbarn bzw. Freunde sind für knapp 15% eine Unterstützung. Zunächst ist dieses Ergebnis überraschend, da Hilfebedarfe in punkto Betreuung in erster Linie an die Familie gerichtet werden und nicht an das formale Hilfenetz. Wenn man jedoch bedenkt, dass diese Hilfen vor allem in Notfällen, am Wochenende bzw. während der Schließzeiten der Einrichtungen benötigt werden, wird deutlich, dass das formale Hilfenetz diese flexiblen Hilfen oft nicht leisten kann. Daher bleibt offen, ob es sich bei der Unterstützung durch Familienangehörige tatsächlich um die Wünsche der Befragten handelt oder um Erfahrungen, die sie mit dem formellen Hilfenetz gesammelt haben.

Der Hinweis, Hilfen würden vor allem in Notfällen, am Wochenende bzw. während der Schließzeiten der Einrichtungen benötigt, weist auf den hohen Grad an Flexibilität und Kurzfristigkeit hin, dem dieser Bedarf innewohnt. Danach befragt, ob Hilfen auch kurzfristig abgerufen werden können, halten sich zwei Gruppen in etwa die Waage: zunächst diejenigen, die ohne Probleme bzw. mit geringem Aufwand kurzfristig jemanden für ihr Kind organisieren können, um selbst weggehen zu können; diese Gruppe umfasst 53,7% aller Befragten. Über die Hälfte der Befragten ist also nicht ständig angebunden. Jedoch ist „weggehen" für ein weiteres Drittel (35,6%) selten oder nur mit großem Aufwand möglich und ca. 7% geben sogar an, es sei überhaupt nicht möglich, selbst weggehen zu können. Die Frage, wer ihnen in solch einer Situation hilft, haben wir bewusst offen gestellt. Hilfe erhalten die Befragten hier am häufigsten von den Großeltern des Kindes, gefolgt von der Oma allein. Die Großmutter spielt also in kurzfristig organisierten Betreuungssituationen eine zentrale Rolle. Eine deutlich untergeordnete Rolle spielen hier bezahlte Helfer, wie Abbildung 11 verdeutlicht. Lediglich eine Kategorie (bezahlte Helfer) ist nicht der informellen Ebene zuzurechnen. Hier bestätigen sich die oben dargestellten Ergebnisse in drastischer Weise.

Es bleibt festzuhalten, dass Hilfen vor allem in Notfällen eingefordert werden, wobei vor allem Familienangehörige angesprochen werden. Trotzdem ist es knapp 50% der Befragten nicht möglich, ohne oder mit nur geringem Aufwand kurzfristige Betreuungshilfen für ihr Kind in Anspruch zu nehmen, um selbst etwas anderes zu erledigen. Diese kurzfristigen Hilfen werden dann wieder mehrheitlich von Familienangehörigen abgedeckt. In genau dieser kurzfristigen, flexiblen Entlastung sehen wir bzgl. der Betreuung des behinderten Kindes die dringlichsten Lücken im Hilfesystem, die uns von Befragten geschildert werden.

Allerdings scheint Betreuung – auch kurzfristige – trotz ihres hohen Stellenwerts nicht das vordringlichste Problem der Eltern zu sein. „Kurzzeitentlastung“ steht nur an 4. Stelle der Hilfen, die Befragte sich für das Leben mit einem behinderten Kind wünschen. „Längere Betreuungszeiten“ stehen sogar an letzter Stelle. Die Hauptbetreuungspersonen wünschen sich hingegen am dringlichsten finanzielle Hilfen. Diese Ergebnisse korrespondieren mit der getroffenen Aussagen, dass Familien mit einem behinderten Kind besonderen finanziellen Belastungen ausgesetzt sind. Zwar verfügen die von uns befragten Familien teilweise über ein höheres Haushaltseinkommen als Familien mit nicht behinderten Kindern, aber die zusätzlichen Aufwendungen, die durch die Behinderung des Kindes entstehen, überwiegen die staatlichen Nachteilsausgleiche nach Aussage der Befragten bei weitem.

Abb. 11: Wer kann kurzfristige Hilfen am besten leisten?

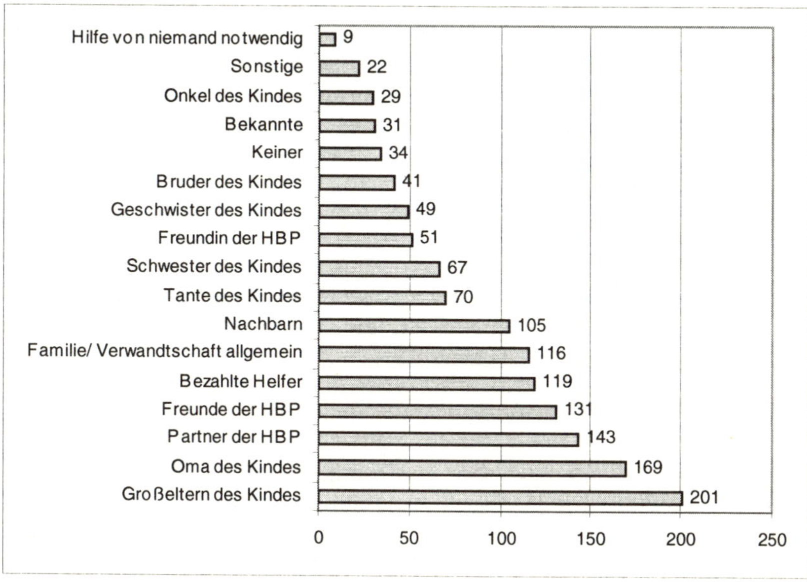

Neben finanziellen Hilfen wünschen sich die Befragten vor allem ein breiteres Angebot an Fördermöglichkeiten. Hier spiegeln sich die Ergebnisse wider, dass sich bzgl. der Bildungseinrichtungen die Mehrheit eine bessere Förderung des Kindes wünscht. Drittens wird eine verbesserte Vermittlung von Informationen eingefordert. Hier ist noch einmal daran zu erinnern, dass 60,5% der Befragten sich über das Angebot in ihrer Region nicht gut genug informiert fühlen.

Die Verbesserung der finanziellen Lage der Familien mit behinderten Kindern, der Ausbau der Fördermöglichkeiten sowie ein verbessertes Informationsangebot für Eltern sollten also neben dem Ausbau kurzfristiger, flexibler Betreuungsangebote in einem stärkeren Maß als bisher im Vordergrund politischer und regionaler Planungen stehen.

3.3.5 Zusammenfassung der Ergebnisse

Um die wichtigsten Charakteristika der von uns befragten Familien nochmals zu verdeutlichen, werden die Ergebnisse unserer Befragung im Folgenden prägnant zusammengefasst und den Ergebnissen der Literaturrecherche gegenübergestellt. Allerdings muss bei einem Vergleich bedacht werden, dass keine der zitierten Studien direkt mit dem Sample der vorliegenden Untersuchung verglichen werden kann. Häufig wird mit einem sehr kleinen Sample gearbeitet, oder die Ergebnisse beziehen sich nur auf Teilgruppen des hier untersuchten Samples, z.B. bestimmte Regionen wie der Osten Deutschlands, einzelne Bundesländer oder bestimmte Altersgruppen von Kindern.

In 88% der von uns untersuchten Familien ist die Mutter die Hauptbetreuungsperson des Kindes, und damit nicht ganz so oft wie in der Untersuchung von Häußler/Bormann. Ca. ein Sechstel der Hauptbetreuungsperson ist alleinerziehend, was deutlich über dem bundesdeutschen Durchschnitt liegt. Die Kinderzahl liegt in der Mehrzahl der Familien mit knapp 50% bei zwei Kindern, in gut 20% bei drei Kindern und in knapp 30% der Familien lebt nur das behinderte Kind.

Hinsichtlich des Schulbildungsniveaus weichen die von uns befragten Familien insgesamt nicht einseitig in eine Richtung vom bundesdeutschen Durchschnitt ab. Auffällig ist die deutlich geringere mütterliche Erwerbstätigkeit in den von uns untersuchten Familien. Das Familieneinkommen liegt über dem bundesdeutschen Durchschnitt.

Ein großer Teil der Kinder weist eine Verknüpfung von geistigen und körperlichen Behinderungen auf und ein großer Teil der primär geistig oder körperlich behinderten Kinder hat eine Sprachauffälligkeit. Geistig bzw. körperlich behinderte Kinder werden von ihren Hauptbetreuungspersonen sehr oft als mittelschwer oder schwerstbehindert eingeschätzt, sprachbehinderte Kinder oder Kinder mit Verhaltensauffälligkeiten werden als eher leicht behindert eingeschätzt. Insgesamt schätzen über 30% ihr Kind als schwerstbehindert ein.

Drei Viertel aller Kinder in den befragten Haushalten verfügen über einen Schwerbehindertenausweis, die Mehrheit von ihnen mit einem Grad der Behinderung von 100. Über eine Pflegestufe verfügen knapp 60% aller Kinder, gleichverteilt jeweils ca. 20% über die Stufe 1, 2 und 3. Im Durchschnitt benötigen die Kinder mit Behinderungen täglich 6,5 Stunden über das altersspezifische Maß hinausgehende Betreuung und Hilfe. In knapp 30% der Familien benötigt das behinderte Kind mindestens einmal in der Nacht Hilfe. Die erhobenen Daten weisen darauf hin, dass die Pflege und Betreuung des Kindes mit Behinderungen mit einem erheblichen Mehraufwand an Zeit und Energie verbunden sind, wie dies auch Häußler/Bormann und die Siegener Untersuchung bestätigen.

Die Hauptbetreuungsperson wird bei der Pflege und Betreuung ihres Kindes personell am häufigsten durch Familienangehörige unterstützt, vor allem vom Vater des Kindes und etwas seltener von der Großmutter. Familienexterne Personen wie Freunde oder Nachbarn spielen eine untergeordnete Rolle, wie auch Häußler/Bormann, Böttner u.a., Jeltsch-Schudel und die Siegener Studie bestätigen.

Neben dem zeitlichen Aufwand fallen in fast allen Familien besondere finanzielle Aufwendungen bei der Betreuung und Pflege des behinderten Kindes an. Eine Erstattung dieser monatlichen Kosten durch Nachteilsausgleiche findet nur in sehr geringem Maß statt.

Die den Eltern bestbekannten Angebote und Hilfen in ihrer Region sind Angebote außerhalb der Behindertenhilfe wie Ärzte, Krankengymnastik und Therapeuten. Als Angebote innerhalb der Behindertenhilfe wurden häufig Sonderschulen und Frühförderstellen genannt. Der Bekanntheitsgrad Offener Hilfen deckt sich in etwa mit dem bei Häußler/Wacker/Wetzler festgestellten. Allerdings ist der Bekanntheitsgrad von mobilen sozialen Diensten und FED im Vergleich zu Häußler/Bormann erfreulicherweise rapide angestiegen. Ein Mangel besteht bei der Kenntnis von Informations- und Koordinationsstellen. Ihre Informationen beziehen die Eltern vor allem aus der Schule, von Ärzten und von anderen Eltern. Auch bei Häußler/Bormann werden Ärzte als Informationsvermittler sehr oft genannt, in anderen Studien nicht. Das trifft auch auf die Kategorie „andere Eltern“ zu.

Die Kinder unserer Elternpopulation werden meistens in Sonderschulen bzw. Sonderkindergärten gefördert, wobei sich die Eltern trotz allgemeiner Zufriedenheit mit der Einrichtung häufig eine bessere Förderung und mehr Integration wünschen. Familienentlastende Angebote wie FED sowie Kurzzeit- und Ferienbetreuung werden nur von etwa 25-40% der Familien genutzt, die dieses Angebot kennen. Unsere Daten widersprechen demnach den von Häußler/Bormann gemachten Beobachtungen, dass bei vorhandenem Wissen über die Existenz eines Angebots dieses auch genutzt wird. Vermutet werden von uns finanzielle Hemmschwellen, die eine stärkere Nutzung dieser Angebote verhindern. Die häufige Nicht-Nutzung familienentlastender Angebote wird nicht auf einen mangelnden Bedarf an diesen Angeboten zurückgeführt, da sich über 65% der Befragten zusätzliche Betreuungsmöglichkeiten für ihr Kind wünschen, hauptsächlich in Notfällen. Zwar sollten diese Betreuungslücken nach Meinung der Befragten am besten durch Familienangehörige gedeckt werden, aber es bleibt offen, ob es sich hierbei tatsächlich um die Wünsche der Befragten handelt oder um Erfahrungen, die sie mit dem formellen Hilfenetz gesammelt haben. Denn die Familien benötigen flexible Hilfen, wie sie das formale Hilfenetz bisher oft nicht bieten kann. Dies bestätigen auch die Ergebnisse von Böttner u.a., Thimm u.a., Häußler/Wacker/Wetzler und Häußler/Bormann.

Insgesamt können nur gut 50% der Befragten kurzfristige Hilfen in Anspruch nehmen. Geholfen wird auch hier vor allem von Familienangehörigen. In der kurzfristigen, flexiblen Entlastung der Familie von Betreuungsaufgaben sehen wir eine der dringlichsten Lücken im Hilfesystem, denn es geht um eine Entlastung und Stützung der Familie als ganzem. Doch trotz der starken Beanspruchungen, die uns berichtet wurden und dem damit einhergehenden Entlastungsbedarf war es nicht in erster Linie ein mehr an familienentlastender Betreuung für ihr Kind, dass sich die Hauptbetreuungspersonen vor allem wünschten. Schwerer noch scheinen die finanziellen Belastungen zu sein, denn am dringlichsten werden nach Aussage der Befragten finanzielle Hilfen benötigt. Die staatlichen Nachteilsausgleiche scheinen die finanziellen Mehraufwendungen zum Wohle des behinderten Kindes bei weitem nicht zu neutralisieren.

4. Kinder in Heimen – eine vergessene Minderheit?

4.1 Ausgangslage und Projektziele

(W. Thimm)

Trotz des Ausbaus teilstationärer und ambulanter entlastender Angebote für behinderte Kinder und ihre Familien (vgl. Thimm u.a. 1997) lebt ein nicht unerheblicher Teil behinderter Kinder und Jugendlicher auch heute noch auf Dauer von den Familien gelöst in Heimen der Behindertenhilfe. Ihre Anzahl beruht auf groben Schätzungen. Metzler und Wacker nennen in einer Vorlage zum Achten Jugendbericht der Bundesregierung (1990) eine Anzahl von 30.000 geistig behinderten Kindern und Jugendlichen. Diese Zahl wird von Wacker u.a. (1998) mit 16.000 deutlich nach unten korrigiert. Weitere Schätzungen von Fachleuten variieren zwischen 10 und 25 % in Heimen lebender behinderter Kinder, wobei nicht ersichtlich ist, ob es sich um Bestands- oder Bedarfszahlen handelt. Dabei wird die Altersbegrenzung für „Kinder und Jugendliche" zumeist bis zum 25. Lebensjahr heraufgesetzt.

Ausführliche Literaturrecherchen ergaben, dass nicht nur hinsichtlich der faktischen Ausgangslage, sondern auch im Hinblick auf eine ganze Reihe weiterer wichtiger Fragen erhebliche Wissenslücken unter behindertenpädagogischen und sozialpolitischen Fachleuten bestehen. Die Bedingungen, die schließlich zur Aufnahme eines Kindes in ein Heim führen, sind bisher nicht systematisch untersucht worden. Es ist beispielsweise nicht bekannt, welche Rolle dabei bestimmte familiäre Konstellationen spielen (z.B. die Situation Alleinerziehender), ob Formen und Schweregrade der Beeinträchtigungen eine bestimmende Rolle spielen, inwieweit fehlende Entlastungsangebote für die schmerzliche Trennung einer Familie von ihrem behinderten Kind verantwortlich sind und schließlich, ob es in anderen europäischen Ländern tragfähige, sich präventiv auswirkende Unterstützungsleistungen oder Alternativen zu einer Heimunterbringung gibt.

Im Hinblick auf die behindertenpädagogische und sozialpolitische Wahrnehmung kann man die in Heimen lebenden Kinder und Jugendlichen als eine *vergessene Minderheit* bezeichnen.

Unsere Bemühungen um dieses Problemfeld erstreckten sich seit etwa 1997 u.a. auf Literaturauswertung, eine Umfrage in allen Bundesländern zur Gesamteinschätzung der Zahl von Kindern und Jugendlichen in Heimen sowie eine Pilotstudie zur Situation von Kindern und Jugendlichen sowie ihren Familien in drei Heimen der Weser-Ems-Region. Ergebnisse wurden 1999 vorgelegt (Thimm u.a. 1999). Sie gingen in den Projektauftrag ein.

> Projektauftrag
>
> Die Berichte der Bundesregierung über die Lage der Behinderten und die Entwicklung der Rehabilitation messen den familiären Bindungen behinderter Menschen im Hinblick auf ihre soziale Eingliederung eine große Bedeutung zu. „Insbesondere für behinderte Kinder gewährleistet die Familie den primären Lebensraum, die Zuwendung, Schutz und Förderung bietet“ (Bundesministerium für Arbeit und Sozialordnung 1994, 207). „Die Integration behinderter Kinder muss daher bei der Stärkung und Unterstützung ihrer Familien ansetzen, um eine frühe Ausgrenzung in vollstationären Einrichtungen wie Kinderheimen möglichst zu vermeiden“ (BMA 1998, 97).
>
> Im Untersuchungsbereich „Kinder und Jugendliche mit Behinderungen in Heimen und ihre Familien“ stellen sich Fragen nach der bestmöglichen Anpassung des Unterstützungssystems an die Bedürfnislagen von Familien in besonderer Schärfe. Der Aufhellung des Bedingungsgeflechtes in diesem “Extrembereich“ messen wir große Bedeutung zu: Die Angemessenheit eines Unterstützungssystems muss sich gerade für extreme Hilfeproblemlagen erweisen, wenn man die – unbemerkte – Entstehung von neuen Randlagen nicht hinnehmen will. Die Notwendigkeit der Aufnahme eines behinderten Kindes in ein Heim interpretieren wir als problematisches Verhältnis zwischen dem Hilfebedarf einer Familie und dem vorhandenen regionalen Unterstützungssystem.

Die Ergebnisse unserer Erkundungsstudien (vgl. Thimm u.a. 1999) sollen hier unter Einbeziehung der parallel dazu erstellten Studie des Landschaftsverbandes Westfalen-Lippe (LWL 1999) kurz zusammengefasst werden.

In der Bundesrepublik ist z.Z. von einer geschätzten Zahl von 13.500 in Heimen der Behindertenhilfe lebenden Kindern und Jugendlichen auszugehen. Inwieweit diese Bestandszahl auch den tatsächlichen Bedarf widerspiegelt, kann nicht gesagt werden. Bislang vorliegende Schätzungen, die zumeist nicht zwischen Bedarf und Bestand trennen, müssen nach unseren Berechnungen nach unten korrigiert werden.

Die vorhandenen stationären Plätze weisen sowohl länderbezogen als auch auf kleinere Regionen bezogen z.Z. eine extrem ungleichmäßige geografische Verteilung auf. Nach den uns vorliegenden Angaben aus den Bundesländern (außer Thüringen und Brandenburg) schwankt der

- Anteil heimuntergebrachter Kinder und Jugendlicher an allen Kindern und Jugendlichen zwischen 4 (Hessen) und 17 (Baden-Württemberg) auf 10.000;

- Anteil heimuntergebrachter Kinder und Jugendlichen an den körperlich und geistig behinderten Sonderschülern zwischen 6 % und 20 % (vgl. Thimm u.a. 1999, 74).

Auf Kreisebene bzw. kreisfreie Städte bezogen weist die Studie des Landschaftsverbandes Westfalen-Lippe (LWL 1999, 7) ebenfalls auf die extrem ungleiche Verteilung hin. Einer Konzentrierung mit über 700 Plätzen im Raum Ost-Westfalen-Lippe stehen wenige Plätze in den Ballungsgebieten des Ruhrgebietes gegenüber. Die Befunde belegen, dass für viele Eltern mit einem behinderten Kind ein stationäres Angebot nur weit von ihrem Wohnort entfernt vorhanden ist. Die Einzugsgebiete beruhen nicht auf einem auf eine bestimmte Region bezogenen Versorgungsauftrag.

Ein sehr heterogenes Bild bietet sich bundesweit auch im Hinblick auf die Größe der Einrichtungen und ihre eindeutige Trennung von Einrichtungen für Erwachsene. So schwanken die Platzzahlen pro Kindereinrichtung z.B. in Hessen zwischen 10 (sehr häufig!) und 84, im Bereich Westfalen-Lippe zwischen ebenfalls 10 und 240 mit dem Schwerpunkt auf relativ große Einrichtungen (LWL 1999, 7).

Die gesellschaftliche Lage der Heime lässt sich als ein Zustand relativer Isolation bezeichnen. Insofern erscheint es nicht verwunderlich, dass um eine angemessene Ausgestaltung des tripolaren Verhältnisses Eltern – Kind – Heim allerorten gerungen werden muss. Die Ergebnisse der Untersuchung der drei Heime im Weser-Ems-Bezirk lassen den Eindruck entstehen, dass für die Kinder und Jugendlichen mit der Aufnahme in ein Heim ein neues, vom bisherigen Leben losgelöstes Leben beginnt. Bei vielen Kindern und Jugendlichen besteht nur noch ein sehr lockerer Kontakt zu den Eltern, bei einigen ist er sogar ganz abgebrochen.

Eng verknüpft mit Fragen nach spezifischen Merkmalen in Heimen lebender Kinder und Jugendlicher mit Behinderungen im Vergleich zu behinderten Kindern, die in ihren Familien leben (4.2.2), ist die Frage, welche Konstellationen bei Eltern bzw. Müttern, als den überwiegenden Betreuungspersonen, zu der Entscheidung für einen Heimaufenthalt des Kindes führen. Wir glauben, dass einer solchen Entscheidung ein längerer Prozess vorausgeht und dass während dieses Prozesses und auch nach der Heimaufnahme des Kindes fachliche Begleitung notwendig ist, die offensichtlich bislang nur unzureichend geleistet werden kann.

Es gibt Hinweise darauf, dass die Inanspruchnahme stationärer Hilfen auch im Zusammenhang zu sehen ist mit gewandelten gesellschaftlichen Ansprüchen der Hauptbetreuungspersonen, nämlich den Müttern, an eine eigene Lebensplanung unter Einschluss einer Perspektive zur Weiterführung oder Wiederaufnahme einer Erwerbstätigkeit. Ebenfalls zu beachten ist, ob das Heim für nicht wenige Alleinerziehende als die einzige Alternative der Lebensgestaltung mit einem behinderten Kind erscheint.

Die Frage, welche Art der Unterstützung zum Verbleib in den Familien beitragen könnte, bleibt bislang offen.

Nach einem Überblick über die in das Modellvorhaben einbezogenen Heime und ihre Bewohner beschäftigt sich Abschnitt 4.2 mit zwei zentralen Fragen: mit dem Verhältnis zwischen Heim und den Eltern, der in dem Heim wohnenden Kinder, sowie mit Überlegungen zur Dezentralisierung und Regionalisierung stationärer Angebote. Zu beiden Bereichen werden jeweils in einem Exkurs Beispiele aus der Praxis etwas ausführlicher dokumentiert (Exkurs „Elternseminar in Neunkirchen" und Exkurs „Regionalisierungsbestrebungen in Nordkirchen"). Dem nach unserer Einschätzung zu wenig beachteten „Versorgungsbaustein Kurzzeitentlastung" ist ein eigener Abschnitt gewidmet (4.3). Auf eine für das Behindertenhilfesystem neu in den Blick geratene Problematik, nämlich die von langzeitbeatmeten Kindern und ihren Familien, weist der Abschnitt 4.4 kurz hin. Abschließend kommen dann die Adressaten unserer Bemühungen, nämlich die Eltern in Heimen lebender behinderter Kinder zu Wort (Abschnitt 4.5).

Die vorgestellten Ergebnisse setzen sich zusammen aus den Informationen, die vor allem durch folgende Aktivitäten gewonnen wurden:

- Befragung der Heime anhand eines Steckbriefes, um erste Daten über unsere Kooperationspartner zu gewinnen;
- Gesamtkonferenz der Heime zur Vorstellung des Modellvorhabens am 25./26.11.1999 in Oldenburg;
- Befragung der Heime im Rahmen der Angebotserhebung;
- Elternseminar „Zum Verhältnis von Familie und Heim" in der Heimstatt-Clemens-August, Neuenkirchen-Vörden am 09.04.2000 (siehe Abschnitt 4.2.3);
- Konferenz „Heime für behinderte Kinder und Jugendliche: Dezentralisierung und Regionalisierung" in der Kinderheilstätte Nordkirchen am 29./30.03.2001 (siehe Abschnitt 4.2.4);
- Umfangreiche Bestandsaufnahme zur Kurzzeitbetreuung von behinderten Kindern und Jugendlichen (Kirsten Günther, unveröffentlichte Diplomarbeit Oldenburg 2001);
- Expertise zur Situation langzeitbeatmeter Kindern und ihrer Eltern (Meyer und Thimm 2002; Wiebke Meyer, unveröffentlichte Diplomarbeit Oldenburg 2002);
- Befragung von 256 Eltern in Heimen lebender behinderter Kinder.

Zusätzlich fließen in die Auswertung Ergebnisse aus der schon kurz vorgestellten Erkundungsstudie „Kinder und Jugendliche in Heimen der Behindertenhilfe und Alternativen zur Heimunterbringung" (vgl. Thimm u.a. 1999) ein.

4.2 Untersuchungsbereich stationäre Hilfen

(M. Kemme)

4.2.1 Die Kooperationspartner

Im Untersuchungsbereich „Stationäre Hilfen" sollte ein Heim für Kinder und Jugendliche aus jeder Modellregion einbezogen werden. Außer im Saarland und in Thüringen ist es uns gelungen, in jedem Bundesland eine stationäre Einrichtung als Kooperationspartner zu gewinnen. Zusätzlich haben im Modellvorhaben zwei Heime mitgearbeitet, die bereits an unserer Erkundungsstudie beteiligt waren. Diese sind das Haus Regenbogen in Oldenburg und die Heimstatt Clemens-August in Neuenkirchen-Vörden. Zur Mitarbeit konnte dann noch die Kinderheilstätte Nordkirchen gewonnen werden, von der wir uns wegen ihrer Regionalisierungsbestrebungen besondere Impulse erhofften. Insgesamt waren 17 stationäre Einrichtungen für Kinder und Jugendliche in 14 Bundesländern am Modellvorhaben beteiligt. Davon befindet sich eine Einrichtung noch im Bau.

Tab.1: Die Kooperationspartner im Überblick (zur geografischen Lage vgl. Kap. 1)

Bundesland/ Modellregion	Kooperationspartner im Sektor „Stationäre Hilfen"
Baden-Württemberg/Stadt und Landkreis Schwäbisch Hall	Sonnenhof, Schwäbisch-Hall Träger: Sonnenhof e.V. Fachverband: BEB (Bundesverband Evangelische Behindertenhilfe e.V.) Spitzenverband: Diakonie Platzzahl[1]: 138
Bayern/Stadt Kempten und Landkreis Oberallgäu	Kinderpflegeheim Helenenhof, Hopferbach Träger: – (privat) Fachverband: - Spitzenverband: - Platzzahl: 13
Berlin/Bezirk Berlin-Hohenschönhausen	Heilpädagogisches Kinder- und Jugendheim der Caritas, Berlin Träger: Caritas Familien- und Jugendhilfe GmbH Fachverband: VKELG (Verband katholischer Einrichtungen und Dienste für lern- und geistigbehinderte Menschen e.V.) Spitzenverband: Caritas Platzzahl: 16
Brandenburg/Stadt Cottbus	Wohnstätte für Kinder und Jugendliche mit geistiger Behinderung, Cottbus (zur Zeit noch im Bau; Bezug: Frühjahr 2002) Träger: Lebenshilfe Cottbus e.V. Fachverband: Bundesvereinigung Lebenshilfe für Menschen mit geistiger Behinderung e.V. Spitzenverband: DPWV (Deutscher Paritätischer Wohlfahrtsverband) Platzzahl: 20

1 Die Platzzahlen beziehen sich auf die vorhandenen Plätze für Kinder, Jugendliche und junge Erwachsene mit Behinderungen, die die Schulpflicht noch nicht vollendet haben.

Bremen/Stadt Bremen	Kaisen-Stift, Bremen Träger: Kaisen-Stift-Betriebsgesellschaft mbH Spitzenverband: AWO (Arbeiterwohlfahrt) Platzzahl: 24
Hamburg/Bezirke Nord, Mitte und Bergedorf	Sonderpädagogische Einrichtung der Stiftung Anscharhöhe, Hamburg Träger: Stiftung Anscharhöhe Fachverband: BEB Spitzenverband: Diakonie Platzzahl: 42
Hessen/Sozialrathausbezirke Bockenheim, Nordweststadt und Höchst der Stadt Frankfurt/M.	Kinderhaus Frank, Frankfurt/Sossenheim Träger: Verein Arbeits- und Erziehungshilfe e.V. Spitzenverband: DPWV Platzzahl: 20
Mecklenburg-Vorpommern/ Stadt Neubrandenburg	Heilpädagogische Wohnheime und Fördereinrichtung Weitin Träger: Diakonieverein des Kirchenkreises Stargard e.V. Fachverband: BEB Spitzenverband: Diakonie Platzzahl: 20
Niedersachsen/Landkreis Cloppenburg	St. Vincenzhaus, Cloppenburg Träger: Stiftung St. Vincenzhaus Fachverband: VKELG Spitzenverband: Caritas Platzzahl: 90
Niedersachsen/Landkreis Vechta (Erkundungsstudie)	Heimstatt-Clemens-August, Neuenkirchen Träger: Clemens-August-Stiftung Fachverband: VKELG Spitzenverband: Caritas Platzzahl: 76
Niedersachsen/Stadt Oldenburg (Erkundungsstudie)	Haus Regenbogen, Oldenburg Träger: Diakonisches Werk Oldenburg e.V. Fachverband: BEB Spitzenverband: Diakonie Platzzahl: 51
Nordrhein-Westfalen/Stadt Bielefeld	Arche/Regenbogen im Wohnheimverbund Arche, Teilanstalt Bethel, Bielefeld Träger: Von Bodelschwinghsche Anstalten Bethel Fachverband: BEB Spitzenverband: Diakonie Platzzahl: 74
Nordrhein-Westfalen/ Landkreis Coesfeld	Kinderheilstätte Nordkirchen Träger: Vestische Caritas Kliniken GmbH Fachverband: VKELG Spitzenverband: Caritas Platzzahl: Wohnheim 149, 5-Tage-Internat: 18
Rheinland-Pfalz/ Stadt Bad Kreuznach	Rehabilitationszentrum Bethesda, Bad Kreuznach Träger: kreuznacher diakonie Fachverband: BEB Spitzenverband: Diakonie Platzzahl: 45

Sachsen/Stadt Dresden	Heim für behinderte Kinder und Jugendliche, Dresden Träger: Lebenshilfe für geistig Behinderte Ortsverband Dresden Fachverband: Bundesvereinigung Lebenshilfe Spitzenverband: DPWV Platzzahl: 29
Sachsen-Anhalt/Landkreis Anhalt-Zerbst	Heim für behinderte Kinder und Jugendliche, Haus „Sternchen", Merseburg Träger: Albert-Schweitzer-Familienwerk e.V. Spitzenverband: DPWV Platzzahl: 24
Schleswig-Holstein/ Landkreis Storman	Heilpädagogische Wohngruppe für Kinder mit Behinderungen, Siek Träger: Lebenshilfewerk Storman gGmbH Fachverband: Bundesvereinigung Lebenshilfe Spitzenverband: DPWV Platzzahl: 11 (geplant sind 16 Plätze)

Platzzahlen und Auslastung

Aus den Steckbriefen und der Angebotserhebung geht hervor, dass in den 17 Heimen insgesamt 842 Plätze für Kinder und Jugendliche mit Behinderungen zur Verfügung stehen. Die Platzzahlen pro Einrichtung variieren zwischen 11 und 149. Drei der Einrichtungen liegen mit ihren Platzzahlen unter 20. Sechs der 17 Heime geben Platzzahlen zwischen 20 und 39 an. Zwei der kooperierenden stationären Einrichtungen weisen Platzzahlen auf, die deutlich über 100 Plätzen liegen.

Die Auslastung der Heime ist in fast zwei Drittel der Fälle voll gegeben und liegt zum Teil sogar darüber. Sechs Einrichtungen liegen mit ihrer Belegung unter der angegebenen maximalen Platzzahl. Eine Einrichtung hat 20 Plätze geplant, die jedoch erst im Frühjahr 2002 bezogen werden können, da sich die Einrichtung noch im Bau befindet. Der hohe Bedarf an Wohnheimplätzen spiegelt sich auch in den Aussagen zu Wartezeiten wieder. In neun Heimen ist bei einer Aufnahme in die Einrichtung mit ständigen Wartezeiten zu rechnen. Drei weitere Heim geben an, dass bei ihnen gelegentliche Wartezeiten auftreten und nur drei Heime haben keine Wartezeiten. Als Gründe für die Wartezeiten wird von den meisten Heimen rückgemeldet, dass die Plätze alle belegt sind und die Nachfrage höher ist als die frei werdenden Plätze. Eine Rolle spielt dabei, dass sich die Vermittlung von erwachsen gewordenen Bewohnern in Nachfolgeeinrichtungen oftmals als schwierig gestaltet. Auch die Vorbereitung der Heimaufnahme und die dazugehörigen Verhandlungen mit den Kostenträgern stehen in vielen Fällen einer sofortigen Heimaufnahme im Wege.

Trägerschaft und Konzeptionen

Außer einem Heim sind alle Heime Mitglieder in Spitzenverbänden. Der Diakonie gehören sieben der kooperierenden Heime an. Der Caritas und dem DPWV jeweils vier. Eine Einrichtung gehört der AWO an. Alle stationären Einrichtungen mit Ausnahme eines privat geführten Heimes gehören

Trägern an, die weitere Behindertenhilfeangebote am Ort vorhalten. Diese reichen von Angeboten für Erwachsene mit Behinderungen wie Wohngruppen, Betreutes Wohnen und WfBs über Frühförderstellen, Beratungsstellen, Offene Hilfen etc. bis hin zu dem Heim angegliederten Sonderschulen, Kindergärten und Kurzzeitwohnen. Die Entstehungszusammenhänge sind sehr unterschiedlich. In einigen Fällen gab es zuerst die stationäre Einrichtung für Kinder und Jugendliche mit Behinderungen und im nachhinein kamen Wohnangebote für Erwachsene und/oder ambulante Angebote hinzu. In anderen Fällen verlief dieser Prozess umgekehrt.

Einzugsgebiet

Zwei Drittel der Einrichtungen geben an, dass sich ihr Einzugsgebiet auf die jeweilige Stadt bzw. den Landkreis und die umliegenden Landkreise beschränkt. Zwei Heime nennen das gesamte Bundesland, in dem das Heim liegt ihr Einzugsgebiet und drei weitere Heime nehmen auch Kinder und Jugendliche aus umliegenden Bundesländern auf. In einer Einrichtung leben auch Kinder und Jugendliche aus ganz Deutschland, obwohl es nach eigenen Angaben „regionale Prioritäten" setzt. Zusammenfassend lässt sich sagen, dass der größte Teil der Heime ihr Einzugsgebiet in den umliegenden Regionen sieht. Anhand der von uns erhobenen Daten ist jedoch nicht nachzuvollziehen, wie viele Kinder und Jugendliche in den Einrichtungen tatsächlich aus der umliegenden Region stammen. In unserer Erkundungsstudie haben wir festgestellt, dass über 60% der Kinder und Jugendlichen aus Wohnregionen stammten, die über die an den Landkreis des Heimes angrenzenden Landkreise hinausreichen. Knapp 20% kommen sogar aus einem anderen Bundesland (vgl. Thimm u.a. 1999, 27f.) Der Landschaftsverband Westfalen-Lippe hat ermittelt, dass 22% der in Westfalen-Lippe untergebrachten Kinder und Jugendlichen aus anderen Bundesländern bzw. aus dem Rheinland kommt (vgl. LWL 1999, 17). Diese Ergebnisse bestätigen, dass bezüglich der Einzugsgebiete der Heime ein Handlungsbedarf besteht.

Kooperationsbeziehungen und Einbindung in Gremien

Die Kooperationsbeziehungen zu anderen regionalen Angeboten sind vielfältig. Am häufigsten wurden dabei medizinisch-therapeutische Angebote, Schulen, Kliniken und Ämter genannt. Lediglich zwei Einrichtungen nennen nur einen Kooperationspartner auf die Frage nach wichtigen Kontakten. Über die Qualität der Kooperationsbeziehungen lassen sich keine Angaben machen. Eine bedeutsame Rolle scheinen die Kooperationsbeziehungen zu den Einrichtungen zu spielen, die demselben Träger angehören.

Zur Einbindung der Heime in Gremien lässt sich anhand der Angebotserhebung sagen, dass 12 Heime angeben Gremien anzugehören. Sechs davon sind sogar in drei und mehr Gremien vertreten. Vier Heime verneinen diese Frage, und in einem Fall wurde nicht geantwortet. Die angegebenen Gremien sind sehr vielfältig und lassen sich in 1.) regionsbezogene, 2.) angebotsbezogene, überregionale und 3.) trägergebundene Gremien unterteilen. Die einzelnen Arbeitskreise und Gruppen lassen sich jedoch nicht immer trennscharf zuordnen.

Zu der Frage nach weiteren Kontakten, die die Einrichtungen gerne initiieren würden, hat die Hälfte der Heime Angaben gemacht. Gewünscht sind Kontakte zu Institutionen wie medizinisch-therapeutischen Einrichtungen, anderen Wohneinrichtungen, Freizeiteinrichtungen und Universitäten. Gewünschte informelle Kontakte sind die Gewinnung von Ehrenamtlichen und Kontakte zu Elterngruppen, Kirchen und Gemeinden. Ein Heim gibt an, Sponsoren zu suchen. Zwei Gründe für die Schwierigkeiten bei den gewünschten Kontakten sind am häufigsten genannt worden. Diese sind erstens der Zeitmangel bei immer knapper werdenden Ressourcen und zweitens das bestehende Informationsdefizit über bestehende Angebote und Einrichtungen, die durch die Unübersichtlichkeit schwer zugänglich sind.

Leistungen

Stationäre Einrichtungen sind ein Angebot, dass sich vorwiegend auf die dort lebenden Kinder und Jugendlichen konzentriert. Als Schwerpunkt ihrer Arbeit für die bei ihnen lebenden Kinder und Jugendlichen nennen fast alle Heime in der Angebotserhebung die pädagogische Förderung. Danach folgen in ähnlich starker Gewichtung Freizeitgestaltung, Begleitung im Alltag, Pflege, Therapie und Behandlung sowie Bildung und Erziehung der Kinder und Jugendlichen.

Da sich die Heime als ein Angebot für die Kinder und Jugendlichen verstehen, haben die meisten keine Angaben zu der Frage gemacht, welche Angebote sie für die Angehörigen vorhalten. Sieben Einrichtungen haben sich allerdings deutlich dazu geäußert, dass sie Angebote für die Eltern der bei ihnen lebenden Kinder und Jugendlichen vorhalten. Darunter ist fünfmal die Kurzzeitunterbringung/-pflege vertreten und ansonsten Informationsvermittlung, gegenseitiger Informationsaustausch, Beratung und Vertretung gemeinsamer Interessen. Zudem werden Ferienbetreuung und Ferienfahrten genannt. Es ist wahrscheinlich, dass auch Einrichtungen, die angegeben haben, dass sie keine Angebote für die Angehörigen der bei ihnen lebenden Kinder und Jugendlichen vorhalten, einige der genannten Tätigkeiten leisten, obwohl sie sich nicht explizit als ein Angebot für Angehörige sehen. Dieses belegen auch die Angaben zur Elternarbeit der Heime (siehe Abschnitt 4.2.3).

4.2.2 Die Bewohner[2]: Zielgruppe, Behinderungsarten und Alter

Die Zielgruppe der Heime sind Kinder und Jugendliche, die im Rahmen des § 39 BSHG als behindert gelten und einen Anspruch auf Eingliederungshilfe haben. Spezifizierungen geben alle Heime bis auf eines an. Fünf Heime nehmen Kinder und Jugendliche mit einer geistigen Behinderung auf, und neun Einrichtungen erklären Kinder und Jugendliche mit einer geistigen und/oder mehrfachen Behinderung zu ihrer Zielgruppe. Drei von diesen Heimen erwähnen zusätzlich, dass sie auch Kinder und Jugendliche mit Lern- und seelischer Behinderung und Verhaltensauffälligkeiten aufnehmen. Eine Einrichtung ist auf Menschen mit Körperbehinderungen spezialisiert.

Es ist hervorzuheben, dass bezüglich der Behinderungen der Bewohner in den Heimen keine Homogenität besteht. Aus den Angaben der Heime in der Angebotserhebung zu den Behinderungen der Kinder und Jugendlichen, die bei ihnen leben, wird deutlich, dass der überwiegende Teil der Bewohner mehr als eine Behinderung aufweist. Der Anteil der Kinder und Jugendlichen mit mehr als einer Behinderung ist von Heim zu Heim sehr unterschiedlich und variiert zwischen 60 und 100% der Kinder und Jugendlichen. Erwähnung finden Behinderungen wie geistige, körperliche, seelisch-psychische Behinderung, Lern-, Sprach- und Sinnesbehinderungen. Zudem werden autistische Züge, Verhaltensstörungen, Stoffwechselstörungen, soziale Behinderungen und neurologische Erkrankungen genannt. Es ist anzumerken, dass die Heterogenität der Behinderungen der Bewohner auch in den Heimen, die angeben, Kinder mit einer speziellen Behinderung aufzunehmen, anzutreffen ist. So leben beispielsweise in der Einrichtung, die Menschen mit Körperbehinderungen aufnimmt, auch Kinder und Jugendliche mit einer geistigen und anderen Behinderungen.

In einem zum Thema „Klientel“ durchgeführten Workshop auf der bereits erwähnten Konferenz in Nordkirchen (s.o.) schilderten die Kooperationspartner Veränderungen hinsichtlich des betreuten Personenkreises der Kinder und Jugendlichen, die in den Wohneinrichtungen stationär leben bzw. für die Aufnahmeanfragen gestellt werden. Es wurden drei Gruppen benannt:

- Zunahme von Kindern mit psychischen Auffälligkeiten, insbesondere Verhaltensauffälligkeiten,
- Zunahme von Kindern mit starken Körperbehinderungen,
- Zunahme von Kindern und Jugendlichen, die eine sehr intensive Betreuung benötigen, ggf. einen Betreuungsschlüssel von 1:1.

---

2 In die nachfolgende Auswertung wurden nur 16 Heime einbezogen, da sich eine Einrichtung noch im Bau befindet.

Als Folge ergibt sich z.T., dass nicht alle Kinder, für die Aufnahmebedarf besteht, auch aufgenommen werden können, da die Gefahr einer verstärkten Konzentration von Kindern mit sehr hohem Betreuungsbedarf besteht. Insbesondere für Kinder mit ausgeprägtem selbst- und/oder fremdverletzenden Verhalten können oft keine adäquaten Angebote bereitgestellt werden.

Hinsichtlich der Zusammensetzung der Wohngruppen wurde in der Diskussion kein endgültiger Konsens hergestellt. Die Mehrzahl der Teilnehmer sprach sich für eine heterogene Zusammensetzung hinsichtlich Alter, Geschlecht und Behinderungsgrad aus. Es wurden aber auch Überlegungen hinsichtlich einer stärkeren Homogenisierung bezüglich der intellektuellen Leistungsmöglichkeiten formuliert.

Für einen Teil der obengenannten Personengruppen besteht die Gefahr, dass nach einer Ablehnung durch eine angefragte Einrichtung keine weiteren Bemühungen hinsichtlich der Gewährleistung bedürfnisadäquater Angebote unternommen werden. Es besteht die Vermutung, dass die Kostenträger gleichzeitig von der Annahme ausgehen, dass kein Hilfebedarf für diese Personengruppen besteht. Es erweist sich deshalb als nötig, dass eine Stelle benannt oder geschaffen wird, die entsprechende Anfragen sammelt, um in der Folge eine bedürfnisadäquate Infrastruktur zu entwickeln (Fragen der mittel- und langfristigen Bedarfsentwicklung). Gleiches gilt für die Notwendigkeit der Schaffung einer Beratungsstelle für Eltern, die trägerunabhängig über bestehende Angebote informiert.

Die Notwendigkeit einer solchen Stelle wird auch deutlich anhand der im Workshop „Konzeptionen von stationären Einrichtungen für Kinder und Jugendliche und Qualität dieser Einrichtungen“ diskutierten Frage nach der Transparenz bezüglich der Spezialisierung der Heime auf ein bestimmtes Klientel. Dieses scheint von Bundesland zu Bundesland sehr unterschiedlich zu sein. In Niedersachsen verweisen die Heimleitungen anfragende Eltern an die jeweils in Frage kommenden Einrichtungen. Aus Baden-Württemberg wurde berichtet, dass keine Transparenz besteht und sich die Eltern ‚durchfragen' müssen.

Alter der Bewohner

In allen stationären Einrichtungen leben zum Zeitpunkt der Befragung Kinder und Jugendliche im Alter von 9-17 Jahren. Der größte Teil der Bewohner der Heime ist im Schulalter. In fünf Heimen leben insgesamt sieben Kleinkinder im Alter von 0-3 Jahren. Kinder im Vorschulalter leben in sieben Einrichtungen. Der Anteil der erwachsenen Bewohner beträgt fast ein Viertel der Klientel (vgl. Tab. 2).

Tab. 2: Alter der Bewohner

Alter der Bewohner	**Anzahl der Bewohner**	**Anzahl der Einrichtungen, in denen Kinder der jeweiligen Altersgruppe leben**
0 bis unter 3 Jahre	7	5
3 bis unter 6 Jahre	13	7
6 bis unter 9 Jahre	75	13
9 bis unter 12 Jahre	124	16
12 bis unter 15 Jahre	173	16
15 bis unter 18 Jahre	180	16
18 bis unter 21 Jahre	129	12
Insgesamt	783	16

Es ist wahrscheinlich, dass bei dem größten Teil der letztgenannten Gruppe die Schulpflicht verlängert wurde und sie somit noch zu den schulpflichtigen Kindern und Jugendlichen zu zählen sind. Hier gibt es einen Zusammenhang zu dem o.g. Problem bezüglich Auslastung und Wartezeiten der Heime. Die Vertreter der Heime geben an, dass sich die Vermittlung erwachsen gewordener Bewohner in Nachfolgeeinrichtungen oftmals als schwierig gestaltet. In einem Workshop wurde dazu gesagt, dass teilweise ein ungedeckter quantitativer Bedarf, insbesondere aber ein ungedeckter qualitativer Bedarf im Sinne von Angeboten, die auf die spezifischen Bedürfnisse der jungen Erwachsenen individuell eingehen, besteht. Die Forderung nach adäquaten Nachfolgeplätzen wurde aus zwei Gründen als besonders dringend formuliert: Zum einen werden junge Erwachsene durch den Verbleib in Kindereinrichtungen in den Möglichkeiten ihrer Persönlichkeitsentwicklung erheblich eingeschränkt. Zum anderen wird die Aufnahmekapazität der Einrichtungen für jüngere Kinder durch fehlbelegte Plätze eingeschränkt. Diese Problematik wurde auch in einem anderen Workshop diskutiert. Es wurde in diesem Zusammenhang darauf hingewiesen, dass es nur ein Heimgesetz gibt, das sowohl für den Kinder- als auch für den Erwachsenenbereich gültig ist. Die Einhaltung einer Altersgrenze zwischen Kinder- und Erwachseneneinrichtungen beim Erreichen des 18. Lebensjahres der Bewohner wurde hier sehr kontrovers diskutiert. Einige Einrichtungen und Bundesländer (z.B. Hamburg) halten diese Grenze genau ein. Mit dem 18. Lebensjahr steht der Umzug in den Erwachsenenbereich an. Andere (z.B. Nordrhein-Westfalen und Niedersachsen) gehen mit dieser Regelung flexibler um und ermöglichen einen Verbleib im Kinder- und Jugendlichenbereich bis zur Vollendung der Schulpflicht (bis max. zum 22. Lebensjahr). Die strikte Einhaltung des Einrichtungswechsels aufgrund des Erreichens des 18. Lebensjahres ist nicht unumstritten. Zu berücksichtigen ist nach Ansicht einiger Konferenzteilnehmer vor allem die individuelle Reife der jungen Erwachsenen. Einigkeit herrschte allerdings in dem Punkt, dass ein Wechsel von einer Kinder- in eine Erwachseneneinrichtung altersbedingt irgendwann auf jeden Fall vollzogen werden muss.

Bezüglich der Altersstrukturverteilung geben alle Heime ein heterogenes Bild ab. In jeder Einrichtung leben Kinder und Jugendliche unterschiedlichen Alters, es werden allerdings überwiegend Kinder ab dem Schulalter betreut, wobei sich nach Ansicht der Teilnehmer eines Workshops mindestens zwei Altersspannen als Aufnahmezeiträume herauskristallisieren: 8-10 Jahre und 13-14 Jahre. Es stellt sich die Frage, welche Bedarfe für Kinder im Kleinkind- und Vorschulalter bestehen bzw. welche Hilfen die Eltern vorrangig nutzen. In einem anderen Workshop ergab sich ebenfalls diese Frage und es wurde festgestellt, dass im Hinblick auf die Größenordnung von Bedarfen an der Betreuung von kleinen Kindern ziemliche Unklarheit besteht. Es wurde von Teilnehmern des Workshops darauf hingewiesen, dass möglicherweise in einer Grauzone viele Klein- und Kleinstkinder heute noch in Kliniken verbleiben, weil für sie keine entsprechenden Wohn- und Lebensmöglichkeiten gefunden werden. Insgesamt scheint es in diesem Bereich einen Handlungsbedarf zu geben. Allerdings ist völlig unklar, um welche Größenordnung es sich handelt. Auch aus der Erkundungsstudie geht hervor, dass es einen Bedarf an Heimplätzen für Kinder im Alter von 0-6 Jahren gibt. In den drei von uns untersuchten Heimen waren 45% der Kinder unserer Population bereits vor dem 6. Lebensjahr in ein Heim aufgenommen worden. In einem der drei Heime waren sogar 71,9 % der Kinder und Jugendlichen vor dem Schulalter aufgenommen worden (vgl. Thimm u.a. 1999, 25). Im Workshop wurde zudem darauf hingewiesen, dass sich für bestimmte Personenkreise, z.B. langzeitbeatmete Kindern, die Situation noch verschärfter darstellt, weil langzeitbeatmete Kinder und Jugendliche nicht irgendwo in der Klinik, sondern nur auf der Intensivstation betreut werden. Für diesen Personenkreis stellt sich die Frage nach anderen Lebensorten besonders dringlich (vgl. Abschnitt 4.4).

4.2.3 Zum Verhältnis zwischen Heim und Familie: Familienersatz oder Familienunterstützung?

Kontakte zu den Eltern

Elternarbeit ist in allen Einrichtungen Bestandteil der Arbeit. Die Formen der Elternarbeit in den stationären Einrichtungen sind vielfältig. Von allen 17 Einrichtungen werden Elterngespräche und Besuche der Eltern in der Einrichtung als Elemente der Elternarbeit angesehen. Weiter werden Elterntreffen, Informationsveranstaltungen und Hausbesuche in fast allen Einrichtungen praktiziert. Sieben Heime geben an, dass es bei ihnen einen Elternbeirat gibt. Die Initiative für die Elternarbeit geht in 13 Einrichtungen sowohl von den Eltern als auch von den Heimen aus. Lediglich zwei Heime haben die Erfahrung gemacht, dass nur sie die Initiatoren für die Elternarbeit sind. In zwei weiteren Fällen werden die Elternkontakte auch von Dritten wie Schule, Ämtern und Therapeuten mitinitiiert. Über die Qualität der Kontakte zwischen den Eltern der Kinder und Jugendlichen, die in Heimen leben, und den Mitarbeitern der Heime lässt sich auf der Grundlage der Angebotserhebung jedoch nichts sagen.

Die Qualität der Kontakte zu den Eltern in den Heimen und die bestehenden Schwierigkeiten wurden auf der ersten Konferenz der stationären Kooperationspartner im Modellvorhaben thematisiert.

Die Kontakte der Kinder zu ihren Eltern bzw. Familien sind sehr unterschiedlich. Es gibt Kinder, die aus sehr unterschiedlichen Gründen gar keinen Kontakt mehr zu ihren Eltern haben, bis hin zu Kindern, die jeden Tag von ihren Eltern im Heim besucht werden können oder an jedem Wochenende zu ihren Eltern nach Hause fahren. Oftmals werden die Kontakte auch im Laufe der Jahre weniger und brechen manchmal auch ganz ab. Es scheint keine generelle Regelung bezüglich der Elternarbeit in den Heimen zu geben. Auch die Heime gehen sehr unterschiedlich mit der Festlegung der Kontakte der Kinder zu ihren Eltern und deren Regelung um:

Der Sonnenhof in Schwäbisch-Hall versucht, Eltern bei der Aufnahme des Kindes zur Aufrechterhaltung des Kontakts schriftlich zu verpflichten, obwohl derartige Verpflichtungen keinen rechtsverbindlichen Charakter haben. Vielfältige Formen der Eltern- und Öffentlichkeitsarbeit werden genutzt, um auch mit Eltern ins Gespräch zu kommen, die von sich aus wenig diesbezügliche Schritte unternehmen. Wichtig bleiben daher immer die sogenannten „Tür- und Angel-Gespräche“. Um sie fachkompetent führen zu können, sollen gerade an Wochenenden immer Fachkräfte im Dienst sein.

Das Kinderpflegeheim Helenenhof in Hopferbach hat den Anspruch, Familienersatz zu sein. Dies wurde von den Kooperationspartnern der Einrichtung als ihr großer Pluspunkt angesehen. Bei vielen der Bewohner sind die Elternkontakte abgebrochen. Bei einigen Kindern ist auch von Seiten des Jugendamtes kein Kontakt zu den Eltern aufgrund von Missbrauchserfahrungen erwünscht.

Von anderen Teilnehmern der Konferenz wurde dagegen vehement erwidert, dass sie auf keinen Fall die Familie ersetzen wollen und auch nicht den Anspruch haben familialen Strukturen zu entsprechen. Dieses sei mit den Strukturen des Heimes (Schichtdienst etc.) auch nicht möglich. Es soll ein soziales Milieu geschaffen werden, in dem sich das Kind geborgen und wohl fühlt, in dem es entlastet ist. Manche Eltern haben allerdings die Vorstellung, im Heim muss es so weitergehen wie vorher in der Familie. Diese sind meistens nicht mit den Leistungen des Heimes zufrieden.

Im Kaisen-Stift in Bremen ist der prozesshafte Charakter der Elternarbeit gut zu beobachten, da die Einrichtung noch sehr jung ist. Sie besteht erst seit zwei Jahren. Viele Mitarbeiter müssen erst lernen Elternarbeit als Teil ihrer Arbeit zu verstehen. Ebenso müssen die Eltern lernen, dass sich jetzt jemand anderes um ihr Kind kümmert.

Elternarbeit wird von fast allen stationären Einrichtungen als ein sehr wichtiger Bestandteil der Arbeit angesehen. Ein intensiver Elternkontakt der Kinder wird von den Mitarbeitern positiv erlebt und auch die Einbindung der Eltern in Alltagsabläufe des Kindes im Heim wird als wichtig angesehen. Es wird allerdings auch angedeutet, dass Eltern und Mitarbeiter oftmals in einem Konkurrenzverhältnis zueinander stehen. Die Zuständigkeits- und Verantwortungsbereiche scheinen nicht genau geklärt zu sein. Formulierungen einzelner Vertreter der Heime lassen darauf schließen, dass die Heime in der Position sind zu bestimmen, wie die Kompetenz- und Verantwortungsbereiche beider Seiten definiert werden:

> „Die Elternarbeit ist schwierig und wir sagen immer: Wo immer es geht, versucht die Muttis einzubinden. Wir müssen dafür sorgen, dass die Muttis nicht ihre Schuldgefühle auf das Personal übertragen. Wir müssen dann miteinander überlegen, wie wir es hinkriegen, dass sie kleine Aufgaben selbst übernehmen. So haben wir in dieser Gruppe im Schwerstmehrfachbehindertenbereich oft Eltern, eine Mutti ist pro Tag bestimmt da. Wir sagen dann, wir machen all das Medizinisch-Pflegerische und Sie kümmern sich um das und das, was Sie eben können. So sind also immer wieder Mütter, vor allem die dichter wohnen, tagsüber bei uns. Das ist zwar für die Erzieherinnen schwierig, aber die Mütter haben das Gefühl, dass sie jederzeit kommen können."

Es scheint für die Mitarbeiter zwei schwierige Gruppen von Eltern zu geben. Einerseits die Eltern, die zu hohe Erwartungen an die Heime stellen und alles kritisieren, was im Heim nicht mindestens so gut läuft wie zu Hause. Auf der anderen Seite gibt es Eltern, die sich aus der Sicht des Heimes zu wenig kümmern. Dazu sagt ein Teilnehmer, dass das Verhältnis zwischen dem Personal und den Eltern verhaltensauffälliger Kinder oftmals sehr distanziert ist. Das liegt z.T. daran, dass die Eltern befürchten, auch in dieser Einrichtung werde ihr Kind Schwierigkeiten machen und die Einrichtung werde es wieder abgeben. Diese Eltern möchten oftmals am liebsten so wenig Kontakt wie möglich, obwohl gerade in diesen Fällen ein kontinuierlicher Kontakt und eine Zusammenarbeit zwischen Pflegepersonal und Eltern sehr wichtig wäre.

Auch die Erwartungen der Mitarbeiter an die Eltern scheinen sehr unterschiedlich zu sein. In einem Heim wird an die Eltern mit familiären Problemen die Erwartung geknüpft, dass die Kinder regelmäßig nach Hause geholt und pünktlich ins Heim zurückgebracht werden. Diese Eltern haben die Erwartung öfter mal im Heim anrufen und ihre Sorgen erzählen zu können. Sie wollen keine Bewertungen hören, sondern einfach nur reden. An Familien mit weniger familiären Problemen werden andere Erwartungen geknüpft. Hier wird erwartet, dass die Eltern von sich aus auf die Mitarbeiter zugehen und sich nach dem Kind bzw. auftretenden Problemen erkundigen. Die Mitarbeiterin eines Heims in den neuen Bundesländern stellt einen Unterschied zwischen den Eltern, die ihr Kind nach der Wende in den 90er Jahren ins Heim abgegeben haben und denjenigen, deren Kind bereits vorher im Heim lebte, fest. Letztere haben noch das alte System miterlebt, in dem ihr Kind z.T. als förderungsunfähig abgestempelt wurde. Diese Eltern sind sehr zufrieden mit der Situation, in der ihr Kind jetzt lebt. Bei Eltern der ersten Gruppe sieht es anders aus. Die haben z.T. ihr Kind längere Zeit zu Hause gepflegt und möchten diese 1:1-Betreuung auch in einer stationären Einrichtung gewährleistet wissen. Für einige Eltern scheint der Wochenend- oder Ferienbesuch des Kindes im Elternhaus hauptsächlich aufgrund des finanziellen Anreizes stattzufinden.

Eine weitere Konferenzteilnehmerin stellt dar, dass das Verhältnis der Heime und der Familien sich oft im Laufe der Jahre verändert:

> „Am Anfang haben wir Mütter, und es sind meistens die Mütter, die sehr engagiert sind, wo wir denken, das wird ja ganz toll, die holen ihr Kind alle 14 Tage, in den Ferien und dann bröckelt es ab. Dann werden nur noch Forderungen gestellt, was wir alles für das Kind tun sollen, aber sie können aus irgendwelchen Gründen nicht kommen. Da baut sich dann zwischen Erziehern und Eltern einiges auf, das ich für sehr gefährlich halte. Die Erzieherinnen werden so wütend, da sie schließlich die Letzten sind, die das Kind in Schutz nehmen müssen und die Interessen des Kindes vertreten müssen".

Das Konkurrenz-Verhältnis Eltern-Heim wird von zwei anderen Heimvertretern in Zusammenhang mit den sich verändernden bzw. verschlechternden Arbeits- und Qualitätsbedingungen der Heime genannt, die bewirken, dass das Engagement der Eltern für ihre Kinder eine wichtigere Rolle spielt:

> „Eltern wollen für ihr Kind die beste Versorgung, schließlich werden die Heime bzw. Mitarbeiter dafür bezahlt. Personalschlüssel und Finanzierung der Einrichtungen verschlechtern sich jedoch durch die veränderten gesetzlichen Finanzierungsregelungen. Vor einigen Jahren war es noch möglich, ein Kind durch einen Mitarbeiter während eines Krankenhausaufenthaltes (auch über mehrere Wochen) zu begleiten. Aus Personal- und Kostengründen ist dies nicht mehr möglich. Es kommt zu Auseinandersetzungen mit den Eltern, da diese sich an die neue Situation gewöhnen müssen".

Als weitere Schwierigkeit für die Eltern wird der Wechsel des Personals (z.B. Zivildienstleistende und Praktikanten) angesehen.

Die Grunderwartung der Heime an die Eltern ist, dass sie sich nach der Heimaufnahme weiter um ihr Kind kümmern. Zu diesem Zweck bieten die Heime verschiedene Möglichkeiten an wie Elternabende, Feste, Urlaube oder aber auch den Alltag, wo sich Eltern engagieren können und der Austausch zwischen Eltern und Mitarbeitern sowie zwischen den Eltern untereinander gefördert werden soll. Es wird von einem Heim betont, dass Eltern als Regulativ im Heimalltag dienen können, um der Betriebsblindheit des Personals vorzubeugen. Eine Einrichtung hat zu diesem Zweck unlängst Fragebögen an die Eltern verteilt. Die Heimmitarbeiter wünschen sich, dass die Grundeinstellung der Eltern dem Heim gegenüber wohlwollend ist. Es sollte ein Verhältnis sein, das auf gegenseitiger Akzeptanz und Wertschätzung aufbaut. Zu diesem Zweck, so sagt eine Teilnehmerin, werde in ihrer Einrichtung zur Zeit in Fortbildungen zur Angehörigenarbeit investiert. Zudem sei eine anonyme Elternbefragung geplant. Erwartungen und Kritik sollen abgefragt werden, um dann eine Grundlage für die gemeinsame (Beziehungs-)Arbeit zu haben. Auch in einer anderen stationären Einrichtung wurde eine anonyme Bewohner- und Elternbefragung durchgeführt. Es gab leider keine fachlich bezogenen Antworten, sondern entweder Bemängelungen an der Einrichtungen (zu wenig Grünpflanzen) oder „alles in Ordnung".

All diese Aussagen zeigen, dass das Verhältnis zwischen den Eltern, der im Heim lebenden Kinder, und den Mitarbeitern der Heime nicht immer positiv aussieht. Es scheinen oftmals von beiden Seiten ungeklärte und unausgesprochene Erwartungen aneinander gestellt zu werden und auch Unsicherheiten über die eigene Rolle und deren Bedeutung zu bestehen. Die eigenen Kompetenzen und die Verantwortung jeder Seite ist oftmals nicht geklärt, was zu Konkurrenz untereinander führen kann.

Das Thema der Rückführung des Kindes in die Herkunftsfamilie als Ziel der Mitarbeiter im Heim bleibt fast unerwähnt. Von einem Vertreter wurde berichtet, dass im Zusammenhang mit der Einführung der Pflegeversicherung vereinzelt Kinder aus dem Heim wieder nach Hause geholt wurden. Allerdings wurde hier mitunter das Pflegegeld als bedeutsamer Anreiz angesehen, während die Belastbarkeit der Eltern bezüglich der pädagogischen und pflegerischen Anforderungen bezweifelt wurde. Diese Aussage wurde von anderen Gesprächsteilnehmern bestätigt.

Exkurs: Elternseminar in der Heimstatt-Clemens-August, Neuenkirchen-Vörden

Auf Anfrage der Einrichtung wurde im Rahmen des Modellvorhabens von Mitgliedern unseres Teams ein eintägiges Elternseminar mit dem Thema „Zum Verhältnis von Familie und Heim" durchgeführt. Nach einem Vortrag zu dieser Thematik wurde in kleinen Arbeitsgruppen weitergearbeitet. Drei der Arbeitsgruppen setzten sich aus Müttern und zwei aus Vätern zusammen. Zudem gab es zwei weitere Arbeitsgruppen mit zum einen Mitarbeitern in den Wohngruppen und zum anderen mit Mitarbeitern der dem

Heim angeschlossenen Tagesbildungsstätte. In den Arbeitsgruppen wurde folgender Fragenkatalog behandelt:

- *Wie sehen Sie Ihr Verhältnis zu den Mitarbeitern der Wohngruppe, in der Ihr Kind lebt?*
- *Wie sehen Sie Ihr Verhältnis zu den Eltern der bei Ihnen lebenden Kinder?*
- *Was könnte besser sein? Was würden Sie verändern wollen?*
- *Was steht einer Verbesserung/Veränderung im Wege?*
- *Wie könnte eine Verbesserung/Veränderung erreicht werden?*

Die Perspektive der Mütter
Von den teilnehmenden Müttern wird als positiv erlebt, dass jedes Kind einen festen Betreuer hat, der als Ansprechpartner für die Eltern dient. Dieses enge Verhältnis zwischen dem eigenen Kind und der Betreuungsperson im Heim wird jedoch auch als zwiespältig erlebt, was allerdings leichter zu ertragen ist, wenn das Kind älter wird. Es wird gesagt, dass die Mitarbeiter die Eltern unterstützen mit dem inneren und äußeren Druck durch die Entscheidung, das Kind in eine Heim zu geben, umzugehen. Zudem wird von den Müttern eine positive Entwicklung des Kindes im Heim zu mehr Selbständigkeit festgestellt. Auch die Möglichkeiten der Freizeitgestaltung erleben sie im Heim besser als zu Hause. Mütter, deren Kinder schon seit vielen Jahren in der Heimstatt-Clemens-August leben, haben die Erfahrung gemacht, dass man jederzeit mit den Mitarbeitern des Heimes sprechen kann, wenn Probleme auftauchen. Sie geben an, dass sich ihre Kinder sowohl im Heim als auch zu Hause gleich wohlfühlen. Sie haben mit der Zeit gelernt in ‚zwei Welten' zu leben. Sie sehen es als sehr wichtig für die Entwicklung ihrer Kinder an, dass Eltern aktiv werden und sich engagieren. Als eine Möglichkeiten für ihr eigenes Engagement sehen sie den Elternrat und den seit drei Jahren bestehenden Förderverein. Sie haben jedoch die Erfahrung gemacht, dass es zwei Gruppen von Eltern gibt: auf der einen Seite aktive Eltern und auf der andere Seite Eltern mit wenig Interesse. In einer anderen ‚Müttergruppe' wird gesagt, dass der Kontakt auch von der Behinderung des Kindes abhängig ist. Sie haben erlebt, dass der Kontakt intensiver ist, je ‚schwieriger' die Behinderung ist.

Für die Mütter, deren Kinder noch nicht seit vielen Jahren im Heim leben, scheint das Leben ihrer Kinder in den ‚zwei Welten' Heim und Familie sehr schwierig zu sein. Zum einen wird einhellig gesagt, dass zu der Trauer über die Abgabe des Kindes in ein Heim ein schlechtes Gewissen kam: „Ich kam mir so vor, als hätte ich mein Kind abgeschoben. Also ich kam mir schlecht vor". Auch mit Vorwürfen von außen wird dieses schlechte Gewissen in einigen Fällen genährt. Auf der anderen Seite wird aber auch die Notwendigkeit und Erleichterung über die Aufnahme des Kindes in ein Heim betont, da die Behinderung des Kindes eine große Überforderung der Mutter be-

deutet hat. Es gibt viele Unsicherheiten bezüglich der Zuständigkeiten, die an das Heim abgegeben werden und der eigenen Zuständigkeit, z.B. beim Kauf von Kleidung:

> *„Ja, aber bei meinem A. ist das so, dem ist es völlig egal, was er anzieht. Der hat überhaupt kein Bewusstsein für Klamotten, Hauptsache er hat was an. Also der würde sich das auch nie aussuchen. Ich hab' es ja immer ausgesucht und mir war es immer wichtig. Und diese Erfahrung, dann kommst du hierher und dann hat das Kind plötzlich irgendwelche Sachen am Körper, die ich gar nicht kenne, und die mir auch irgendwie fremd sind. Ist im Grunde banal, aber es ist komisch."*

Einige Mütter haben die Erfahrung gemacht, dass sie Entscheidungen, wie neue Haarfrisur, Arztbesuche o.Ä., nicht vorher mitgeteilt bekamen, sondern sahen sich beim Besuch ihres Kindes vor vollendete Tatsachen gestellt. Von alltäglichen Entscheidungen ihr Kind betreffend sehen sie sich zunächst ausgeschlossen. Zudem wird von Müttern das Gefühl geäußert, in der Gruppe zu stören und gegen einen Stein oder eine Mauer zu prallen und sich selbst gar nicht mehr kümmern zu müssen. Die Absprachen zwischen Eltern und Mitarbeitern werden zum Teil als nicht ausreichend angesehen.

Als sehr frustrierend wird es erlebt, wenn das Kind im Heim bestimmte Verhaltensweisen abgelegt hat, diese aber bei den Besuchen zu Hause noch gezeigt werden. Einige Mütter fühlen sich damit alleingelassen. Andere holen sich Hilfe bei den Mitarbeitern des Heimes und versuchen gemeinsam bei einem Hausbesuch eines Mitarbeiters die Lösung für ein Problem zu finden.

Die Hilfe von Mitarbeitern bei der Lösung von Schwierigkeiten oder das bloße Zuhören und Zeithaben wird von den Müttern als positiv empfunden. Sie sehen auch, dass die Mitarbeiter oftmals zuviel zu tun haben, um sich ihnen mehr widmen zu können. Besorgt äußern sie sich zu den finanziellen Einsparungen, die in der Einrichtungen getroffen werden mussten und sich auf die Mitarbeiterzahl und die Möglichkeiten der Therapie und Freizeitgestaltung ausgewirkt haben. Grundsätzlich haben sie aber das Gefühl, ihr Kind ist gut in der Einrichtung aufgehoben.

Insgesamt ergibt sich der Eindruck, dass das Verhältnis zwischen den Mitarbeitern und den Müttern von Gruppe zu Gruppe sehr unterschiedlich ist. Es hängt vom Selbstbewusstsein und Engagement der Mütter und der Mitarbeiter sowie der Sympathie zueinander ab, ist somit sehr zufällig. Auch der Informationsfluss zwischen Heim, Schule und Familie scheint nicht immer gegeben zu sein. Je länger das Kind im Heim lebt, umso besser scheinen Absprachen zu funktionieren. Die Mitarbeiter und die Mütter scheinen gelernt zu haben miteinander umzugehen und zu wissen, was man voneinander erwarten kann und was nicht. Ob dieses Umgehen miteinander und die Erwartungen allerdings in offenen, regelmäßigen Gesprächen diskutiert und ausgehandelt werden, ist in vielen Fällen zu bezweifeln.

Als Verbesserungen wünschen sich die Mütter einen detaillierteren Austausch zwischen Heim und Familie. Sie möchten stärker über den Alltag ihrer Kinder in der Gruppe informiert werden. Es wurde vorgeschlagen, diesen Austausch mittels eines Buches zu verstärken, das die Kinder zu Besuchen bei ihren Eltern mitnehmen. Dort könnten die Mitarbeiter Informationen aus dem Gruppenalltag festhalten und auch die Eltern über die Aufenthalte ihrer Kinder zu Hause. Auch die Gespräche mit Mitarbeitern sollten häufiger stattfinden, um genauere Absprachen bezüglich der Zuständigkeiten treffen zu können. Die Mütter wünschen sich, dass die Mitarbeiter auch unaufgefordert auf sie zukommen, um sich austauschen zu können. Zudem wünschen sie sich mehr Austausch mit den anderen Eltern der in der Gruppe lebenden Kinder. Zu diesem Zweck sollten mehr Elternnachmittage o.Ä. in den Gruppen veranstaltet werden.

Die Sicht der Väter

Auch die Väter berichten, ein schlechtes Gewissen bezüglich der Heimaufnahme ihres Kindes zu haben. Die Erfahrung, dass sich ihr Kind in der Einrichtung wohlfühlt, lässt dies aber kleiner werden und gibt das Gefühl, die richtige Entscheidung getroffen zu haben.

Die Erfahrungen der Väter mit den Mitarbeitern des Heimes sind sehr positiv. Es wird gesagt, dass es eine herzliche, vertraute und gewachsene Beziehung gibt und gegenseitige Offenheit und Akzeptanz besteht. Rückfragen können jederzeit geäußert werden, und man kann auch unangemeldet sein Kind in der Wohngruppe besuchen. Sie erleben, dass sich ihr Kind wohlfühlt im Heim. Konkrete Zuständigkeitsprobleme mit den Mitarbeitern, wie sie von den Müttern bezüglich der Kleidung o.Ä. angesprochen wurden, wurden in den Arbeitsgruppen der Väter nicht geäußert. Dieses liegt möglicherweise daran, dass die Mütter, die in der Regel die Hauptbetreuungspersonen vor der Heimaufnahme gewesen sind, allein für diese Verantwortungsbereiche zuständig waren und die Väter auch in der Zeit, als ihr Kind zu Hause lebte, sich nicht in erster Linie um diese Dinge gekümmert haben. Sie haben eine größere Distanz zu den Alltagsproblemen, die sich im Zusammenhang mit ihrem Kind ergeben. In der Arbeitsgruppe der Väter wurde das eigene und das gesellschaftliche Umgehen mit Behinderung diskutiert. Zudem wurde ausführlich über die Möglichkeiten der finanziellen Absicherung des behinderten Kindes gesprochen.

Als Verbesserungen wünschen sich die Väter ebenso wie die Mütter eine umfassendere Informationsvermittlung sowohl von schulischer Seite als auch von der Wohngruppe, wobei vor allem der Kontakt zur Tagesbildungsstätte als zu gering eingeschätzt wird. Für mehr Transparenz können ihrer Meinung nach auch Haus-/Elternbriefe sorgen. Zudem wünschen sie sich einen Ausbau des begleitenden Dienstes, damit für ihre Kinder um-

fangreiche und unterschiedliche Fördermöglichkeiten bereitgestellt werden können. Ebenso wie die Mütter wünschen sie sich ein intensiveres Kennenlernen der Mitarbeiter und der anderen Eltern, der in der Gruppe des eigenen Kindes lebenden Kinder. Außerdem würden sich die Väter gerne stärker im Freizeitbereich der Einrichtung eingebunden sehen.

Die Sicht der Mitarbeiter der Wohngruppen
Die Mitarbeiter schildern, dass es viele Ängste und Unsicherheiten der Eltern im Kontakt mit ihnen gibt. Immer wieder, auch Jahre nach der Heimaufnahme des Kindes, wird das schlechte Gewissen der Eltern bezüglich ihrer Entscheidung, ihr Kind in eine stationäre Einrichtung gegeben zu haben, thematisiert. Der Umgang mit dem langen, emotionalen Abgabeprozess der Eltern scheint bei den Mitarbeitern sehr unterschiedlich zu sein und sie schwanken zwischen dem Einlassen auf die Probleme der Eltern und dem Wunsch sich Abzugrenzen:

> *„Und das [die Diskussion von seiten der Eltern um die Richtigkeit der Entscheidung zur Heimaufnahme des Kindes] taucht trotzdem immer wieder auf. Egal, man will es ja als Betreuer eigentlich gar nicht hören. Das ist ja so, man arbeitet ja mit dem Kind, man arbeitet auf eine größtmögliche Selbständigkeit hinaus und trotzdem, die Eltern... Wir sagen es ja nicht, von wegen schlechtem Gewissen, sondern es kommt immer wieder von den Eltern, dass es heißt, ja dieses und jenes und ich schaffe es jetzt ja zu Hause nicht."*

Dieses Aussage macht deutlich, dass für die Mitarbeiter nicht deutlich geklärt ist, ob sie eine Zuständigkeit haben, Gespräche über die Gefühle der Eltern bezüglich der Abgabeproblematik zu führen. Anscheinend gibt es bei den Eltern jedoch einen Bedarf, wie die Ergebnisse aus den anderen Arbeitsgruppen der Mütter und Väter gezeigt haben.

Die Mitarbeiter sehen sich in dem Konflikt, dass die Eltern sich für ihr Kind eine individuelle Förderung und Betreuung wünschen, diese jedoch aufgrund der personellen Situation, „die ja immer prekärer wird", nicht umzusetzen sind. Zudem würde es auf Kosten der Gesamtgruppe umgesetzt werden. Um dem Wunsch der Eltern aber trotzdem entgegenzukommen, wird in der Einrichtung ein Bezugsbetreuungssystem praktiziert:

> *„Und um das so zu unterstützen, handhaben wir das in der Gruppe eben so, dass die Mitarbeiter auch gleichzeitig individuelle Betreuer eines Kindes sind und eben dann auch individuell die Eltern entsprechend betreuen, so dass das also auch da, nicht so jeder für jeden, sondern schon der Ansprechpartner entsprechend dann vorhanden ist. Das ist also was die Elternarbeit betrifft effektiver. Und auch was die Arbeit am Kind usw. betrifft ist wesentlich effektiver."*

Der Informationsfluss zwischen Mitarbeitern und Eltern wird auch von den Mitarbeitern bemängelt. Sie sehen sich in der Position, den Eltern Einblicke in den Gruppenalltag des Kindes geben zu sollen, während die Eltern nicht viel oder nur Positives über den Aufenthalt des Kindes zu Hause berichten. Sie erleben, dass Eltern sich scheuen, über Probleme und Schwierigkeiten mit dem Kind zu Hause zu sprechen. Auch die Mitarbeiter haben das Bedürfnis mehr von der Familie mitzubekommen, um eine bessere Zusammenarbeit aufbauen zu können.

Die Zusammenarbeit mit Eltern wird im Laufe der Zeit einfacher, wenn eine größere Abnabelung vom Kind stattgefunden hat und die Eltern die Abgabe des Kindes in ein Heim bewältigt haben. Dann werden auch die Besuche für die Kinder zu Hause leichter. Eine Mitarbeiterin beschreibt, dass einige Eltern sich nach der Entscheidung das Kind abzugeben immer mehr zurückziehen und immer weniger Verantwortung für das Kind behalten wollen. Nach und nach werden dann auch die Elternkontakte weniger. Manchmal können zu diesen Eltern, nachdem sie eine ‚Erholungs- und Verarbeitungsphase' durchlebt haben, wieder verlässliche und ausgeprägte Kontakte aufgebaut werden. Die Mitarbeiter erleben sich oft als diejenigen, die Eltern ‚hinterherlaufen'. Sie haben das Gefühl, dass sie Eltern nicht zwingen können, sich zu engagieren. Es hänge von den Eltern ab, ob sie den Kontakt zur Einrichtung wollen oder nicht.

Die Mitarbeiter wünschen sich, dass die Eltern ihnen mitteilen, wie die Aufenthalte der Kinder zu Hause verlaufen und Positives und Negatives berichten, damit man gemeinsam an Lösungsstrategien arbeiten kann. Als weitere Möglichkeit, das Verhältnis zueinander zu verbessern, bieten sie an, dass die Eltern in der Gruppe hospitieren, damit diese sehen, wie ihr Kind in der Einrichtung lebt. Auch Hausbesuche sehen sie als wichtig an und betonen, dass diese Besuche keine ‚Kontrollbesuche' sein sollen. Der Umsetzung stehen jedoch verschiedene Rahmenbedingungen im Wege, wie die Schwierigkeiten der Terminfindung oder die zunehmenden personellen Einsparungen in den Wohngruppen, die zu einer Überlastung der Mitarbeiter führen. Als Basis für eine bessere Zusammenarbeit sehen die Mitarbeiter die Öffnung beider Seiten gegenüber der anderen und das Aufeinanderzugehen. Es ist ein größerer Mut erforderlich, die Erwartungen aneinander auszusprechen. Hilfreich dafür sind Elternbriefe und Elterntage, obwohl man damit sicherlich nicht alle Eltern erreichen kann.

Die Sicht der Mitarbeiter aus der Tagesbildungsstätte
Die Mitarbeiter aus der Tagesbildungsstätte geben an, dass aufgrund des geringen Kontaktes zu den Eltern fast keine Beziehung besteht. Die bestehenden Kontakte sind abhängig vom Engagement einzelner Eltern und Lehrer. Der Hauptkontakt zu den Eltern läuft über die Wohngruppen, da die Kinder und Jugendlichen hauptsächlich am Wochenende abgeholt werden. Außerdem besteht oftmals eine große räumlich Entfernung zu den Eltern. Sie sind jedoch offen für eine stärkere Kooperation, die zum Beispiel über

einen Elternsprechtag, Hospitationen der Eltern und mehr Gespräche umsetzbar sein könnte.

Das Verhältnis von Familie und Heim aus wissenschaftlicher Sicht

Im Rahmen der bereits erwähnten Erkundungsstudie (Thimm u.a. 1999) hat eine ausführliche Beschäftigung mit der Frage nach dem Verhältnis zwischen den Familien, deren Kinder mit Behinderungen in Heimen leben, und den Heimen stattgefunden. Sie fand Berücksichtigung in einer Arbeit, die zum Ziel hatte, Möglichkeiten für eine Verbesserung der Kooperation zwischen Mitarbeitern der Heime für Kinder und Jugendliche mit Behinderungen und den Eltern dieser Kinder und Jugendlichen aus der Analyse des bestehenden Verhältnisses abzuleiten (vgl. Kemme 1999). Auch die Ergebnisse der Untersuchung in drei stationären Einrichtungen weisen auf die Wichtigkeit dieser Frage hin. Die Ergebnisse der Studie zeigen, dass die meisten Kinder und Jugendlichen nicht für einen begrenzten Zeitraum, sondern meistens auf Dauer im Heim leben (vgl. Thimm u.a. 1999, 44f.). Die Heimaufnahme von Kindern im Kleinkind- und Vorschulalter (in den drei untersuchten Heimen betraf das immerhin 45% der Kinder) unterstreicht

1. die Notwendigkeit der Klärung der Rollen von Eltern und Mitarbeitern und
2. die Wichtigkeit der Elternarbeit, da das Verhältnis zwischen der Herkunftsfamilie und dem behinderten Kind noch kein stabiles und langjährig gewachsenes ist. Die Mitarbeiter der Heime haben oftmals nach jahrelangem Heimaufenthalt des Kindes oder Jugendlichen mehr Zeit mit dem Kind verbracht als die Eltern.

Klauß und Wertz-Schönhagen (1993) haben eine Untersuchung zu diesem Thema durchgeführt. Auf der Grundlage von Interviews mit Eltern, deren Kinder mit einer geistigen Behinderung in Heimen leben oder die sich mit der Entscheidung tragen, ihr behindertes Kind in ein Heim zu geben, und mit Mitarbeitern, die in Heimen für Menschen mit Behinderungen arbeiten, setzen sie sich mit dem Verhältnis der beiden Gruppen zueinander auseinander. Anzumerken ist zu dieser Untersuchung, dass nicht eindeutig zu sagen ist, ob die Interviews mit Eltern von Kindern und Jugendlichen mit Behinderungen oder auch mit Eltern von Erwachsenen mit Behinderungen geführt wurden. Eine genaue Differenzierung ist jedoch unbedingt notwendig, da die außerfamiliäre Unterbringung eines erwachsenen Menschen mit Behinderung im Sinne eines ‚natürlichen' Ablösungsprozesses von den Eltern völlig anders als die Heimunterbringung eines Kindes oder Jugendlichen zu bewerten ist. Die beschriebenen Sichtweisen der Interviewten ähneln den Konflikten, die von unseren Kooperationspartnern im Modellvorhaben geschildert werden. Systemisch gesehen ist das Verhältnis zwischen Familie und Heim als tripolares Beziehungsgeflecht darstellbar:

Abb. 1: Tripolares Beziehungsgeflecht

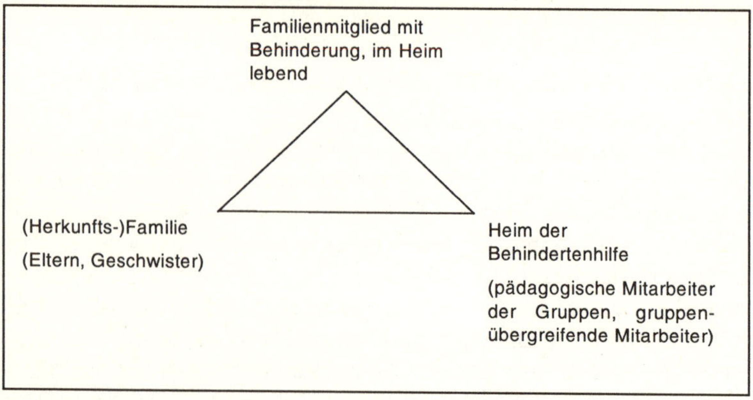

(Kemme 1999, 14; vgl. Klauß/Wertz-Schönhagen 1993, 20).

Zusammenfassend lässt sich folgern, dass das Verhältnis zwischen den Eltern und den Mitarbeitern relativ diffus strukturiert ist. Es ist von unterschiedlichen Abhängigkeiten voneinander geprägt. Auf beiden Seiten besteht eine Unsicherheit bezüglich der eigenen Kompetenzen und Zuständigkeiten. Diese Ungeklärtheit der Rollen schafft eine Konkurrenzsituation, die zu einem Gegeneinander statt zu einem Miteinander führen kann (vgl. Simmen 1988, 143). Klauß und Wertz-Schönhagen (1993, 282) sprechen von einer Kommunikationsstörung zwischen beiden Seiten: „In der Interaktion zwischen Eltern und Erziehern basiert viel auf Vermutungen, Projektionen und Unterstellung aus Unkenntnis und aus einer Sprachunfähigkeit untereinander.“

Das Bestehen von Interessensgegensätzen ist ebenfalls eine Ursache für die Konflikte im Verhältnis zwischen Eltern und Mitarbeitern. Eltern wünschen sich eine optimale, individuelle Betreuung ihres Kindes, die jedoch nur auf Kosten der anderen Heimbewohner umgesetzt werden kann. Für die Mitarbeiter der Heime steht weniger die individuelle Betreuung und Begleitung der Bewohner als die Gleichbehandlung aller und die gerechte Verteilung ihrer Kapazitäten im Vordergrund. Durch immer weiter fortschreitende Einsparmaßnahmen und die zunehmende Kürzung der personellen Ressourcen wird dieser Konflikt verstärkt (vgl. ebd. 14).

Die auftretenden Konflikte sind nicht als personenbezogenes, moralisch bewertbares Fehlverhalten auf einer der beiden Seiten anzusehen. Stattdessen sind die Ursachen an strukturelle Gegebenheiten gebunden und in den Konzeptionen der Heime zu suchen (ebd. 9). Familie und Heim sind zwei völlig unterschiedliche (Erziehungs-)Systeme, wie die nachfolgende tabellarische Übersicht zeigt:

Tab. 3: Merkmale und Aufgaben von Familie und Heim

Familie:	Heim:
Organisch gewachsenes Sozialgefüge	Organisiertes Sozialgefüge
Biologisch-soziale Doppelnatur (Reproduktion und Sozialisation)	Aufgabenbeschränkung auf Sozialisation und Erziehung
Besonderes Kooperations- und Solidarverhältnis; dichtes emotionales Beziehungsgeflecht	Organisationsgefüge, das gemeinsamen Regeln unterliegt; festgelegte Macht- und Entscheidungsstrukturen; Zusammenhalt durch Arbeitsverträge; finanzielle Vergütung; größere Distanz zum Klientel
Natürliche, nicht professionelle, differenzierte Rollen: Mutter, Vater, Bruder, Tochter etc.	Strukturelle Rollen, die an bestimmte Funktionen gebunden sind: Leitung, Verwaltung, Gruppenmitarbeiter, Bewohner etc.; bei Mitarbeitern: beruflicher Status, Professionalität
Struktur: Vielfalt der Familienformen, 85% traditionelle Kernfamilie; Abnahme der Anzahl der Kinder pro Familie (Ein-Kind/Zwei-Kinder-Familien)	Struktur: Größe der Einrichtung durchschnittlich 30 Plätze (häufig deutlich mehr Plätze); Gruppengröße: 6-12 Kinder und Jugendliche
Zeitliche Koordination der Familienentwicklung: Konstituierung, Konsolidierung, Dissolution und Transzendenz; unterliegt Veränderungen	Gleichbleibende Dauerhaftigkeit der Institution/Struktur, trotz Wechsel von einzelnen Personen
Aufgabe der Familie/Eltern: Haushalten, Wohnen, Fürsorge, Erziehen und Pflege sozialer Beziehungen	breites Spektrum an Aufgaben, die arbeitsteilig vergeben werden: Vermittlung von Alltagskompetenzen; oftmals im Vordergrund stehend: spezielle Therapien und Förderleistungen
Ziel: gleichzeitiges Herausbilden und Erlernen personaler und gesellschaftlicher/sozialer Identität	Ziele: Normalisation, Emanzipation, Integration; größere Generalisierung
Wichtigste Sozialisationsinstanz	Antwort auf spezifische Problematiken und Bedürfnisse innerhalb der Familien/Übernahme einiger familialer Funktionen, aber kein Familien-„Ersatz"
Häufig unreflektiertes, emotionales Handeln	Professionelles, reflektiertes Handeln
Relativ konstante Beziehungen zu Kindern	Brüche in den Beziehungen zu Kindern und Jugendlichen durch Mitarbeiterwechsel und Schichtdienst
Schwerpunkt: funktionale Sozialisation/Erziehung in unbewussten und nicht erörterbaren (Alltags-) Prozessen: Stiften von Urvertrauen, Wärme, Geborgenheit, Vermittlung sozialer Basiskompetenzen und Moralvorstellungen/zudem: Vermittlung spezieller Kompetenzen; intentionale Erziehung, umgesetzt durch konkrete Erwartungen und Forderungen an Kinder; Grenzsetzungen, Organisation des Alltags	Schwerpunkt: intentionale Sozialisation und Erziehung: Erziehungsplanung, spezielle Therapien und Förderprogramme
Zeitliche Parallelität unterschiedlicher Leistungen („Diffusität")	starke strukturelle Ordnung: Arbeitsteilung, unterschiedliche Zuständigkeiten; Prinzip der Rationalität
Schwächung der Familie durch Wandlungsprozesse; größere Instabilität	Dauerhaftigkeit der Institution; allerdings Mitarbeiter-/Bewohnerwechsel
Besondere Belastung der Familie durch kritische Lebensereignisse, z.B. Geburt/Zusammenleben mit einem Kind mit Behinderungen	gewinnt Existenzbegründung und -sicherung aus familialen Be-/Überlastungen

Außenkontakte: vielfach über natürliche, alltagsweltliche Netzwerke (Verwandte, Freundschaften, Nachbarschaft)	Außenkontakte: vielfach formelle/institutionalisierte Beziehungen; gezielte Öffentlichkeitsarbeit; informelle gewachsene Kontakte (Angehörige, Nachbarschaft)

(vgl. Kemme 1999, 79).

Die Gegenüberstellung macht die Unterschiede von Familie und Heim deutlich. Sowohl Eltern als auch Mitarbeiter von Heimen können sich durch eine solche Einordnung ihrer eigenen Strukturen, Aufgaben und Leistungen stärker bewusst werden. Die beiden Systeme und ihre Merkmale sollen an dieser Stelle nicht als ‚besser' oder ‚schlechter' bewertet werden. Familien und Heime können ihre Rollen aus der Darstellung der Strukturelemente ableiten und eine klar definierte Identität für sich gewinnen, was für die Zusammenarbeit im Beziehungs- bzw. Kooperationsprozess förderlich ist. Eine alleinige Orientierung an allgemeinen strukturellen Merkmalen hinsichtlich der Rollen ist allerdings zu einseitig und verkürzt. Es besteht die Gefahr einer zu starren Festlegung auf das ‚So-Sein' aller Familien und aller Heime. Die Innensicht der Betroffenen und die individuellen Bedürfnisse dürfen nicht vernachlässigt werden. Diese sollten im Vordergrund stehen, und darauf sollten Kommunikations- und Kooperationsprozesse zwischen Eltern und Mitarbeitern basieren und aufbauen. Zudem ist es für Eltern nicht möglich, zu ihrem im Heim lebenden Kind eine Beziehung zu erhalten, die dem Verhältnis zueinander gleicht, als es noch in der Familie lebte. Ganz zwangsläufig findet eine Veränderung der Beziehung zueinander statt, aber eine Orientierung an o.g. Strukturmerkmalen kann Eltern helfen, die Beziehung neu zu definieren. Das kann z.B. verhindern, dass Eltern denken, sie müssten eine ähnliche Erziehungsleistung erbringen wie die Heimmitarbeiter.

Es wird deutlich, dass zwischen Familie und Heim bezüglich ihrer Funktionen und Leistungen keine Konkurrenz herrschen muss, da sie sich keinesfalls gegenseitig ersetzen können. Vielmehr sind beide auf eine gute Zusammenarbeit miteinander angewiesen, um die Aufnahme eines Kindes oder Jugendlichen mit Behinderungen im Heim zu einer sinnvollen ganzheitlich orientierten Maßnahme werden zu lassen. Es sollte eine Öffnung zwischen beiden Systemen stattfinden, so dass ein reger Austausch untereinander und eine gegenseitige Unterstützung stattfinden kann. Auf diesem Wege kann möglicherweise auch eine stärkere Flexibilisierung der stationären Unterbringung und Erziehung hinsichtlich ihrer Dauer erzielt werden, da mit den Eltern gemeinsam durch den kontinuierlichen, engen Kontakt die anhaltende Notwendigkeit der Heimunterbringung ständig hinterfragt werden kann. Für die Umsetzung dieser Folgerungen ist notwendig, dass den Mitarbeitern der Heime Zeit für einen intensiven Kontakt zu den Eltern der Bewohner eingeräumt wird sowie Seminare und Bildungsmaßnahmen sowohl für Mitarbeiter als auch für Eltern angeboten werden, die u.a. dem Austausch und der Reflexion dienen.

Möglichkeiten der Kooperation zwischen Familie und Heim am Beispiel der Jugendhilfe

Anregungen für die Gestaltung der Eltern- und Familienarbeit sind im Bereich der Jugendhilfe zu finden (vgl. Kemme 1999, 82ff.). Die in den letzten 30 Jahren im Rahmen der sogenannten „Heimkampagne" vollzogenen Reformen im stationären Sektor der Hilfen zur Erziehung haben sich auch deutlich auf die Kooperation zwischen Mitarbeitern und Familienangehörigen ausgewirkt. Die Beteiligung der Familien an der Heimerziehung ist zu einer Forderung geworden, da die Wichtigkeit der Beziehung eines Kindes oder Jugendlichen zur Familie für die Sozialisation erkannt wird. Ebenso hat ein Perspektivenwechsel stattgefunden. Verhaltensauffälligkeiten und Probleme von Kindern und Jugendlichen werden nicht mehr individuumsorientiert, sondern aus einer systemischen Sicht als „Symptom eines komplexen zirkulären Systems familialer Beziehungen und Resultat einer langen familialen Problemgeschichte" (Neumeyer 1996, 120f.) betrachtet. Die Heimunterbringung gilt zwar weiterhin als ein in vielen Fällen notwendiger Schritt, aber um die problemerzeugenden Strukturen zu verändern, müssen die Familie einbezogen und neue Möglichkeiten des Zusammenlebens und Umgangs miteinander aufgezeigt werden. Mit dieser Forderung setzte der Ausbau einer gezielten Eltern- und Familienarbeit und die Anstellung von Familientherapeuten in Heimen ein, um eine Veränderung im gesamten Beziehungs- und Interaktionsgefüge der Familie zu erzielen (vgl. ebd. 120f.). Im KJHG ist in § 37 diese *systemische Sichtweise* festgehalten, indem Elternarbeit bei allen Maßnahmen der Hilfen zur Erziehung zur Pflicht wird und durch „Beratung und Unterstützung [...] die Erziehungsbedingungen in der Herkunftsfamilie innerhalb eines Zeitraums so weit verbessert werden [sollen], dass sie das Kind oder den Jugendlichen wieder selbst erziehen kann".

Außer der Rückführung des Kindes in die Familie werden noch andere Gründe genannt, die die Notwendigkeit von Eltern- bzw. Familienarbeit begründen. Sie sollen helfen, die Beziehungen zueinander zu klären, die Erziehungskompetenzen zu erweitern, therapeutische Prozesse einzuleiten, Trennungserfahrungen zu verarbeiten, Trauerarbeit zu leisten, Ablösung von der Familie einzuleiten etc. (vgl. Verband katholischer Einrichtungen der Heim- und Heilpädagogik 1989, 9).

Seit der „Heimkampagne" hat sich eine Vielfalt an unterschiedlichen Konzepten und Formen der Eltern- und Familienarbeit in der Heimziehung entwickelt. Vor allem wird der Familientherapie eine wichtige Bedeutung beigemessen. Es liegt allerdings kein einheitliches und „schlüssiges Konzept zur familientherapeutischen Arbeit im Heim oder zu einer systemisch orientierten Heimerziehung" (Neumeyer 1996, 126) vor. Eine Generalisierung der derzeitigen Situation wird als unangemessen angesehen. Letztlich lassen sich lediglich unterschiedliche Aufgabenfelder und punktuelle Lösungsmöglichkeiten auf verschiedenen Ebenen, auf denen Eltern- und Familienarbeit stattfinden kann, benennen (vgl. ebd. 126; Thiersch 1997, 113f.).

Zur Strukturierung der in die Praxis umgesetzten Formen der Eltern- und Familienarbeit fasst Neumeyer (1996) zusammen, auf welchen verschiedenen institutionellen Ebenen eine bessere Zusammenarbeit angesetzt werden kann:

Erstens kann sich der *alltagspraktische Umgang* miteinander verbessern, indem die Begegnung von gegenseitigem Respekt und gegenseitiger Akzeptanz geprägt ist. Die Entwicklung einer solchen Haltung, vor allem der Mitarbeiter gegenüber den Eltern, kann durch die Reflexion der eigenen Situation, der Berufsrolle und der Erfahrungen in der eigenen Familie gefördert werden. Eine Verbesserung kann durch enge Kooperation und konkrete Aufgabenverteilung erzielt werden. Die Umsetzung findet statt, indem die Eltern in ihrer Gesamtverantwortung für ihr Kind belassen werden, eine stärkere Beteiligung der Eltern an der Erziehungsplanung für ihr Kind stattfindet und diese in den Heimalltag durch eigene Zuständigkeiten einbezogen werden. Darüber sollen die Eltern eine Stärkung ihrer Kompetenzen erfahren, die einzelnen Rollen und Entscheidungsebenen werden geklärt und es kann eine förderliche und angemessene Erziehung zum Kind aufgebaut werden. Für die Kinder und Jugendlichen, die keinen Kontakt mehr zu ihren Eltern haben, gestaltet sich Elternarbeit als Auseinandersetzung mit den Eltern, die zu einer Wiederbelebung der Kontakte führen kann, oder sie wird als Begleitung des Kindes beim Abschiednehmen von den Eltern, die es möglicherweise nie kennengelernt hat oder die den Kontakt abgebrochen haben, geleistet (vgl. ebd. 126f.).

Auf der zweiten Ebene können konzeptionell differenzierter gestaltete *Elterngespräche* eingesetzt werden, die allerdings hinsichtlich ihrer Ausrichtung unterschieden werden müssen. Einerseits gibt es die ‚pädagogische' Familienarbeit, die gemeinsam mit den Eltern auf eine Veränderung des Kindes ausgerichtet ist (vgl. ebd. 127). Diese Form der Familienarbeit wird von den Mitarbeitern der Gruppen durchgeführt und die Eltern können im Vorfeld der Heimaufnahme zu der Beteiligung verpflichtet werden. Ziel der ‚pädagogischen' Familienarbeit ist der Auf- und Ausbau eines partnerschaftlichen Verhältnisses zwischen den Eltern und den Mitarbeitern durch einen intensiven Kontakt und Austausch miteinander, in dem hauptsächlich die Realitäten der Heimunterbringung thematisiert werden:

> „... z.B. werden die Eltern (oder ein Elternteil) über die aktuelle Entwicklung ihres Kindes informiert; Probleme aus dem Erziehungsalltag werden angesprochen und nach der Erfahrung bzw. dem Umgang der Eltern damit gefragt; für Beurlaubungen des Kindes werden Ziele vereinbart, ihre Umsetzung geplant und ausgewertet; Fragen des Heimlebens und der Koordination zwischen Familie und Heim werden thematisiert; die durch die Heimunterbringung bedingten Entwicklungen in der Familie werden angesprochen, u.ä. ..." (ebd. 127).

In Abgrenzung dazu ist die ‚therapeutische' Familienarbeit zu nennen, die die Familie als System, das sich gegenseitig bedingt, begreift und die Veränderung der manifesten Verhaltens- und Interaktionsmuster innerhalb der Familie, die zu Auffälligkeiten des im Heim lebenden Kindes geführt haben, zum Ziel hat. Die Bereitschaft der Eltern zu Mitarbeit kann nur durch Freiwilligkeit erreicht und die Familientherapie selbst nur von speziell dafür ausgebildeten Mitarbeitern umgesetzt werden (vgl. ebd. 127f.; Schauder 1992, 1994a/b).

In diesem Zusammenhang kann eine Einführung ‚therapeutischer' Eltern- und Familienarbeit nur mit einer institutionellen Veränderung auf einer dritten Ebene einhergehen. Es muss eine speziell ausgebildete Fachkraft eingestellt oder ein gruppenübergreifender Fachdienst für *Familientherapie* geschaffen werden. Nur durch eine von den Beteiligten distanzierte und vom Alltagsgeschehen unabhängige Person können relevante Prinzipien der systemischen Familientherapie eingehalten werden. Dazu gehören Neutralität, Distanz, Würdigung, Verantwortung für Veränderung. Als mögliche Aufgabengebiete eines Fachdienstes für Familientherapie nennt Neumeyer (1996, 128f.) die Familientherapie mit der Familie, eine „Systemtherapie" bei Konflikten zwischen an der Heimerziehung Beteiligten (Familie/Heim/ Behörden), die Supervision der Mitarbeiter, die ‚pädagogische' Familienarbeit leisten, Hilfen zur Konfliktlösung zwischen Mitarbeitern und Kindern und Jugendlichen und Durchführung einrichtungsinterner Informationsveranstaltungen und Fortbildungen. Brönneke (1988, 220) hält es für sehr wichtig, das die Familientherapie in der Heimerziehung über die alleinige Beschäftigung mit der Familie des im Heim lebenden Kindes hinausgeht und „das komplexe Beziehungsgeflecht zwischen Heim, Familie, Heimkind, Jugendamt und anderen, an der Heimerziehung beteiligten Personen" einbezieht.

Braun (1983, 308) verweist darüber hinaus auf die Möglichkeit der *Elternseminararbeit*, die „eine formelle Veranstaltungsreihe [ist], die im gegenseitigen Einvernehmen vereinbart wird und deren Ziel es ist, die Beziehungen zwischen Elternhaus, Kind und Heim zu verbessern" und die in Abgrenzung zu jeder Form von Therapie steht. Teilnehmer sind die Eltern der im Heim untergebrachten Kinder, die Geschwister und die Kinder und Jugendlichen selbst. Das Seminar wird extern von unabhängigen, psychologisch ausgebildeten Beratern, die teilweise von den Mitarbeitern der Gruppen unterstützt werden, in Form von bis zu sieben Wochenenden innerhalb eines Jahres durchgeführt. Programmpunkte sind gemeinsames Tun und Erleben, Einübung positiven Feedbacks, theoretisches und praktisches Angebot neuer Möglichkeiten von Erziehung, Umsetzung gemachter Erfahrungen im eigenen Erziehungsbereich, Rückmeldung des gelaufenen Seminars und Ausblick und Planung der folgenden Seminare (vgl. ebd. 309). Der Schwerpunkt wird dabei nicht auf eine etwaige Verkürzung der Heimunterbringung gelegt, sondern auf die Verbesserung der Beziehungen zwischen Familienmitgliedern. Die Finanzierung dieses Angebotes lief 1983 z.T. über monatliche Mitgliedsbeiträge der Familien, Selbstfinanzierung bei Familien, deren Kinder wieder zu Hause leben, und die Beantragung von Nebenkosten zusätzlich zum Heimpflegesatz. Der Autor betont die abnehmende Bereitschaft der Kostenträger, diese zusätzlich anfallenden Kosten zu übernehmen (vgl. ebd. 309). Über den Rahmen dieser Arbeit hinaus stellt sich die Frage, welche Entwicklungen diese Form der Eltern- und Familienarbeit bis heute vollzogen hat, wieweit sie verbreitet ist und ob sie als solche überhaupt noch besteht.

Aus einer *lebensweltorientierten* Sichtweise heraus darf sich die Ausübung der Eltern- und Familienarbeit nicht nur auf die Institution Heim beziehen, da eine Vielfalt an Aufgaben bewältigt werden müssen. Die Verschiedenartigkeit der Aufgaben, die von Eltern- und Familienarbeit als Übergang zwischen Heim und Elternhaus bis hin zur Beratung der Eltern hinsichtlich ihrer Beziehung zu ihrem Kind reichen, kann nicht nur von einer Institution geleistet werden, da Interessengegensätze und -widersprüche bestehen können. Thiersch (1997, 114) sieht Elternarbeit in Zusammenhang mit der Heimerziehung auch als Angelegenheit der anderen Hilfen zur Erziehung, z.B. der Erziehungsberatungsstellen, des Jugendamtes und des Allgemeinen Sozialen Dienstes:

- „Elternarbeit gleichsam ‚one hand' praktiziert, z.B. im Kontext von Tagesgruppenarbeit, in der die Arbeit mit den Kindern gleichsam parallel geht zu der mit den Eltern, in der Erwartung und Hoffnung, dass die Kinder nach einer Zeit der Trennung wieder zu Hause leben können.
- Elternarbeit als Beratungsarbeit vom Heim aus, entweder – und wohl seltener – vom Gruppenerzieher praktiziert, häufiger in Kooperation vom Gruppenerzieher mit Kollegen, die sich der Elternarbeit in Distanz zu den Problemen des Kindes widmen können, bisweilen aber auch praktiziert von Mitarbeitern, die sich nur auf Elternarbeit einlassen, und schließlich
- Elternarbeit, von der Heimerziehung her gleichsam delegiert an Beratungsstellen oder das Jugendamt" (ebd. 114f.).

Die Möglichkeiten der Kooperation der Hilfen zur Erziehung müssen bezogen auf regionale und institutionelle Möglichkeiten und Bedingungen individuell ausgehandelt werden.

Die Verengungen und Grenzen, die in einem systemischen Ansatz liegen, der sich fast ausschließlich auf das System Familie und seine Subsysteme (Familienmitglieder) bezieht, können durch eine lebensweltorientierte, offene Sichtweise überwunden werden. Andere bestehenden Beziehungen zur Systemumwelt (Heim, Kooperationen mit anderen Institutionen, soziale Netzwerke der Familien etc.) werden ins Blickfeld einbezogen.

Auf unserer Projektkonferenz in Nordkirchen hatten die Teilnehmer Gelegenheit, weitere dort von Thiersch vorgetragene „Bezüge zwischen Sozialarbeit und Sonderpädagogik" zu diskutieren. Diese Impulse sollten in die jeweiligen Modellregionen vermittelt werden.

4.2.4 Dezentralisierung und Regionalisierung

Die Thematik der Dezentralisierung und Regionalisierung wurde vorrangig in der Kooperationsbeziehung mit der Kinderheilstätte Nordkirchen vor dem Hintergrund der im Rahmen der Erkundungsstudie entwickelten Vorstellungen von Regionalplanung und den Planungsvorstellungen des Landschaftsverbands Westfalen-Lippe diskutiert.

Der LWL (Landschaftsverbandes Westfalen-Lippe) hat im Juni 1999 eine Studie fertiggestellt, die ausgehend von einer Bestandsaufnahme bestehender stationärer Einrichtungen für behinderte Kinder und Jugendliche, Handlungsempfehlungen zur konsequenten Regionalisierung stationärer Hilfen und zur Vernetzung mit anderen Versorgungsbausteinen der Behindertenhilfe ausspricht. Geografisch ist der LWL für den östlichen Teil Nordrhein-Westfalens als überörtlicher Träger der Sozialhilfe u.a. für den stationären Sektor der Behindertenhilfe zuständig. Die Kinderheilstätte Nordkirchen mit fast 170 Plätzen im stationären Bereich gehört zum Einzugsbereich des LWL und stellt sich dem Auftrag der Weiterentwicklung des stationären Sektors unter den zentralen Gesichtspunkten der Dezentralisierung und Regionalisierung. Im nachfolgenden Exkurs soll dieser Prozess am Standort Nordkirchen beispielgebend dokumentiert werden.

Exkurs: Viele Angebote unter einem Dach – die Kinderheilstätte Nordkirchen

(H. Bartelt)

Die Kinderheilstätte Nordkirchen ist eine Einrichtung zur Begleitung und Förderung von Kindern und Jugendlichen mit einer geistigen und mehrfachen Behinderung in den Förderbereichen Sonderkindergarten, Sonderschule und Wohnbereich. Darüber hinaus befasst sich als vierter Bereich die Frühförderstelle mit der Beratung und Begleitung von Familien mit Kindern mit Entwicklungsbesonderheiten oder die von Behinderung bedroht sind. Im Sinne eines möglichst niederschwelligen Angebotes hat der Frühförderbereich vor einem Jahr Räumlichkeiten außerhalb des Kernbereichs der Kinderheilstätte in einem 8 km entfernten Ort bezogen. An diesem Standort ist als ein weiteres Angebot der familienunterstützende Dienst (FUD) eingerichtet worden. Dieses Angebot ist vom Wohnbereich initiiert und entwickelt worden, aber aus fachlichen Überlegungen der Frühförderung als eigenständiges Angebot zugeordnet worden. Der FUD, der allen Menschen mit Behinderung unabhängig von ihrem Alter offen steht, wird von der Kinderheilstätte Nordkirchen zusammen mit einem Träger aus dem Erwachsenenbereich verantwortet.

Der Sonderkindergarten als Tageseinrichtung arbeitet bereits seit 1988 mit einem differenzierten integrativen Angebot, so dass zur Zeit 20 nichtbehin-

derte Kinder und 34 Kinder mit Behinderungen dieses Angebot in zwei integrativen Tagesstätten- und drei Sonderkindergartengruppen wahrnehmen.

Mehr als 280 Schülerinnen und Schüler besuchen den dritten Förderbereich der Kinderheilstätte, die Maximilian-Kolbe-Schule, eine Sonderschule für geistig- und körperbehinderte Kinder. In NRW ist der Schulbesuch im Einzelfall bis zum 25. Lebensjahr möglich, so dass die Schule natürlich auch Bildungs- und Betreuungsangebote für junge Erwachsene vorhält. Etwa 130 Schüler kommen täglich von Zuhause zur Schule, während ca. 150 Kinder und Jugendliche aus dem Wohnbereich sind.

Als eine Art Klammer um diese Bereiche versteht sich die ärztliche Abteilung, die den erstgenannten drei Bereichen beratend und akutversorgend zur Verfügung steht und die Kinder und Jugendlichen des Wohnbereiches direkt pädiatrisch und kinder- und jugendpsychiatrisch versorgt.

Der Wohnbereich der Kinderheilstätte Nordkirchen bietet insgesamt ca. 170 Kindern und Jugendlichen mit geistiger Behinderung und weiteren Behinderungen – insbesondere Kindern mit Schwerstmehrfachbehinderungen und Verhaltensstörungen – ein differenziertes Wohnangebot an. Dies bedeutet, dass im Wohnbereich drei unterschiedliche Betreuungsangebote bestehen. Neben den 13 Wohngruppen, die ein umfassendes und dauerhaftes Wohnen anbieten, gibt es eine Internatsgruppe und eine Kurzzeitwohngruppe.

Im Sinne eines familienunterstützenden Ansatzes können die Kinder und Jugendlichen in den Wohngruppen jedes Wochenende und alle Ferien zu Hause verbringen. Je nach familiärer Situation ist von dieser internatsähnlichen Form bis zur ganzjährigen Betreuung im Wohnbereich jede Regelung mit den Eltern vereinbar.

Dagegen ist das Betreuungsangebot der beiden Internatsgruppen bewusst auf den Zeitraum von montags bis freitags während der 39 Schulwochen beschränkt. Hier teilen sich – auch zeitlich – Familie und Internatsgruppe den Betreuungsauftrag. Beide Internatsgruppen bewohnen ein eigenes Haus jeweils außerhalb des Zentralgeländes in Nordkirchen.

Die Kurzzeitwohngruppe mit acht Plätzen bietet dagegen eine vorübergehende Entlastung an. Dabei ist es für die Familie und das Kind möglich, von einer Nacht bis zu drei Wochen dieses Angebot zu nutzen. Gründe hierfür können ein anstehender Krankenhausaufenthalt sein, ein Urlaub der Restfamilie oder einfach das Bedürfnis nach Zeit, um neue Kraft für die Betreuung zu sammeln. Da die Kinderheilstätte pro Jahr 12 solcher Maßnahmen anbietet, sind in jedem Jahr etwas 120 Kinder für einige Zeit zu Gast in Nordkirchen.

Die Zahl der Wohnplätze ist seit der Errichtung des damals sog. „Pflegeneubaus" 1977 konstant. Die Zielplanung des Trägers von 1990, die auch jetzt noch Gültigkeit hat, geht davon aus, dass diese Größenordnung auch bei künftigen Planungen zugrunde gelegt werden soll. Gleichzeitig hat der Träger bestätigt, dass die Kinderheilstätte auch künftig eine Einrichtung ist, die auf den Personenkreis von Kindern und Jugendlichen beschränkt bleibt. Diese letztere Entscheidung war in der ersten Hälfte der neunziger Jahre nicht unumstritten. Zum einen drohte wegen der schwierigen Weitervermittlung erwachsen gewordener Bewohner eine Überalterung. Zum zweiten drängten viele Eltern, die mit dem Betreuungsangebot der Einrichtung vertraut waren, darauf, ihren Kindern eine lebenslange Wohnperspektive in der Kinderheilstätte anzubieten. Die Entscheidung, Kinder- und Jugendeinrichtung zu bleiben, wird jedoch als ausgesprochen förderlich angesehen. Der Wechsel in die neue Lebenssituation hat bei fast allen jungen Erwachsenen neue Entwicklungschancen und Selbstbewusstseinsprozesse ausgelöst, von denen angenommen wird, dass sie nicht in gleichem Maße in der Kinderheilstätte möglich gewesen wären. Es ist der Kinderheilstätte gelungen – unter anderem unterstützt durch den Kostenträger – erwachsen gewordenen Bewohnern – insbesondere auch schwerstmehrfachbehinderten Menschen – neue Wohnmöglichkeiten in anderen Wohneinrichtungen zu vermitteln. Seit 1995 sind ca. 100 junge Menschen aus der Kinderheilstätte ausgezogen und daraus resultierend ebenso viele Kinder neu aufgenommen worden. Diese große Zahl neu aufgenommener Kinder stellt große Anforderungen an die Integrationsfähigkeit der einzelnen Wohngruppen und der gesamten Einrichtung. Gerade die weitere Entwicklung der beiden o.g. Schwerpunkte „schwerstmehrfachbehinderte und verhaltensschwierige Kinder" stellt nicht nur den Wohnbereich, sondern auch die beteiligten Förderbereiche vor Herausforderungen. Deutlich herauszustellen ist in diesem Zusammenhang, dass dadurch die Arbeit mit Angehörigen deutlich vorangetrieben wurde. Der neue Ansatz der „Familienunterstützung" anstelle des bisherigen Familienersatzes konnte so für viele Eltern bereits vom Informations- und Aufnahmegespräch an deutlich werden.

Das pädagogische Konzept
Zudem wurde ein pädagogisches Konzept entwickelt, in dem auch die Veränderung der Sichtweise in der Angehörigenarbeit festgehalten wurde. 1988 wurde das erste schriftliche pädagogische Konzept unter dem Titel „Von der Anpassung zum Dialog" verabschiedet. Das Konzept beinhaltete sehr stark Gedanken und Überzeugungen, die der gruppenbegleitende pädagogisch-psychologische Dienst der Kinderheilstätte gewonnen hatte. Im Laufe der nachfolgenden Jahre wurde dieses Konzept zur leitenden Handlungsgrundlage. Das heutige Konzept der inhaltlichen Arbeit basiert in wesentlichen Teilen weiter auf dem o.g. Papier „Von der Anpassung zum Dialog" (vgl. Kinderheilstätte Nordkirchen 1988 und 2001). Auf dieser Grundlage haben die einzelnen Wohngruppenteams auch in den letzten Jahren ihre jeweiligen eigenen Gruppenkonzepte entwickelt.

Dabei werden der pädagogischen Arbeit zwei Grundannahmen zugrunde gelegt:

1. Jeder Mensch ist – unabhängig von Art oder Schwere seiner Behinderung – prinzipiell entwicklungsfähig.

2. Jeder Mensch ist – unabhängig von Art oder Schwere seiner Behinderung – auf Beziehung hin angelegt entsprechend dem Satz Martin Bubers „Der Mensch wird am Du zum Ich".

Das Umsetzen dieses Anspruches im Wohnbereich bedeutet, dem Kind soviel Sicherheit und Geborgenheit wie möglich zu geben und gleichzeitig seine Beziehungen zur Herkunftsfamilie zu stärken und zu erhalten. Somit versteht sich das stationäre Angebot heute als „familienunterstützend" und nicht mehr als „familienersetzend". Die Familie muss – soweit eben möglich – als wesentlichster Bezugspunkt für das Kind erhalten bleiben.

Hieraus ergeben sich Folgerungen für die praktische Arbeit:

1. Es wird seit Jahren mit einem engen Bezugspersonensystem gearbeitet, wobei in der aktuellen Diskussion der Begriff „Beziehungsnetz" an Bedeutung gewinnt.

2. 14 der zur Zeit 16 Wohngruppen sind in dreierlei Hinsicht gemischt zusammengesetzt. Zum einen leben in jeder Wohngruppe natürlich Mädchen und Jungen. Das zweite Kriterium ergibt sich aus der Forderung nach Sicherheit und Struktur: in jeder Wohngruppe leben Kinder vom Aufnahmealter ab 4 Jahren bis zum Alter von 22-23 Jahren. Dahinter steht der Grundsatz, dass die Aufnahmegruppe auch die „Heimatgruppe" bleiben und Trennungen des Kindes von Mitbewohnern und Mitarbeitern durch beispielsweise Kleinkinder-, Schüler-, oder Jugendlichengruppen vermieden werden sollen. Wechsel im Interesse einzelner Kinder stellen die Ausnahme dar. Der dritte Aspekt für die Zusammensetzung der Wohngruppen ist die Verschiedenheit nach Art und Schwere der Behinderung. So leben in jeder dieser Gruppen sowohl schwerstmehrfachbehinderte Kinder als auch Kinder mit Verhaltensbesonderheiten, um eine ‚innere' Integration zu ermöglichen.

   Zwei Wohngruppen folgen nicht diesem Prinzip: auch wenn die Vermittlung erwachsen gewordener Bewohner in den letzten Jahren deutlich vorangeschritten ist, wird keine Entlassung Erwachsener in eine ungewisse institutionelle oder familiäre Zukunft gewünscht. Da die Bedürfnisse erwachsener – auch schwer behinderter – Menschen deutlich andere sind als die des Kindes, wurde in einer eigenen Wohngruppe für diese Menschen ein ihnen gerechtes Wohnangebot geschaffen, ohne jedoch die Vermittlungsbemühungen einzustellen. Zum anderen wurde ein neues Betreuungsangebot für 6 Kinder und Jugendliche mit schwersten Verhaltensauffälligkeiten eingerichtet, in dem diese Kinder und Jugendlichen ganz individuell einzeln begleitet werden.

3. Der Anspruch auf Familienunterstützung hat Auswirkungen auf Art und Umfang der Elternkontakte. Es wird als wichtig angesehen, dass das

Kind jedes Wochenende und alle Ferien Zuhause in seiner Familie verbringen kann, wenn dies von der Familie leistbar ist. ,Eingewöhnungszeiten' gibt es entsprechend nicht, damit das Kind so schnell wie möglich den zwischen Kinderheilstätte und Familie abgesprochenen ,Nachhausefahr-Rhythmus' erlebt und damit die Verlusterfahrung verringern kann. Dieses Angebot wird von den Familien deutlich angenommen. Von den seit 1995 aufgenommenen Kindern verbringt beinahe die Hälfte zumindest jedes zweite Wochenende zu Hause.

Vor zwei Jahren sind die Mitarbeiter in einen neuerlichen Diskussionsprozess zum Konzept eingetreten. Mit einer Moderatorengruppe aus Mitarbeitern des Wohnbereichs wurden an mehreren Studientagen die Schwerpunkte der Arbeit diskutiert und die Ergebnisse über die Moderatoren in die Wohngruppenteams rückgekoppelt. In 11 Leitsätzen wurde der konzeptionelle Anspruch festgehalten:

- *Wir nehmen die Kinder und Jugendlichen an wie sie sind.*
- *Wir arbeiten mit Eltern und Angehörigen eng zusammen.*
- *Das Verstehen jedes Kindes ist uns ein wichtiges Anliegen.*
- *Wir schaffen für jedes Kind ein ,Beziehungsnetz'.*
- *Es ist uns wichtig, alle Anteile eines Kindes zu sehen.*
- *Entwicklungen sind für uns das Ergebnis eines Dialogs.*
- *Wir wollen isolierende Bedingungen aufheben.*
- *Unser Ziel ist die Schaffung einer Atmosphäre, die frei ist von jeder Art von Gewalt.*
- *Wir stärken die Eigenkräfte des Kindes, fördern seine Selbständigkeit und achten seine Würde.*
- *Wir setzen uns kritisch mit allen neuen heilpädagogischen und therapeutischen Hilfeangeboten auseinander.*
- *Wir arbeiten stetig an der Verbesserung der Rahmenbedingungen unserer Arbeit (ausführlicher in: Kinderheilstätte Nordkirchen 2001).*

Entwicklung der Dezentralisierungsentscheidung

Die 170 Kinder und Jugendlichen wohnten 1990, zu Beginn der Zielplanungsgespräche, in zwei unterschiedlichen Gebäuden auf dem Gelände der Kinderheilstätte. Drei Wohngruppen mit 12 bis 14 Kindern und Jugendlichen lebten im „Josefshaus", dem Ursprungsgebäude der Einrichtung. In diesem Haus hatten bis zur Fertigstellung des „Neubaus" 1977 fast 90 Kinder auf drei Etagen in heute beinahe unvorstellbarer Enge und unter mangelhaften pflegerisch – hygienischen Bedingungen gelebt. Hier stellte das neue Haus eine deutliche Verbesserung dar, auch wenn dieses entsprechend der damaligen Konzeption einen „Pflegeneubau" darstellte mit 10 „Stationen" für jeweils 13 Kinder und Jugendliche. Welch raschem Wandel Konzepte unterliegen wird deutlich, wenn man sieht, dass die damalige

Planung – also 1977 – vorsah, zwei weitere baugleiche „Bettenhäuser" für jeweils 130 Kinder und Jugendliche zu errichten, weil eine „wirtschaftliche Betriebsführung" erst ab ca. 400 Plätzen erwartet wurde. Diese Planung ist jedoch nie realisiert worden.

1990 ging die Zielplanung davon aus, dass neue Wohnplätze für die etwa 45 Bewohner des völlig überalterten „Josefshauses" geschaffen werden müssten. Hinzu kam ein Bedarf von weiteren etwa 45 Plätzen, um das Ziel, die Wohngruppengröße im Hauptgebäude von 13 auf 9 Kinder zu senken, zu erreichen. Diese etwa 90 Plätze sollten in einem neuen zentralen Gebäude errichtet werden. Im letzen Moment – „fünf Minuten vor zwölf" – wurde die Umsetzung dieser Planungen gestoppt, da sich innerhalb der Kinderheilstätte die Frage entwickelte, ob nicht eine historische Chance vertan werden würde, wenn mit dem geplanten Bauvorhaben die zentrale Struktur des Wohnbereiches auf Jahrzehnte festgeschrieben wurde. Trotz des fortgeschrittenen Planungsstandes wurde die Geschäftsführung vom Heimleiter um ein Moratorium von einem halben Jahr gebeten, um diese Grundsatzfrage aktiv unterstützt von der Geschäftsführung zu bearbeiten. Es wurde eine „Stellungnahme zur Entwicklung des Wohnkonzeptes in der Kinderheilstätte Nordkirchen" (vgl. Kinderheilstätte Nordkirchen 1992) erarbeitet. Die darin enthaltenen Planungen und Überlegungen sind von der Fachabteilung des Kostenträgers engagiert mitgetragen und vorangebracht worden.

Die im Dezentralisierungskonzept von 1992 enthaltenen Eckpunkte sind folgende:

- *Verlagerung von bestehenden Wohnplätzen in dezentrale kleine Wohnhäuser mit zwei Gruppen à 9 Kindern;*
- *Schaffung von Wohnangeboten in regionaler Nähe zu den Familien, das heißt vor allem im Ruhrgebiet;*
- *Beibehaltung des ‚inneren' Integrationsprinzip, also kein Ausschluß von der Teilhabe an diesem Angebot aufgrund von Art oder Schwere der Behinderung (denn nur hierdurch ist die Entstehung von ‚Schwerstbehindertenzentren' vermeidbar) und*
- *Verkleinerung des Standortes Nordkirchen, insbesondere mit dem Ziel der Schaffung von Wohngruppen mit einer Gruppengröße von unter 10 Bewohnern.*

In schrittweiser Abfolge sollten jeweils zwei Außenwohngruppen an den fünf nachfolgenden Standorten eingerichtet werden:

1. *Östliches Ruhrgebiet/Unna, Dortmund, Hagen*
2. *Mittleres Ruhrgebiet/Recklinghausen, Gelsenkirchen*
3. *Östlicher Kreis Warendorf/Ahlen, Hamm*
4. *Nördlicher Kreis Unna/Selm, Werne, Lünen*
5. *Stadt Münster.*

Das Stammhaus der Kinderheilstätte Nordkirchen, mit Sitz der Verwaltung und Heimleitung, sollte weiterhin Schwerpunktwohnheim für ca. 90 Kinder und Jugendliche bleiben (vgl. ebd. 16ff.).

Zum aktuellen Stand der Dezentralisierungsbemühungen ist zu sagen, dass (noch) nicht alle Schritte wie vorgesehen umgesetzt werden (vgl. Tab. 4). Änderungen haben sich bezüglich des Standortes Münster ergeben. Dort wird die Kinderheilstätte keine Außenwohngruppe errichten. Stattdessen wird ein anderer Träger ein stationäres Angebot in Münster errichten.

Tab. 4: Planung für die dezentralen Wohneinheiten der Kinderheilstätte Nordkirchen – Überblick über die Umsetzung

Jahr der Umsetzung	*Ort*	*Plätze*	*Entfernung zum Zentralbereich*
1998	*Selm*	*20*	*8 km*
2002	*Ahlen*	*18*	*35 km*
2003	*Dortmund*	*18*	*37 km*
2005	*Dülmen*	*18*	*20 km*

Insgesamt sollen etwa 80 Kinder und Jugendliche außerhalb des Zentralstandortes leben. 87 Kinder und Jugendliche sollen dort verbleiben. 18 weitere Kinder und Jugendliche sollen in Nordkirchen außerhalb des Zentralgeländes wohnen. Die 87 Kinder und Jugendlichen, die am Zentralstandort bleiben, verteilen sich auf 9 Wohngruppen à 9 Personen und die besondere Betreuungsgruppe mit 6 Kindern und Jugendlichen. Der Umbau des Hauptstandortes beginnt Mitte 2002.

Die Erhaltung eines recht großen Zentralstandortes wird mit folgenden Argumenten begründet:

1. *Nur so kann die Qualität der Arbeit, die z.B. über den Begleitenden Dienst vor allem im Bereich Beratung gewährleistet wird, erhalten bleiben.*

2. *Zudem ist der Zentralstandort eine Lebensrealität, die einem Teil der Bewohner größere Freiheiten ermöglicht, z.B. indem sie sich frei auf dem großen Gelände bewegen können, die im Umfeld einer kleinen Wohneinheit nicht möglich wäre.*

Die Entscheidung, welche Kinder und Jugendlichen aus dem Kernbereich ausziehen, wird nicht nur in Bezug auf die Nähe zum Herkunftsort gefällt. Es fließen auch Überlegungen ein, für welche Kinder und Jugendlichen welche Lebensbedingungen am besten sind. Letztlich obliegt die Entscheidung jedoch den Eltern.

1998 wurde in Selm die erste Außenwohngruppe bezogen, so dass bereits erste Erfahrungen mit dem Dezentralisierungsprojekt vorliegen. Nicht gelungen ist hierbei die Realisierung der Gruppengröße von 9 Kindern und

Jugendlichen. In beiden Selmer Gruppen leben 10 Kinder. Nach langer Diskussion wurde diese Entscheidung zugunsten einer besseren Dienstplangestaltung getroffen. Dies bedeutet, dass bei Anwesenheit aller 10 Kinder und Jugendlichen stets mindestens drei Mitarbeiter im Dienst sind. Entwicklungsbedürftig sind weiterhin die Einbindung der Bewohner des Selmer Wohnhauses in das Veranstaltungs- und Vereinsleben im Ort. Besser gelungen ist hingegen die Entwicklung von gegenseitigen Spielkontakten mit Kindern der Nachbarschaft. Gut begonnen haben auch die Beziehungen zur neuen zuständigen Schule, die von einem Teil der Kinder des Wohnhauses in Selm besucht wird, während der andere Teil weiterhin die Sonderschule der Kinderheilstätte in Nordkirchen besucht. Die ,innere' Integration auch sehr verhaltensschwieriger Kinder und schwerstmehrfachbehinderter Kinder ist gelungen. Die größere Entfernung der medizinischen Versorgung aus Nordkirchen hat sich in den nun vier Jahren nicht als nachteilig erwiesen. Auch die schwerstmehrfachbehinderten Bewohner des Selmer Wohnheimes haben den Wechsel offensichtlich als positiv für sich erlebt.

Um dem Anspruch auf Teilhabe aller an der Dezentralisierung gerecht zu werden, wurde in der Stellungnahme zur Dezentralisierung gefordert, dieses Angebot unabhängig von Art oder Schwere der Behinderung umzusetzen. So sind auch Kinder mit umgezogen, die die Schule nicht oder nur teilweise besuchen. Für ein stark verhaltensauffälliges Mädchen, für das Hausunterricht mit nur 6 Wochenstunden durch die Schulaufsicht angeordnet ist, ist ein eigenes Förderangebot entwickelt worden, um ihm den Verbleib in seiner Selmer Wohngruppe zu ermöglichen. Darüber hinaus besteht eine hausinterne heilpädagogische Fördergruppe, in der drei schwerstmehrfachbehinderte Kinder und Jugendliche am Vormittag ein gezieltes Förderangebot erhalten. Dieses Angebot besteht in gleicher Weise auch für schwerstbehinderte Kinder im Stammhaus in Nordkirchen, wo in drei Fördergruppen vormittags entsprechende Angebote – allerdings für jeweils sechs Bewohner – stattfinden. Die Planung und Koordinierung dieser Maßnahmen wird durch eine Diplom-Pädagogin aus dem begleitenden Dienst geleistet. Da dieses tagesstrukturierende Angebot sehr personalintensiv ist, wird diese Betreuungsstruktur im neuen Kinderhaus in Ahlen, das im nächsten Jahr bezogen werden soll, nicht stattfinden können. Hier finden zur Zeit Gespräche mit der neuen zuständigen Schule statt, um zumindest eine Beschulung bis zum Mittag für alle Kinder und Jugendlichen des Wohnhauses in Ahlen zu erreichen und so nicht den Umzug in die Nähe der Familie aus Gründen der Schwere der Behinderung unmöglich zu machen, weil eine Tagesstruktur fehlt.

Was die Auswirkung der größeren Nähe auf die Intensität der Besuchskontakte betrifft, werden erst die deutlich weiter als Selm von Nordkirchen entfernten Wohnhäuser in Ahlen und Dortmund Hinweise erbringen. Die Besuchskontakte und Familienheimfahrten in Selm sind mit denen in Nordkir-

chen vergleichbar, obwohl es sogar eine objektive Verschlechterung für die nach Selm umgezogenen Kinder bzw. ihre Familien gab. Da der Schulweg vom Wohnbereich zur Schule in Nordkirchen ohne Transportmittel zurückgelegt werden kann, sind Heimfahrten der Kinder und Jugendlichen am Wochenende mit Bussen oder Taxen als Schulfahrten ohne Kostenbeteiligung der Eltern möglich. Mit dem Umzug des Kindes nach Selm entfiel die Möglichkeit dieser Heimfahrt mit dem Schulbus, denn nun musste der tägliche Fahrweg von Selm zur jeweiligen Schule und zurück durch die Bezirksregierung als Schulfahrt finanziert werden. Es wird aber keine weitergehende Fahrt mehr finanziert. So lebt in Selm für manche Eltern ihr Kind zwar geographisch näher, jedoch schwieriger erreichbar. Diese Problematik ist offensichtlich nicht lösbar und wird entsprechend auch für Ahlen und Dortmund gelten. In Einzelfällen bedeutet das, dass Eltern den Umzug ihres Kindes aus Nordkirchen in ihre Nähe ablehnen, um den Kontakt nicht zu gefährden.

Die Einbindung des Selmer Wohnhauses in die bestehenden begleitenden Dienste der Kinderheilstätte hat sich bewährt. Dies gilt ganz besonders für die Beratung der Wohngruppen durch die Wohnbereichsleitung und den psychologischen Fachdienst, aber auch für das Angebot der ärztlichen Versorgung. Im Bereich der Krankengymnastik wird zudem mit niedergelassenen Praxen in Selm zusammengearbeitet, die zur Behandlung der Kinder ins Wohnheim kommen. In Ahlen wird sowohl dieser Dienst als auch der ärztliche Dienst noch deutlicher vor Ort geregelt werden müssen. Dort entfällt aber auch die Möglichkeit, die jetzt noch die Kinder und Jugendlichen haben, die die Maximilian-Kolbe-Schule in Nordkirchen besuchen. Bei diesen Kindern können therapeutische Angebote in ihre Schulzeit gelegt und somit auch Räumlichkeiten wie Schwimmbad, Spieltherapie oder der Raum für sensorische Integrationsförderung der Kinderheilstätte genutzt werden.

Was die Freizeitgestaltung angeht, nehmen die Selmer Gruppen neben vielen eigenen Aktivitäten immer noch stark die Angebote im Zentralbereich wahr. Nicht allein das Air-Tramp oder das Schwimmbad, sondern auch vom Freizeitbereich gestaltete Ferienprojekte, feste Freizeitgruppen und offene Jugend- oder Diskotreffs werden auch aus Selm genutzt. Auch diese Struktur wird in Ahlen und Dortmund gänzlich neu bedacht werden müssen.

Die Selbstversorgung der Selmer Gruppen für das Frühstück und Abendessen hat sich ebenso bewährt, wie die Übernahme der Pflege der Bekleidung der Kinder durch die Mitarbeiter des Wohnhauses, die hierbei von der Nachtwache unterstützt werden. Das Mittagessen als Hauptgericht wird extern angeliefert. Auch an den beiden geplanten Standorten Ahlen und Dortmund wird hierauf zurückgegriffen werden, weil das eigenständige Kochen, ebenso wie das Waschen der Wäsche im Kinderbereich nicht als Normalisierungsauftrag verstanden wird.

Als sehr entscheidendes Moment für das Gelingen des Dezentralisierungskonzeptes wird das Engagement und die Identifikation der Mitarbeiter mit dieser Aufgabe angesehen. Ein gemeinsamer Studientag mit beiden Teams zur Bilanzierung erster Erfahrungen in Selm hat deutlich gemacht, dass keiner der Mitarbeiter zurück nach Nordkirchen will, obwohl es vor dem Umzug bei einigen Unsicherheiten über den neuen Arbeitsauftrag gab. Gleichwohl bleibt über die Einbindung der beiden Teams in die Heimkonferenz, ihre Mitarbeit in Arbeitsgruppen und die Wohnbereichsleitung, aber auch die o.g. Arbeitskontakte nach Nordkirchen die Zugehörigkeit zur Einrichtung erhalten. Zudem sind zwei Mitarbeiterinnen aus dem Wohnheim in Selm Mitglied der MAV (Mitarbeitervertretung, vergleichbar dem Betriebsrat). Es wird angemerkt, dass dieses von Praktikanten, die ihren Einsatz in Selm absolvieren, wahrscheinlich anders erlebt wird. Eine Beziehung zum Stammhaus kann höchstens noch bei gemeinsamen Fortbildungsveranstaltungen aller Praktikanten der Kinderheilstätte erlebt werden. Diese Bindung an das Haupthaus zu erhalten, wird sicher eine der großen Herausforderungen für die Teams in Ahlen und Dortmund sein.

Regionale Bedarfsplanung am Beispiel des Landschaftsverbands Westfalen-Lippe

Das Ziel des LWL (Landschaftsverbands-Westfalen-Lippe) war es, „den tatsächlichen Versorgungsbedarf für behinderte Kinder und Jugendliche zu präzisieren, Defizite konkreter zu benennen und unter Berücksichtigung der derzeitigen Versorgungslage Empfehlungen für die Weiterentwicklung der Versorgungsstruktur zu erarbeiten“ (ebd. 1999, 5). Hierbei sollte auch die Forderung nach größtmöglicher Regionalisierung der Angebote berücksichtigt werden, aber auch die Frage nach der Notwendigkeit spezialisierter überregionaler Angebote bearbeitet werden. In der Studie findet hauptsächlich der stationäre Bereich Beachtung, da der Versorgungsauftrag des LWL als überörtlichem Sozialhilfeträger schwerpunktmäßig auf diesem Sektor liegt. Soweit möglich wurden aber auch Informationen über den ambulanten und teilstationären Bereich für Kinder und Jugendliche in die Bewertung einbezogen (vgl. ebd. 6). Die Studie wurde in Zusammenarbeit mit Einrichtungsvertretern und Vertretern der Spitzenverbände erstellt.

Im Folgenden werden die Ergebnisse der Umfrage des LWL zusammenfassend dargestellt:

1. „Kriterien, die einer Aufnahme in ein Wohnheim von vornherein entgegenstehen, werden von den Einrichtungen eher selten formuliert. In manchen Einrichtungen für geistig Behinderte können Personen, die auf einen Rollstuhl angewiesen sind oder die intensiver medizinischer Pflege bedürfen, nicht aufgenommen werden. Das Alter scheint nur in wenigen Fällen eine Rolle zu spielen.
2. Der Anteil der stationär untergebrachten behinderten Kinder bis zu 6 Jahren ist nur sehr gering (2,6%). Der Höhepunkt liegt bei etwa 17 bis 18

Jahren. Dennoch werden 28% der Kinder in einem Alter von maximal 6 Jahren aufgenommen.

3. Einrichtungen für vorrangig geistig behinderte Kinder und Jugendliche und Einrichtungen für vorrangig körperlich behinderte Kinder und Jugendliche betreuen zum Teil denselben Personenkreis, der sowohl körperlich als auch geistig wesentlich behindert ist. Insoweit erfolgen hier die meisten Aufnahmen aus der Region der Einrichtung bzw. der näheren Umgebung.

4. Die Häufigkeit der Aufnahme von behinderten Kindern und Jugendlichen aus einem bestimmten Kreis bzw. einer kreisfreien Stadt in stationäre Wohneinrichtungen der Behindertenhilfe ist sehr unterschiedlich[3]. Sie reicht von 0,03 Bewohnern bis hin zu 0,22 Bewohnern pro 1000 Einwohner. Insgesamt sind eine durchschnittliche Inanspruchnahme von 0,12 Plätzen pro 1000 Einwohner einschließlich eines Anteils von ca. 0,02 belegten Plätzen pro 1000 Einwohner in Wohneinrichtungen außerhalb von Westfalen-Lippe festzustellen. Ein gutes ausdifferenziertes Angebot vor Ort (stationärer Wohnbereich, Kurzzeitwohnen, Beratung, Familienunterstützender Dienst, Frühförderung...) scheint zu einer höheren regionalen Inanspruchnahme zu führen. Zumindest in einem Fall ist auch zu vermuten, dass der stationäre Bereich eine Substitutionsfunktion für den ambulanten Bereich übernimmt.

5. Der Aufnahmedruck auf die Einrichtungen hat tendenziell abgenommen (bei den Körperbehinderteneinrichtungen und den Heimbereichen der Schülerinternate besteht er kaum noch). Offensichtlich stehen, da die Aufnahmen insgesamt gestiegen sind, mehr freie Plätze zur Verfügung. Dieses könnte an einem Abbau der überregionalen Belegung durch andere Bundesländer oder an der kürzeren Verweildauer liegen (in den Einrichtungen für geistig Behinderte ist das Aufnahmealter gestiegen, in den Einrichtungen für geistig Behinderte haben Entlassungen vor Erreichen der Altersgrenze zugenommen).

6. Körperliche Behinderungen, Verhaltensauffälligkeiten und das Alter scheinen immer weniger ursächlich für die Ablehnung eines Aufnahmewunsches zu sein. Auch die Ablehnungen wegen Kapazitätsmangel sind, obwohl sie immer noch die bei weitem größte Gruppe stellen, rückläufig. Zugenommen haben dagegen die Ablehnungen wegen hohem medizinischem Betreuungsbedarf und wegen fachlicher Unzuständigkeit.

7. Bei der Verlegung in Erwachseneneinrichtungen scheint, auch wenn nach wie vor gewisse Probleme bestehen, eine leichte Entspannung eingetreten zu sein.

8. Es besteht eine Nachfrage nach stationären Einrichtungen für behinderte Kinder und Jugendliche im Raum Dortmund/Recklinghausen/Unna, die

3 Bei dieser Auswertung zählt nur die Herkunft der Bewohner, nicht der Unterbringungsort.

zur Zeit mit den bestehenden regionalen Angeboten nicht befriedigt werden kann. Die bestehenden Planungen in Dortmund und Recklinghausen tragen dem Rechnung" (ebd. 24f.).

Zudem liefert der LWL eine kurze Beschreibung zur Situation von Kurzzeiteinrichtungen. Abschließend gibt er an, dass bisher nicht zu beantworten ist, inwieweit die Deckung des Bedarfes an Kurzzeiteinrichtungen den Bedarf an vollstationären Wohneinrichtungsplätzen für Kinder und Jugendliche beeinflusst (vgl. ebd. 26f.; vgl. Kap. 3.4).

Abschließend gibt der LWL konkrete Empfehlungen für die Weiterentwicklung der Versorgungsstruktur (vgl. ebd. 28ff.), die hier zusammengefasst vorgestellt werden:

1. Grundlage für die Versorgung junger Menschen mit Behinderungen stellen folgende versorgungsstrukturelle und versorgungsinhaltliche Aspekte und Grundsätze dar:
   - ambulant vor stationär,
   - regional vor überregional,
   - gemeindeintegriert und regional vernetzt,
   - soziale Integration
   - Normalität und
   - Selbstbestimmung
   - Zusätzlich sollen aktuelle fachliche und versorgungsstrukturelle Entwicklungen im Rahmen der Jugendhilfe (KJHG) berücksichtigt werden.
2. Auf der Basis verschiedener Versorgungsbausteine mit unterschiedlichen inhaltlichen Schwerpunkten und Betreuungsintensitäten soll die am Hilfebedarf der behinderten Kinder und Jugendlichen und ihrer Eltern orientierte Versorgung sichergestellt werden.
3. Im stationären Sektor für Kinder und Jugendliche ist in Westfalen-Lippe eine weitgehend ausreichende Versorgung festgestellt worden. Der LWL geht davon aus, dass es außerfamiliäre vollstationäre Hilfen auch zukünftig geben muss. Bei der strukturellen und konzeptionellen Weiterentwicklung dieser Hilfeform und der bestehenden Einrichtungen stellt die Familiennähe einen wichtigen Aspekt dar. Überregionalen Aufnahmen von Kindern und Jugendlichen soll mittel- und langfristig durch eine weitere Dezentralisierung der bestehenden Komplexeinrichtungen und mittels einer stärkeren Einbindung dieser Angebote in die zum Einzugsgebiet gehörenden Regionen entgegengewirkt werden. Zudem sollen „auch die vor Ort ansässigen Träger die Chance erhalten, sich diesem Versorgungsfeld zu öffnen" (ebd. 29).
4. Komplexeinrichtungen sollen sich über ihren Auftrag Dauerwohnheimplätze anzubieten hinaus aktiv am Aufbau des regionalen Versorgungsnetzes beteiligen. Vorgeschlagen wird, dass Komplexeinrichtungen Angebote wie Kurzzeitunterbringung, Krisenbetten, Ferienangebote und ei-

ne nachgehende Betreuung von Kindern und Jugendlichen, die aus der Einrichtung wieder zurück in die Familie entlassen wurden, schaffen können. Dadurch könnten die stationären Einrichtungen maßgeblich an der Vermeidung dauerhafter stationärer Unterbringung von Kindern und Jugendlichen beteiligt sein. Zudem werden Vorschläge gemacht, wie Komplexeinrichtungen sich stärker in das Gemeinwesen integrieren und die Durchlässigkeit zwischen ambulanten Hilfeformen und stationären Angeboten erhöhen können. Dieses könnte durch Beratungsangebote für andere Institutionen, Fortbildungsangebote und die Nutzbarmachung therapeutischer Ressourcen auch für den ambulanten Bereich gelingen.

5. Überregionale stationäre Aufnahmen sind, nach Meinung des LWL, nur zu befürworten, „wenn im Interesse der behinderten Menschen einer spezialisierten Betreuung vor einer gemeindeintegrierten Betreuung der Vorzug zu geben ist (z.B. schwere Epilepsie)" (ebd. 31). In diesem Zusammenhang ist ebenso auf die Gruppe langzeitbeatmeter Kinder und Jugendlicher und ihrer Familien hinzuweisen, deren spezielle Probleme auch im Modellvorhaben thematisiert wurden (siehe Abschnitt 4.4). Aber auch bei überregionalen Aufnahmen sollte die Heimaufnahme immer zeitlich begrenzt erfolgen und in regelmäßigen Abständen (mindestens alle drei Jahre) überprüft werden. So soll die Chance zur Reintegration in das Herkunftsmilieu im Laufe des Hilfeprozess geprüft und bei Aussicht auf Erfolg genutzt werden. Gerade auch in Übergangsphasen, wie beim Abschluss der Schulzeit bzw. beim Übergang ins Berufsleben, sollte die Heimatnähe immer vorrangig sein.
6. Es sollte ein Ausbau des ambulanten Bereichs stattfinden. Besonders dringlich erscheint die Einrichtung qualifizierter Beratungsdienste, „die über das gesamte Hilfespektrum für Kinder und Jugendliche mit Behinderungen informiert sind, den Hilfebedarf nach fachlichen Gesichtspunkten klären und unter Berücksichtigung des Wunsch- und Wahlrechtes der Betroffenen ein geeignetes Hilfsangebot vermitteln können" (ebd. 31).
7. Vor einem Ausbau des stationären Sektors sollte eine Überprüfung im ambulanten und teilstationären Sektor stattfinden, um mögliche bestehende Defizite in diesem Bereich festzustellen, die möglicherweise den Bedarf an stationären Plätzen beeinflussen. Diese Gesamtbetrachtung der regionalen Versorgungssituation sollte unter Einbeziehung der kommunalen Entscheidungsträger, der Betroffenen bzw. ihrer Vertreter, der Anbieter und der Kostenträger stattfinden, um zur Erstellung eines individuellen Gesamtplanes zu führen. Zudem sollten Kooperationsbeziehungen zur Jugendhilfe und Kinder- und Jugendpsychiatrie entwickelt werden.

Die vom LWL erarbeiteten Ergebnisse und Empfehlungen sind auch in die im Modellvorhaben entwickelten Planungshinweise eingeflossen, die im Kapitel 8 zusammengefasst werden.

4.3 Kurzzeitbetreuung

(K. Günther)

4.3.1 Überblick

Das Stichwort Kurzzeitbetreuung ist im Verlauf des Modellvorhabens immer wieder an verschiedensten Stellen aufgetaucht. Darin setzt sich fort, was auch gegen Ende des FED-Projektes als Tendenz erkennbar wurde. Schon dort wurde als Ergebnis der Befragung von NutzerInnen von FED formuliert:

> „Insgesamt ergibt sich (...) der Eindruck, dass gerade Betreuungen, die einen längeren Zeitraum abdecken, und die sowohl ambulant oder als außerhäusliches Angebot existieren, von den Befragten sehr geschätzt werden. Sie haben eine besonders entlastende Wirkung für die Hauptbetreuungspersonen und deren Angehörige. Für die Hauptbetreuungspersonen entsteht dabei die Möglichkeit, den Wunsch nach einer längeren Freizeit- und Erholungsphase bzw. eines Urlaubs zu realisieren" (Thimm u.a. 1997, 352).

Auch Wünsche von Nutzern in Bezug auf einen möglichen Ausbau von FED beziehen sich an erster Stelle auf Betreuung bzw. Entlastung über längere Zeiträume, dabei v.a. in Ferienzeiten und an Wochenenden. Wo eine solche Betreuung bereits stattgefunden hat, waren die Nutzer in der Regel sehr zufrieden mit den Angeboten (vgl. Thimm u.a. 1997, 369f.). Dieser Bereich der Familienunterstützung scheint demnach für viele Familien eine sehr effektive Unterstützung darzustellen. Vielfach wird von einem steigenden Bedarf nach Kurzzeitangeboten berichtet. Aufgrund dieser immer wieder zum Vorschein tretenden Betonung der Bedeutung von Kurzzeitbetreuung wurde dieser Teilbereich im Rahmen des Modellvorhabens u.a. in einer Diplomarbeit (Günther 2001) detaillierter untersucht. Hier können die Ergebnisse nur in stark verkürzter Form dargestellt werden. Als Grundlagenliteratur zum Thema können eine Untersuchung von Klauß 1993, Aussagen zu Kurzzeitbetreuung der Bundesvereinigung Lebenshilfe 1995 und 1997 genannt werden.

Vor der Nennung der hier zugrundeliegenden Definition von Kurzzeitbetreuung und den Hauptergebnissen der Untersuchungen soll kurz erläutert werden, weshalb dieser Baustein des Hilfesystems innerhalb dieses Kapitels beleuchtet wird. Kurzzeitbetreuung wird im Allgemeinen zu den stationären Hilfen gezählt. Dies geschieht vor dem Hintergrund, dass die Betreuung nicht wie bei teilstationären oder ambulanten Hilfen nur für einen Teil des Tages übernommen wird. Damit ist bei einer Finanzierung über die Eingliederungshilfe der überörtliche Kostenträger zuständig. Trotzdem zählt Kurzzeitbetreuung nicht zu den klassischen stationären Hilfen, sondern wird inhaltlich den ambulanten bzw. besser Offenen Hilfen zugerechnet. Deshalb soll, auch wenn Kurzzeitbetreuung innerhalb dieses Kapitels angesprochen wird, klargestellt werden, dass dies geschieht, weil die Frage insbesondere im Zusammenhang mit dem stationären Sektor immer wieder aufgekommen ist und nicht, weil Kurzzeitbetreuung ausschließlich als stationäre Hilfe verstanden wird.

Was beinhaltet nun überhaupt der Begriff Kurzzeitbetreuung und warum wird gerade dieser Begriff verwendet? Schließlich tauchen bei der Beschäftigung mit dem Thema verschiedenste Begriffe auf. Zu nennen sind u.a. Kurzzeitentlastung, Kurzzeitangebote, Kurzzeitunterbringung, Kurzzeitwohnen, Gastweise Unterbringung oder Kurzzeitpflege. Teilweise ist eine regionale Verwendung von Begriffen zu erkennen, teilweise sind Begriffe mit bestimmten Formen der Kurzzeitbetreuung oder ihrer Finanzierung verbunden (z.B. Kurzzeitpflege).

Hier soll folgende Definition zugrunde liegen:

> Kurzzeitbetreuung umfasst die vorübergehende Betreuung von Kindern und Jugendlichen mit Behinderungen, die ansonsten in ihren Familien leben. Die Dauer der Betreuung kann von wenigen Tagen bis zu einigen Wochen, in Ausnahmefällen wenigen Monaten reichen. Die Betreuung findet außerhalb des Elternhauses statt.

Mit dieser Definition wird Kurzzeitbetreuung zwar auf den außerhäuslichen Bereich begrenzt, aber nicht nur auf die Aufnahme in stationären oder teilstationären Einrichtungen beschränkt (wie es beim Begriff Kurzzeitunterbringung i.d.R. der Fall ist), sondern auch Ferienmaßnahmen, die Betreuung in Kurzzeitpflegefamilien o.ä. mit einbezogen. Kurzzeitbetreuung durch Kurzzeitpflegefamilien ist eine Form, die in der Bundesrepublik praktisch nur sehr selten existiert, jedoch aus Großbritannien bekannt ist (vgl. Günther 2001, 26ff.; Robinson & Stalker 1993). Zu betonen ist, dass Kurzzeitbetreuung nicht gleichgesetzt werden sollte mit Kurzzeitpflege. Zunächst einmal beschreibt Kurzzeitpflege eine Finanzierungsmöglichkeit von Kurzzeitbetreuung in stationären Einrichtungen mit einem entsprechenden Versorgungsvertrag nach dem Pflegeversicherungsgesetz (§ 42 SGB XI). Kurzzeitbetreuung selbst beschränkt sich aber wie schon erwähnt nicht nur auf stationäre Formen der Betreuung und geht außerdem über eine bloße Pflege und Versorgung der Kinder und Jugendlichen hinaus. So steht der Gedanke im Vordergrund, den Kindern und Jugendlichen eine angenehme und ereignisreiche Zeit zu ermöglichen und gegebenenfalls auch Fördermaßnahmen durchzuführen.

4.3.2 Bestandsaufnahmen

Im Rahmen der Untersuchung wurden Bestandsaufnahmen in einzelnen Bundesländern im Nordwesten der Bundesrepublik durchgeführt. Diese machen große regionale Unterschiede im Vorhandensein von Kurzzeitangeboten deutlich. So gibt es Bundesländer wie Hamburg, Bremen und Niedersachsen, in denen nur ein sehr lückenhaftes Angebot an Kurzzeitbetreuung existiert. Schleswig-Holstein zeichnet sich durch ein, wenn auch nicht flächendeckendes Angebot verschiedener Formen von Kurzzeitbetreuung aus. Als weiteres Beispiel für eine innerhalb eines Bundeslandes sehr uneinheitliche Verteilung von Kurzzeitangeboten ist Nordrhein-Westfalen zu nennen, wo große Unterschiede zwischen den beiden Landschaftsverbänden zu beobachten sind. So existieren im Landschaftsverband Rheinland nur sehr wenige Angebote. Dagegen sticht die Situation im Landschaftsverband Westfalen-Lippe als sehr markant hervor, sowohl durch die Anzahl an Angeboten wie auch die starke Konzentration der Angebote auf Kurzzeiteinrichtungen. Hier ist inzwischen bei einigen Einrichtungen eine Spezialisierung beispielsweise auf die Betreuung von Kindern und Jugendlichen mit schweren Behinderungen zu erkennen. Positiv hervorzuheben ist der Einbezug des Bereiches Kurzzeitbetreuung in eine Studie zur Situation des stationären Sektors für Kinder und Jugendliche (vgl. LWL 1999, 26f.). Die unterschiedliche Verteilung von Kurzzeitangeboten lässt sich u.a. durch die uneinheitliche Auslegung einzelner Gesetze und damit von Finanzierungsgrundlagen[4] erklären (vgl. Günther 2001, 41ff.).

Weiterhin ist die derzeitige Situation von Kurzzeitbetreuung und der Familien, die diese nutzen, dadurch zu kennzeichnen, dass:

- große Informationsdefizite in Bezug auf Kurzzeitbetreuung existieren;
- viele Familien, wenn sie Kurzzeitbetreuung (gerade in stationären Einrichtungen) in Anspruch nehmen, oft schon an der Grenze ihrer Belastbarkeit stehen;
- die Nachfrage in Ferienzeiten besonders hoch ist, wobei niedrigschwellige Angebote besonders gut ausgelastet sind, einzelne ganzjährige Anbieter von Kurzzeitbetreuung großen Schwankungen in der Auslastung gegenüberstehen;
- die Funktion der Entlastung/Unterstützung von Familien im Vordergrund steht. Hilfe in Krisensituationen wird real wenig nachgefragt, auch wenn es wichtig ist, dass hierfür Plätze zur Verfügung stehen. Es bedeutet für Eltern eine große Entlastung zu wissen, dass die Betreuung ihres Kindes im Notfall sichergestellt wäre. Zu betonen bleibt, dass Kurzzeitbetreuung den Kindern und Jugendlichen Lernchancen bietet und sie nicht allein als Entlastungsmaßnahme für die Eltern verstanden werden sollte. Die Vorbereitung des Ablöseprozesses wird selten als bewusster Grund für Kurzzeitbetreuung genannt, kann aber eine mögliche Auswirkung sein (vgl. auch Willems 1999). Die Frage, welchen Einfluss Kurzzeitbetreuung auf

4 Zu Finanzierungsmöglichkeiten sei kurz gesagt, dass vorrangig Leistungen der Eingliederungshilfe in Anspruch genommen werden. In einigen Fällen können auch Leistungen aus der Pflegeversicherung hinzugezogen werden. Hier sind v.a. die Verhinderungs- und die Kurzzeitpflege zu nennen.

dauerhafte Heimaufnahmen hat, kann derzeit noch nicht beantwortet werden, da bislang kein ausreichend ausgebautes Netz von Kurzzeitangeboten existiert.

4.3.3 Formen von Kurzzeitbetreuung und ihre Charakteristika

In der Praxis sind verschiedene Formen von Kurzzeitbetreuung anzutreffen. Kurzzeitunterbringung durch einzelne Plätze in Langzeitheimen spielt in diesen Einrichtungen meist eine untergeordnete Rolle, ist selten konzeptionell eingebunden und wird von den Mitarbeitern häufig als zusätzliche Belastung empfunden. Schwierig ist zudem, die besonders hohe Nachfrage in den Sommerferien zu beantworten. Diesen Angeboten kommt v.a. Bedeutung bei der Hilfe in Notsituationen zu. Dafür ist es nötig einzelne Kurzzeitplätze mit in die Vergütungsvereinbarungen aufzunehmen, damit nicht etwa nur dann ein Platz zur Verfügung steht, wenn gerade einer der Langzeitplätze frei ist. Es ist häufiger zu beobachten, dass Kurzzeitunterbringung von Heimen angeboten wird, weil Eltern den Bedarf danach anmelden und keine andere Möglichkeit der Kurzzeitbetreuung besteht (vgl. Engelbert 1994, 157). So bietet auch etwa die Hälfte der im Modellvorhaben vertretenen Heime auf Anfrage Kurzzeitbetreuung an. Dabei handelt es sich nur in einem Fall um eine extra Kurzzeitwohngruppe (Nordkirchen) ansonsten um eingestreute Plätze, die teilweise nur zur Verfügung stehen, wenn einer der Dauerplätze frei ist. Bei der Durchsicht von Fragebögen taucht häufiger der Kommentar auf, dass der Bedarf höher als das Angebot ist.

Reine Kurzzeiteinrichtungen, die ganzjährig Kurzzeitbetreuung anbieten, existieren ab einer Zahl von 6 Plätzen. Trotz der relativ geringen Platzzahl sind die Einzugsgebiete der Einrichtungen teilweise sehr groß und überregionale Aufnahmen keine Seltenheit. Damit kann außerhalb von Ferienzeiten der Besuch von Kindergarten, Schule etc. meistens nicht weitergeführt werden. Zu betonen ist, dass die überregionalen Aufnahmen nicht im geringen Bedarf begründet sind, sondern im Mangel von Angeboten in bestimmten Regionen. So wird von einem sog. „Kurzzeittourismus“ berichtet. Durch die Schwankungen der Nachfrage übers Jahr kann es zu Schwierigkeiten in der Finanzierung und Organisation von Mitarbeitern kommen. Insgesamt werden stationäre Einrichtungen trotz bestehender Hemmschwellen aufgrund ihrer Zuverlässigkeit geschätzt, nicht an feste Einrichtungen gebundene Angebote dagegen wegen ihres ‘normalisierten’ Charakters.

Besonders bei Angeboten, die sich auf Wochenenden und Ferienzeiten konzentrieren, sind sehr verschiedene Variationen anzutreffen. Abhängig von der Form des Angebotes sind beim betreuten Personenkreis Unterschiede in der Inanspruchnahme zu beobachten: Ferienmaßnahmen werden eher von Kindern ab 10 Jahren wahrgenommen, in stationären Einrichtungen eher Kinder und Jugendliche mit komplexen Behinderungen betreut.

Es ist sehr schwierig Aussagen darüber zu treffen, wie hoch der Bedarf nach Kurzzeitbetreuung ist. Vom Landschaftsverband Westfalen-Lippe wird zudem eine interessante Feststellung getroffen. Bei der Befragung von Anbietern stationärer Kurzzeitbetreuung werden Unterschiede beobachtet in der Wahrnehmung von Bedarfen. Als eine Erklärung wird gegeben:

> „Die Nachfrage (...) scheint maßgeblich vom Bekanntheitsgrad der Einrichtung und der Integration in die Versorgungsstruktur der Behindertenhilfe abzuhängen. Haben sich hier feste Kooperationsstrukturen entwickelt, können die betroffenen Einrichtungen die erforderliche Auslastung im wesentlichen durch regionale Aufnahmen decken. Durch den zeitlich befristeten Aufenthalt, der durchaus auch „Urlaubscharakter“ haben kann, stellt sich die Frage der Wohnortnähe bei Kurzzeitangeboten nicht so dringend. Allerdings wird die Integration und die Zusammenarbeit mit den sonstigen Versorgungsangeboten durch weite Entfernungen erschwert“ (LWL 1999, 27).

Erschwert wird der Versuch, eine Bedarfszahl zu nennen, durch die übers Jahr gesehen sehr unterschiedliche Nachfrage. Außerdem ist bislang unklar, ob der Bedarf nach Kurzzeitbetreuung nicht höher ist, als Zahlen beispielsweise aus Bayern (vgl. in Bundesvereinigung Lebenshilfe 1997, 50f.) angeben, da die Möglichkeit Kurzzeitbetreuung in Anspruch zu nehmen, vielen Familien gar nicht bekannt ist. Die hier genannte Zahl ist von daher als grobe Schätzung anzusehen, die der gründlichen Überprüfung in der Praxis bedarf. Zu empfehlen ist es, übers ganze Jahr mindestens einen Platz auf eine Wohnregion von 100.000 bereitzuhalten. Darüber hinaus sind je Ferienwoche noch einmal die doppelte Zahl an Betreuungsmöglichkeiten anzustreben.

4.3.4 Schlussfolgerungen und Empfehlungen

Damit Kurzzeitbetreuung nicht erst dann von Familien in Anspruch genommen wird, wenn sie schon am Rande ihrer Belastbarkeit stehen, ist es wichtig, Kurzzeitbetreuung als niedrigschwelliges Angebot zu verstehen und auch Familien so zu vermitteln. Um Schwellenängste zu vermeiden, sollte eine klare Trennung zum stationären Bereich vorgenommen werden. Auch die Benennung der Angebote sollte dabei bedacht werden.

Es ist notwendig, Kurzzeitbetreuung über Öffentlichkeitsarbeit stärker in den Blickpunkt von Familien zu rücken. Informationen auch in Form von Adressenlisten etc. sind sehr wichtig und bislang nur mangelhaft vorhanden. Die Suche nach Angeboten stellt sich vielfach sehr schwierig dar. Im Internet sind inzwischen verschiedene Adressenverzeichnisse abrufbar (z.B. über die Bundesvereinigung Lebenshilfe, www.kinderratgeber.de, www.familienratgeber.de). Um Aktualität gewährleisten zu können, sind diese allerdings auf das Engagement von Personen vor Ort angewiesen, die

Veränderungen mitteilen. Von daher ist es besonders wichtig, dass regional Adressen gesammelt und den Familien zur Verfügung gestellt werden.

Kurzzeitbetreuung muss in das übrige Netz der Unterstützungssysteme eingebaut werden. Teilnehmer der Konferenz in Nordkirchen haben dies im Rahmen des Workshops zum Thema „Kooperation zwischen stationären Hilfen und teilstationären/ambulanten Hilfen“ folgendermaßen formuliert:

> „(...) Kurzzeitangebote können nur als ein Mosaikstein im Gesamtsystem funktionieren. So sind enge Kontakte zu Kindergärten, Schulen etc. erforderlich. Ein zentraler Bestandteil ist die Elternarbeit“ (Thimm u.a. 2001, 75).

Bedarfe bestehen v.a. in Ferienzeiten und an Wochenenden. Damit ist klar, dass ganzjährige Angebote allein nicht den gesamten Bedarf abdecken können, sondern vielmehr in Ergänzung zu Angeboten v.a. für Ferienzeiten und Wochenenden zu sehen sind. Gerade hier erscheinen weitere Maßnahmen nötig und sinnvoll, da zu diesen Zeiten die Nachfrage nur zum Teil abgedeckt werden kann. Es ist immer vor dem bestehenden System, z.B. dem Vorhandensein von Langzeiteinrichtungen, FED o.ä., abzuwägen, welche Dienste die Betreuung am besten sicherstellen können. Insgesamt ist bezüglich Formen von Kurzzeitbetreuung eine Vielfalt von Diensten anzustreben. Dabei spielen auch Überlegungen in Bezug auf die regionale Ansiedlung von Angeboten eine Rolle. So sind reine Kurzzeiteinrichtungen am ehesten für Ballungszentren zu empfehlen, ansonsten muss auf eine Wohnortnähe der Angebote verzichtet werden, was die Möglichkeit von Kooperation und Vernetzung mit anderen Diensten stark einschränkt.

Kinder und Jugendliche mit einem hohen Betreuungs- und Pflegebedarf stehen in der Gefahr, von vielen Ferienmaßnahmen ausgeschlossen zu werden. Hier sind kreative Ideen gefragt. Unter Umständen kann eine Anbindung an einen größeren Träger bei der Sicherstellung von Fachlichkeit eines Teils des Personals helfen. Für diesen Personenkreis sollte auch auf stationäre Plätze zurückgegriffen werden können oder ansonsten im Umgang mit diesem Personenkreis vertrautes Fachpersonal.

Die in einigen Bundesländern zu beobachtende Tendenz der Auflösung von Kurzzeitplätzen (meistens zugunsten von Langzeitplätzen) muss aufgehalten werden. Dem gegenüber ist eine flächendeckende Verbreitung von Diensten anzustreben. Hierfür sind einheitliche Auslegungen der bestehenden Gesetze und die Schaffung von eindeutigen Gesetzgrundlagen zu empfehlen. Als positives Beispiel ist hier der Landschaftsverband Westfalen-Lippe hervorzuheben, der im Rahmen der Eingliederungshilfe als Leistungstyp sog. „befristete heilpädagogische Förder- und Wohnangebote für Menschen mit Behinderung“ beschrieben hat.

4.4 Langzeitbeatmete Kinder und ihre Familien

(W. Meyer und W. Thimm)

Es gibt Kinder und Jugendliche, die zeitweilig auf apparative Unterstützung ihrer Atmung oder gar auf vollständige maschinelle Beatmung angewiesen sind. Bei zu früh geborenen Säuglingen und bei Kindern, deren Spontanatmung aufgrund unterschiedlicher Ursachen beeinträchtigt oder überhaupt nicht möglich ist, sichern heute Fortschritte der Notfall- und Intensivmedizin sowie Entwicklungen der Medizintechnik das Überleben. Noch vor wenigen Jahren wären viele dieser sogenannten *langzeitbeatmeten Kinder* nach kurzer Lebenszeit verstorben. Ihre Anzahl wird in Deutschland auf 200-300 geschätzt. Diese Kinder werden zum überwiegenden Teil über eine Luftröhrenkanüle (Tracheostoma) künstlich beatmet. Im Vordergrund stehen als Grunderkrankungen neuromuskuläre Erkrankungen, zentrale Atemlähmung und Querschnittlähmung.

Im Rahmen des Modellvorhabens wurden wir auf die besondere Lebenssituation langzeitbeatmeter Kinder und ihrer Familien aufmerksam. In der einschlägigen behindertenpädagogischen Literatur fanden sich keine Hinweise auf diesen Personenkreis. In einer ersten Recherche im Herbst 2000 wurden grundlegende Informationen gesammelt und erste Kontakte zu relevanten Personen und Institutionen geknüpft. Wir konnten bald feststellen: die Erfolge der Medizin und der Medizintechnik stellen für die Behindertenhilfe Herausforderungen dar, denen bislang nur in Ansätzen begegnet wurde. Viele der vollständig beatmeten Kinder und Jugendlichen blieben und verbleiben auch jetzt noch auf einer Intensivstation, also in einer extrem klinisch geprägten Umwelt. Technisch erscheint aber ein Leben außerhalb der Klinik heute durchaus möglich. Es fehlt aber vor allem an verlässlichen und erreichbaren, nicht medizinischen Hilfen. Elternselbsthilfe hat sich erst jüngst organisiert. Angemessene Wohnangebote sind hier und da in Planung. Und wie müssten Unterstützungsangebote aussehen für Familien, die sich dazu entschließen, ihr künstlich beatmetes Kind ins Elternhaus zu nehmen? Unsere Bemühungen um Einblicke in die Lebenssituation dieser Kinder und ihrer Familien, um eine erste Abklärung, welche Hilfe- und Unterstützungsbedarfe in pädagogischer, psychosozialer, aber auch förderrechtlicher Hinsicht heute schon erkennbar als notwendig angesehen werden, welche davon realisiert sind und wohin die Entwicklung insgesamt geht, mündeten ein in eine Expertise, die in einer eigenen Publikation einer breiteren Öffentlichkeit vorgestellt wird (Meyer und Thimm 2002).

Aus den Kinderkliniken in Siegen und Datteln hervorgehende Initiativen führten zu einem Zusammenschluss unterschiedlichster Bemühungen um diesen Personenkreis in der Arbeitsgruppe "Langzeitbeatmete Kinder und Jugendliche" der Gesellschaft der Kinderkrankenhäuser und Kinderabteilungen in Deutschland e.V. (GKindD). Im Frühjahr 2001 wurde eine bundesweit agierende Selbsthilfevereinigung gegründet (Verein INTENSIVkinder zuhause e.V.). In sechs Bundesländern haben sich Regionalgruppen gebildet, weitere sind im Aufbau.

Die Bemühungen um soziale, pädagogische und psychologische Unterstützung und Förderung sind vor allem darauf ausgerichtet, künstlich beatmeten Kindern ein Leben außerhalb einer Klinik bei höchstem medizinisch-pflegerischen Sicherheitsstandard zu ermöglichen. Kliniknahe Wohnheime befinden sich im Aufbau, oberstes Ziel ist aber ein Leben in der Familie (Schwerdt 1999).

Die genannte Expertise (Meyer und Thimm) kann beim Bundesministerium für Familie abgerufen werden. Sie enthält einschlägige Klinikadressen, Informationen über medizinische Sachverhalte, zur Lebenssituation der Familien, zu bestehenden Hilfestrukturen sowie Informationen zu Fachgremien und Selbsthilfegruppen. Ein unter GKindD aufgeführte Broschüre kann angefordert werden bei

- Elternselbsthilfegruppe „INTENSIVkinder zuhause", Dr. Maria Bitenc, Tel. 07261/977 856 oder
- Arbeitsgruppe „Langzeitbeatmete Kinder und Jugendliche" in GKinD, Rüdiger Barth, Tel. 0271/23 45 43 1.

Im Rahmen des Modellvorhabens haben wir auf den Projektkonferenzen auf diese ‚neue' Gruppe von Kindern und Eltern mit sehr speziellem Hilfebedarf hingewiesen und erste Kontakte zwischen der AG Langzeitbeatmete Kinder und dem Selbsthilfeverein auf der einen Seite und unterschiedlichsten Fachkräften aus unseren Modellregionen herstellen können.

4.5 Die Sicht der Eltern – Ergebnisse einer Umfrage

(D. Kursawe)

4.5.1 Anlage der Untersuchung

In der Einleitung zum vorliegenden Kapitel 4 haben wir auf die Dringlichkeit der Einpassung des stationären Sektors in ein normalisierungsorientiertes regionsbezogenes Hilfesystem hingewiesen. Wir haben versucht, uns den Problemlagen von Familien mit einem im Heim lebenden behinderten Kind durch Bestandsaufnahmen, beispielhafte Regionalisierungsbemühungen und durch pädagogische Exkurse anzunähern. Durch unsere Analysen werden wesentliche, bislang wenig beachtete Gesichtspunkte in das Licht der Öffentlichkeit gerückt. Entscheidend ist aber auch hier die Sichtweise der Betroffenen, das sind in diesem Falle Eltern, die sich aus unterschiedlichsten Gründen für die Heimaufnahme ihres behinderten Kindes entschieden haben. Dabei konnten wir uns nicht auf andere Studien beziehen.

Über die mit uns im Modellvorhaben kooperierenden Heime (vgl. Übersicht in Tab. 1, Abschnitt 4.2.1) haben wir Kontakt mit Eltern aufgenommen und diese schriftlich befragt. Zur Auswertung standen uns 256 Antwortbögen zur Verfügung. Als Instrument benutzten wir den Fragebogen der regionalen Elternbefragung (Abb. 3 in Abschnitt 3.3.3), wobei die Fragestellung retrospektiv auf das Jahr der Heimaufnahme des Kindes bezogen wurde. Ergänzend wurde ein Fragenkomplex zwischen Bereich 1 und 2 eingeschoben.

Tab. 5: Fragenkomplex Entscheidungsprozess zur Heimunterbringung

Zeitpunkt der Heimaufnahme
Alter des im Heim lebenden Kindes
Lebensort vor der Heimaufnahme
Wer brachte die Heimunterbringung ins Gespräch
Wer hat die Entscheidungsfindung unterstützt
Wie sah die Unterstützung aus
Besteht zur unterstützenden Person noch Kontakt
Welche Form des Kontaktes besteht
Wären andere Unterstützungsangebote als das Heim denkbar gewesen
Gründe für die Heimunterbringung

Nach einem Pretest wurden die Heimleitungen im Frühjahr 2001 über unsere geplante Elternbefragung durch Zusendung des Fragebogens informiert und um Mithilfe bzw. Unterstützung gebeten. Um die Anonymität der Eltern zu sichern, wurde mit den Heimleitungen vereinbart, dass die Heime Pakete mit einer entsprechenden Anzahl von Fragebögen, adressierten und frankierten Rückumschlägen sowie einem an die Eltern gerichteten Informations- und Dankesschreiben erhalten. Die Umschläge mit den erforderlichen Unterlagen sollten den Eltern in den zwei Wochen nach Eingang des Paketes von den Mitarbeitern persönlich übergeben werden. Eltern, mit denen in diesem Zeitraum kein persönlicher Kontakt möglich war, sollten die Unterlagen zur Befragung postalisch durch die jeweilige Heimleitung erhalten.

Zur Zeit der Befragung verfügten die siebzehn mit uns kooperierenden Heime über 842 Heimplätze. Nach telefonischer Rücksprache mit den Heimleitungen wurden 802 Fragebögen verschickt. 40 Elternpaare wurden von der Befragung ausgeschlossen, da zu ihnen kein Kontakt mehr bestand oder diese aus unterschiedlichen Gründen nicht in der Lage waren an der Befragung teilzunehmen. 28 weitere Fragebögen wurden von den Heimleitungen zurückgesandt, da sie nicht benötigt wurden. Am 31. August 2001 wurde der Rücklauf abgeschlossen. Die Antworten des Fragebogens wurden vercodet und mit Hilfe des Programms SPSS ausgewertet.

Tab. 6: Übersicht der verschickten Fragebögen nach Bundesländern und Rücklauf

Bundesland	Angeschriebene Heime	Verschickte Fragebögen	Rücklauf
Baden-Württemberg	1	150	45
Bayern	1	3	2
Berlin	1	16	4
Brandenburg	1	10	1
Bremen	1	24	3
Hamburg	1	43	13
Hessen	1	21	9
Mecklenburg-Vorpommern	1	20	2
Niedersachsen	3	233	49
Nordrhein-Westfalen	2	232	80
Rheinland-Pfalz	1	18	6
Saarland	-	-	-
Sachsen	1	7	6
Sachsen-Anhalt	1	10	0
Schleswig-Holstein	1	15	1
Thüringen	-	-	-
nicht zuzuordnen			35
Summe	17	802	256

Das Sample beträgt also 774 Fragebögen. Der Rücklauf besteht aus 256 ausgefüllten Fragebögen, dass entspricht einer Quote von 33%. Die Rücklaufquoten aus den Bundesländern sind sehr unterschiedlich. Das Land Sachsen-Anhalt ist im Rücklauf nicht vertreten. Die Länder Saarland und Thüringen waren an der Elternbefragung nicht beteiligt, da in diesen Bundesländern keine Heime zur Mitarbeit gewonnen werden konnten. 35 Fragebögen konnten keinem Bundesland zugeordnet werden, da die Frage nach dem Bundesland falsch oder gar nicht beantwortet wurde.

Im Hinblick auf eine Verteilung nach alten und neuen Bundesländern ergibt sich folgendes Bild. Von den auf die Fragen nach dem Bundesland bezogenen 221 auswertbaren Fragebögen liegen 13 Fragebögen (5,9%) aus den neuen Bundesländern vor. 208 Fragebögen (94,1%) sind den alten Bundesländern zuzuordnen.

4.5.2 Darstellung der Ergebnisse

Die Darstellung der Ergebnisse erfolgt in Anlehnung an den Aufbau des Fragebogens (vgl. Abb. 3 in Abschnitt 3.3.3), wobei besondere Schwerpunkte auf den Themenkomplexen Entscheidungsfindung zur Heimunterbringung, Wissen, Nutzung und ungedeckte Bedarfe von Unterstützungsangeboten für Familien mit behinderten Angehörigen liegen.

Hauptbetreuungsperson

Der Fragebogen war an die Hauptbetreuungsperson (HBP) gerichtet. Die Vermutung, dass es sich bei der Hauptbetreuungsperson in der Regel um die Mutter des Kindes handelt, wurde bestätigt. In 86,4% (209 Personen) der Fälle ist die Mutter des im Heim lebenden Kindes die Hauptbetreuungsperson gewesen. Mit großem Abstand folgt mit 8,3% der Fälle der Vater des Kindes als Hauptbetreuungsperson. Andere Personen wie z.B. Stiefmutter, Pflegemutter, Großmutter, Schwester und Großvater sind nur in geringer Anzahl die Hauptbetreuungsperson gewesen. Die Altersspanne der Hauptbetreuungspersonen liegt zwischen 29 und 77 Jahren, wobei die größte Häufung mit 77,2% in der Altersspanne zwischen 34 und 51 Jahren liegt. Somit ist die Hauptbetreuungsperson, wie zu erwarten war, in der Regel der Elterngeneration zuzuordnen.

Behinderungen (Art und Schwere)

Die Hauptbetreuungsperson wurde gebeten die primäre sowie weitere Behinderungen des Kindes anzugeben und die Behinderung ihres Kindes einzuschätzen. Wie alle übrigen Fragen ist diese Frage auf den Zeitpunkt bzw. das Jahr der Heimaufnahme bezogen. Im Hinblick auf die primäre Behinderung des Kindes wurden geistige Behinderungen (65,6%) am häufigsten genannt, gefolgt von Körperbehinderungen (14,8%) und einer Anfallskrankheit (6,8%). Die Nennung der übrigen Behinderungsformen wie zum Beispiel Seh- und Hörbehinderungen, Funktionseinschränkungen der inneren Organe sowie psychische Probleme und Verhaltensauffälligkeiten liegen jeweils unter 5% (vgl. Abb. 2).

Abb. 2: Im Vordergrund stehende Behinderung (in %)

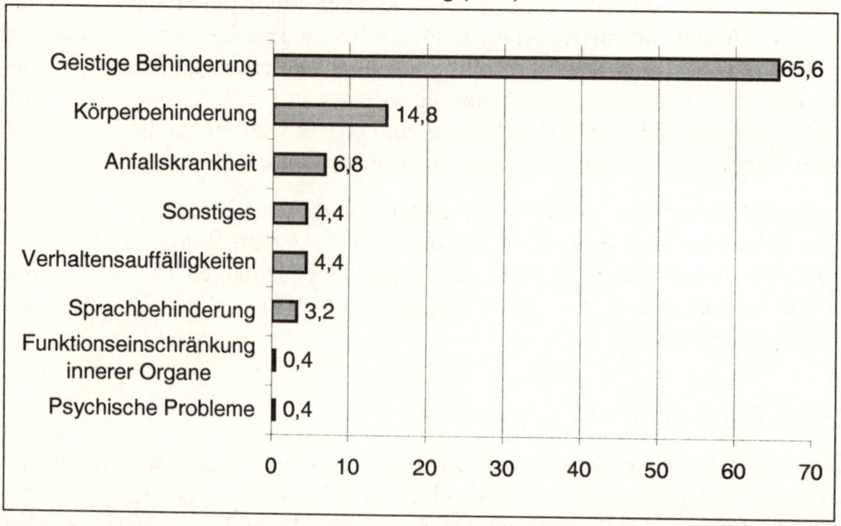

Bei der Frage nach weiteren Behinderungen ist zu bedenken, dass hier die Möglichkeit bestand, mehrere Antworten zu geben. Als weitere Behinderung neben der primären bzw. vordringlichen Behinderung wurden Sprachbehinderungen mit 24,3% genannt. Darauf folgen Körperbehinderungen mit 17,9%, Anfallskrankheit mit 15,5%, Verhaltensauffälligkeiten mit 15% und erst an fünfter Stelle geistige Behinderungen mit 12,5%. Die übrigen Behinderungsformen wie Seh- und Hörbeeinträchtigungen, psychische Probleme und Funktionseinschränkungen innerer Organe liegen jeweils unter 5%. Da die überwiegende Zahl der Kinder mehrere Behinderungen aufweist, erscheint eine Verknüpfung der primären und sekundären Behinderungen sinnvoll. Von den 164 Befragten mit einem primär geistig behinderten Kind gaben die meisten an, dass die sekundäre Behinderung eine Sprachbehinderung (30,2%) sei, dicht gefolgt von einer Körperbehinderung (26,4%) und einer Anfallserkrankung (19,1%). Die Verteilung im Falle einer primären Körperbehinderung (37 Kinder) sieht ähnlich aus. Geistige Behinderungen dominieren hier (11,5%) als sekundäre Behinderung gefolgt von Sprachbehinderungen (6,8%) und Anfallserkrankungen (6%).

Insgesamt lässt sich sagen, dass ein großer Teil der Kinder eine Verknüpfung von geistiger und körperlicher Behinderung aufweist. Zudem besteht häufig eine Verknüpfung von geistiger bzw. körperlicher Behinderung mit einer Sprachbehinderung. Befragt nach der Einschätzung der Behinderung ihres Kindes nannten 58,2% der Hauptbetreuungspersonen ihr Kind schwerstbehindert. 29,6% schätzten die Behinderung des Kindes als mittelschwer und 10,8% als leicht ein.

Alter und Geschlecht
Hintergrund der Frage nach dem Alter des behinderten Kindes und seiner Geschwister ist die Ergründung der Belastungen der Hauptbetreuungsperson. Als Voarannahme gilt die Erfahrung, dass Kinder im Vorschulalter besonderer Aufmerksamkeit und Betreuung bedürfen. Im Falle der Kinder mit Behinderung kann sich der Betreuungsbedarf mit der Schwere der Behinderung potenzieren. Je mehr Kinder in einer Familie leben, desto mehr Anforderungen werden an die Hauptbetreuungsperson gestellt. Ältere Kinder können in einem bestimmten Rahmen eine Entlastung und Unterstützung der Hauptbetreuungsperson sein. Sie können sowohl Aufgaben im häuslichen Alltag als auch bei der Betreuung der jüngeren Geschwister übernehmen. Die Altersspanne der im Heim lebenden Kinder (Jugendlichen und Erwachsenen) liegt zwischen 4 und 39 Jahren. Obwohl unsere Zielgruppe Kinder im Alter von 0 bis 18 Jahren bzw. bis zur Vollendung der Schulpflicht war, gehen die über 21-Jährigen in diese Auswertung mit ein, da sie aus unterschiedlichen Gründen in den von uns angeschriebenen Heimen der Behindertenhilfe für Kinder, Jugendliche und junge Erwachsene leben. Aufgrund ihres Alters müssten die jungen Erwachsenen nach Beendigung ihrer Schulpflicht in eine Wohneinrichtung für Erwachsene wechseln. Nicht selten sind in der Region jedoch keine geeigneten Folgeeinrichtungen (vor allem für pflegebedürftige und verhaltensauffällige junge Erwachsene) vor-

handen, so dass die jungen Erwachsenen bis zur Findung einer solchen Einrichtung in dem bisherigen Heim verbleiben. In einigen Fällen wird ein Wechsel in ein Heim für Erwachsene für die jungen Erwachsenen aufgrund ihrer individuellen Entwicklung, obwohl sie das biographische Alter für einen Einrichtungswechsel erreicht haben, nicht für sinnvoll erachtet und ein Verbleib im derzeitigen Heim empfohlen.

Der größte Teil der im Heim lebenden Kinder und Jugendlichen ist zwischen 10 und 19 Jahre alt. Die 10- bis 19-Jährigen machen 62,7% der im Heim lebenden Kinder und Jugendlichen aus. 12,6% der Kinder sind unter 10 Jahre alt. Die geschlechtliche Verteilung der Kinder und Jugendlichen bestätigt Vorannahmen: Jungen sind mit 63,6% und Mädchen mit 36,4% vertreten.

Zur Zusammensetzung der Familien

Hintergrund der Frage nach einem Partner bzw. einer Partnerin ist, die durch diesen bzw. diese mögliche Entlastung und Unterstützung unter anderem bei der Betreuung des behinderten Kindes und dessen Geschwistern. 76% der Hauptbetreuungspersonen lebten zum Zeitpunkt der Heimaufnahme mit einem Partner/Ehemann bzw. mit einer Partnerin/Ehefrau zusammen. 24% der Befragten verneinten diese Frage und waren somit *alleinerziehend.*

Befragt nach zum Zeitpunkt der Heimaufnahme in der Familie lebenden weiteren Kindern konnten 71,4% der Hauptbetreuungspersonen diese Frage mit ja beantworten. In den Familien lebten zwischen ein bis mehr als fünf Geschwister. Am häufigsten lebte das Kind mit Behinderung mit einem Geschwisterkind (36,4%) zusammen. Zwei Geschwisterkinder hatte das Kind mit Behinderung in 24,7% der Familien. Familien mit fünf und mehr Geschwisterkindern gab es in 1,2% der Fälle. Es wurde nach dem Alter der Geschwister gefragt, da die jüngeren Kinder einen höheren Betreuungsbedarf als ältere Kinder haben und die Hauptbetreuungsperson sich auch um die Geschwisterkinder kümmern muss. Die Altersspanne des jüngsten Kindes der befragten Familien lag zum Zeitpunkt der Heimaufnahme zwischen 0 und 39 Jahren. Der Hauptteil der Geschwister ist zwischen 11 und 16 Jahre alt gewesen.

Die Frage nach den weiteren im Haushalt lebenden Personen soll Hinweise über eventuelle zusätzliche Belastungsfaktoren, wie z.B. eine zu pflegende Großmutter, oder Entlastungsfaktoren, wie z.B. eine Großmutter als zusätzliche Betreuungsperson des behinderten Kindes, geben. 10,4% der Hauptbetreuungspersonen gaben an, dass zum Zeitpunkt der Heimaufnahme weitere Personen im Haushalt lebten. Die Anzahl der zusätzlich zur Kernfamilie, gemeint sind hiermit die Eltern und Kinder, im Haushalt lebenden Personen lag zwischen 1 bis 3 Personen. In 5,9% der Familien lebte eine weitere Person, bei 4,7% lebten zwei weitere Personen und in 1,3% der Familien lebten drei weitere Personen.

Um die familiäre Zusammensetzung darzustellen, wurde neben der Personenanzahl der Familienmitglieder auch nach deren Alter sowie eventueller Behinderungen der zusätzlichen Haushaltsmitglieder gefragt. In 219 Fragebögen wurde die Anzahl der unter 18-Jährigen Familienmitglieder angegeben. Familien mit zwei unter 18-jährigen Familienmitglieder (38,8%) kamen am häufigsten vor. Gefolgt von Familien mit einem unter 18-jährigen Kind (30,1%) und drei unter 18-Jährigen (22,8%). Familien mit vier unter 18-jährigen Kindern wurden zu 4,6% und solche mit fünf unter 18-Jährigen wurden zu 2,3% genannt. In den Familien lebten somit in der überwiegenden Zahl ein bis drei minderjährige Kinder.

Die Frage nach minderjährigen Familienmitgliedern mit einer Behinderung wurde von 190 Personen beantwortet. In 83,7% dieser Familien lebte ein minderjähriges Kind bzw. Jugendlicher mit Behinderung. Zwei minderjährige behinderte Familienmitglieder wurden für 6,8% der Familien benannt und drei minderjährige Familienmitglieder mit Behinderung in 2,1% der Familien.

Angaben zu Personen über 18 Jahren finden sich in 199 Fragebögen. Die Zahl der volljährigen Familienmitglieder liegt zwischen 1 und 5 Personen. Im größten Teil (68,3%) der befragten Familien lebten zum Zeitpunkt der Heimaufnahme zwei volljährige Personen. Drei volljährige Personen wurden zu 11,6% und vier Personen zu 4,5% und fünf Personen zu 0,5% angegeben. Die Zahl der Ein-Eltern-Familien, d.h. eine erwachsene Person im Haushalt, liegt bei dieser Frage bei 14,6%. Auffällig ist, dass diese Zahl deutlich niedriger ist, als die Zahl der ohne Partner lebenden Hauptbetreuungspersonen. Die Gründe für diese Differenz vermuten wir darin, dass nicht immer der Zeitpunkt der Heimaufnahme als Momentaufnahme berücksichtigt wurde, bzw. die Hauptbetreuungsperson sich bei der Aufzählung der Haushaltsmitglieder ‚vergessen' hat. Die Zahlen von volljährigen Familienmitgliedern mit Behinderung liegen für 199 Familien vor. 11,3% der Familien lebt mit einem behinderten volljährigen Mitglied zusammen. In 1,2% der Familien lebten zwei über 18-jährige Angehörige mit Behinderung.

Zusammenfassend lassen sich die Familien wie folgt beschreiben: der überwiegende Teil der Familien besteht zum Zeitpunkt der Heimaufnahme aus zwei erwachsenen und zwei minderjährigen Personen, wobei in der Regel ein minderjähriges Familienmitglied eine Behinderung ausweist. *In über einem Zehntel der Familien lebte aber auch ein zusätzliches betreuungsbedürftiges erwachsenes Familienmitglied.*

Angaben zum „sozialen Status" der Familien

Schulabschluss, Ausbildung sowie die derzeitige Tätigkeit der Hauptbetreuungsperson und ihres Partners bzw. seiner Partnerin sind wichtige Daten, um den sozialen Status der befragten Personen zu ermitteln. Das Familiennettoeinkommen kann sowohl entlastendes als auch belastendes

Moment für die Hauptbetreuungsperson bzw. die gesamte Familie sein. Etwas mehr als ein Drittel der Hauptbetreuungspersonen hat den Hauptschulabschluss (37,8%) gemacht. 30,7% verfügen über den Realschulabschluss und 11,8% haben das Abitur bestanden. Die Anzahl der Partner bzw. Partnerinnen die über das Abitur verfügen liegt mit 18,7% deutlich höher. 4,7% der Hauptbetreuungspersonen und 3,1% der Partner haben einen Sonderschulabschluss.

44,6% der Hauptbetreuungspersonen haben eine Lehre und 21,9% die Berufsfachschule abgeschlossen. 12,7% der Befragten haben keinen Abschluss und 14% haben ein Hochschul- bzw. ein Fachhochschulstudium absolviert. Die Zahl der Partner ohne Ausbildung liegt mit 12,6% fast genauso hoch wie bei den Befragten, aber 22,7% der Partner bzw. Partnerinnen haben ein Hochschulstudium bzw. Fachhochschulstudium abgeschlossen. Um die Familiensituation genauer abbilden zu können wurde auch nach der derzeitigen Erwerbstätigkeit gefragt. 20,6% der Hauptbetreuungspersonen sind zur Zeit nicht erwerbstätig. Bei den Partnern sind dies nur 5,1%. Arbeitslos sind 7,5% der Hauptbetreuungspersonen und 5,6% der Partner. In der Gruppe der arbeitenden Personen ist im Falle der Befragten die Gruppe der Angestellten mit 31,2% am größten, in der Gruppe der Partner hingegen ist die Gruppe der Arbeiter mit 30,3% am größten.

Eine Vorannahme bezüglich der *Erwerbstätigkeit* der Hauptbetreuungspersonen bestand darin, dass viele von ihnen zum Zeitpunkt der Heimaufnahme nicht erwerbstätig waren. Danach befragt ergibt sich folgendes Bild: Fast die Hälfte aller Hauptbetreuungspersonen war zum Zeitpunkt der Heimaufnahme erwerbstätig, nämlich 47,3%. Seit der Heimaufnahme hat sich die Zahl der nicht erwerbstätigen Hauptbetreuungspersonen um 26,7% verringert. Es besteht ein Zusammenhang zwischen einer Wiederaufnahme der Erwerbstätigkeit seitens der Mutter (HBP) und der Heimaufnahme.

Im Fragebogen wurden auch die Höhe des familiären Haushaltsnettoeinkommens der Familien sowie dessen Zusammensetzung ermittelt. Die Frage des Familieneinkommens ist für Familien mit behinderten Angehörigen besonders wichtig, da diese sich mit besonderen Ausgaben für z.B. orthopädische Hilfsmittel, Medikamente, Therapien sowie Transportkosten konfrontiert sehen, welche nicht alle von den Kostenträgern übernommen werden. Bezogen auf die Zusammensetzung des Familiennettoeinkommens lässt sich sagen, dass dieses sich hauptsächlich aus eigenem oder durch den Partner verdientes Erwerbseinkommen, Kindergeld und Leistungen der Pflegeversicherung ergibt. Eine geringere Rolle spielen Leistungen der Sozialhilfe zum Lebensunterhalt und Wohnungsbeihilfe. 232 Hauptbetreuungspersonen gaben das familiäre monatliche Nettoeinkommen an. Die größte Gruppe der Familien (23,1%) verfügte zum Zeitpunkt der Heimaufnahme über ein monatliches Einkommen von 3000 bis 4000 DM. *Eine ziemlich große Gruppe der Familien muss monatlich von weniger als 1800 DM leben, nämlich 11,6%.*

Einblicke in den Entscheidungsprozess der Heimunterbringung
Da Familien mit behinderten Kindern in der sonderpädagogischen Fachliteratur bisher kaum in den Blick genommen wurden, gibt es keine Untersuchungen zum Entscheidungsprozess der Heimunterbringung eines Kindes mit Behinderung. In dieser Untersuchung wurde der Versuch unternommen, erste Einblicke zu gewinnen, wer die betroffenen Eltern bei ihrer Entscheidungsfindung unterstützt hat und welche Gründe sie zu dieser Entscheidung bewogen haben.

Zu Beginn dieses Fragenkomplexes haben wir nach dem Jahr der Heimaufnahme und dem jetzigen Alter des Kindes mit Behinderung gefragt. Die Heimaufnahmen haben in den Jahren 1973 bis 2001 stattgefunden. Die meisten Aufnahmen liegen mit 59,8 % in den Jahren 1994 bis 2000. Für das Jahr 2001 liegt die Zahl der Heimaufnahmen bei 4,3 %. Die Altersspanne der Kinder lag zum Zeitpunkt der Befragung zwischen 4 und 39 Jahren. Der größte Anteil der Kinder und Jugendlichen ist zur Zeit zwischen 10 und 19 Jahre alt. Diese Altersgruppe liegt bei 63,3 %. Die Altersgruppe der Kinder, die jünger als zehn Jahre alt sind liegt bei 12, 5 %. Werden die Angaben des Alters der Kinder mit den Daten der Heimaufnahmen verknüpft, so ergibt sich folgendes: Die meisten der Kinder wurden im Alter von 7 bis 15 Jahren (37,7%) in ein Heim aufgenommen. Die Altersgruppe der 16 bis 18 Jährigen machten einen Anteil von 8,1% aus. *Eine Überraschung ist jedoch die große Anzahl (27,1%) der 0- bis 6-jährigen Kinder zum Zeitpunkt der Heimaufnahme, wobei der Anteil der unter dreijährigen Kinder bei 11,1% liegt (vgl. Abb. 3).*

Abb. 3: Alter zum Zeitpunkt der Heimaufnahme (in %)

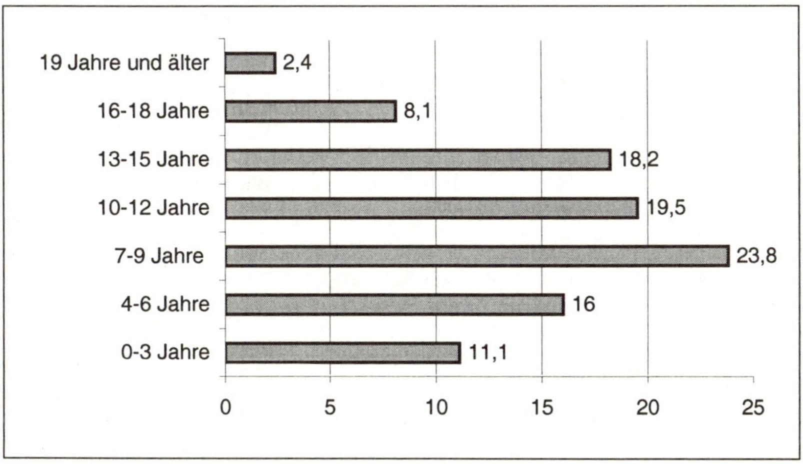

Anschließend wurde gefragt, ob das behinderte Kind bereits schon einmal vor der Aufnahme in das derzeitige Heim über längere Zeit außerhalb des Elternhauses gelebt hatte. Mit dieser Frage können sowohl Hinweise auf die Belastungssituation der Hauptbetreuungsperson, deren Kenntnis und Nutzung vorhandener Hilfen bei der Betreuung des behinderten Kindes als auch zur Situation des betroffenen Kindes verknüpft werden.

Auf die Frage nach einer vor der Heimaufnahme stattgefundenen außerfamiliären Unterbringung des Kindes konnten mehrere Antworten gegeben werden. *24,4% (61 Kinder) der Kinder waren vor dem derzeitigen Heimaufenthalt schon mindestens einmal außerhalb der Familie untergebracht.* Orte einer Unterbringung können sehr vielfältig sein und beruhen auf unterschiedlichen Notwendigkeiten. Gründe für die außerhäusige Unterbringung können unter anderem eine notwendige stationäre Behandlung des Kindes, Erschöpfung oder Erkrankung der Hauptbetreuungsperson sein. Von den 24,4% der Kinder, die schon ein- oder mehrmals außerhalb der Familie gelebt haben, lebten 33,9% in einem Heim. 64,5% waren für längere Zeit (einige Wochen bis mehrere Jahre) in Kinderkliniken, Fachkrankenhäusern, Epilepsiezentren, Internaten oder Kurzzeitpflegeeinrichtungen untergebracht. 1,2% der Kinder lebten schon einmal in einer Pflegefamilie. In der großen Anzahl der Aufenthalte in Fachkliniken und Epilepsiezentren spiegelt sich der hohe Anteil der Kinder mit Anfallskrankheiten wieder. Einem notwendigen Krankenhausaufenthalt sind in der Regel Anfälle vorausgegangen, die für die ganze Familie belastend sind und eine Neueinstellung der Medikation des Kindes nach sich ziehen.

Da über den Entscheidungsprozess kaum etwas bekannt ist, stellt sich unter anderem die Frage, welche Personen eine Heimaufnahme ins Gespräch gebracht haben. Am häufigsten sprach die Hauptbetreuungsperson selbst (33,5%) das Thema Heimaufnahme an. Darauf folgt der Partner bzw. die Partnerin mit 11,2%. Als weitere *Impulsgeber* folgten vor allem Institutionen und Einrichtungen der formellen Hilfen für Familien mit behinderten Angehörigen wie die Schule (7,3%), Ämter (6,4%), institutionelle Tagesangebote der Kinderbetreuung (5%), Sozialpädiatrische Zentren (SPZ) (4,5%), Frühförderung (3,9%), Beratungsstellen (3,6%). Verwandte brachten bei 3,4% der Familien das Thema Heimunterbringung zur Sprache. Familienentlastende bzw. Familienunterstützende Dienste (FED/FUD) wurden überraschender Weise mit 2% selten genannt. Mit weniger als 2% wurden Kurzzeit- und Ferienbetreuung sowie Selbsthilfegruppen benannt. Die geringe Nennung der Kurzzeit- und Ferienbetreuung überrascht nicht, da diese in den Regionen der Heime nicht immer vorhanden sind (vgl. Abschnitt 4.3).

Als größte *Unterstützungsquelle* bei der Entscheidungsfindung zur Heimunterbringung wurde der Partner bzw. die Partnerin genannt. Darüber hinaus boten die Schule mit 12,5%, Verwandte mit 9,8% und Ämter mit 9,5% ihre Unterstützung. Weitere Unterstützung wurde durch Sozialpädiatrische Zentren und Kurzzeit- und Ferienbetreuung mit jeweils 5,7% erfahren. Wenn Kurzzeitbetreuungseinrichtungen und Ferienbetreuungsmaßnahmen vorhanden sind, scheinen diese bei der Unterstützung der Entscheidungsfindung eine gute Hilfe zu sein. Darauf folgen institutionelle Tagesangebote und Beratungsstellen mit jeweils 4,6%, Familienentlastende Dienste mit 4,1%, Frühförderstellen mit 3,3% und Selbsthilfegruppen mit 3%. Pflegedienste wurden kaum erwähnt.

Wie sah nun die Unterstützung aus? 57% (140 Personen) der Befragten beantworteten diese offen gestellte Frage. Vor der Auswertung wurden die gegebenen Antworten kategorisiert. Auch bei dieser Frage bestand die Möglichkeit mehrere Antworten zu geben. Die am häufigsten genannte *Unterstützungsform* bilden Gespräche mit dem Partner bzw. der Partnerin, Freunden und Verwandten mit 29,%. Die Beratung durch Professionelle wurde mit 19,7% am zweithäufigsten genannt, dichtgefolgt von der Hilfe bei der Heimsuche, der Heimauswahl und den Heimbesichtigungen mit 17,8%. Mit 11,6% finden sich emotionale und moralische Unterstützung. Hilfe bei Formalitäten der Heimaufnahme (4,2%), Hilfe bei der Betreuung der Kinder (4,2%), Unterstützung durch den Partner bzw. die Partnerin (3,5%) und Unterstützung durch die Familie allgemein wurden ebenfalls genannt. 1,9% der Befragten gaben an, dass sie keine Unterstützung erhielten.

Da die Entscheidung zur Heimaufnahme ein schwieriger und nicht selten langer Entscheidungsprozess ist, wurde danach gefragt, ob noch Kontakte zu Personen, die den Entscheidungsprozess zur Heimunterbringung unterstützt haben, bestehen. 41,4% der Befragten beantworteten diese Frage mit „Ja". Über 20% der Befragten pflegen den Kontakt durch gelegentliche oder regelmäßige Telefonate. Fast ein Drittel der Befragten trifft sich gelegentlich oder regelmäßig mit den Personen, die sie unterstützt haben. Auf die wichtige Frage, ob sie sich auch andere Unterstützungsmöglichkeiten als ein Heim hätten vorstellen können, antworteten 25,1% mit „Ja". Als *alternative Unterstützungsmöglichkeiten* wurden formelle Hilfen wie Haushaltshilfen, Hausfrühförderung, intensivere Betreuung in Kindertageseinrichtungen, Betreuung des Kindes zu Hause durch Pflegekräfte und/oder Zivildienstleistende, Betreuung des Kindes zu Hause während der Arbeitszeit, bei Krankheit und Urlaub durch Kurzzeitpflegeeinrichtungen, Familien- und Erziehungsberatung, aber auch finanzielle Hilfen wie z.B. Pflegegeld in Höhe der Sachleistungen für Betreuungspersonal genannt. Besonders betont wurde das Bedürfnis nach wohnortnahen Hilfen. Außerdem wurden informelle Hilfen wie Unterstützung durch den Kindsvater, Nachbarn, Freunde und die Gesellschaft allgemein als mögliche Alternativen zum Heim benannt.

Besonderes Interesse galt den Gründen, die zu der Entscheidung, das Kind in einem Heim unterzubringen, geführt haben. Diesbezüglich liegen kaum Kenntnisse in der sonderpädagogischen Fachliteratur vor. 82% der Befragten haben diese Frage beantwortet. Da die Frage offen gestellt wurde, wurden die Antworten in Kategorien eingeteilt. Zu berücksichtigen ist bei dieser Frage die Möglichkeit der mehrfachen Beantwortung (vgl. Abb. 4).

Abb. 4: Gründe für die Heimunterbringung (N=210 Heimeltern, in %)

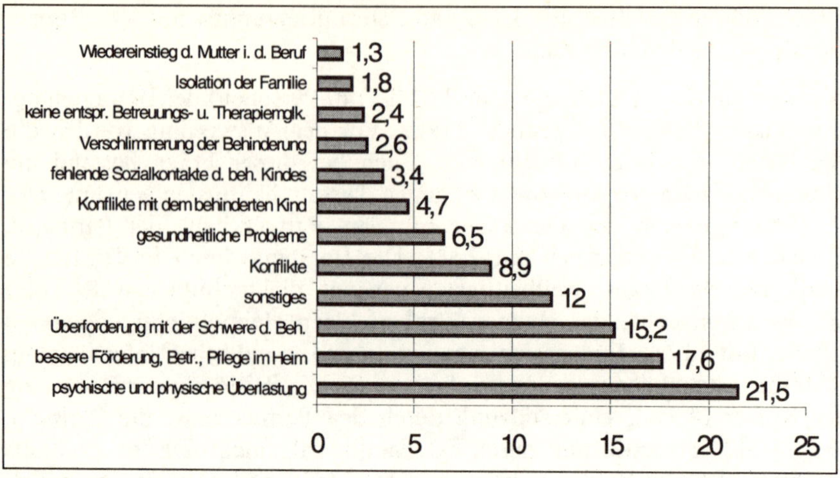

Der mit 21,5% am häufigsten genannte Grund für eine Heimunterbringung liegt in der psychischen und physischen Überlastung der Hauptbetreuungsperson. Es folgen die Überforderung der Hauptbetreuungsperson durch die Schwere der Behinderung des Kindes und die Hoffnung auf bessere Förderung, Betreuung und Pflege des Kindes in einem Heim mit jeweils 15,2%. Weitere Gründe für die Heimaufnahme sind mit 8,9% Konflikte mit bzw. Schuldgefühle gegenüber den Geschwisterkindern, gesundheitliche Probleme der Hauptbetreuungsperson mit 6,5% sowie zunehmende Konflikte und Probleme mit dem behinderten Kind mit 4,7%. Mit deutlich weniger als 5% werden fehlende Sozialkontakte des behinderten Kindes, Verschlechterung bzw. Verschlimmerung der Behinderung des Kindes, keine entsprechenden Betreuungs- und Therapiemöglichkeiten, die positive Gesamtsituation des Heimes (Schule und Therapie vor Ort), die Isolation der Familie und die Möglichkeit des Wiedereinstieges in den Beruf für die Mutter genannt.

Unter Sonstiges finden sich einzelne Antworten die keiner der obigen Kategorien zuzuordnen sind, z.B. Ablösung des Kindes von der Hauptbetreuungsperson; die Situation alleinerziehend und gleichzeitig berufstätig zu sein; keine Hilfe zu haben aber lebenshungrig zu sein; finanzielle Frage, da alleinstehend und im Schichtdienst tätig und Probleme in der Partnerschaft u.Ä.

Aus den Antworten wird deutlich, dass immer eine große Vielzahl an Gründen zu der schwierigen Entscheidung geführt hat, dass Kind mit Behinderung in ein Heim zu geben. Über die Hälfte der angegebenen Gründe beziehen sich unmittelbar auf die Situation der Mütter, aber auch die Situation des behinderten Kindes selbst.

Betreuungs- und Pflegeaufwand für das behinderte Kind

Um ein genaueres Bild von der Situation der Hauptbetreuungsperson zu erhalten erbaten wir Informationen darüber, ob das Kind mit Behinderung über einen Behindertenausweis verfügt und welcher Grad der Behinderung (GdB) vorlag. Darüber hinaus ermittelten wir, ob das Kind zum Zeitpunkt der Heimunterbringung bereits in eine Pflegestufe im Rahmen der Pflegeversicherung eingruppiert war. Zusätzlich wurde nach dem Umfang der über das altersspezifische Maß hinausgehenden Hilfen und dem Bedarf an nächtlicher Betreuung gefragt.

Die Frage nach einem Schwerbehindertenausweis beantworteten 92,3% (229 Ausweise) der Hauptbetreuungspersonen mit einem „Ja". Für 220 Kinder wurde der GdB angegeben. 85,9% der Kinder haben einen GdB von 100. 10,5% der Kinder haben einen GdB von 80. Die übrigen Werte liegen jeweils unter 1%. Zu bemerken ist, dass alle Kinder mindestens einen GdB von 50 haben. Die Frage nach der Pflegestufe des Kindes zum Zeitpunkt der Heimaufnahme konnten 87,1% (223 Personen) beantworten. Der größte Teil der Kinder (35,9%) war zum Zeitpunkt der Heimaufnahme in die Pflegestufe 3 eingruppiert. 24,2% waren in die Stufe 2 und 15,2% in die Stufe 1 eingruppiert. 24,7% der Kinder verfügten zum Zeitpunkt der Heimaufnahme über keine Eingruppierung im Rahmen des Pflegeversicherungsgesetzes.

Abb. 5: Hilfebedarf des Kindes zum Zeitpunkt der Heimaufnahme (in %)

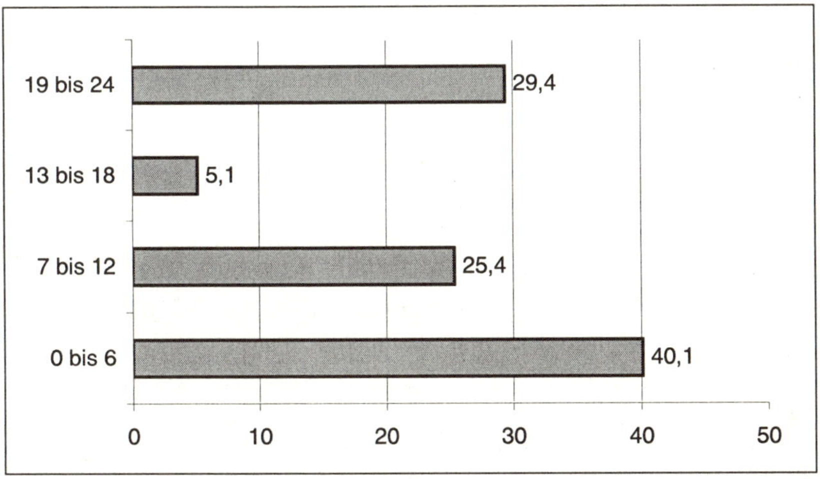

Um eine ungefähre Vorstellung des Betreuungsbedarfes der Kinder zu erhalten, wurden die Hauptbetreuungspersonen nach dem über das altersspezifische Maß hinausgehenden *Hilfebedarf des Kindes zum Zeitpunkt der Heimaufnahme* befragt. Der Hilfebedarf reicht von einer Stunde täglich bis zu 24 Stunden täglich, also einer Rund-um-die-Uhr-Betreuung bzw. -Hilfe. Für den größten Teil (28,9%) der Kinder und Jugendlichen wurde ein Mehrbedarf an Hilfe von 24 Stunden täglich angegeben. Jeweils 9,6% der Kinder und Jugendlichen benötigten nach Angabe der Hauptbetreuungsperson 10 bzw. 4 Stunden Hilfe pro Tag. Darauf folgen die Bedarfe von 5 Stunden täglich mit 7,6%, 12 Stunden täglich mit 6,6% und 6 Stunden täglich mit 5,6%. Die übrigen Bedarfe lagen mit ihrer Nennung jeweils unter 5 Prozent (vgl. Abb. 5). Mit diesen Zahlen wird nochmals deutlich, unter welchen Anforderungen die Hauptbetreuungspersonen und ihre Familien standen.

Neben der täglichen Betreuung benötigt ein großer Teil der Kinder auch nächtliche Betreuung. Drei Viertel der Befragten beantworteten die Frage nach notwendiger nächtlicher Betreuung mit „Ja". 76% der Kinder und Jugendlichen mussten zum Zeitpunkt der Heimaufnahme ständig nächtlich betreut werden, 23,7% der Kinder und Jugendlichen gelegentlich. Hier wird deutlich, dass für viele Hauptbetreuungspersonen, das ist in der Regel die Mutter, die Regenerationsphase in der Nacht durch die einmalige oder mehrmalige Betreuung des Kindes unterbrochen wird. Ständig unterbrochene Ruhephasen führen schließlich zu einem totalen Erschöpfungszustand. Mit diesen Angaben korrespondieren die Einschätzungen der Eltern zum Schweregrad der Behinderung. Wie schon erwähnt, gaben nahezu 60% der Befragten diesen mit „schwerstbehindert" an.

Finanzielle Hilfen zur Pflege und Betreuung des Kindes mit Behinderungen

Im folgenden Abschnitt wird dargestellt, welche finanziellen Kosten durch die Pflege und Betreuung des Kindes mit Behinderungen entstehen und ob diese von Kostenträgern erstattet werden. Außerdem wurden die Eltern danach befragt, ob sie Leistungen nach dem Pflegeversicherungsgesetz erhalten.

Die Auswertung der Frage nach den durch die Pflege und Betreuung entstehenden Kosten und deren Erstattung gibt nur Tendenzen wieder, denn nur 60% der befragten Eltern haben diese Frage beantwortet. Von diesen 60% fielen nochmals zwischen 17% bis 25% der Antworten mit „weiß nicht" und „keine Antwort" aus. Im Folgenden angegebene Prozente beziehen sich also auf 35% der an der Befragung teilnehmenden Familien.

Der größte Anteil der entstehenden Kosten fällt auf die Betreuung (42,1%) des Kindes, dicht gefolgt durch die Kosten für Hilfsmittel (35,5%) und die Kategorie „Sonstiges". In dieser Kategorie finden sich ganz unterschiedliche Angaben, wie z.B. Transportkosten zu Therapien, Therapien, Umbaumaßnahmen in Wohnung bzw. Haus etc. Die Kategorie „besondere Ernährung" bezüglich der Kosten spielt eine untergeordnete Rolle. Die Höhe der entstehenden Kosten variiert je nach Kategorie. Im Falle der Kosten für die Betreuung besteht die größte Bandbreite. Die monatlichen Beträge für diese Kategorie liegen zwischen 50 und 1800 DM. Für die Hilfsmittel fallen monatliche Kosten von 10 bis 750 DM und für besondere Ernährung werden 40 bis 500 DM monatlich verbucht. In der Kategorie „Sonstiges" liegen die Kosten zwischen 25 und 2000 DM. Im Hinblick auf die Erstattung der Kosten für die unterschiedlichen Hilfen ergibt sich folgendes Bild: Der weitaus größte Teil der Familien erhält keine Kostenerstattungen. Werden Kosten doch erstattet, so betragen diese in der Regel nur einen Bruchteil der anfallenden Kosten.

97,9% der diese Frage beantworteten Familien haben Leistungen im Rahmen des Pflegeversicherungsgesetzes erhalten. Mit 59,2% am häufigsten genutzt wurde die Kombination von Pflegegeld und Sachleistungen. 35,7% der Familien erhielten ausschließlich Pflegegeld und nur 2,9% nahmen ausschließlich Sachleistungen in Anspruch.

Personenbezogene Hilfen zur Pflege und Betreuung des Kindes mit Behinderungen

Die Hauptbetreuungsperson, also in der Regel die Mutter, wurde gefragt, in wieweit sie bei der Betreuung des Kindes auf Hilfe durch andere Personen aus der Umgebung zurückgreifen konnten. Auch bei dieser Frage war die Nennung mehrerer Personen möglich und sollte bei der Betrachtung der Zahlen bedacht werden.

Die am häufigsten genannte Person, die Hilfe geleistet hat, war in 140 Fällen der Vater. In 94 Familien folgt die Großmutter als Unterstützung. Die Schwester des behinderten Kindes liegt mit 43 Fällen an dritter Stelle, dicht gefolgt vom Bruder des behinderten Kindes in 42 Familien und dem Großvater in 40 Familien. In 32 Familien wurden andere Familienangehörige als unterstützend angegeben. Hierbei handelte es sich zumeist um Geschwister oder Nichten und Neffen der Eltern des Kindes. Hilfe durch Freunde und Nachbarn spielen bei dieser Frage eine untergeordnete Rolle. *Es wird hier besonders deutlich, dass vorrangig die Familie die notwendige Unterstützung selbst aufbringt.*

In einem weiteren Schritt wurden die Befragten gebeten, das Ausmaß der Hilfe durch die vorher genannten Personen zu benennen. Die Hilfe des Vaters des Kindes wurde bei mehrmaliger Hilfe pro Tag und ein- bis zweimaliger Hilfe pro Tag jeweils mit 27,1% angegeben. Bei 12,7% der Familien half er Rund-um-die-Uhr. Die Großmutter half zu je ungefähr einem Drittel mehrmals die Woche oder seltener als einmal pro Woche. Mit 22,1% wurde sie als einmalige Hilfe pro Woche genannt. Die Schwester des Kindes half mit jeweils fast 25% ein- bis zweimal pro Tag bzw. mehrmals pro Woche. Ebenfalls mit je 19,5% wurde ihre Hilfe mehrmals täglich bzw. seltener als einmal die Woche genannt.

Im Anschluss an den Umfang der Hilfe durch Familienangehörige wurde nach deren Erwerbstätigkeit zum Zeitpunkt der Heimaufnahme gefragt. Die Väter waren mit 89,2% mit mindestens 31 Stunden pro Woche erwerbstätig. 4,7% der Väter waren nicht erwerbstätig bzw. 1,4 % arbeitslos. 52,8% der Mütter waren zum Zeitpunkt der Heimaufnahme erwerbstätig, wobei die Erwerbstätigkeit zwischen weniger als 10 bis zu über 40 Stunden pro Woche betrug. 14% der erwerbstätigen Mütter arbeiteten weniger als 20

Stunden in der Woche und 12,8% der Mütter arbeiteten 40 und mehr Stunden die Woche. Bei der Differenz zur Erwerbstätigkeitsquote der Hauptbetreuungsperson (47,3%) ist zu beachten, dass in 13,6% die Mutter selbst nicht als Hauptbetreuungsperson angegeben wurde. Es folgten die Großmütter mit 20,8%, dann die Großväter mit 11,3%. Die Großmütter des Kindes waren zu 63,5% nicht erwerbstätig. 15,4% von ihnen arbeiteten weniger als 30 Stunden in der Woche.

Zusammenfassend lässt sich sagen, dass die Familien mit der zusätzlich zur Erwerbstätigkeit anstehenden Betreuung und Förderung des behinderten Kindes enorm gefordert sind. Dies betrifft in besonderem Maße die erwerbstätigen Mütter.

Wissen der Eltern über Angebote und Hilfen

Im folgenden Abschnitt geht es um das Wissen von vorhandenen Einrichtungen, die eine Hilfe für Familien mit behinderten Angehörigen darstellen können bzw. diese anbieten. Darüber hinaus wurden die Hauptbetreuungspersonen befragt, ob sie diesbezüglich genügend Kenntnisse haben und durch wen sie dieses Wissen erhalten haben.

Das Wissen um Hilfen ist zwingend notwendig, um diese in Anspruch nehmen bzw. nutzen zu können. Zwischen 90% und 95% der Befragten wissen um die Existenz von Ärzten, Krankengymnasten und Therapien in ihrer Region. Im Bereich der ‚klassischen' institutionellen Tagesangebote zur Kinderbetreuung wie z.B. Regelkindergarten, Sonderkindergarten sowie Bildungseinrichtungen wie Schule und Sonderschule beträgt das Wissen um deren Existenz ebenso wie das Wissen um Mobile soziale Dienste, Pflegedienste, Beratungsstellen und Psychologen ca. 80%. Zwischen 50% und 60% der Befragten ist bekannt, dass es Einrichtungen wie integrative Kindergärten, Familienentlastende Dienste, Kurzzeitunterbringungen, berufsbildende Schulen und Heime in ihrer Umgebung gibt. SPZ, Krippe, integrative Klassen, Horte, Berufsbildungswerke, Selbsthilfegruppen, Ferienbetreuung und Freizeitangebote sind zwischen 30% und 45% der Familien bekannt. Die Kenntnis von Nachbarschaftsdiensten, Behindertenbeirat und Individueller Schwerstbehindertenbetreuung (ISB) liegt unter 20%.

Es ist festzuhalten: Einrichtungen wie Frühförderung, Sonderkindergarten, Pflegedienste, Heime, Psychologen, Regelkindergarten, Schule, Sonderschule, Krankengymnasten, Therapien und Ärzten sind weniger als 20% nicht bekannt, zwischen 60% und 75% der Befragten wissen aber nicht, ob es in ihrer Umgebung Behindertenbeauftragte, Behindertenbeirat und ISB gibt.

Im Anschluss wurden die Eltern gefragt, ob sie zum Zeitpunkt der Heimaufnahme über ihre Möglichkeiten und vorhandene Einrichtungen gut informiert waren. 55,2% der Befragten beantworteten diese Frage mit „Nein". 44,8% der Familien fühlten sich gut informiert. Die größten diesbezüglichen Informationsquellen der Familien waren Ärzte (97), Schulen (72), andere Eltern

(69), und Frühförderstellen (61). Zwischen 32 und 46 mal dienten Sozialpädiatrische Dienste, Beratungsstellen, Kindergärten und Therapeuten sowie Veranstaltungen der Anbieter der Informationsgewinnung. Kaum eine Rolle bzgl. der Information spielten jedem vertraute niederschwellige Informationsquellen wie die örtliche Presse und das Telefonbuch.

Nutzung von Angeboten und Hilfen

Der größte Teil der Kinder und Jugendlichen war zum Zeitpunkt der Heimaufnahme im schulpflichtigen Alter. 62,7% der Kinder und Jugendlichen besuchte die Sonderschule, 2,5% gingen in eine integrative Klasse innerhalb einer Regelschule und 0,8% besuchten die Regelschule. 17,8% der Kinder besuchte einen Sonderkindergarten. 4,6% der Kinder besuchte eine integrative Gruppe im Kindergarten und 0,8% besuchte den Regelkindergarten. 5% der Kinder besuchte keine Einrichtung und wurde somit zu Hause betreut. Die tägliche Betreuung innerhalb der genutzten Einrichtungen betrug zwischen 1,5 und 9,5 Stunden. Fünf Kinder besuchten eine 5-Tage Schule bzw. ein Internat und wurden dort Rund-um-die-Uhr betreut. Die am häufigsten benannte Aufenthaltsdauer der Kinder und Jugendlichen in der Einrichtung lag zwischen 5 und 8 Stunden (ca. 85 % der Kinder und Jugendlichen). Nach der Zufriedenheit mit der Einrichtung befragt, antworteten 42,7% der Befragten mit „sehr zufrieden" und 39,1% mit „eher zufrieden". Nur 7,1% waren mit der vom Kind besuchten Einrichtung sehr unzufrieden.

Die folgende Frage befasste sich mit Veränderungswünschen bezogen auf die vom Kind besuchte Einrichtung. 18% der befragten Eltern wünschten sich eine bessere Förderung des Kindes innerhalb der Einrichtung, 15,9% nannten den Wunsch nach Betreuung des Kindes während der Ferien. 11,7% wünschten sich weniger Personalfluktuation in der besuchten Einrichtung, 10,6% gaben den Wunsch nach mehr Kontakten zu nichtbehinderten Kindern an und 9,8% wünschten sich längere Betreuungszeiten (Mehrfachnennungen). Zudem wurden die Eltern gefragt, welche weiteren Hilfen zusätzlich in Anspruch genommen wurden. Die am häufigsten genutzten Angebote sind mit je fast 17% Ärzte und Krankengymnastik, gefolgt von Frühförderung (9,1%), Therapie (8,4%), Kurzzeitbetreuung (6,9%). Ungefähr 5% verzeichnen Familienentlastende Dienste, Selbsthilfegruppen, Ferienbetreuungen, und Soziapädiatrische Zentren. Die übrigen Unterstützungsangebote wie z.B. Individuelle Schwerstbehindertenbetreuung und Pflegedienste wurden in weniger als 4 % der Fälle genannt. Befragt danach, wie oft die Angebote genutzt wurden fällt auf, dass Angebote wie Frühförderung, Krankengymnastik, Therapien und Familienentlastende Dienste zwischen ein- und mehrmals die Woche genutzt wurden, nämlich jeweils zu ungefähr 75%. Ärzte und Psychologen werden in den meisten Fällen seltener als alle 14 Tage besucht.

Ungedeckter Bedarf an Angeboten und Hilfen

Der folgende Fragenkomplex gibt ungedeckte Bedarfe wieder, die möglicherweise zur Entscheidung der Heimaufnahme beigetragen haben. Zwei Drittel der befragten Hauptbetreuungspersonen haben sich bis zum Zeitpunkt der Heimaufnahme zusätzliche Betreuungsangebote gewünscht. Die erste Frage geht den gewünschten Zeiten der zusätzlichen Betreuung nach. Die am häufigsten gewünschten zusätzlichen Betreuungen betreffen die Wochenenden und Notfälle (jeweils 20,5%). Der Wunsch nach Betreuung des Kindes in der Urlaubszeit wurde von 16,4% angegeben. Betreuung in den Abendstunden wünschten sich 10,6% der Befragten und jeweils knapp 10% der Eltern wünschten sich Betreuung des Kindes während des Tages bzw. während der Schließzeiten der Einrichtungen.

Die nächste Frage beschäftigte sich damit, wer die von der Hauptbetreuungsperson zusätzlich gewünschte Hilfe hätte leisten können (Mehrfachnennungen). Die bereits besuchte Einrichtung wurde mit 21,3% am häufigsten genannt. Darauf folgten sehr dicht Familienangehörige mit 16,6% und Familienentlastende Dienste mit 15,4%. Heime und bezahlte Haushaltshilfen fanden in jeweils 11% der Fälle Erwähnung. Mobile soziale Dienste lagen bei knapp 7% und Pflegedienste bei 5%.

Die dringendsten und am häufigsten genannten ungedeckten Bedarfe liegen mit 63% in der *Kurzzeitbetreuung. Finanzielle Hilfen* waren bei fast 50% der Hauptbetreuungspersonen sehr wünschenswert. Dies trifft ebenso auf die Vermittlung von *Informationen* und ein breiteres *Angebot an Förderungsmöglichkeiten* zu. Jeweils mit ungefähr 40% wurde der Wunsch nach *Gesprächen mit Fachleuten* und *längere Betreuungszeiten* geäußert. Mit je ca. 30% wurden der *Austausch mit Betroffenen*, *psychosoziale Unterstützung*, *Koordination von Hilfen* und *behindertengerechtere Wohnungsausstattungen* gewünscht.

Eine große Entlastung und Möglichkeit des Entspannung stellen kurzfristige Hilfen bei der Kinderbetreuung dar. Die Ergebnisse dieser Frage unterstreichen den dringenden Bedarf an Kurzzeitbetreuungseinrichtungen. Nur 7,7% der Hauptbetreuungspersonen war es jederzeit ohne Probleme möglich eine Betreuung für das Kind bzw. die Kinder zu finden. Immerhin 19,1% der Befragten konnten dies mit geringem Aufwand ermöglichen. *50,2% der Mütter hatten selten oder nur mit großem Aufwand die Möglichkeit dazu. Für 16,6% ist eine kurzfristige Betreuung gar nicht möglich gewesen.* Von Interesse ist nun die Frage, welche Personen diese kurzfristige Hilfe bzw. Betreuung leisteten. Am häufigsten wurden diese Hilfen von den Großmüttern (23,9%), den Großeltern (22,6%), dem Partner der Hauptbetreuungsperson (21,3%) und bezahlten Helfern (21,3%) geleistet. Zwischen 6% und 8% fielen auf die Geschwister des behinderten Kindes, die Tanten, die Familie bzw. Verwandtschaft allgemein, die Freundin der Hauptbetreuungsperson und Freunde. 8,4% der Befragten gaben an von keiner Person kurzfristige Hilfe erhalten zu können bzw. erhalten zu haben. Auch diese Zahlen bestätigen wieder, dass informelle Hilfen in erster Linie von der Familie selbst erbracht werden und erst an zweiter Stelle formelle Hilfen zur Unterstützung der Familie in Anspruch genommen werden. Hier gilt es anzusetzen, um die Schwelle zur Inanspruchnahme der Hilfen weiter herabzusetzen und die Familien dadurch zu entlasten.

4.5.3 Zusammenfassung

Die besondere Situation von Familien mit einem behinderten Kind, die sich dazu entschließen, ihr Kind einem Heim (einer stationären Einrichtung) anzuvertrauen, lässt sich zusammenfassend folgendermaßen charakterisieren.

- Die Kinder sind in der Mehrzahl schwerstbehindert und sind neben der geistigen Behinderung zusätzlich häufig noch sprachbeeinträchtigt, körperbehindert und verhaltensgestört oder leiden an einer Anfallskrankheit. Schon vor der Aufnahme in das derzeitige Heim, hat ein Viertel der Kinder längere Krankenhaus- oder Heimaufenthalte vorzuweisen.
- Die meisten Kinder wurden im Alter von 7 bis 15 Jahren im Heim aufgenommen. Auffällig ist das ein Viertel der Kinder im Vorschulalter aufgenommen worden ist.
- Ein Viertel der Mütter war zum Zeitpunkt der Heimaufnahme ihres Kindes alleinerziehend.
- Der Anstoß zur Heimaufnahme geht zu fast 50% aus der Familie selbst, zur anderen Hälfte aus dem Hilfesystem hervor, mit einer breiten Streuung der ‚Impulsgeber'. Es fehlt offensichtlich an einem eindeutig erkennbaren, als besonders kompetent angesehenen Ansprechpartner bei der Entscheidungsfindung.
- Von der Hauptbetreuungsperson werden eine ganze Reihe von Gründen für die Entscheidung, das Kind in einem Heim unterzubringen, genannt. 50% der genannten Gründe beziehen sich auf die Hauptbetreuungsperson selbst, 30% auf die Situation des behinderten Kindes. In Verbindung mit dem Schweregrad und den Angaben zum Betreuungsbedarf, vor allem auch nachts, zeichnet sich eine völlige Überlastung der Hauptbetreuungspersonen (der Mütter) ab, die auch nicht mehr durch die Unterstützung aus dem engeren Familienkreis abgefangen werden kann. Informelle Hilfen außerhalb des familialen Netzwerkes stehen kaum zur Verfügung.
- Über die Hälfte der Befragten fühlten sich zum Zeitpunkt der Heimaufnahme nicht ausreichend über mögliche Hilfen informiert.
- Zum Zeitpunkt der Heimaufnahme hat es nach Angaben der Eltern vor allem an zusätzlichen Betreuungsangeboten gefehlt (Wochenende, Krisensituationen, Ferien). Vermisst werden aber auch Gespräche mit Fachleuten und ein Mehr an Informationen.

- Den Wunsch nach mehr finanzieller Unterstützung (50%) können wir anhand unserer Ergebnisse nicht endgültig einordnen.
- Die Bedeutung, aber auch die Überlastung des familialen Netzwerkes wurde noch einmal deutlich bei der Frage, wer kurzfristig für die Betreuung einspringen kann: Es sind zuallererst die Großeltern oder der Partner der Betreuungsperson, die einspringen.

Diese besondere Lage der Heimeltern wird noch weiter konturiert bei der nachfolgenden Gegenüberstellung mit der Situation von Familien zu Hause lebender behinderter Kinder (Elternbefragung 1).

5. Zusammenführung der Ergebnisse aus den verschiedenen Untersuchungsbereichen

5.1 Verknüpfung der Ergebnisse aus Elternbefragung und Heimelternbefragung

(A. Hirchert)

Das forschungsleitende Interesse bei der Verknüpfung der Ergebnisse aus Elternbefragung und Heimelternbefragung gilt der Frage, warum es in der einen Teilgruppe zu der Aufnahme des Kindes in ein Heim kam, in der anderen Teilgruppe das Kind jedoch in der Familie verblieb.

Eine erste Möglichkeit, warum Eltern der Heimaufnahme ihres Kindes zustimmen, ist die Vermutung, dass die *Art und Schwere der Behinderung* des Kindes die Familie auf Dauer mit der Pflege und Betreuung des Kindes schlicht überfordern.

Eine zweite These, die es zu prüfen gilt fragt danach, ob *der soziale Status* als Konglomerat des Bildungsniveaus und der Einkommensverhältnisse einen Einfluss auf eine Heimaufnahme des Kindes hat, denn es ist bekannt, dass offene Angebote, deren Nutzung eine Heimaufnahme vermeiden können, eine starke mittelschichtspezifische Ausrichtung haben.

Ein weiterer möglicher Einflussfaktor, der untersucht werden soll, sind die *Familienkonstellationen*, denn auch sie haben einen Einfluss darauf, in welchem Maß die Hauptbetreuungsperson auf Unterstützung hoffen kann. Ein fehlender Partner und viele weitere Kinder können schneller zu Überlastungssituationen führen als die Situation in Zwei-Eltern-Familien mit wenigen Kindern.

Eine letzte These fragt danach, ob Eltern zu Hause lebender behinderter Kinder insgesamt über ein *tragfähigeres formelles und informelles Hilfenetz* als Eltern von Heimkindern zum Zeitpunkt vor der Heimaufnahme verfügen und es deshalb bei letzteren zu einer Aufnahme des Kindes in eine Heim kommt.

Vergleich der Art und Schwere der Behinderung des Kindes

Beginnend sollen Hinweise darauf gesucht werden, inwiefern die Art und Schwere einer Behinderung einen Einfluss ausüben können bei der Entscheidung, ein Kind in ein Heim zu geben.

Ein Vergleich der Behinderungen zeigt, dass die beiden Befragten-Gruppen sich sowohl bzgl. der primären und sekundären Behinderungsarten als auch im Grad der Behinderung ihrer Kinder voneinander unterscheiden, d.h. die Kinder, die in ein Heim gewechselt sind, weisen andere Behinderungsbilder und -ausprägungen auf. Zwar ist in beiden Gruppen eine geistige Behinderung die primäre Behinderung, jedoch in der „Heim-Gruppe" mit 64,1% fast doppelt so häufig wie in der Vergleichsgruppe mit 34,6%. Am zweithäufigsten werden Körperbehinderungen als erste Behinderung genannt, jedoch in der Gruppe der zu Hause lebenden Kinder (im Folgenden: Gruppe 1) zu 22%, in der „Heim-Gruppe" (im Folgenden: Gruppe 2) jedoch nur zu 14,5%. Als dritthäufigste erste Behinderung wird in der Gruppe 1 eine Sprachbehinderung mit 13,4% angegeben, in der Gruppe 2 ist es hingegen eine Anfallskrankheit mit 6,6%. Die Kinder der Gruppe 2 haben also wesentlich häufiger eine geistige Behinderung als die Kinder der Gruppe 1. Auch in bezug auf sekundäre Behinderungen sind Unterschiede zu verzeichnen. An erster Stelle stehen in beiden Gruppen Sprachbehinderungen mit ca. einem Drittel, an zweiter Stelle sind es in Gruppe 1 Verhaltensauffälligkeiten, in Gruppe 2 hingegen Körperbehinderungen. Kinder der Gruppe 2 sind zudem häufig schwerer behindert (vgl. Abb. 1).

Abb. 1: Schwere der Behinderung - Einschätzung der Hauptbetreuungsperson

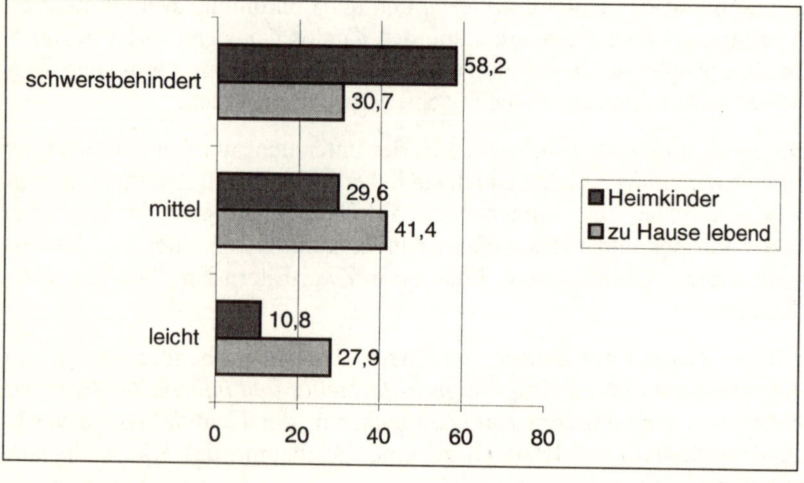

Mit diesen Daten korrespondiert, dass auch wesentlich mehr Kinder der Gruppe 2 über einen Schwerbehindertenausweis verfügen (89,5%) als Kinder der Gruppe 1 (73%). Zudem beträgt der Grad der Behinderung in Gruppe 2 in 74,2% der Fälle 100, was nur auf 50,1% der Kinder in Gruppe 1 zutrifft. Gleiches gilt für die Pflegestufe. Kinder der Gruppe 1 haben mit 40,7% doppelt so häufig keine Pflegestufe wie Kinder der Gruppe 2. Und knapp doppelt so viele Kinder der Gruppe 2 (31,3%) haben Pflegestufe 3.

Ähnlich verhält es sich, wenn man nach der über das altersspezifische Maß hinausgehenden Pflege und Betreuung für das behinderte Kind fragt (siehe Abb. 2). Die Hauptbetreuungsperson der Gruppe 1 veranschlagt hier in der Mehrzahl der Fälle (24,1%) 0-2 Stunden, in insgesamt 57,1% der Fälle werden zwischen 0-6 Stunden angegeben. Die Mehrzahl der Hauptbetreuungspersonen der Gruppe 2 (22,3%) hingegen gibt an, dass zwischen 22-24 Stunden am Tag mit der Betreuung des behinderten Kindes zum Zeitpunkt der Heimaufnahme zugebracht werden mussten. Nur 31% veranschlagten hierfür 0-6 Stunden pro Tag. Das gleiche Bild stellt sich bei der Frage nach der Notwendigkeit nächtlicher Betreuung für das Kind dar. Mit 43,8% geben die meisten Eltern der Gruppe 1 an, ihr Kind benötige nachts keine Betreuung. 16,3% geben an, jede Macht mehrmals das Kind betreuen zu müssen. Die Eltern der Gruppe 2 mussten zum Zeitpunkt der Heimaufnahme in der Mehrzahl mit 33,2% jede Nacht mehrmals für ihr Kind sorgen. Nur 23% gaben an, nachts nicht aufstehen zu müssen.

Abb. 2: Zeit für über das altersspezifische Maß hinausgehende Pflege und Betreuung des Kindes mit Behinderungen (in %)

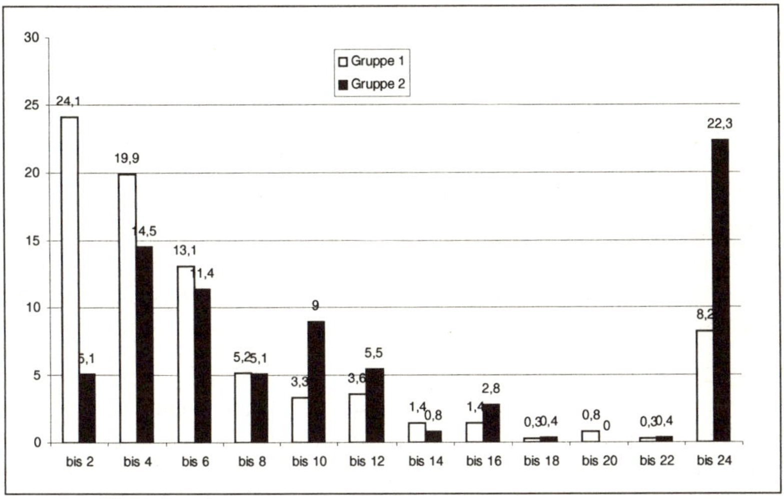

Es zeichnet sich somit deutlich ab, dass die Eltern der Gruppe 2 nach eigenen Angaben zum Zeitpunkt vor der Heimaufnahme des Kindes unter größeren Belastungen standen als diejenigen der Vergleichsgruppe. Ob diese Eltern versuchen, durch die Wahrnehmung der mit der Pflege des Kindes einhergehenden Belastungen die bald darauf erfolgte Heimaufnahme des Kindes zu ‚rechtfertigen', kann hier nicht geprüft werden. Gegen diese Rechtfertigungsthese spricht jedoch, dass erstens der Grad der Behinderung und die Pflegestufe der Kinder aus Gruppe 2 wesentlich über denen der

Vergleichsgruppe liegen. Zweitens sind diejenigen Kinder, die in ein Heim aufgenommen wurden, wesentlich häufiger geistig behindert und deutlich stärker behindert als diejenigen Kinder, die nicht in einem Heim aufgenommen wurden, und drittens benötigen die Kinder der Gruppe 2 einen verstärkten Pflege- und Betreuungsaufwand.

Vergleich des sozialen Status

Auch der soziale Status der Familien könnte einen Einfluss auf die Aufnahme des Kindes in ein Heim haben. Aus früheren Untersuchungen ist bekannt, dass offene Angebote der Behindertenhilfe eine starke mittelschichtspezifische Ausrichtung haben. Das vergrößert die sog. „Schwellenängste“ für Angehörige anderer Schichten, vor allem der unteren Sozialschichten. Aus diesem Grund sollen die Bildungsniveaus und später die Einkommenssituation unserer beiden Elterngruppen miteinander verglichen werden.

Die Eltern aus Gruppe 1 sind laut Schulabschluss im Durchschnitt besser situiert als in Gruppe 2. Sowohl die befragte Person als auch ihr Partner haben häufiger Abitur oder Realschulabschluss und in Gruppe 2 sind mehr Eltern ohne Abschluss bzw. mit Sonderschulabschluss vertreten. Die befragte Person hat in der Gruppe 1 am häufigsten (42%) einen Realschulabschluss. Weitere 25% verfügen über einen Hauptschulabschluss. Abitur haben immerhin noch 18,2%. Dies sieht bei den Befragten der Gruppe 2 anders aus. Sie haben am häufigsten (37,5%) einen Hauptschulabschluss, gefolgt vom Realschulabschluss mit 30,5%. An dritter Stelle ist auch hier mit 12,1% das Abitur vertreten. Auffällig ist, dass über doppelt so viele Befragte in Gruppe 2 einen Sonderschulabschluss haben (4,7%) wie in Gruppe 1 mit 2,1%. Die Partner der befragten Person haben in beiden Gruppen etwa gleich oft und an erster Stelle einen Hauptschulabschluss (ca. 30%). An zweiter Stelle folgt der Realschulabschluss mit allerdings unterschiedlicher Ausprägung. In Gruppe 1 verfügen 25,5% über ihn, in Gruppe 2 nur 17,6%. An dritter Stelle folgt das Abitur, das in Gruppe 2 allerdings auch wieder weniger Personen vorweisen können (14,1%) als in Gruppe 1 (16,6%).

Ähnlich verhält es sich bei der Ausbildung. Auch hier ist die Gruppe 1 besser situiert als Gruppe 2, wenn auch die Tendenzen nicht ganz so deutlich sind. Die befragte Person hat in beiden Gruppen am häufigsten eine Lehre absolviert, allerdings in Gruppe 1 etwas häufiger (47,6%) als in Gruppe 2 (43,8%). Auch ein Fachhochschulstudium wurde in Gruppe 1 öfter absolviert (8,6%) als in Gruppe 2 (4,3%). Außerdem verfügen in der Gruppe 2 mehr Befragte über gar keinen Abschluss (12,5%) als in Gruppe 1 mit 10,9%. Eine gänzlich fehlende Ausbildung tritt auch bei den Partnern der Hauptbetreuungsperson häufiger in Gruppe 2 (9,4%) als in Gruppe 1 (7,3%) auf. Eine Lehre haben auch hier wieder wesentlich mehr Personen absolviert (40,3%) als in Gruppe 2 (34,4%); gleiches gilt für die Berufsfachschule. Zudem ist auch der Prozentsatz der Hochschulabsolventen in Gruppe 1 mit 12,3% höher als in der Gruppe 2 mit 9%.

Die Angaben zu einer Erwerbstätigkeit der Befragten lassen sich nicht in der beschriebenen Richtung interpretieren. So ist die Nicht-Erwerbstätigkeit in Gruppe 1 mit 31,9% wesentlich höher als in Gruppe 2 (20,3%). Allerdings ist nicht ausgeschlossen, dass die Befragten der Gruppe 2 hier nicht auf den Zeitpunkt vor der Heimaufnahme geantwortet haben, sondern vielleicht auf den jetzigen Zeitpunkt bezogen. Dafür spricht auch, dass weniger Personen aus Gruppe 2 arbeitslos sind (7,4%) als in Gruppe 1 (10,3%). Die Partner der befragten Person sind in Gruppe 1 am häufigsten Angestellte (31,9%), in Gruppe 2 Arbeiter (23%). Nicht erwerbstätig oder erwerbslos sind in beiden Gruppen etwa gleich viele Personen, mit einer etwas erhöhten Tendenz in Richtung Gruppe 1. Beamte sind in Gruppe 2 etwas häufiger anzutreffen als in Gruppe 1 (7,8% zu 5,9%). Insgesamt deutet sich hier die Tendenz, dass Gruppe 1 besser situiert ist als Gruppe 2, nicht so deutlich an wie bei den Indikatoren Schulbildung und Ausbildung.

In einem weiteren Schritt soll die Höhe des Einkommens untersucht werden, denn sie lässt in Verbindung mit dem Bildungsniveau Rückschlüsse über den Sozialstatus zu (siehe Abb. 3). Auch hier lässt sich die Tendenz beobachten, dass die Familien der Gruppe 1 besser situiert sind als diejenigen der Gruppe 2. In beiden Gruppen liegt das Familieneinkommen am häufigsten zwischen 3000 und 4000 DM. Allerdings ist die Tendenz in Gruppe 1 eher steigend, in Gruppe 2 hingegen eher sinkend. In Gruppe 2 befinden sich doppelt so viele Familien, die unter 1800 DM zur Verfügung haben als in Gruppe 1 (5,8% gegenüber 10,9%). Und über 6000 DM und mehr verfügen mehr als doppelt so viele Familien der Gruppe 1 als in Gruppe 2 (13,2% gegenüber 5,5%).

Abb. 3: Höhe des Einkommens (in %)

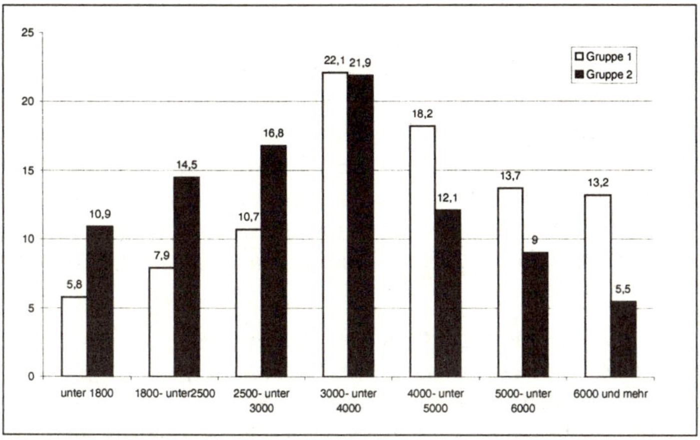

Insgesamt stellen sich also sowohl das Schulbildungsniveau als auch die Einkommensverhältnisse in Gruppe 1 besser dar als in Gruppe 2.

Vergleich der Familienkonstellationen

In Gruppe 2 befinden sich mit 25,8% deutlich mehr Alleinerziehende als in Gruppe 1 mit 17,9%. Auch die Zahl der Kinder differiert in den beiden Vergleichsgruppen. Zwar lebt in beiden Gruppen meistens neben dem behinderten Kind noch ein weiteres Kind in der Familie, aber in Gruppe 1 häufiger (41,7% gegenüber 35,2%). Am zweithäufigsten leben in Gruppe 1 noch zwei weitere Kinder, also insgesamt drei Kinder pro Familie (20,6%). Demgegenüber lebt in Gruppe 2 am zweithäufigsten nur das behinderte Kind in der Familie (27,7%). Die Familien der Gruppe 2 sind also insgesamt etwas kleiner, da hier öfter Ein-Eltern-Familien auftreten und im Durchschnitt weniger Kinder pro Familie leben.

Der Vergleich der beiden Familiengruppen hat ergeben, das in Gruppe 2 häufiger primär geistig behinderte Kinder vertreten sind und die Hauptbetreuungsperson die Behinderung ihres Kindes wesentlich schwerer einschätzt als in Gruppe 1. Damit korrespondiert der im Durchschnitt wesentlich höhere Grad der Behinderung und die höhere Pflegestufe bei Kindern der Gruppe 2 und der von den Eltern angegebene höhere über der altersspezifische Maß hinausgehende Anteil der Betreuung und Pflege des Kindes mit Behinderungen. Gleiches gilt für notwendige nächtliche Betreuung. Alle Indizien sprechen dafür, dass die Kinder der Gruppe 2 schwerer behindert sind als diejenigen der Vergleichsgruppe.

Zudem ist der Sozialstatus der Gruppe 1 durchschnittlich etwas höher anzusiedeln als in der Gruppe 2, bezogen auf Bildung und Einkommen. Drittens lebten zum Vergleichszeitpunkt in Gruppe 2 mehr Alleinerziehende, die tendenziell weniger weitere Kinder zu betreuen haben.

Vergleich des formellen und informellen Hilfenetzes

Es stellt sich die Frage, ob Eltern zu Hause lebender behinderter Kinder über ein tragfähigeres Hilfenetz als Eltern von Heimkindern zum Zeitpunkt vor der Heimaufnahme verfügen, wobei sich das Hilfenetz aus formellen und informellen Hilfen zusammensetzt. Gibt es Unterschiede zwischen den beiden Gruppen hinsichtlich des Wissens der Hauptbetreuungspersonen über die einzelnen Angebote, ihrer Nutzung und hinsichtlich des ungedeckten Bedarfs?

Bei vielen der von uns abgefragten Angebote und Hilfen gaben die Personen der Gruppe 1 öfter an, dass das jeweilige Angebot in ihrer Region existiert. Am häufigsten wurden in beiden Gruppen Ärzte, Krankengymnastik und Sonderschulen als bekannt angegeben. Hier gibt es jedoch wichtige Ausnahmen, die dem Bereich der Behindertenhilfe angehören, wie z.B. Frühförderung und Kurzzeitbetreuung, in denen Befragte der Gruppe 2 teilweise wesentlich besser informiert sind. Die Befragten der Gruppe 1 scheinen also mehrheitlich besser über Angebote außerhalb der Behindertenhilfe informiert zu sein, die Befragten der Gruppe 2 tendenziell eher über

Angebote innerhalb der Behindertenhilfe. Insgesamt fühlen sich die Eltern der zweiten Gruppe etwas häufiger gut informiert als die der Gruppe 1 (36,9% gegenüber 41,8%). Besonders das hohe Wissen in Gruppe 2 in bezug auf die Kurzzeitbetreuung ist bemerkenswert, da oftmals argumentiert wird, eine Heimaufnahme könne durch Kurzzeitbetreuung verhindert oder zumindest verzögert werden. Immerhin 35,5% der Befragten der Gruppe 2 hatten zum Zeitpunkt der Heimaufnahme ihres Kindes Kenntnis von der Existenz eines solchen Angebots in ihrer Region.

Neben dem Wissen über Angebote soll erforscht werden, ob sich die beiden Gruppen hinsichtlich der Nutzung von Angeboten und Hilfen zum Zeitpunkt vor der Heimaufnahme des Kindes wesentlich unterscheiden.

Hier ist neben formellen und informellen Hilfen zu unterscheiden zwischen Bildungseinrichtungen und Betreuungs- bzw. Fördereinrichtungen. Kinder der Gruppe 2 werden meistens in Sondereinrichtungen betreut, im Kindergartenalter überwiegend (76,7%), im Schulalter fast ausschließlich (95%). Auch Kinder der Gruppe 1 werden zumeist in einer Sonderschule betreut (90,9%), allerdings erleben sie im Kindergartenalter oftmals integrative Betreuung (48,1%). Es ist davon auszugehen, dass in unserer Untersuchungsgruppe zumindest für die Gruppe 1 Kinder aus Sondereinrichtungen überrepräsentiert sind, was auf die Methode der Rekrutierung zurückzuführen ist (vgl. Abschnitt 2.3.3). Die Zufriedenheit der Eltern mit der Bildungseinrichtung ihres Kindes ist in beiden Gruppen groß. Jedoch ist die Zufriedenheit bei den Eltern der Gruppe 1 wesentlich ausgeprägter als in Gruppe 2. Veränderungswünsche hinsichtlich dieser Einrichtungen unterscheiden sich gruppenspezifisch dahingehend, dass Befragte der Gruppe 2 sich wesentlich häufiger längere, flexiblere Betreuung und Ferienbetreuung wünschten. Hier scheint ein höherer Entlastungsbedarf zu bestehen. Häufiger Personalwechsel wurde wesentlich häufiger bemängelt als in Gruppe 1 und Integration wurde seltener angemahnt.

Neben der Nutzung von Bildungseinrichtungen wurde auch nach anderen Angeboten zur Betreuung und Förderung sowie zur Information gefragt. Eine große Mehrheit der von uns abgefragten Angebote nutzen Personen der Gruppe 2 zum Zeitpunkt vor der Heimaufnahme des Kindes häufiger als Personen der Gruppe 1, und zwar sowohl den Bereich innerhalb als auch außerhalb der Behindertenhilfe betreffend. Hier liegt die Vermutung nahe, dass die tendenziell stärker behinderten Kinder der Gruppe 2 und ihre Familien insgesamt einen höheren Unterstützungsbedarf zum Zeitpunkt vor der Heimaufnahme hatten und diesen durch die vermehrte Nutzung der Angebote zu kompensieren suchten.

In Bezug auf informelle Hilfen durch Familienangehörige oder Freunde, Nachbarn usw. zeigt sich, dass die Hauptbetreuungspersonen in Gruppe 1 stärker unterstützt werden. Beide Vergleichsgruppen werden am stärksten vom Vater der Kindes unterstützt, allerdings wurden die Mütter von Heimkindern zum Zeitpunkt vor der Heimaufnahme nur in 54,7% der Fälle von ihm unterstützt. In den Familien hingegen, in denen das Kind in der Familie verblieb, wurden die Mutter in 63,9% der Fälle vom Vater des Kindes unterstützt. Diese Tendenz zeigt sich auch in Bezug auch die Großmutter, die Schwester, sowie den Großvater des Kindes, jedoch nicht in dieser starken Ausprägung.

Insgesamt bejahen einen ungedeckten Bedarf wesentlich mehr Eltern der Gruppe 2 (74,2%) als Befragte der Gruppe 1 (57,9%). Doppelt so oft wie die Befragten der Gruppe 1 benötigten sie zusätzliche Betreuung am Tage, in der Nacht, am Wochenende, durchgehend von Montag bis Freitag oder in der eigenen Urlaubszeit (siehe Abb. 4). Man kann fast sagen, sie benötigten zum Zeitpunkt der Heimaufnahme ihres Kindes zu fast jeder Tageszeit entscheidend mehr Hilfe als Eltern, die ihr Kind zu Hause behielten. Die zusätzliche Betreuung, die die Familien anmahnten, sollte nach Meinung der Eltern in Gruppe 1 am besten durch Familienengehörige (29%) geleistet werden, gefolgt von bereits besuchten Einrichtungen (27,4) bzw. FED (22,5%). In Familien der Gruppe 2 standen an erster Stelle bereits besuchte Einrichtungen mit 26,6% und danach erst Familienangehörige mit 20,1%, was wieder einen Hinweis gibt auf die geringere innerfamiliale Unterstützung in Familien der Gruppe 2.

Abb. 4: Ungedeckte Bedarfe an Betreuung zu verschiedenen Zeitpunkten (in %)

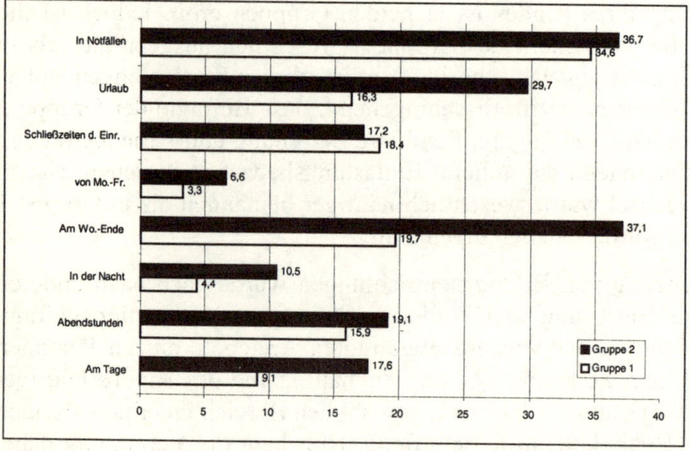

Eine weitere Schlüsselfrage stellt die Verfügbarkeit kurzfristiger Hilfen dar. Sie sind nur für knapp 25% der Familien der Gruppe 2 jederzeit oder meistens mit geringem Aufwand nutzbar gewesen im Unterschied zur anderen Elterngruppe, die sie zu über 50% jederzeit oder meistens mit geringem Aufwand in Anspruch nehmen können. Die Personen, die für diese kurzfristigen Hilfen zur Verfügung stehen, sind in beiden Gruppen in weit überwiegendem Maß Familienangehörige. An erster Stelle stehen in beiden Gruppen die Großeltern bzw. die Oma des Kindes, gefolgt vom Partner der

Hauptbetreuungsperson, der in den meisten Fällen auch der Vater des Kindes sein dürfte. An vierter Stelle folgen in Familien der Gruppe 1 Freunde sowie Familie und Verwandtschaft im allgemeinen. In Familien der Gruppe 2 folgen jedoch bezahlte Helfer oder auch der alarmierende Hinweis, dass es in Notfällen überhaupt niemanden gibt, den die Hauptbetreuungsperson um Hilfe bitten kann. Hier findet sich ein weiterer Hinweis darauf, dass Familien der Gruppe 2 über ein schwächeres informelles Hilfenetz als die Vergleichsgruppe verfügen.

Abschließend wollten wir von den Befragten wissen, welchen der von uns aufgelisteten Hilfen sie sich „sehr" bis „gar nicht" wünschen. Insgesamt haben Befragte der Gruppe 2 einen größeren Bedarf an „Kurzzeitentlastung" (47,7% gegenüber 37,4%) und „längeren Betreuungszeiten" (29,7% gegenüber 14,7%). Eltern der Gruppe 1 hingegen betonen stärker die „finanziellen Hilfen" (46,8% gegenüber 37,9%), die „Fördermöglichkeiten" (41,8% gegenüber 37,5%) und eine „bessere Hilfsmittelversorgung" (23,6% gegenüber 16,8%). Auch hier wird wieder deutlich, dass in Gruppe 2 zeitliche Ressourcen wesentlich knapper sind als in Gruppe 1.

Insgesamt wird deutlich, dass Eltern der Gruppe 2 zum Zeitpunkt der Heimaufnahme ihres Kindes über einen höheren Bedarf an Hilfen speziell im Bereich Betreuungsentlastung verfügen als die Vergleichsgruppe. Dies scheint zum einen daran zu liegen, dass Kinder der Gruppe 2 häufiger geistig behindert und schwerer behindert sind als Kinder der Gruppe 1. Auch der Aufwand für ihre Pflege und Betreuung liegt über dem der Vergleichsgruppe. Gleichzeitig ist der soziale Status in Familien der Gruppe 2 tendenziell schwächer und auch die Familienkonstellationen deuten darauf hin, dass hier weniger Unterstützung für die Hauptbetreuungsperson zu erwarten ist, denn Befragte der Gruppe 2 sind häufiger alleinerziehend.

Vergleicht man das Hilfenetz, so stellt sich heraus, dass Familien der Gruppe 1 ein besseres Wissen über Angebote und Hilfen haben, zumindest was informelle Angebote und formelle Angebote außerhalb der Behindertenhilfe angeht. Über formelle Hilfen und Angebote innerhalb der Behindertenhilfe sind Befragte der Gruppe 2 besser informiert. Bzgl. der Nutzung von Angeboten fällt auf, dass Befragte der Gruppe 2 Angebote zur Betreuung, Förderung und Information zum Zeitpunkt vor der Heimaufnahme verstärkt nutzen. Befragte der Gruppe 1 hingegen werden wesentlich häufiger und intensiver von Familienangehörigen bei ihren Pflege- und Betreuungsaufgaben unterstützt. Fasst man die Ergebnisse zusammen, so wundert es nicht, dass Familien der Gruppe 2 zum Zeitpunkt der Heimaufnahme ihres Kindes über einen größeren ungedeckten Bedarf vor allem im Hinblick auf häufigere und flexiblere Betreuung verfügen als Familien der Gruppe 1.

5.2 Zusammenführung ausgewählter Ergebnisse der Angebotserhebung sowie der Elternbefragung (G. Wachtel)

Die gemeinsame Betrachtung von Ergebnissen der Angebotserhebung und der Elternbefragung von Eltern zu Hause lebender Kinder hat zum Ziel, Perspektiven der Nutzer, in diesem Fall der Eltern bzw. der Familien, und der Leistungsanbieter hinsichtlich ihrer Kongruenz zu prüfen. Drei Schwerpunkte stehen im Mittelpunkt der Betrachtung:

- Informationen und Wissen über regionale Angebote
- Nutzung regionaler Angebote/Unterstützungsnetzwerke
- in Teilen bzw. vollständig ungedeckter Bedarf

Informationen und Wissen über bestehende Angebote stellen eine wesentliche Komponente im Prozess der Inanspruchnahme sozialer Dienstleistungen durch Familien dar. Wirth (1982) unterscheidet in diesem Prozess vier Phasen, die in der Praxis eng miteinander verwoben und z.T. auch parallel anzutreffen sind:

1. Ausgangssituation
2. Entscheidungsphase
3. Bewerbungsphase
4. Klientenphase

Prozesse der Informationssuche spielen in der zweiten Phase eine entscheidende Rolle. Nachdem in der Ausgangssituation das Vorliegen eines Problems festgestellt und die zur Lösung des Problems vorhandenen Ressourcen bestimmt wurden, wird in der Entscheidungsphase die individuelle Suche/Nachfrage nach problemangemessener Hilfe realisiert. Stark verkürzt kann man also sagen: Der formulierte Bedarf ist der Auslöser für eine Wissens-, Orientierungs- und Hilfesuche. Im Rahmen dieses Orientierungs- und Entscheidungsprozesses spielen solche Faktoren wie z.B. vorhandene Zugangsmöglichkeiten zu Informationen, der Bekanntheitsgrad und die Verbreitung von Angeboten eine wesentliche Rolle.

Um Informationen für Interessenten zugänglich zu machen, müssen diese im ersten Schritt entsprechend aufbereitet werden. Im Ergebnis der Adressenrecherche wurde deutlich, dass Informationsmaterialien, die Angebote für Familien mit Kindern mit Behinderung übergreifend darstellen, d.h. unabhängig von den existierenden Rehabilitationsträgern und über das traditionelle System der Behindertenhilfe hinaus gehend, kaum existieren. EDV-gestützte Informationszugänge, die verhältnismäßig einfach zu aktualisieren und ggf. auch über das Internet recherchierbar sind, standen zum unmittelbaren Zeitpunkt der Erhebung in keiner der Modellregionen zur Verfügung. Eine Ansprechperson, die einen Überblick über existierende regionale bzw.

in Frage kommende überregional arbeitende Dienste und Einrichtungen geben kann, war für ratsuchende Eltern ebenfalls selten zu finden. Es standen nur vereinzelt trägerunabhängige Auskunftsstellen zur Verfügung. Die Ergebnisse der Elternbefragung spiegeln die skizzierte Situation deutlich wider. 60,5% der befragten Eltern fühlen sich über das in der Region bestehende Unterstützungsnetzwerk nicht gut informiert, was im Gesamtkontext vermuten lässt, dass die Zugänge zu Informationen für die Eltern mit Schwierigkeiten verbunden sind.

Wie bereits erwähnt, spielt der Bekanntheitsgrad der Angebote im Entscheidungsprozess der Eltern ebenfalls eine erhebliche Rolle. Die Tatsache, dass hinsichtlich des Wissens der Eltern unter den vier ersten Nennungen drei medizinisch-therapeutische Angebote rangieren, verweist noch einmal nachdrücklich auf die Bedeutung der Einbindung des medizinischen Bereichs in das Informationsnetz für Familien mit Kindern mit Behinderung. Ärzte sollten mindestens über Wissen zu übergreifenden regionalen Informationsangeboten bzw. Beratungs- und Auskunftsstellen verfügen und Eltern bei Wunsch in der ersten Kontaktaufnahme unterstützen. Über einen verhältnismäßig hohen Bekanntheitsgrad verfügen außerdem Regelangebote im vorschulischen und schulischen Bereich (Kindergärten, Schulen), eine Tatsache, die zum einen nochmals die bereits in Kap. 3.2.2 ausführlich begründete Forderung nach Öffnung von Regelangeboten für die Bedürfnisse von Familien mit Kindern mit Behinderung bekräftigt. Zum anderen unterstreicht sie aber auch deren Bedeutung als potentielle Vermittler von Informationen bzw., analog zum medizinisch-therapeutischen Bereich, die Notwendigkeit der Einbindung in das Informationsnetz für Familien mit Kindern mit Behinderung.

Die Verbreitung von Angeboten beeinflusst auch deren Bekanntheitsgrad. Die Ausführungen zur Angebotsstruktur im vorschulischen und schulischen Bereich haben deutlich gemacht, dass die Öffnung von Regelangeboten für Kinder mit Behinderung und ihre Eltern unterschiedlich weit vorangeschritten ist. Wie stellt sich das Wissen der Eltern in diesem Zusammenhang dar? 67% aller Eltern wissen um die Existenz von integrativen Gruppen in Kindertageseinrichtungen und 64% um die Existenz von Sonderkindergärten. In der Gesamtbetrachtung scheinen die Eltern über beide Angebotsformen in ungefähr gleichem Maße Kenntnis zu haben, eine Tatsache, die auch in Verbindung mit der fortschreitenden Öffnung von Regelangeboten im Vorschulbereich für Kinder mit Behinderung zu sehen ist. Bundesweit befanden sich 1998 etwa 20.000 nach BSHG wesentlich behinderte Kinder in den unterschiedlichen Organisationsformen integrativer Kindergartenarbeit (das entspricht 43% aller Kinder mit Behinderung in vorschulischer Betreuung). Dagegen besuchen etwa 27.000 Kinder mit Behinderung Sondergruppen eines Sonder- oder Regelkindergartens bzw. Vorklassen an Sonderschulen (Dittrich 1998).

Im Schulbereich verschiebt sich der Wissensstand deutlich in Richtung Sonderangebote. Über 84% der Eltern verfügen über die Information, ob eine Sonderschule vor Ort existiert oder nicht. Über 90% der Eltern geben an, dass eine Sonderschule existiert. Nur knapp 6% können keine Auskunft darüber geben. Etwa 60% der Eltern wissen um die Existenz einer Integrationsklasse. Knapp ein Drittel dieser Eltern gibt an, dass keine Integrationsklassen an allgemeinen Schulen existieren. 22% der Eltern wissen nicht, ob ein derartiges Angebot existiert. Ob diese Tatsache deutlich mit dem Rekrutierungsmechanismus der Stichprobe der Elternbefragung im Zusammenhang steht, kann nicht geprüft werden (vgl. Kap. 3.3.3). Sie deutet aber an, dass das Informationsdefizit der Eltern hinsichtlich integrativer schulischer Angebote höher ist als in bezug auf sonderschulische Angebote.

Auffallend ist ein hohes Maß an Nicht-Wissen der Eltern vor allem in Bezug auf Freizeitangebote, FED, Ferienbetreuung und Kurzzeitbetreuung. Jeweils weniger als 50% aller Eltern mit fallender Tendenz verfügen über entsprechende Informationen. Diese Tatsache korrespondiert mit der von uns ermittelten Angebotssituation. Möglicherweise stellt sich den Eltern aber auch ebenso wie uns als Forscherteam das gesamte Unterstützungsnetzwerk in diesem Bereich als ein äußerst schwer zu durchschauendes Angebot dar, das häufig zwar durch viele Anbieter getragen wird, aber mit Ausnahme des FED oft in andere, übergeordnete Angebotsstrukturen eingebunden ist und somit in seiner Spezifika nicht deutlich zu erkennen ist. Sehr ausgeprägt im Hinblick auf FED, tendenziell aber auch für die anderen Angebote im Bereich der offenen Hilfen, ist die starke Polarisierung zwischen der Gruppe der Eltern, die wissen, dass ein entsprechendes Angebot in ihrer Region existiert, und der Gruppe, die als Antwortmöglichkeit „Weiß nicht" gewählt hat. Ausgehend von dieser Tatsache wäre in weitergehenden Auswertungen zu prüfen, ob die Tatsache, ob Eltern über das entsprechende Wissen verfügen oder nicht, auch in Abhängigkeit vom Unterstützungsbedarf zu sehen ist. So wäre z.B. zu vermuten, dass Eltern von Kindern mit hohem Betreuungsbedarf tendenziell auch eher über entsprechende Angebote informiert sind.

Betrachtet man die Zugangswege zu Informationen, so sehen Leistungsanbieter im wesentlichen zwei Zugangswege: die Informationsvermittlung durch andere Eltern sowie die Vermittlung bzw. Information durch bereits genutzte Institutionen. Dazu zählen z.B. je nach Region die zuständigen Ämter, die Zuweisungen zu Einrichtungen vornehmen, Ärzte, Frühförderstellen, Kindertagesstätten. Diese Zugangswege werden durch die Elternbefragung im wesentlichen bestätigt. Als Vermittler von Informationen dienen laut Hauptbetreuungsperson vor allem die Sonderschule, Ärzte und andere Eltern. Die Betonung der Rolle der Sonderschule als Institution ist im Zusammenhang mit der Rekrutierung der Stichprobe zu sehen. Abstrahiert man von diesem Umstand, so bleibt wiederum die Tatsache, dass einer durch die Familien bereits genutzten Institution eine wesentliche Rolle hinsichtlich der Informationsvermittlung zukommt. Es stellt sich die Frage, ob insbesondere die institutionellen Angebote im Vorschul- und Schulbereich, also Kindertagesstätten, Kindergärten, Vorklassen, SVE, Schulen, die von der Mehrzahl der Familien genutzt werden, diesem Anspruch auf einem qualitativ hohem Niveau gerecht werden können. Die Ergebnisse der Angebotserhebung hinsichtlich Zusammenarbeit und Vernetzung im regionalen Kontext lassen Zweifel daran aufkommen. Auch im Sinne der Wahrung der Chancengleichheit für Eltern wäre deshalb zu prüfen, inwiefern Informationszugänge dieser Art mit übergreifenden trägerunabhängigen Informationsangeboten zu verknüpfen sind.

Scheinbar widersprüchlich zur Bedeutung der Informationszugänge über andere Eltern gestaltet sich das Wissen der befragten Eltern über Selbsthilfegruppen sowie die Teilnahme daran. Nur etwas mehr als ein Drittel aller Eltern weiß, dass in ihrem regionalen Umfeld Selbsthilfegruppen existieren. Nur ein Bruchteil der Eltern nutzen dieses Angebot. Zu vermuten ist, dass Eltern eher informelle Austauschmöglichkeiten zu spezifischen Fragestellungen vorziehen, z.B. Tipps für den Umgang mit Behörden oder Infos zu guten Ärzten, denn die regelmäßige Mitarbeit in Selbsthilfegruppen. Möglicherweise wird hieran auch eine Erwartungshaltung dergestalt deutlich, dass die Informationsgewinnung im Fokus der Eltern steht, nicht aber die eigene aktive Mitarbeit. In weiteren Untersuchungen wäre näher zu betrachten, inwiefern Zusammenhänge zu den veränderten Lebensentwürfen von Frauen bestehen, die in ihrer Lebensgestaltung deutlichere Akzente im Hinblick auf Selbstverwirklichung im Rahmen von Erwerbstätigkeit setzen und weniger auf bürgerschaftliches Engagement. In Anbetracht der in Kapitel 3.2.2 angedeuteten Bedeutung von Selbsthilfegruppen für die gegenseitige Unterstützung der Eltern ist u.E. darüber nachzudenken, welche neuen oder möglicherweise veränderten Formen der Selbsthilfe einer veränderten Bedürfnislage von Eltern gerecht werden können.

Wie bereits im Ergebnis der Angebotserhebung angedeutet, kommt auch aus Sicht der Eltern dem Behindertenbeauftragten nur eine randständige Funktion im Hinblick auf die Vermittlung von Informationen und Unterstützungsangeboten zu. Die Hälfte der Befragten weiß nicht, ob solch ein Beauftragter in ihrer Region existiert. Beratungsangebote wurden nur durch wenige Eltern in Anspruch genommen. Diese Ergebnisse lassen u.E. noch einmal deutlich erkennen, dass der Schwerpunkt der Arbeit der Behindertenbeauftragten darin liegt, die politischen und sozialen Rahmenbedingungen für behinderte Menschen mitzugestalten, indem er aktiv Einfluss nimmt auf die politischen Entscheidungen, die behinderte Menschen betreffen. Der Behindertenbeauftragte auf kommunaler Ebene ist weder Interessenvertreter der Menschen mit Behinderung gegen die kommunalen Behörden noch umgekehrt, sondern vertritt die Belange der Bürger mit Behinderung innerhalb der kommunalen Behörden. Der Beauftragte ist zentraler Ansprechpartner in allen Angelegenheiten der Kommune, die behinderte Menschen berühren. Ähnlich gestaltet sich die Rolle des Behindertenbeirates.

Um dem durch die Eltern formulierten Wunsch nach einer besseren Vermittlung von Informationen besser gerecht zu werden, erscheint es wichtig, niedrigschwellige regionale Informations- bzw. Auskunfts- und Beratungsstellen zu schaffen, die nicht an einzelne Rehabilitationsträger und Leistungsanbieter gebunden sind. Die auf der Grundlage des SGB IX eingerichteten gemeinsamen Servicestellen der Rehabilitationsträger scheinen sich ob ihrer starken Konzentration auf Hilfen zur Teilhabe am Arbeitsleben kaum dafür zu eignen, da sich die Problemlagen und der Unterstützungsbedarf von Familien mit Kindern mit Behinderung anders gestaltet als für erwachsene Menschen mit Behinderung. Hinsichtlich der Anbindung wäre z.B. über eine Zuordnung zum Behindertenbeauftragen oder zum Kinder- und Jugendgesundheitsdienst nachzudenken, der über regionale Außenstellen eine verhältnismäßig große Wohnortnähe des Angebots ermöglichen könnte.

Eltern, für die die Inanspruchnahme dieses Angebotes mit hohen Barrieren verbunden ist, könnten durch eine begleitete Vermittlung der Institutionen, mit denen sie bereits im Kontakt stehen, unterstützt werden. Außerdem ist darüber nachzudenken, inwiefern aufsuchende Angebote helfen können, bestehende Barrieren abzubauen. Regelmäßige Sprechstunden/-tage in wohnortnahen und bereits bekannten Institutionen, z.B. Kindertagesstätten, könnten die Zugangsschwelle ebenfalls senken helfen.

Die Nutzung von EDV-gestützten Informationszugängen wäre sowohl für die beratende Institution als auch für die Familien von erheblichem Vorteil, da neben der Aktualität des Angebotes auch eine stärkere Individualisierung der Hilfeplanung möglich wäre.

Um Austausch und Informationsweitergabe zwischen den Eltern zu ermöglichen, sollte auch die Einrichtung von Infobörsen sowie von regionalen Treffpunktläden bzw. Begegnungsstätten für Eltern von Kindern mit Behinderung stärker unterstützt werden. Ihre Ansiedlung ist im Rahmen von Familienzentren ebenso denkbar wie im Rahmen von Stadtteilzentren. Die vorliegenden Ergebnisse aus der Begleitforschung zur Entwicklung von Familienzentren in der Bundesrepublik Deutschland lassen jedoch erkennen, dass diese Elterngruppe bisher kaum als Zielgruppe durch diese Einrichtungen gesehen wird (Kuhnt 1996). Hinsichtlich der nur begrenzt zur Verfügung stehenden Informationen über Angebote zur gemeinsamen Beschulung von Kindern mit und ohne Behinderung sind auch stärker als bisher Angebote von Eltern behinderter Kinder, andere betroffene Eltern zu beraten, zu unterstützen. Hierbei sollte sowohl eine strukturelle als auch eine finanzielle Unterstützung dieser Initiativen, z.B. im Rahmen der Gestaltung einer familienfreundlichen kommunalen Infrastruktur, erfolgen.

Von den Eltern formulierte Veränderungswünsche lassen in der Spiegelung am Angebot eventuelle Bedarfslücken erkennen. Befragt nach ihren Wünschen hinsichtlich der genutzten Angebote standen an erster Stelle Wünsche nach „besserer Förderung“ in der besuchten Einrichtung und „mehr Integration“ sowie „Ferienbetreuung“. Die in Anbetracht der z.T. sehr eingeschränkten Öffnungszeiten von Betreuungs- und Bildungseinrichtungen erwartete Forderung von Eltern nach „längeren Betreuungszeiten“ blieb in dieser Klarheit aus. Es stellt sich die Frage, worauf sich diese Tatsache gründet. Liegen die Ursachen z.B., wie Böttner u.a. (1997) andeutet, in einer deutlichen Verfestigung der Rolle der Frauen als Mutter und Hausfrau in Familien mit behinderten Kindern? Oder ist es eher die auch in Familien ohne behinderte Kinder anzutreffende und sich gegenwärtig verstärkende Orientierung von Frauen auf Teilzeitarbeit (Engelbrech 2001), die damit das Vereinbarkeitsproblem von Erwerbstätigkeit und Mutterschaft aufgrund unzureichender gesellschaftlicher Unterstützung auf individueller Ebene zu lösen versuchen? Ist es Zufriedenheit mit der dargestellten Situation oder eher Resignation und Anpassung an das scheinbar Unveränderliche? Weitere Untersuchungen sollten detaillierter nach möglichen Ursachen fragen.

Der deutlich ausgeprägte Wunsch nach „besserer Förderung“ in der bereits besuchten Einrichtung kann an dieser Stelle nicht ausführlich diskutiert werden. Er sollte jedoch Anlass zum Nachdenken geben, da die Untersuchungspopulation überwiegend aus Familien besteht, deren Kinder Sonderschulen besuchen, Institutionen also, deren Hauptaugenmerk auf der behinderungsspezifischen Bildung, Erziehung und Förderung von Kindern mit Behinderung liegt. Unter Umständen liegen hier bisher zu wenig berücksichtigte Differenzen zwischen Sichtweisen von Eltern- und Schulseite vor. In nachfolgenden Untersuchungen sollte deshalb sowohl das Verständnis von Eltern hinsichtlich „guter Förderung“ als auch das der Schulen detaillierter hinterfragt werden, um dann im Ergebnis eines Vergleich ggf. Schlussfolgerungen im Sinne von Schulentwicklungszielen formulieren zu können. Da der Wunsch nach einem „breiteren Angebot an Fördermöglichkeiten“ sich im Gesamtkontext der Elternbefragung als einer der Hauptwünsche heraus kristallisierte, sollte diese Frage nicht nur im schulischen Kontext stärkere Beachtung finden, sondern auch im Rahmen regionaler Gesamtplanungen und Abstimmungsprozesse unterschiedlicher Leistungsanbieter. Auf der Folie präzisierter Elterwünsche wäre zu klären, ob Informationsdefizite bzw. inadäquate Erwartungshaltungen zu dieser Einschätzung führen oder ob offensichtliche Angebotslücken vorliegen und welche Möglichkeiten zu deren Überwindung bestehen.

Auch der Wunsch nach „mehr Integration“ bedürfte einer detaillierteren Diskussion. Auf den ersten Blick scheint damit die im Ergebnis der Angebotserhebung formulierte Forderung, dass „Regel“-Angebote immer Vorrang vor gesonderten Unterstützungsangeboten haben sollten, d.h. dass alle Angebote prinzipiell offen sein sollen für die spezifischen Bedürfnisse von

Kindern mit Behinderung und ihren Eltern, klar zu bestätigt zu werden. Das zum Teil sehr eingeschränkte bzw. völlig fehlende Angebot an integrativen Beschulungsmöglichkeiten in einzelnen Modellregionen lässt diese Forderung als einleuchtend erscheinen. Betrachtet man jedoch weitere Untersuchungen, z.B. zur Zufriedenheit der Eltern mit der durch ihre Kinder besuchten Schule für Geistigbehinderte, so wird deutlich, dass auch hier ein sehr differenziertes Herangehen erforderlich ist. Breitenbach/Ebert (1998, 37) konnten z.B. im Ergebnis ihrer Elternbefragung feststellen, dass

> „ein überwältigend großer Anteil der Eltern ... sich eine stärkere soziale Integration ihrer Kinder“ wünscht. Dies betrifft insbesondere vermehrte Kontakte zu Kindern ohne Behinderung im Rahmen der Einrichtung, die das Kind besucht. „Eine beachtliche Gruppe der Eltern gibt in den entsprechenden Fragen jedoch zu verstehen, dass die Schule zur individuellen Lebensbewältigung dazu keinen Beitrag leistet, sondern eher die Ausgrenzung verstärkt. [Aber] nur wenige Eltern, etwa 10%, können sich einen ständigen gemeinsamen Unterricht von Kindern mit und ohne Behinderung vorstellen.“ (ebd., 37)

Ebert und Breitenbach betonen, dass für die Mehrheit der befragten Eltern

> „der gemeinsame Unterricht in einzelnen Fächern oder Schulstunden oder das gemeinsame Gestalten des Schullebens momentan die Form ihrer Wahl“ sei (ebd., 24).

Mit anderen Worten: Diese Eltern plädieren für differenzierte kooperative Angebote im schulischen Bereich. Gleichzeitig verweisen die Autoren jedoch auch darauf, dass diese Ergebnisse aus ihrer Sicht nicht als klare Absage an eine integrative Schule zu verstehen sind, sondern eher auf fehlendes Wissen über integrative schulische Angebote und mangelnde Erfahrung damit zurückzuführen sind, eine Argumentationslinie, der auch für unsere Untersuchung uneingeschränkt zuzustimmen ist. Diese Ergebnisse machen deutlich, dass klar gestellt werden muss, welche Vorstellungen sich hinter dem Schlagwort „Integration“ verbergen und welche Realisierungsformen aus Sicht der Eltern und der Anbieter darunter verstanden werden.

Der Wunsch nach Möglichkeiten zur Ferienbetreuung im Rahmen der besuchten Einrichtungen bestärkt die im Rahmen der Angebotserhebung formulierte Vermutung, dass Angebote zur Ferienbetreuung insbesondere für Schulkinder häufig nicht bedarfsadäquat bereit gestellt werden. Im Sinne eines koordinierten Unterstützungsnetzwerkes für Eltern erscheint es sehr sinnvoll, dass Angebote zur Ferienbetreuung im Rahmen der bereits besuchten Einrichtungen erbracht werden. Sollte dieses Angebot nicht durch den ursprünglichen Leistungsanbieter, z.B. Schule, selbst möglich sein, so wäre in Kooperation mit anderen regionalen Anbieter, ein entsprechendes Angebot zu sichern. In einigen Modellregionen werden im Rahmen von

Angeboten zur nachmittäglichen Betreuung bzw. Freizeitgestaltung entsprechende Modelle bereits realisiert.

Die im Ergebnis der Angebotserhebung bereits benannte Problem eines unzureichenden Angebotes an alltagsnahen, äußerst flexiblen und kurzfristigen familienunterstützenden Hilfen wird durch die Ergebnisse der Elternbefragung aus zweifacher Perspektive nachhaltig gestützt.

Zum einen ist auf ungedeckten Bedarf im Bereich zusätzlicher Betreuung zu verweisen. 65,6% der Antwortenden wünschen sich zusätzliche Betreuung, die aktuell aus ihrer Perspektive nicht geleistet wird, ohne das die Gründe dafür bekannt sind. Besonders häufig wird auf zusätzliche Betreuung in Notfällen (375 Fälle) verwiesen, die aktuell nicht zur Verfügung steht; ein deutliches Indiz für fehlende adäquate Angebote und/oder entsprechende Informationen. Bei der Betrachtung regionaler Angebotsstrukturen wäre z.B. zu fragen, inwiefern z.B. ambulante familienunterstützende Angebote in Form eines FED oder FUD sich in Trägerschaft von Anbietern befindet, deren deutliche Spezialisierung für viele Eltern zu Zugangsbarrieren führt. Etwa halb so oft wie Notfallbetreuung wird Betreuung am Wochenende, während der Schließzeiten der Einrichtungen, im Urlaub oder während der Abendstunden angemahnt, ebenfalls alles Angebote, die den Bereich „Offene Hilfen“ zu zurechnen sind. Befragt danach, wer diese zusätzliche Betreuung am besten leisten könnte, werden an erster Stelle Familienangehörige genannt, gefolgt von bereits besuchten Einrichtungen und FED/FUD. Es ist zu fragen, welche Faktoren die Präferierung innerfamilialer Hilfen bedingen. Aus Sicht der Angebotserhebung wäre zu vermuten, dass die fehlende Flexibilität bzw. auch quantitativ unzureichende Angebote diese Entscheidung beeinflussen. Es ist aber auch zu fragen, inwiefern Finanzierungsfragen und Fragen der inneren Bereitschaft zur Annahme außerfamilialer Hilfen diesen Umstand bedingen. Widersprüchlich erscheinen im Kontext dieser Frage die Aussagen der Eltern, dass kaum „längere Betreuungszeiten“ und „flexiblere Betreuungszeiten“ in den bereits besuchten Einrichtungen gewünscht werden. In welcher Form sollen zusätzliche Betreuungsangebote durch diese Einrichtungen dann erbracht werden? Im Sinne einer bedürfnisorientierten Angebotsplanung besteht hier Nachfragebedarf.

Zum anderen werden Angebotslücken in diesem Bereich dadurch verifiziert, dass es knapp 50% der Befragten nicht möglich ist, ohne oder mit nur geringem Aufwand kurzfristige Betreuungshilfen für ihr Kind in Anspruch zu nehmen, um selbst etwas anderes zu erledigen. Kurzfristig zu organisierende, flexible familienunterstützende Angebote scheinen zu den wesentlichen Lücken im Unterstützungsnetzwerk zu zählen. Aufgrund der Bedeutung dieser Angebote für die Eltern ist zu fragen, wie stellt sich die Angebotssituation im Bereich der Hilfen für Familien generell in diesem Bereich dar. Im Rahmen welcher Angebote werden kurzfristige, flexible Hilfen bereitgestellt? Ist ihre Nutzung auch durch Familien mit Kindern mit Behinderung möglich? Sind diese Möglichkeiten bekannt? Zu denken wäre auch an die Einrichtung eines Krisentelefons, über das die Möglichkeit besteht, kurzfristig Hilfe anzufordern.

6. Infrastruktur soziales Engagement
(R. Drabent)

6.1 Ausgangslage und Projektziele

Aus der gemeinwesenorientierten Ausrichtung des Modellvorhabens ergab es sich zwangsläufig, die Beziehungen zwischen den professionellen regionalen Hilfestrukturen für Familien mit behinderten Kindern und dem freiwilligem sozialen Engagement in den Blick zu nehmen. Sowohl der letzte Bericht der Bundesregierung zur Lage der Behinderten (BMA 1998) als auch die Koalitionsvereinbarung der derzeitigen Bundesregierung (1998) fordern für die Zukunft die stärkere Einbeziehung nichtprofessioneller Hilfen und die Anerkennung und Unterstützung des „Bürgerengagements" im Gesamtsystem der Hilfen für Menschen mit Behinderungen und ihre Familien.

Projektziele

Dem Modellvorhaben war es zur Aufgabe gestellt, bei den Bemühungen um verbesserte und neue Wege der Unterstützung von Familien mit behinderten Kindern auch nach Ansatzpunkten für freiwilliges soziales Engagement in den Modellregionen zu suchen.

Die Kluft zwischen ‚professionellem System' und ‚Laiensystem' muss überbrückt werden. Unter den Bedingungen geltender Leistungsgesetze, die eher institutionsorientiert, die sozialräumliche Gestaltung von Hilfestrukturen (Familie, Nachbarschaft, Gemeinde) nicht fokussieren, muss nach Wegen gesucht werden, wie solche Gesichtspunkte stärker als bisher berücksichtigt werden können. An konkreten Lebenslagen und an alltäglichen Bedürfnissen orientierte, nichtprofessionelle Hilfebeziehungen, die wesentlich zur Gestaltung *„menschenwürdiger sozialer Räume"* beitragen (BMA 1998, 1.16) werden begünstigt, wo sie an eine schon vorhandene ‚Infrastruktur' zur sozialräumlichen Erschließung von informellen Ressourcen (Nachbarschaft, Wohnviertel, Kirchengemeinde, Wohngemeinde) anknüpfen können. Daher sollen in den Projektorten Netzwerke freiwilligen sozialen Engagements in unterschiedlichen Feldern personenbezogener sozialer Hilfeleistungen ermittelt und Möglichkeiten zur Vernetzung mit den Hilfen für Kinder mit Behinderungen und ihre Familien aufgezeigt werden.

In Theorie und Praxis der Behindertenhilfe wird die Diskussion um den Stellenwert von Laienhilfe, ehrenamtlichen Tätigkeiten oder freiwilligem bürgerlichem Engagement eher verhalten geführt. Es herrscht die Befürchtung vor, dass sozialpolitisch als Eingliederungshilfe anerkannte personenbezogene soziale Dienstleistungen, die von Fachkräften im Rahmen ihres beruflichen Auftrages zu erbringen sind, nun von billigerer Laienhilfe abgelöst werden sollten. Diese sicherlich zu beachtenden Befürchtungen können aber blind machen für die grundsätzliche gesellschaftliche Diskussion um das zum freiwilligen bürgerlichen Engagement gewandelte alte Ehrenamt als notwendiger Ergänzung zum verberuflichten Helfen in einer modernen „Zivilgesellschaft" (Kneer 1977). Schon früh erhobene Forderungen, den Stellenwert des freiwilligen sozialen Engagements bei fortschreitender Verberuflichung und Professionalisierung der Behindertenhilfe abzuklären (Thimm 1978) und den Anschluss zu suchen an die nach 1985 einsetzende Modernisierungsdiskussion (zuletzt Thimm 1999), wurden in der Behindertenhilfe kaum beachtet. Ansätze, das Ehrenamt, das „freiwillige Helfen" im fortschreitenden Professionalisierungsprozess in den außerschulischen Feldern der Sonderpädagogik im Rahmen einer umfassenderen Theorie des Helfens (etwa im Anschluss an Luhmann 1973 und Gross/Badura 1977) neu zu positionieren, wurden nicht aufgegriffen (Thimm 1978; Thimm/v. Ferber u.a. 1985; Iris Beck 1994; Thimm u.a. 1997). Auch hier hat die Sonderpädagogik, wie schon in anderen Bereichen aufgezeigt (z.B. bei der Diskussion um den stationären Sektor, vgl. Kap. 4), den inzwischen in der Sozialpädagogik/Sozialarbeit erreichten Diskussionsstand nicht zur Kenntnis genommen.

Beim Ausbau der – sich als offene Hilfen verstehenden – familienentlastenden/familienunterstützenden Dienste (FED/FUD) wurde die in dem wissenschaftlichen Begleitprogramm der Arbeitsstelle REHAPLAN eingeforderte Diskussion um freiwillige ehrenamtliche soziale Dienstleistungen und die Forderung nach stärkerer Einbindung freiwilliger Helfer und Helferinnen und Helfer zugunsten einer einseitig auf Verberuflichung abzielenden Entwicklung zurückgedrängt (Thimm u.a. 1997).

Schon früh kamen in der Projektgruppe Zweifel auf, ob die eingangs dieses Kapitels wiedergegebenen Projektziele zu erreichen wären. Als zu groß erwies sich das theoretische Defizit in der Behindertenpädagogik, zu groß erschien aber auch die offenkundige Distanz der Anbieter von Einrichtungen und anderen Diensten in der Behindertenhilfe (den größten Marktanteil haben hier Caritas-, Diakonie- und Lebenshilfevereinigungen) zum Freiwilligensektor.

Insofern war es notwendig, zunächst die inzwischen breit geführte Diskussion um den Strukturwandel des Ehrenamtes aufzugreifen (kurz zusammengefasst im nächsten Abschnitt). Im Abschnitt 6.3 werden dann Ergebnisse unserer Spurensuche in den Modellregionen wiedergegeben.

6.2 Zum Strukturwandel des Ehrenamtes

6.2.1 Merkmale des Strukturwandels

In Veröffentlichungen zum „Strukturwandel im Ehrenamt" (Olk 1987) wird darauf hingewiesen, dass vor allem die Einrichtungen der freien Wohlfahrtsverbände ihre Anschlussfähigkeit an das freiwillige soziale Engagement mehr und mehr verlieren. Das traditionell verbandsorientierte freiwillige Engagement der Bürger wendet sich zumindest tendenziell themenorientierten Projekten mit veränderten Organisationsformen zu.

Diskutiert wird der vielschichtige Strukturwandel im wesentlichen in sieben sich zum Teil überlagernden Überlegungen:

1. In der etwa Ende der achtziger, Anfang der neunziger Jahre beginnenden Modernisierungs- und Individualisierungsdebatte (vgl. Rauschenbach 1994, 89) wird eine zunehmende Erosion gewachsener und homogener Sozial- und Wertemilieus behauptet, an deren Stelle vielfältige vergesellschaftende Orientierungsmuster getreten sind, die Inhalte und Motive des freiwilligen sozialen Engagement verändert haben.
2. Der aktuelle gesellschaftliche Wertewandel repräsentiert durch „Bestrebungen nach Individualität und persönlicher Autonomie" hat zu einer Ablehnung von „Pflicht- und Akzeptanzwerten zugunsten von Selbstentfaltungswerten" geführt (Klages u.a. 1999, 3).
3. Die Bereitschaft zum freiwilligen sozialen Engagement ist kein natürliches gesellschaftliches Phänomen mehr. Der Abruf von Solidaritätspotentialen bedarf einer modernen Inszenierung (vgl. Rauschenbach 1994, 94).
4. Das freiwillige soziale Engagement wird als Element eines bürgerlichen Lebensstils, als Beitrag zur Bürgergesellschaft diskutiert. Unter diesem Gesichtspunkt ist es nicht primär als Ressource eines Leistungs- und Versorgungsaspektes für Hilfsbedürftige interessant. Es geht darum, das freiwillige soziale Engagement als Vehikel zu nutzen, um die durch Privatheit voneinander isolierten Bürger in die Lage zu versetzen, ihre individualistisch überformten sozialen Kompetenzen wieder zu entdecken und weiterzuentwickeln (vgl. Wendt 1998, 28).
5. Der Wert des freiwilligen sozialen Engagements liegt in seiner demokratischen Intention. Es hält Ermöglichungsstrukturen bereit, mit denen es Menschen befähigt, ihre Lebenswelten zu beeinflussen und sich politisch für ihre Interessen einzusetzen. Darin besteht der Wert des freiwilligen sozialen Engagements und nicht in der erbrachten Leistung für Bedürftige (vgl. Sturzenhecker 1999, 12).
6. „Der Wandel des Ehrenamtes hat auch eine subjektabgewandte, strukturelle Seite, die auf das Ehrenamt und die Ehrenamtlichen einwirkt." Analysen zu Wandlungsprozessen sollten „die veränderten Rahmenbedingungen und das modifizierte Koordinatensystem, das zu einer ‚Neufor-

matierung' des Ehrenamts führt," (Beher u.a. 2000, 78) in das Zentrum des Interesses stellen;

7. Eine völlig neue Dimension des freiwilligen sozialen Engagements eröffnet sich, indem die Grenzen zwischen Profit- und Non-Profitorganisationen durchlässiger werden. Es geht um die Positionierung von Wirtschaftsunternehmen als ‚gute Staatsbürger' (corporate citizen), hinter der, neben der erhofften Imageübertragung von der ‚guten Tat' auf das Produkt oder die Dienstleistung, sich die Überzeugung verbirgt, dass die alte Zweiteilung – der Staat ist zuständig für das Soziale, die Wirtschaft für den Markt – überholt erscheint. Wenn es stimmt, dass „immaterielle Werte und Bindungen mehr und mehr die materielle Wertschöpfung (bestimmen)" (Mutius v. 2000, 17)) und soziale Kompetenz und soziale Verantwortung als Faktoren des Wettbewerbs eine Rolle spielen, könnte es für Unternehmen von Interesse sein, soziale Beziehungen in einer spezifischen Form des freiwilligen sozialen Engagements aufzubauen und zu pflegen.

Freiwilliges soziales Engagement als Teil bürgerschaftlichen Engagements bewegt sich im Kontext einer bereits andauernden Debatte um den Wertewandel. Es wird sowohl als Strategie gegen einen drohenden Verlust gesellschaftlichen Zusammenhalts als auch als Ausdruck einer sich verändernden Art der Gemeinschaftsbildung interpretiert. Den Hintergrund bilden miteinander kommunizierende Varianten der Individualisierungsthese, die davon ausgehen, dass ein hervorstechendes Ergebnis gesellschaftlicher Modernisierung der Zerfall primärer Gemeinschaften im Nähebereich der Menschen und deren Vereinzelung darstellt. Vergesellschaftung erfolgt danach vermehrt auf der Grundlage individueller Wahlhandlungen autonomer Individuen, deren Bindungen an Familie, Primärgruppen und die Gemeinschaft sich verflüchtigen.

Motivelemente des „alten" sowie des „neuen" Ehrenamtes verweisen auf die Annahme, dass moderne Gesellschaften es Menschen abverlangen, „sich gleichzeitig in verschiedene Wertsysteme einbinden (zu) lassen." (Hummel 1995, 217)

Nach Etzioni stellen Widersprüche zwischen Selbstverwirklichung und Vergnügen einerseits und gesellschaftlichen Verpflichtungen andererseits eine wichtige Quelle dar, aus der ein unbewusstes Streben nach Gleichgewicht zwischen Lustgewinn und moralischen Ansprüchen sehr viel eher hervorgeht, als der Wunsch, eines von beiden zu maximieren (vgl. Etzioni 1999, 217).

Vieles wird den im freiwilligen sozialen Engagement Tätigen erst im unmittelbaren Verlauf ihres Tuns bewusst. Ihr Handeln orientiert sich eher an Versuch und Irrtum als an klaren Entscheidungen. So handelt es sich beim „alten" oder „neuen" Ehrenamt nicht darum, dass das eine durch das andere abgelöst wird, sondern darum, dass in der Tendenz altruistische (am Gemeinwohl orientierte) und selbstbezogene (projektorientierte) Motive Allianzen eingehen und individuell bei Gelegenheit und im Einzelfall auszubalancieren sind.

In der neueren sozialwissenschaftlichen Literatur wird darauf abgehoben, wie anstrengend und verunsichernd die Anforderungen und Folgen der Individualisierung sein können, in dem jeder sein „Planungsbüro in eigener Sache" (Rauschenbach 1994, 103) betreibt, wo das „Risiko individueller Freiheit" (Beck u.a. 1994, 10) abgewogen wird. In der Folge einer behaupteten „radikalen Enttraditionalisierung der Lebensformen", in der die „Befreiung von Zwängen und die Einrichtung neuer Abhängigkeiten ineinander greifen, entsteht der „Selbstzwang zur Standardisierung der eigenen Existenz". Für Keupp liegt darin ein Dilemma postmoderner Lebensformen, dem zu entgehen kaum möglich erscheint, weil das „Ausziehen aus einem vertrauten ‚Gehäuse', (...) Identitätsprobleme (schafft), die nicht so schnell zu ‚heilen' sind" (Keupp 1994, 336). Für Hummel hat das unmittelbare Folgen für die Diskussion um das Ehrenamt. „Nicht der Klient, der Notleidende, die Sozialorganisation, der Wohlfahrtsverband oder der Sozialstaat bestimmen und definieren, wo, wie viel und wer als Helfer gebraucht wird. Der Bürger und die Bürgerin sind vielmehr dafür zu gewinnen, dass sie die Mitwirkung an einer solchen Wohlfahrtsproduktion als einen Beitrag für ihr Wohlbefinden und ihr psychosoziales Gleichgewicht empfinden können". In Zukunft soll es darum gehen, „dass der Sozialstaat nicht nur Verantwortung für die hilfsbedürftigen Mitglieder der Gesellschaft trägt, sondern auch Verantwortung dafür, dass Menschen unter komplexen gesellschaftlichen Verhältnissen sozial und bürgerschaftlich handeln ‚dürfen'" (Hummel 1995, 20).

Es scheint für viele zum sozialen Engagement bereite Bürger und Bürgerinnen immer wichtiger zu werden, an den Rahmenbedingungen mitentscheiden und mitbestimmen zu können, sich in der unmittelbaren solidarischen Aktion als authentisch zu erfahren und sich möglichst uneingeschränkt mit den Zielen freiwilligen Engagements zu identifizieren. Die Anschlussfähigkeit des freiwilligen sozialen Engagements zur beruflichen sozialen Arbeit wird somit zu einer eigenständigen Managementaufgabe, die nicht ein mühsames Abringen von Solidarität organisiert, sondern Ermöglichungsstrukturen aufspürt, schafft und bearbeitet, in denen Bürger selbst ihr Gleichgewicht zwischen moralischen Ansprüchen auf der einen, sowie interessegeleiteten Strategien und Lustgewinn auf der anderen Seite herstellen können.

6.2.2 Die „Erosion sozialmoralischer Milieus" (Olk 1999)

Eine der Grundlagen für den Prozess des Strukturwandel des freiwilligen sozialen Engagements wird von Olk in „der Erosion sozialmoralischer Milieus" ausgemacht (Olk 1999, 129), in dessen Folge neue Motiv- und Organisationsformen sozialer Arbeit aufkommen. Diese machen es für die Verbändewohlfahrt sehr schwierig, die in der Bevölkerung vorhandene Bereitschaft zum freiwilligen Engagement in konkrete Formen der Mitarbeit umzuwandeln und an sich zu binden.

In immer neuen Wellen werden Menschen aus traditionellen, familialen, nachbarschaftlichen, beruflichen und kulturellen Bindungen herausgelöst und in ihren Lebenswegen und Lebenslagen durcheinandergewirbelt (vgl. Eickelpasch 1997, 22). Beck geht davon aus, dass an die Stelle ständisch-klassenkulturell geprägter Milieus in einer „Nachklassengesellschaft" „immer feinkörniger privatisierte Lebenswelten" treten, die die traditionellen „alltagsweltlichen Evidenzen" zugunsten einer wachsenden Individualisierung, im Sinne einer neuen Unmittelbarkeit zwischen Einzelnen und Gesellschaft, ablösen (Beck 1983, 53). Die sich anschließend bis in die Mitte der neunziger Jahre ziehende Individualisierungsdebatte bewertete den Gestaltwandel zwischen Individuum und Gesellschaft vorwiegend als besorgniserregend. Individualisierung bedeutete immer auch die Gefahr des Abbaus von Solidaritätspotentialen, auf die die Gemeinschaft weiterhin einen Anspruch erheben könnte. Man sah die Menschen in einer „Egoismusfalle" (vgl. Jakob 1995, 15).

In der Diskussion um die Individualisierung und deren vor allem negativ gesehenen Folgen für das Verhältnis zwischen Individuum und Gesellschaft, insbesondere zwischen dem freiwilligen sozialen Engagement und dem Anspruch der Gemeinschaft auf Solidarität, verweist vor allem Keupp auf die Chancen zu einer Neuakzentuierung (Keupp 1994). Er zielt ab auf neue Formen der Kooperation von hauptamtlichen Professionellen und ehrenamtlichen Mitarbeitern. Individualisierungstendenzen werden dabei nicht automatisch mit Entsolidarisierung gleichgesetzt, sondern Keupp geht es um kooperative Sichtweisen und Möglichkeiten von freiwilligen Hilfeangeboten, denen die „gesellschaftlichen Passungen" verloren gegangen ist. Er weist auf eine Paradoxie hin: „Einerseits wird häufig vom Rückgang des freiwilligen sozialen Engagements gesprochen, und meist wird dafür ein wachsender Individualismus oder Egoismus der Menschen verantwortlich gemacht. Andererseits wird von zunehmender Engagementbereitschaft und nur noch unausgeschöpften Potentialen gesprochen, die bislang zu wenig Kristallisationspunkte für konkretes Handeln gefunden hätten" (Keupp 2000, 17). Empirische Untersuchungen, wie die Eurovol-Studie von 1994 (Gaskin u.a. 1996) bestätigen, dass von einer Abnahme solidarischen Engagements nicht die Rede sein kann. Wohl aber haben sich die Formen solidarischen Handelns gewandelt. Engagement will freiwillig, im individuellen biographischen Zusammenhang geleistet werden und weniger aus einem diffusen Gefühl moralischer Verpflichtung heraus. Es werden weniger die großen Institutionen als kleine und überschaubare Projekte gesucht. Im Zentrum des neuen Individualismus stehen erweiterte Vorstellungen von Selbstverwirklichung und Selbstverantwortung, die solidarisches Handeln keineswegs ausschließen. Die Art und Weise, in der Solidarität ausgeübt und gelebt wird, hat sich gewandelt.

Ist dieser Befund richtig, lenkt er die Aufmerksamkeit nicht auf vermeintlich defizitäre Subjekte, sondern vielmehr auf die Institutionen selbst, die den Verlust an Gemeinsinn beklagen. Sie haben es offenbar nicht verstanden, den sich verändernden Formen freiwilligen sozialen Engagements entsprechende Rahmenbedingungen zu bieten.

Keupp kommt zu dem Ergebnis, dass das „gute motivationale Potential für bürgerschaftliches Engagement nicht einfach durch vorhandene institutionelle Felder abrufbar (ist), sondern es bedarf neuer Gelegenheitsstrukturen". Er fordert dazu auf, ein „Ergänzungsverhältnis von Gelegenheitsstrukturen" (Keupp 2000, 18) zu schaffen, um sich in konkrete Handlungszusammenhänge einpassen zu können.

6.2.3 Die Ablehnung von „Pflicht- und Akzeptanzwerten" zugunsten von „Selbstentfaltungswerten" (Klages u. Gensike 1999)

Auch Klages und Gensicke weisen die Sichtweise zurück, dass die Individualisierung automatisch mit einem Absterben gemeinschaftsbezogener Bereitschaften verbunden sei. Die Auswertung einer von Infratest durchgeführten repräsentativen Erhebung bei etwa 3000 Personen in Deutschland erwies, dass Sozialtugenden wie Verantwortungsbereitschaft und Toleranz oder auch das Bedürfnis nach Harmonieerlebnissen im Wertewandel eine Aufwertung erfahren haben. So ist „die Bereitschaft zum unbezahlten und freiwilligen ehrenamtlichen Engagement außerhalb der Arbeit – in deutlich nachweisbarem Zusammenhang mit dem Wertewandel – nicht kleiner, sondern größer geworden" (Klages u.a. 1999, 3). Die Orientierung an Selbstentfaltungswerten (z.B. Selbständigkeit, freier Wille) steht dabei deutlich im Vordergrund gegenüber Pflicht- und Akzeptanzwerten (z.B. Ordnungsliebe, Fleiß, Pflicht). Aus der Quelle der Selbstentfaltung scheinen am ehesten die neuen Gemeinschaftsressourcen zu sprudeln. Menschen tun etwas für sich und überraschenderweise entsteht dabei nicht nur eine egoistische Ellenbogenmentalität, sondern vielfach die Motivation, in soziale Gemeinschaftsinitiativen einzusteigen.

Jedoch wird nach Klages und Gensicke vieles an Interessen und Bereitschaften zum gemeinwohlorientierten Handeln nicht wirksam. Ungeachtet einer zunehmenden Zahl von freiwillig Engagierten bleiben sehr viele, die zum Engagement bereit sind, faktisch unengagiert. Angesichts solcher Erscheinungen sprechen die Autoren von einer „Krise der Institutionen", sogar von einer „Krise der Demokratie" (Klages u.a. 1999, 7). Sie plädieren dafür, nicht „ausschließlich auf den gesellschaftlichen Wandel hinzuschauen und letztlich in den individualistischer gewordenen Werten, Einstellungen und Verhaltensweisen der Menschen die entscheidende Ursache der Institutionenkrise zu sehen." Vielmehr sehen sie die gesellschaftlichen und politischen Institutionen selbst und vor allem „die über Institutionenbestand und Institutionenentwicklung entscheidenden Eliten" (Klages u.a. 1999, 7) in der Krise.

Ihre These lautet, „dass die Institutionen und die sie tragenden Eliten auf den gesellschaftlichen Wertewandel (...) bisher nicht ‚angemessen' reagieren, so dass die Gleichgewichtsstörung im Verhältnis zwischen den Menschen und den Institutionen, die mit dem Wertewandel eingetreten ist, nicht austariert, sondern vielmehr vertieft wird." Ihre Schlussfolgerung lautet, dass aufgrund des Versagens der Verbands- und Trägereliten „die mit dem Wertewandel verbundenen Bedürfnismassen keinen Halt finden und somit unkontrolliert ausbrechen oder auch versickern" (Klages u.a. 1999, 8). Der „Potentialcharakter der neuen Werte" und die durch sie begünstigte Bereitschaft zum freiwilligen sozialen Engagement wird aus Unkenntnis übersehen. Den häufig noch ungefestigten neuen Werten wird die für ihre „weitere Ausformulierung und Kultivierung erforderliche institutionelle Stützung und ‚Entwicklungshilfe' verweigert, so dass sie in gesellschaftlich periphäre (Freizeit-)Räume abwandern und/oder degenerieren bzw. luxurieren" (Klages u.a. 1999, 13). So kommt es dazu, dass „ein frei flottierendes Potential an Gemeinsinn" letztlich zu einem „brachliegenden Potential" wird und eine „riesige schlafende Ressource" (Klages 1998, 34) darstellt, die aufgrund von Managementunzulänglichkeiten der Verbände und ihrer Einrichtungen nicht abgerufen werde.

6.2.4 Die Notwendigkeit der Inszenierung von Solidaritätspotenzialen

Rauschenbach untersucht im Zuge der Individualisierungsdebatte den tendenziellen Bedeutungsverlust von sozialen Hilfen, die in naturwüchsiger Form privat-lebensweltlich, auf Gegenseitigkeit beruhend erbracht werden.

Ein Ergebnis des Zerfalls von gewachsenen Lebenszusammenhängen sei der „Bedeutungsverlust der naturwüchsig-informellen Formen des Helfens, der „primären, lebensweltlichen sozialen Bedarfsausgleichssysteme", die durch „eigens hierfür bereitgestellte, inszenierte soziale und pädagogische Dienste immer mehr ergänzt oder gar ersetzt werden." Als eine nun notwendige Form „inszenierter Gemeinschaften sind sie Teil einer öffentlichen, hergestellten Ressource des Sozialen." Dabei sind berufliche pädagogische und soziale Dienste nicht einfach die Fortsetzung von informellen Hilfen mit anderen Mitteln. „Inszenierte Solidarität und deren daraus hervorgehende soziale Hilfen sind geplant, institutionalisiert, verberuflicht, bezahlt und letztendlich eingebunden in eine marktförmige Organisation" (Rauschenbach 1994, 98). Professionell sozialstaatlich hergestellte Integration hat Vor- aber auch Nachteile. Die Vorteile liegen in einer grundsätzlichen Verteilungsgerechtigkeit der Hilfsangebote sowie in der Kontinuität bzw. Erwartbarkeit der sozialen und pädagogischen Dienstleistungen. Die Nachteile ergeben sich aus den Zwängen und der Eigenlogik der institutionalisierten und beruflichen Sozialarbeit. Die Beziehungen zu den Hilfsbedürftigen werden anonymer und gehorchen organisatorischen Möglichkeiten und ökonomischer Refinanzierungsvereinbarung. Die personalen Beziehungen unterliegen vertragsorientierten, in der Tendenz solidaritätsmindernden Distanzen. Die Hilfsangebote werden differenzierter, gleichzeitig entstehen aber Diskontinuitäten in der Vernetzung, ein wachsender Abstand zwischen Betroffenen- und Expertenwissen sowie tendenziell Verluste von zwischenmenschlicher Nähe und Wärme.

Die gegen Mitte der 80er Jahre daraufhin bis in die Mitte der 90er Jahre intensiv geführte Diskussion einer „Inszenierung des Sozialen" spiegelte unter anderem die Sorge wider, dass professionelle Sozialarbeit die Tendenz beinhalte, die Kompetenz der Bürger zur Selbsthilfe zu untergraben und einem politisch verstandenen Bürgerstatus die Dynamik zu entziehen.

Berufliche Sozialarbeit richtet einen generalistischen Anspruch an die Bewältigung der Lebensverhältnisse von Menschen. Die Bearbeitung von sozialen Arrangements, Lebenslagen und Lebensweisen in Form von Beratung über sie, Behandlung und/oder Pflege, Eingliederungshilfe für Behinderte sowie Mediation bei Krisen und Konflikten, verspricht nur Erfolg, wenn zwei Dinge berücksichtigt werden: zum einen müssen sie in Zusammenarbeit mit den Betroffenen als Subjekte der Verhältnisse geschehen. „Der fachlichen Kompetenz der Sozialarbeiter steht eine andere Kompetenz der Klienten als Mitbürger gegenüber. Sie sind Experten in eigener Sache" (Wendt 1995, 198). Der Sozialarbeiter hat seine Aufgabe im „Bau von Brücken" zu den Ressourcen der Gemeinschaft. Zum anderen kommt der beruflichen Sozialarbeit sowie ihren Institutionen und Einrichtungen eine zentrale Inszenierungsfunktion – Wendt spricht auch von der Aufgabe „dramaturgischer Gestaltung" (Wendt 1995, 200) – zu: Da beruflich erbrachte Hilfen allein die Lebensproblematik hilfsbedürftiger, insbesondere behinderter Menschen nicht auflösen können, muss der konkrete Hilfebedarf des Alltages vom freiwilligen sozialen Engagement der Mitbürger abgestützt werden. Beher u.a. gehen davon aus, dass „die Aufgabe der Schaffung einer neuen Kultur des Sozialen als Chance für ein modifiziertes Ehrenamt als lebensweltliche Ergänzung einer unverzichtbaren Expertenkultur (besteht)" (Beher u.a., 1998, 20).

Nach Keupp sollten die Wohlfahrtsverbände und ihre Einrichtungen ihre Leitbildvorstellungen verändern und zu „mediating structures" (Keupp 2000, 93) werden, sich also zu vermittelnden Instanzen des gesellschaftliches Solidaritätspotentials im unmittelbaren Sozialraum der hilfsbedürftigen Bürger entwickeln.

6.2.5 Das freiwillige soziale Engagement als Lebensstil

Das freiwillige soziale Engagement als Lebensstil wird unter dem Gesichtspunkt eines Beitrages zur Bürgergesellschaft oder Zivilgesellschaft diskutiert. In dieser Diskussion ist es nicht primär als Ressource eines solidarischen Hilfeleistungsaspektes interessant. Es geht darum, das freiwillige soziale Engagement als Möglichkeit zu nutzen, die durch Individualisierung voneinander isolierten Bürger miteinander und füreinander zu aktivieren. Zwischen wachsender Staatstätigkeit einerseits und individualistischen Lebensentwürfen andererseits, könne, so Olk, das freiwillige soziale Engagement den Weg zu mehr Bürgersinn, mehr sozialer Anteilnahme sowie mehr Bürgeraktivität weisen. Das auch als „Politik der Lebensführung" bezeichnete Konzept setzt an der persönlichen Situation an, belässt sie jedoch nicht in der Sphäre der Privatheit, sondern macht sie öffentlich. Man findet den eigenen Lebensentwurf und seine eigenen Probleme in den Elementen der Lebensgestaltung und der Problematik anderer Menschen wieder und umgekehrt. Man bekommt es sozusagen wieder mehr miteinander zu tun. Bürger bringen individuelle Erfahrungen ein und gewinnen im Austausch neue hinzu; man lässt sich anregen und gibt selbst Anregungen und stimmt sich ab. Private Beweggründe, bürgerschaftliches Engagement anderer zu beanspruchen oder für andere zu leisten, können bei einer Anlaufstelle des sozialen Nahraumes aufgearbeitet und aufgeklärt werden; sie münden in ein „ziviles Engagement". Man schafft und mischt mit. Die privaten Beweggründe der Bürger erfahren eine Überformung, wenn sie an das Licht öffentlicher Reflexion treten. In diesem Sinne ist freiwilliges soziales Engagement als bewusst gewählter Lebensstil mit der Diskussion zum bürgerschaftlichen Engagement und zur Bürgergesellschaft identisch. Dass an die Kommunitarismusdebatte anknüpfende Konzept der Bürgergesellschaft nimmt die Vision eines idealtypischen Bürgers auf, der in einer aktiven Rolle seine eigenen Angelegenheiten selbst in die Hand nimmt und die Herstellung von dezentraler Wohlfahrt, ungeachtet weiterhin notwendiger öffentlicher Fürsorge, zur Sache seines spezifischen Lebensstils macht.

Die Verwendung des Begriffes „Lebensstil" scheint dabei in der aktuellen Diskussion über die Funktion eines Sprachspiels, einer Metapher der Unsicherheit, die auf analytische Unklarheiten neuer sozialer Lagen aufgrund erodierender traditioneller Schichtungen verweist, nicht recht hinauszukommen. In der bundesrepublikanischen Auseinandersetzung wird „Lebensstil" im Zusammenhang der Individualisierungsdebatte vielfach als tendenziell entvergesellschaftete Eigenstilisierung verstanden.

Statt verfließender harter soziodemografischer Merkmale wie Klasse oder Schicht, die eine Zurechnung zu traditionellen gesellschaftlichen Großformationen ermöglichten, gewinnen über ‚Stil' oder ‚Stilisierung' „individuenbezogene ‚Oberflächenphänomene'" (Sander 1990, 21) (Musik-, Mode-, Medien- und andere Geschmackskulturen) an kategorialer Bedeutung.

Endruweit meldet grundsätzlich Zweifel bezogen auf die methodische Reichweite von Lebensstilkonzepten zu umfassenden sozial- und kulturstrukturellen Ausdifferenzierungen an. Insgesamt sei die Lebensstildebatte „sehr mittelschichtorientiert und großstadtzentriert". Er begreift Lebensstilgruppen nicht als „Nachfolger des Schichtenkonzepts, sondern (als) dessen sehr nützliche Ergänzung in der Sozialstrukturanalyse" (Endruweit 2000, 37).

6.2.6 Das freiwillige soziale Engagement als Teil bürgerschaftlichen Engagements – zur Kommunitarismusdebatte

Freiwilliges soziales Engagement, Ehrenamt, Selbsthilfe, Aktivbürger und andere Bezeichnungen sowie deren daran gebundene Inhalte werden in den Begriff des bürgerschaftlichen Engagements aufgenommen und miteinander verknüpft. Somit wird das bürgerschaftliche Engagement (und als dessen spezifischer Teil das freiwillige soziale Engagement) in den Kontext einer Reform der repräsentativen Demokratie eingeordnet. In diesem Interpretationsrahmen tritt es vor allem in Verbindung mit dem Begriff der politischen Beteiligung im unmittelbaren Sozialraum von Bürgern in Erscheinung. In der Legitimation des etablierten demokratischen Prinzips der Interessenvertretung werden Brüche entdeckt, die zur Diskussion des demokratischen Grundkonsenses führen, und die durch freiwillige Bürgerbeteiligung in Form des freiwilligen sozialen Engagements bei der Produktion und vor allem Verteilung von Wohlfahrt aufgehoben werden sollen. Auch im Hinblick auf die Effektivität sozialstaatlichen Handelns erhält das freiwillige soziale Engagement eine steigende Bedeutung. „Interessen, Wissen und Handlungskompetenz von Bürgerinnen und Bürgern werden als Reformressource angesehen, welche kollektives (staatliches) Handeln bürgernäher und zielgenauer werden lassen können" (Blanke u.a. 2001, 15).

Aus der Kommunitarismusdebatte werden folgende Grundannahmen beigesteuert, die den politischen Kern des Bürgerstatus umfassen:

1. Die Bereitschaft der Menschen sich für sich selbst, für andere und mit anderen gemeinsam für das Gemeinwohl zu engagieren, resultiert nach Etzioni aus der den Individuen latent abverlangten Suche nach einem Gleichgewicht zwischen individualisiertem Vergnügen und Nutzen einerseits sowie der moralischen Verpflichtung gegenüber der Gemeinschaft andererseits. Der Bürgerstatus konstituiert sich nicht daraus, dass der notleidende Klient, die Trägereinrichtung eines Wohlfahrtsverbandes oder der Sozialstaat bestimmen und definieren, an welcher Stelle, wie viel und wer als Helfer gebraucht wird, sondern dadurch, dass die Bürger ihre Mitwirkung an der Wohlfahrtsproduktion als einen Beitrag für ihr Wohlbefinden und ihr psychosoziales Gleichgewicht verstehen. Dies sollte in einer Balance zwischen Autonomiebestrebungen und gesellschaftlicher Ordnung stattfinden. Die von Etzioni so bezeichnete „Ord-

nung“ muss von einer besonderen Art sein: „Sie hat weitestgehend auf Freiwilligkeit zu beruhen, eingegrenzt durch gemeinsame Grundwerte. Keineswegs darf sie von alles durchdringendem oder aufgezwungenem Charakter sein. Und Autonomie muss in eine soziale Struktur von Bindungen und Werten eingebettet und darf nicht von ungebundenem Charakter sein“ (Etzioni 1999, 54). Weiterhin ist im unmittelbaren Handlungsrahmen vorauszusetzen, dass die Bürger an den Rahmenbedingungen des freiwilligen sozialen Engagements mitentscheiden und mitbestimmen – möglicherweise den gesamten Vorgang innerhalb eines sozialen Projektes selbst bestimmen – und sich als identisch mit den definierten Zielen erleben können.

2. Nach Walzer darf die Demokratisierung auch vor dem Wohlfahrtsstaat und der Verteilung der Wohlfahrtsgüter nicht enden. Er will es bei der Bereitstellung sozialer Leistungen nicht damit bewenden lassen, dass Dienste aufgebaut und von professionellen Mitarbeitern abgerufen werden, sondern bei der Umsetzung, Anwendung und der alltäglichen Gestaltung von sozialen Diensten möglichst viele Bürger beteiligt wissen. Zu fordern ist eine „Sozialisierung der Wohlfahrtsverteilung“ (Walzer 1992, 42). Walzer sieht ein folgenschweres sozialstaatliches Dilemma, welches darin besteht, dass sich durch Spezialisierung, Professionalisierung und Verrechtlichung zu viele Bürger von der Sorge um das Ganze, der Verständigung um das Gemeinwohl und der Summe konkreter Erfahrungen unmittelbarer solidarischer Praxis verabschieden. Er ist davon überzeugt, dass bei mehr praktischer Beteiligung aller in der Gesellschaft Respekt und Toleranz gegenüber unterschiedlichsten Lebenslagen zunehmen werden. Daraus entsteht nach Walzers Auffassung der Wunsch nach vernetzten und ganzheitlichen Lösungen, sowie die Absicht, viele Probleme präventiv zu vermeiden oder ohne großen bürokratischen Aufwand zu lösen. Bürgerschaftliches Engagement ist der geeignete Weg, durch kluges und nachhaltiges Handeln im unmittelbaren Sozialraum Gewalt, soziale Randständigkeit und Problemlagen zu vermeiden, statt sie aufwendig zu beseitigen. Der Ansatz von Walzer wurde in der Sonderpädagogik aufgegriffen von Thimm (1999).

3. Benjamin Barber fordert die „community education“ auf der Basis von Bürgerforen, um mit psychosozialen Gleichgewichten sowie einer Sozialisierung der Wohlfahrtsverteilung umgehen lernen zu können. Weiterhin sieht er die Notwendigkeit eines starken Sozialstaates und warnt davor, dass Politik und Sozialstaat sich aus der Absicherung öffentlicher Wohlfahrt zurückziehen und marktwirtschaftliche Ansätze sowie Deregulierung letztlich sozialen Zusammenhalt zerstören. Für ihn sind ein starker Sozialstaat und individuelle Interessen kein Widerspruch, sondern im Gegenteil ein zwingender Zusammenhang. Bürgerschaftliches Engagement entsteht danach eher dort, wo der Sozialstaat noch funktioniert. Menschen, die über Arbeitsplätze verfügen, eine öffentliche Infrastruktur

nutzen können, Kinder haben und qualifizierte Kontakte zum unmittelbaren Sozialraum aufbauen können, sind eher bereit sich zu engagieren, als Bürger, für die alles gefährdet ist. Menschen engagieren sich, wenn sie in differenzierten sozialen Zusammenhängen die Erfahrung machen, dass Engagement notwendig und für das eigene bürgerliche Leben sinnvoll ist. Erst die Erfahrung, soziale, gesundheitliche oder ökologische Probleme mit anderen zu teilen, sie gemeinsam öffentlich zu vertreten, verhilft zu einem starken Engagement. Die Überzeugung, Menschen in ihrem bürgerschaftlichen Engagement zu bestärken, findet Niederschlag im Arbeitsprinzip des Empowerments, innerhalb dessen Menschen sich ermutigt fühlen, ihre eigenen Angelegenheiten in die Hand zu nehmen, ihre eigenen Kräfte und Kompetenzen zu entdecken und ernst zu nehmen, und den Wert selbst erarbeiteter Lösungen schätzen zu lernen (vgl. Barber 1994). (Zur Debatte um das Empowerment-Konzept in der Sonderpädagogik vgl. Theunissen u. Plaute 1995).

Im Zentrum der kommunitaristischen Auffassung steht die Annahme, dass Bürgergesellschaften nicht auf abstrakten Gerechtigkeitsprinzipien basieren, sondern in solidarischen Anerkennungsverhältnissen verankert sind, die auf die fortlaufende Demokratisierung der Gesellschaft abzielen (vgl. Kneer 1997, 240). Die kommunitaristische Perspektive bezieht ihre bürgerschaftliche Anschlussfähigkeit daraus, dass sie keine bestimmte (Partei-) Politik diktiert. Sie lenkt die Aufmerksamkeit auf die gesellschaftliche Seite der menschlichen Natur und appelliert an eine Moral zur Anerkennung von Pflichten, die die Bürger in einem Rechtsstaat individuell und kollektiv freiwillig und gebunden an bestimmte Werte und grundsätzlicher Einsichten übernehmen müssen (Etzioni 1998, 283). Mit der Kommunitarismusdebatte wurde dem Nachdenken über eine „neue Kultur des Sozialen" der Weg geebnet. So fordert Keupp (2000) neue Leitbilder für die Sozialpolitik, die bürgerschaftliches bzw. freiwilliges soziales Engagement als Basiselemente aufnehmen. Dabei stellt er die Frage nach den sozialpsychologischen Bedingungen von „Alltagssolidarität" und der damit im engen Zusammenhang stehenden Bedeutung sozialer Netzwerke. Er geht davon aus, dass die heute relevanten Netzwerke im abnehmenden Maße durch „traditionelle Ligaturen" (Bindungen), also Familie, Verwandtschaft oder Nachbarschaft repräsentiert seien. Bedeutsamer hingegen werden „posttraditionelle Ligaturen" wie Selbsthilfegruppen, selbstorganisierte Initiativen, Freiwilligenagenturen oder andere Gemeinschaften, die „vermittelnde Strukturen" zwischen Alltag und professionell-institutionellen Strukturen staatlicher Sozialpolitik darstellen. Es ist nicht die Aufgabe der Politik, die Gesellschaft zu bedienen, sondern sie zu aktivieren. Dazu bedürfe es eines neuen Ansatzes in der kommunalen Sozialpolitik, der sich an den Ressourcen der Bewohner des unmittelbaren Sozialraumes orientiert und nicht an ihren Defiziten. Ins Aufmerksamkeitszentrum rückten jetzt die lokalen sozialen Aktivitäten von Bürgern, die ihre alltäglichen sozialen Lebensbedingungen aktiv mitgestalten wollen. „Dabei eröffnen sich ein wichtiges Lernfeld für Konflikterfahrungen und Konfliktregulation" und ein Zugang zur demokratischen Kernidee der Konfliktbewältigung (Keupp 2000, 203).

6.2.7 Freiwilliges soziales Engagement und Wirtschaft

Die Diskussion um das freiwillige soziale Engagement und seine Verbindung zur Wirtschaft beginnt in Deutschland erst zögerlich im Gegensatz zu anderen Industrienationen (USA, Großbritannien). Verbindungen zwischen dem freiwilligen sozialen Engagement und Wirtschaftsunternehmen konzentrieren sich in der Hauptsache auf Spendentätigkeiten oder dem Sponsoring auf unterschiedlichen Ebenen. So entwickeln sich in jüngster Zeit Existenzgründungssponsoringaktivitäten in den neuen Bundesländern, Institutionssponsoring im Jugendbereich, Aktionssponsoring zur Unterstützung von Ausbildungswerkstätten, Projektsponsoring im Bereich soziales Lernen sowie Schulsponsoring von besonderen Projekten im Rahmen des schulischen Lernens (vgl. Gnielczyk u.a. 1999, 64).

Für Wirtschaftsunternehmen gibt es handfeste Gründe, sich strategisch über ihre angestammte Rolle als Arbeitgeber, als Hersteller von Produkten und Dienstleistungen oder als Sozialpartner hinaus zu öffnen und weitergehende Kontakte mit ihrer Umwelt aufzunehmen: unruhige Märkte und Zielgruppen, die in ihren spezifischen Lebenswelten stil- und bedarfsgerecht angesprochen werden wollen und ihre Kaufentscheidung auch nach sozialen oder ökologischen Kriterien ausrichten, also gleitende Potentiale (vgl. Lang 1999, 21), lassen es angeraten erscheinen, sich als sozial Engagierte zu präsentieren. Die Chancen, die mit dieser speziellen Art des freiwilligen sozialen Engagements entfaltet werden könnten, sind noch nicht hinreichend reflektiert worden.

6.3 Freiwilliges soziales Engagement in den Modellregionen, verpasste Chance zur Modernisierung?

6.3.1 Spurensuche

In den Diskussionen auf den Projektkonferenzen mit den Fachleuten der Behindertenhilfe aus 16 Modellregionen und 17 stationären Einrichtungen für Kinder und Jugendliche ergaben sich nur vereinzelt Hinweise auf eine Einbindung ehrenamtlicher Tätigkeiten. Wir hatten erwartet, dass sich an einigen Standorten, die in das Seniorenzentren-Programm des BMFSJ oder in das Modellvorhaben Freiwilligen-Zentren des Deutschen Caritasverbandes aufgenommen worden waren, Kontakt zur Behindertenhilfelandschaft herausgebildet hätten. Das war nicht der Fall.

Einige Aufschlüsse ergaben sich dann aber aus den umfangreichen schriftlichen Erhebungen zu den Angebotsstrukturen in den Modellregionen, bei denen im standardisierten Fragebogen auch Fragen zum freiwilligen sozialen Engagement gestellt wurden.

In den 16 Modellregionen wurden 1771 Adressen von Anbietern von Hilfeleistungen für Familien mit behinderten Kindern ermittelt. In die Auswertung gingen 596 Fragebögen ein. 155 Leistungsanbieter (26 %) haben in ihre Arbeit ehrenamtlich Tätige eingebunden, keine Angaben dazu konnten 441 (74 %) machen.

6.3.2 Quantitative Aspekte

Die 155 Leistungsanbieter für Familien mit behinderten Kindern repräsentieren 13 Einrichtungstypen und 24 Leistungsarten des freiwilligen sozialen Engagements.

Mit einem Kranz von Freiwilligen (Ehrenamtlichen), der dauerhaft oder bedarfsorientiert zur Verfügung steht und ab 20 Personen beträgt, arbeiten 22 Leistungsanbieter zusammen, die fast alle zu den Einrichtungstypen Vereine/Verbände sowie Beratung und Beratungsstellen gehören und überregional tätig sind. So kann z.B. der Blinden- und Sehbehinderten-Verband Brandenburg e.V. auf 160 „Ehrenamtliche“ für örtliche Beratungsaufgaben zurückgreifen, oder der sich gezielt um die Integration von Menschen mit Behinderungen bemühende Alt Rahlstedter Männerturnverein aus Hamburg, konnte 140 „Ehrenamtliche“ für Vorstands-, Abteilungs- und Übungsleitungsaufgaben gewinnen. Der Familienentlastende Dienst (FED) des Caritasvereins Altenoythe (Landkreis Cloppenburg, Niedersachsen) nimmt unter den Anbietern mit einer größeren Zahl von „Ehrenamtlichen“ auch unter der Perspektive direkter eingreifender Hilfen am Menschen mit Behinderung eine Sonderstellung ein. Er kann für die Pflege behinderter Menschen im eigenen Haushalt dauerhaft auf 32 „Ehrenamtliche“ zurückgreifen. Alle anderen Anbieter greifen auf eine geringere Zahl von Freiwilligen zurück.

Von den 155 Leistungsanbietern mit Beziehungen zum freiwilligen sozialen Engagement wurden insgesamt 409 Nennungen in 24 Leistungsarten angegeben. Die Leistungen der „Ehrenamtlichen“ erfolgen in deutlicher Staffelung der Häufigkeit der einzelnen Arten. Die Spanne reicht von 59 Nennungen bei der Leistungsart „allgemeine Organisation und/oder Administration“ bis zu einer Nennung bei der Hausaufgabenbetreuung in einer Sonderschule für geistig behinderte Schüler.

Die Gesamterfassung der zum freiwilligen sozialen Engagement bereiten „Ehrenamtlichen“, differenziert nach Platz- oder Mitgliederzahl der Institution weist nach, dass Anbieter mit über 250 Plätzen oder Mitgliedern 745 Freiwillige an sich binden können. Anbieter mit bis zu 250 Plätzen oder Mitgliedern vermögen 518 Freiwillige einzusetzen, Anbieter mit bis zu 50

Plätzen oder Mitgliedern gelingt es, 489 „Ehrenamtliche“ zur Mitarbeit zu bewegen.

Tab. 1: Einsatz der „Ehrenamtlichen“ insgesamt (N = 409)

Art der Leistungen	*Zahl der Nennungen*
Allgemeine Organisation und/oder Administration	59
Mithilfe bei Veranstaltungen, Öffentlichkeits- und/oder Pressearbeit	57
Begleitung von Freizeit- und Ferienmaßnahmen	41
Verbands-, Vorstands- und Beiratstätigkeit	41
Beratung v. Menschen mit Behinderungen und/oder deren Angehöriger	40
Freiwillige und unbezahlte Mehrarbeit von hauptberuflichen Mitarbeitern	24
Betreuungsleistungen in stationären Einrichtungen und Schulen	18
Hauswirtschaftliche Hilfen in Einrichtungen	16
Begleitung im Alltag (Stadtgang, Kneipe, Kino, Sportveranstaltungen o..Ä.)	15
Handwerkliche Tätigkeiten	13
Transport- und Fahrdienste	13
Bildungsangebote f. Menschen m. Behinderung und/oder d. Angehörige	11
Übungsleiter Sportverein	10
Betreuungsleistungen in teilstationären oder ambulanten Einrichtungen	9
Leitung Selbsthilfegruppe	8
Direkte Unterstützung in Familien mit behinderten Kindern	7
Mitarbeit Selbsthilfegruppe	6
Begleitung bei sportlicher Betätigung	5
Therapeutische Angebote, Behandlung	4
Besuchsdienste	4
Pflegetätigkeiten	3
Medizinische Betreuung im Sportverein	2
Begleithundeausbildung	2
Hausaufgabenbetreuung	1
Gesamt	409

Ein Zusammenhang zwischen der Größe der Anbieter professioneller Dienstleistungen und der Art in Anspruch genommener freiwilligen Tätigkeiten scheint nicht zu bestehen. Bei der vorgenommenen Differenzierung nach Größe bleibt die Rangfolge allgemeiner Organisation und Administration, Mithilfe bei Veranstaltungen und Öffentlichkeitsarbeit, Verbands-, Vorstands- und Beiratstätigkeit, Beratung für Menschen mit Behinderung und deren Angehörige, sowie bei der Begleitung von Freizeit- und Ferienmaßnahmen bestehen.

Die Ausdifferenzierung der Häufigkeit des Abrufs von Leistungen „Ehrenamtlicher“ nach Einrichtungstypen weist nach, dass Beratung in Beratungsstellen oder in Institutionen, die die Rechtsform eines eingetragenen Vereins gewählt haben, die meisten zum freiwilligen sozialen Engagement bereiten Bürger einbindet, gefolgt von Sportvereinen und Verbänden, institutionellen Tagesangeboten und Selbsthilfegruppen. Die relativ hohe Positionierung der institutionellen Tagesangebote begründet sich zum großen Teil aus der Bereitschaft von mitarbeitenden Eltern in Kindertagesstätten bzw. Kindergärten.

Die Betrachtung des Einsatzes von „Ehrenamtlichen“, differenziert nach Bundesländern, weist Hamburg als deutlich führend nach, gefolgt von Nordrhein-Westfalen und Bremen. Mit Abstand folgen dann Sachsen, Niedersachsen und Brandenburg. Es sei darauf hingewiesen, dass dieses Ergebnis nur Gültigkeit für die Einrichtungstypen beanspruchen kann, die mit der Erhebung erfasst worden sind. Bestimmte Einrichtungstypen, z.B. aus dem gesamten Altenbereich, wurden nicht angesprochen. Von daher sind Aussagen der Angebotserhebung immer in Relation zum untersuchten Ausschnitt zu verstehen.

Abb. 1: Gesamterfassung Anzahl „Ehrenamtlicher“ nach Einrichtungstypen (Anzahl)

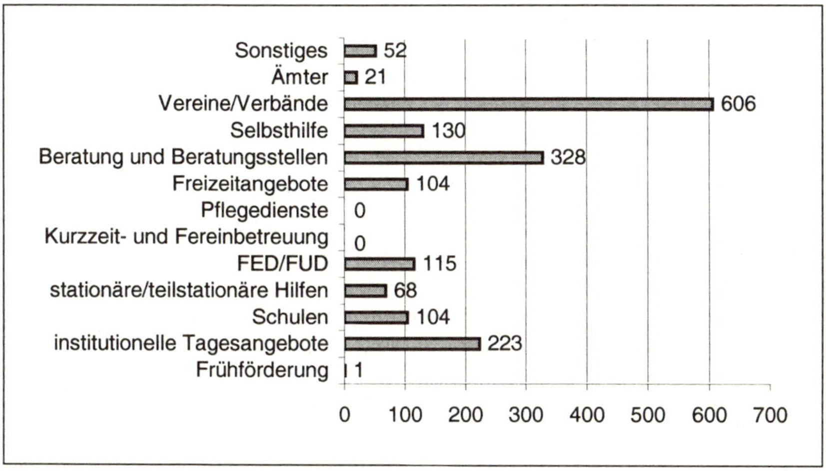

Die Erfassung der „Ehrenamtlichen“ nach Konstanz der Leistungen hat ergeben, dass 70 Anbieter mit dauerhaft und sporadisch tätigen Freiwilligen arbeiten, 68 ausschließlich mit konstant tätigen „Ehrenamtlichen“, sowie 17 ausschließlich mit sporadisch tätigen Mitbürgern. Die Gesamterfassung der „Ehrenamtlichen“ nach Einrichtungstypen vermittelt ein zumindest in der Deutlichkeit überraschendes Bild (vgl. Abb. 1). Von den insgesamt gemeldeten 1752 Mitarbeitern und Mitarbeiterinnen des freiwilligen sozialen Engagements werden 606 in Sportvereinen und Verbänden eingesetzt, 328 im Bereich Beratung und Beratungsstellen sowie 223 in institutionellen Tagesangeboten. Die anderen Einrichtungstypen folgen mit Abstand (vgl. Abb. 1).

Ohne Entgelt oder Aufwandsentschädigung stellen 1196 „Ehrenamtliche" (68,2%) ihre Leistungen für Menschen mit Behinderungen zur Verfügung. Mit der Möglichkeit einer Aufwandsentschädigung können 398 Mitbürger zur freiwilligen Mitarbeit gewonnen werden (22,7%). Für 158 „Ehrenamtliche" (9,1%) liegen über diesen Sachverhalt keine verwertbaren Angaben vor.

6.3.3 Qualitative Aspekte – Empfehlungen

Die Angebotserhebung weist nach, dass bei 74% der an der Befragung teilnehmenden Einrichtungen (441 von 596) keine Verbindung zum freiwilligen sozialen Engagement besteht.

Die stereotyp anmutende mitgeteilte Begründung lautet: Zeitmangel bei Vernetzungsaufgaben. In dieser scheinbar objektiven Begründungsformulierung schwingen nicht selten beiläufig abwertende Konnotationen mit Blick auf nicht ausgebildete „Ehrenamtliche" mit.

Der durch die Veränderung der gesetzlichen Bestimmungen (§93ff. BSHG) herausgeforderte Professionalisierungsschub legt die Verantwortlichen der Leitungsebene der Einrichtungen auf die refinanzierbaren Kernaufgaben fest, zu denen Vernetzungsleistungen in den Sozialraum und somit auch zum freiwilligen sozialen Engagement nicht gehören. Aus diesem Grunde unterbleiben offenbar häufig Kontakte zwischen professionellen und auf freiwilligem sozialen Engagement beruhende Hilfestrukturen.

Die Vernetzung in den Sozialraum und somit auch zum „Ehrenamt" ist mittlerweile jedoch ein eigenständiger und sehr zeitintensiver Arbeitsbereich geworden, der neben die unmittelbare Betreuungsleistungen, die betriebswirtschaftlichen und konzeptionellen Organisationsleistungen der Einrichtungen treten müsste, um dem gemeinwesenorientierten Kern des Normalisierungskonzeptes Geltung und Wirksamkeit zu verschaffen.

Das kann kaum durch die zwar aus administrativen oder gesetzgeberischen Gründen notwendige Debatte um Qualitätsmanagement und Zertifizierungsmaßnahmen ersetzt oder gar ausgehebelt werden. Das Projekt der Normalisierung ist ein fortlaufender Prozess und ist durch weitgehende Professionalisierung keineswegs als fachlich erledigt zu betrachten. Daran zu erinnern ist notwendig, weil in den Einrichtungen der Behindertenhilfe die sogenannte wirtschaftliche Steuerung das dominierende Thema geworden ist, in das die Einrichtungen und die verantwortlichen Leitungsebenen hineingezwungen wurden.

Das Normalisierungskonzept geht davon aus, dass die Integration Behinderter bei aller Professionalisierung „letztlich nur gesichert werden (kann), wenn über die Dienstleistungen des professionellen Systems hinausgehend nichtprofessionelle, solidarische Hilfeleistungen mobilisiert werden. Darauf zielt (...) Normalisierung ab“ (Thimm u.a. 1985, 231).

Es geht darum, freiwilliges soziales Engagement als ergänzendes Element personaler Beziehungen zwischen Menschen mit Behinderung und sozialem Nahraum zu organisieren und das wieder öffentlicher zu gestalten, was von den Einrichtungen der Behindertenhilfe in die eigentümliche, durch Vertragsbedingungen überformte Privatheit der Institution gedrängt wird: „gemeinsam mit Behinderten und für sie spezielle Bedürfnisse im immateriellen Bereich der menschlichen Kommunikation zu artikulieren“ (Thimm 1978, 309).

Dieser zentrale Aspekt des Normalisierungskonzeptes ist nicht eingelöst. Die Einrichtungen der Behindertenhilfe sollten ihr professionelles Potential als Basis nutzen, um die Initiierung und vielfältige Unterstützung von Interaktionsfeldern im Umkreis von Menschen mit Behinderungen voranzutreiben. Ihnen kommt dabei die von Rauschenbach geforderte Inszenierungsfunktion zu, die als Bedingung voraussetzt, dass das tradierte Selbstverständnis unmittelbarer professioneller Hilfeleistung in der Form eines ganzheitlichen bzw. linearen Betreuungsansatzes, der zielgruppenbezogene Problemlösungsstrategien erfordert, ergänzt wird durch „raumbezogene Zugriffsformen“ sozialer Arbeit (vgl. Oelschlägel 2000, 16). Das Konzept der sozialräumlichen Orientierung will sich dem Stadtteil, der Gemeinde öffnen, Menschen mit Behinderungen Raumaneignung ermöglichen sowie soziale Netzwerke nutzen. Im sozialräumlichen Konzept gibt es deshalb viele Rollen für Freiwillige, die Ansprechpartner werden könnten, mehr und anders, als es professionelle Mitarbeiter einer Einrichtung je sein können. Gut vorbereitet, stellen sich „Ehrenamtliche“ zur Verfügung, weil sie Freude daran entwickeln, sich in dieser Rolle zu erleben und nicht, weil sie dafür bezahlt werden.

Das klassische Schema einer linearen Beziehung zwischen behinderten Menschen auf der einen und professionellen Mitarbeitern von Einrichtungen der Behindertenhilfe auf der anderen Seite, in dem der Sozial- oder Behindertenpädagoge als Experte einmalig oder wiederholt Rat, Therapie oder Versorgung liefert, hat seine unhinterfragte Tragfähigkeit unter den Voraussetzungen sich verändernder (nicht nur finanzieller Rahmenbedingungen!) verloren. Für eine zweckmäßige und wirksame Unterstützung muss die soziale Arbeit heute über eindimensionale, lineare Zuwendung hinaus zu einer ausgedehnten, viele Bezüge und Elemente integrierenden Tätigkeit gelangen und sich somit in einem Prozess der Zusammenarbeit zwischen Professionellen unterschiedlicher Fachdisziplinen sowie Professionellen und „Ehrenamtlichen“ entfalten.

Den Einrichtungen der Behindertenhilfe wird somit ein neues „Lerndesign" (vgl. Müller 1998, 57) abverlangt, obwohl das überholte so einleuchtend war: die aufzubrechende tradierte lineare Betreuungsbeziehung findet ihre Entsprechung im geltenden Sozialrecht. Symptomträger ist immer das Individuum. Dienstleistungen der Sozialverwaltungen erfordern die Individualisierung der Probleme. Nur Notlagen oder defizitäre Zustände, die eine einzelne Person geltend machen kann, erscheinen durch Spezialisten bearbeitbar. Darüber hinaus hat jedoch „professionelle Behindertenhilfe eine zusätzliche Dimension – nämlich symmetrische personale Kommunikation mit dem behinderten Menschen zu praktizieren – die mit unseren derzeitigen Vorstellungen über öffentlich bezahlte Tätigkeiten nicht in Übereinstimmung zu bringen ist" (Thimm 1978, 309).

Thimm verweist damit auf einen zentralen Aspekt, der die Grenzen professioneller Arbeit durch Einrichtungen der Behindertenhilfe formuliert. Der Versuch wäre lohnend, sich der Hilfe des freiwilligen sozialen Engagements zu versichern, mit der Leitvorstellung der Überwindung einer nicht nur an ihre materiellen, sondern vor allem auch mentalen Grenzen stoßenden Integration. Damit ist keinesfalls der Substitution staatlicher Sozialleistungen durch freiwilliges und unbezahltes Engagement das Wort geredet. Die Fülle der Leistungen nimmt eher zu. Dem professionellen Sozialarbeiter oder Sonderpädagogen käme in diesem Bild zusätzlich die Aufgabe des vertikalen und horizontalen Netzwerkarbeiters zu, mit der Aufgabe, für und mit den hilfsbedürftigen Menschen im unmittelbaren Sozialraum „dessen psychosoziale und soziokulturelle Ressourcen zu entdecken, zu erschließen und gegebenenfalls solche zur Verfügung zu stellen..." (Oelschlägel 2000, 18).

Die Beziehungen zwischen dem freiwilligen sozialen Engagement und der professionellen Behindertenhilfe gestalten sich weder von selbst noch voraussetzungslos. Die Knüpfung eines Netzwerkes in den jeweiligen Sozialraum hinein kann nur gelingen, wenn die Einrichtungen der Behindertenhilfe auf den Strukturwandel und die damit sich verändernden Motivlagen freiwillig sozial engagierter Mitbürger reagieren und ihren eigenen Wandel nicht allein auf wirtschaftliche Betrachtungen ihrer Hilfeleistungen verengen.

Für die Einrichtungen könnten Überprüfungen im Bereich ihres Zeitmanagements sinnvoll sein, um zunächst interne Ressourcen aufzuspüren und in den Aufgabenbereich der Vernetzung umzulenken. Diese wird jedoch ohne Ausweitung der Vergütungsvereinbarungen zur Refinanzierung der Wahrnehmung von Vernetzungsaufgaben kaum möglich sein. Wenn 441 von 596 Einrichtungen mitteilen, dass sie mit Vernetzungsaufgaben zum freiwilligen sozialen Engagement und zum unmittelbaren Sozialraum überfordert sind, wird die Behindertenhilfe der Forderung nach einer netzwerkorientierten Ausrichtung auf das Gemeinwesen nicht gerecht.

Die Ergebnisse der Angebotserhebung des Modellvorhabens „Wege der Unterstützung für Familien mit behinderten Kindern" lassen die Aussage zu, dass dort, wo freiwilliges soziales Engagement in den Leistungskatalog eingebunden wird (in 155 von 596 befragten Einrichtungen), sowohl traditionelles Vereinsleben als auch das Milieu der Gleichbetroffenheit in Beratungsstellen bzw. beratenden Vereinen, integrativ arbeitende Kindertagesstätten und Selbsthilfegruppen am häufigsten die Bereitschaft zur Mitarbeit auslösen. Andere Einrichtungstypen, die weder traditionelle noch Handlungsmuster aus Gleichbetroffenheit bereithalten, folgen mit Abstand.

Aus den mitgeteilten Einsatzarten geht hervor, dass die klassische Form des freiwilligen sozialen Engagements deutlich überwiegt. Vor allem werden Tätigkeiten der allgemeinen Organisation und Administration, Presse- und Öffentlichkeitsarbeit, zumeist im Zusammenhang mit Veranstaltungen und Tagen der offenen Tür o.Ä., sowie Vorstands-, Verbands- und Beiratstätigkeiten von „Ehrenamtlichen" wahrgenommen, die möglicherweise ein gewisses Prestige bereithalten und somit psychisches Einkommen zulassen.

Ebenso geht aus der Erhebung hervor, dass in der Hauptsache bestimmte Einrichtungstypen von der Bereitschaft „Ehrenamtlicher" profitieren (Vereine/Verbände, Beratungsstellen und beratende Vereine, institutionelle Tagesangebote auf Grund mitarbeitender Eltern sowie Selbsthilfegruppen). Kommunikative bzw. unmittelbare Betreuungsleistungen in stationären und teilstationären Einrichtungen oder auch ambulanten Angeboten gehören lediglich in den Bundesländern Sachsen, Nordrhein-Westfalen und Brandenburg in einem bescheidenen Ausmaß zum Abruf freiwilligen Engagements.

Daran scheint zweierlei ablesbar: zum einen, dass die Einrichtungen der Behindertenhilfe bisher den integrativen Leistungen des freiwilligen sozialen Engagement wenig Vertrauen entgegen bringen, und zum anderen, dass Berührungsängste „Ehrenamtlicher" vor der direkten Begegnung mit Menschen mit Behinderungen im professionellen System der Behindertenhilfe unterstellt werden. Dieses Dilemma wird sich kaum von selbst erledigen.

Wir glauben, dass die Einrichtungen der Behindertenhilfe ihre ängstlich anmutende Abschottung aufgeben müssen. Zu sehr ist man mit sich selbst beschäftigt, um den vermeintlichen oder wirklich drohenden Einnahmeverlusten durch das vom Gesetzgeber veränderte System der Entgeltbausteine im Rahmen der Novellierung des BSHG §93ff. zu begegnen. Hoch im Kurs stehen die Beschäftigung mit dem Qualitätsmanagement und der Umbau betriebsinterner Hierarchien mit der Absicht einer Abflachung und Kompetenzverlagerung an die Basis. Beides ist notwendig und überhaupt nicht zu kritisieren, doch zum Lerndesign von Einrichtungen der Behindertenhilfe gehört es ebenso dringlich, die Fähigkeit der Eröffnung von Wegen zum Anschluss an den sozialen Nahraum mit seinen Möglichkeiten des freiwilligen sozialen Engagement auf der Grundlage des Normalisierungskonzeptes zu entwickeln.

Die Einrichtungen der Behindertenhilfe sollten ihre Beziehungen zum freiwilligen sozialen Engagement als Qualitätsmerkmal ihrer Arbeit im Sinne der Normalisierung selbstbewusst darstellen und in die Leistungsbeschreibungen als Grundlage für eine Refinanzierungsvereinbarung aufnehmen.

In der Theorie, aber auch in der Praxis werden dazu unterschiedliche Strategien diskutiert und ausprobiert. So wird z.B. von Schöffmann gefordert, „milieuspezifische Anknüpfungspunkte und Zugänge (zum freiwilligen sozialen Engagement, R.D.) zu suchen". Er geht davon aus, dass es „zumindest in größeren Organisationen bestimmt jeweils angemessene Aufgaben (für) den handwerkelnden Arbeiter, die vermögende Großbürgerin, den Öko-engagierten, die Linke, den Karrieristen bzw. die längst etablierte Unternehmerin (gibt), die herausfordern und reizen könnten" (Schöffmann 1999, 86). Auch das Nachdenken über die professionelle Personalführung für Mitarbeiter des freiwilligen sozialen Engagements scheint unerlässlich. So gehören Fortbildungen, Supervision und die Forderung nach angemessener Aufwandsentschädigung sowie die Berücksichtigung von Rentenansprüchen zum Repertoire der Vorschläge (vgl. Sturzenhecker 1999, 73).

Die Veränderung auf der Ebene der Reziprozität zwischen Geben und Nehmen macht es notwendig, „Ehrenamtlichen" Möglichkeiten anzubieten, sich mit ihrer freiwilligen Tätigkeit einen Qualifizierungsnutzen für den Hauptberuf zu erarbeiten, oder die eigenen Chancen zu verbessern, überhaupt einen Berufseinstieg bzw. -wiedereinstieg hinzubekommen. Sie müssen von daher die Möglichkeit erhalten, bei angezeigter Bedürfnislage im Zentrum der Einrichtungsleistungen zum Zuge kommen zu können und nicht nur in Randbereichen. Sie sollten dafür qualifizierte Zertifikate oder Zeugnisse und öffentlich dokumentierte Anerkennung erhalten.

Die Einrichtungen der Behindertenhilfe müssen mehr als bisher die Motive der Freiwilligen zu ihrem Engagement verstehen lernen und vor allem ihre Rückerstattungserwartungen berücksichtigen.

Nur wenige Einrichtungsträger haben die Chancen einer weiteren Stufe der Integration für Menschen mit Behinderungen erkannt, die in einer konsequenten Öffnung zum unmittelbaren Sozialraum hin und somit vor allem zu den differenzierten Formen des freiwilligen sozialen Engagements liegen. Die Angebotserhebung kann nicht einen Hinweis darauf liefern, dass Beziehungen und Kontakte zu den zahlreich entstandenen Freiwilligenagenturen bestehen, die engagementbereiten Bürgern ihre Organisations- und Strukturleistungen zur Verfügung stellen. Sie sind eine wichtige Schnittstelle.

Ebenso verhält es sich offenbar mit Kontakten zum freiwilligen sozialen Engagement von Wirtschaftsunternehmen, die über eine lose und unverbindliche gelegentliche Spendenbereitschaft hinausgehen. Systematisch beförderte ‚Tauschprozesse', gute soziale Zwecke gegen unternehmerische Imagegewinne, die die Marktposition stützen könnten und durch ‚Runde

Tische' oder ähnliche Vernetzungsstellen getragen werden, haben sich bisher nicht herausbilden können.

Die in ausgebauten Beziehungen zum freiwilligen sozialen Engagement liegenden Möglichkeiten zur Modernisierung ihrer Integrationsleistungen, haben bisher nur sehr wenige – zu wenige – Einrichtungen der Behindertenhilfe erkannt.

7. Blick über den Zaun – Eindrücke aus ausgewählten europäischen Ländern[1]

(B. Lindmeier)

7.1 Methodologische Überlegungen

Die Berücksichtigung ausländischer Erfahrungen bei der Weiterentwicklung der Unterstützung behinderter Menschen ist nur dann lohnend, wenn einige Prinzipien der vergleichenden Arbeit beachtet werden. Geschieht dies nicht, dann besteht die Gefahr eines unreflektierten Imports von Schlagworten oder die Übernahme von Konzepten, die im Ursprungsland beeindruckend waren, aber im eigenen Land nicht passen.

Die Aufgabe vergleichender Studien liegt in „einem Beitrag zur Erkenntniserweiterung, zur Politik- und Praxisberatung sowie zur internationalen Verständigung" (Mitter/Klauer 1987, zit. n. Bürli 1997, 13). An die Aufgabe der Politik- und Praxisberatung wurden mitunter hohe Ansprüche dahingehend gestellt, unmittelbar verwertbare Ergebnisse zu erhalten. Diese Zielsetzung erwies sich auf Grund der je unterschiedlichen Rahmenbedingungen in den verschiedenen Ländern als nicht realisierbar, weshalb heute vor allem die internationale Verständigung, die Sensibilisierung für die eigenen Probleme und die Anregung durch fremde Lösungen im Vordergrund des Interesses stehen. Auch bei meinen Ausführungen wird sich zeigen, dass interessante Einzelprojekte zwar für das Ursprungsland eine gelungene Lösung darstellen, aber nicht auf die andersartige Situation in der Bundesrepublik Deutschland übertragbar sind. Da dieser Beitrag aber Teil eines Projektberichts für das Bundesministerium für Familie ist, steht die Aufgabe des Erkenntnisgewinns im Interesse der Politik- und Praxisberatung im Mittelpunkt, wenn auch nicht in Form unmittelbar übertragbarer, fertiger Konzepte, sondern allenfalls in Form von Folgerungen.

Die an sich notwendige Darstellung der „Hintergrundfolie" – wie hat sich die wirtschaftliche und kulturelle Situation, wie hat sich insbesondere das Sozialsystem des jeweiligen Landes entwickelt, welche Parallelen gibt es zur hiesigen Situation – muss aus Platzgründen unterbleiben. Die sozialen

1 Die Darstellung allgemeiner Entwicklungen bezieht sich auf den angelsächsischen und skandinavischen Raum, ein konkreter Länderbericht stellt die Situation in Großbritannien dar und bezieht auch Dänemark am Rande ein.

Sicherungssysteme und viele einzelne Entwicklungen in den berücksichtigten Ländern sind sowohl untereinander als auch im Vergleich zur Bundesrepublik Deutschland schwer vergleichbar, die Leitprinzipien der Sozialpolitik sind allerdings ähnlich, beeinflusst von einer international geführten Debatte, die vor allem aus den USA wichtige Impulse erhält.

Ich werde daher zunächst Tendenzen herausarbeiten, die in den berücksichtigten Ländern ebenso wie in der Bundesrepublik Deutschland erkennbar sind, denn nur „fremde" Antworten auf gemeinsame Fragen können überhaupt relevant sein. Die Darstellung konkreter Entwicklungen schließt sich an, sie kann zwar auf Grund des knappen Raumes nur stark verkürzt sein, leistet aber die notwendige, beispielhafte Konkretion der vorhergehenden Aussagen. Der Beitrag schließt mit Folgerungen für die hiesige Situation.

7.2 Internationale Tendenzen

Wichtige Themen der Sozialpolitik in Europa waren während der letzten Jahrzehnte Deinstitutionalisierung und Wohnen, berufliche Rehabilitation und in den letzten Jahren zunehmend die Versorgung alter Menschen mit Behinderung. Aus dem angelsächsischen Raum ist bei uns vor allem das Konzept – häufig auch nur das Schlagwort – „community care", und damit verbunden das „persönliche Budget" bekannt geworden (vgl. u.a. Evangelische Stiftung Alsterdorf/BEB 2000). Im Mittelpunkt der Aufmerksamkeit standen dementsprechend lange Zeit *erwachsene Menschen mit Behinderung*.

Leitprinzip dieser Politik war das Normalisierungsprinzip. Seit einiger Zeit wird, ohne dass das Normalisierungsprinzip dadurch seine Gültigkeit verloren hätte, eine Debatte geführt, deren zentrales Begriffspaar „Inklusion – Exklusion" ist. Da in der Behindertenpädagogik während der letzten Jahre eine ganze Reihe neuer Leitbegriffe und sogar Paradigmenwechsel ausgerufen worden sind, ist es zunächst durchaus strittig, ob diese Debatte überhaupt ernst zu nehmen oder als eine Erscheinung von geringer Bedeutung anzusehen ist.

Das Interesse an Inklusion ist ebenso eine Fassette des sozialen Wandels der letzten Jahrzehnte wie die im vorangegangenen Kapitel beschriebene Individualisierung. Die durch Freisetzungsprozesse aus traditionellen Bindungen, Gewohnheiten und Prozessen entstandenen Gestaltungsräume müssen genutzt werden – das in größerer Eigenverantwortung gestaltete „Identitätsprojekt" kann auch misslingen. Zur Beschreibung dieses Sachverhaltes ist der Begriff der „riskanten Chancen" geprägt worden. Er verdeckt allerdings, dass Chancen und Risiken ungleich verteilt sind, so dass viele Menschen besonderen Risikokonstellationen bei nur geringen Chancen zur Verwirklichung selbstbestimmter Lebensentwürfe ausgesetzt sind (vgl. Keupp 1990, 4). Derartige Konstellationen, die Ausgrenzungs- oder Ausschlussprozesse fördern, werden als ein bedrohliches soziales Phänomen wahrgenommen. Luhmann spricht sogar davon, „dass dies die Leitdifferenz des nächsten Jahrhunderts sein könnte: Inklusion und Exklusion" (1996, 341). Dementsprechend werden sowohl im Bereich der Sozialpolitik als auch der Bildungspolitik Anstrengungen unternommen, Ausschlussprozessen entgegenzuwirken und Inklusion zu fördern.

Während sich die Aufmerksamkeit im traditionellen Verständnis von Integration vor allem auf die Kompetenzen (und den Förderbedarf) des betroffenen Individuums richtete, rücken nun strukturelle Bedingungen in den Blick.[2] Bezogen auf die Inklusion im Schulbereich sagt Sander: „Das aus Nordamerika stammende Konzept entstand als Antwort auf die realen Unvollkommenheiten des Integrationskonzeptes, vor allem des amerikanischen „mainstreaming" (Boudah/McCorkle 1999). Bei mainstreaming und ebenso bei schulischer Integration in den meisten deutschen Schulklassen wird für das behinderte Kind eine primär individuumbezogene Förderung eingerichtet ... Oft wird das betreffende Kind dadurch zu sehr aus der Klasse hervorgehoben, und für andere Kinder stehen möglicherweise keine Sonderschullehrerstunden mehr zur Verfügung, sodass ihr Integrationswunsch abgelehnt wird" (Sander 2000, 14). Gleichzeitig mit der Erkenntnis, dass eine so verstandene Integration immer auch Ausschlussprozesse bewirkt, wuchs die Aufmerksamkeit für andere, bisher weniger beachtete Ausschlussprozesse, beispielsweise von Kindern fremder Muttersprache oder anderer Ethnien, Kindern in Armutslagen und andere benachteiligte Gruppen. In der Erklärung der UNESCO-Konferenz von Salamanca zur Pädagogik bei besonderen Bedürfnissen ist der Diskussionsstand zusammengefasst und damit impulsgebend auch für die bundesdeutsche Diskussion im Bereich der Schule geworden (vgl. UNESCO-Kommission Österreich 1996).

Im außerschulischen Bereich wurde dieses Problem, ausgelöst durch Erfahrungen im Zusammenhang mit der Deinstitutionalisierung, bereits seit den 80er Jahren diskutiert (vgl. ausführlich Lindmeier/Lindmeier 2001), nachdem sich herausgestellt hatte, dass die Entfernung von Barrieren und das Angebot von Rehabilitationsleistungen allein nicht ausreichend sind, eine wirkliche Teilhabe von Menschen mit Behinderung zu ermöglichen. Gemeindenah zu wohnen und in die Schule zu gehen ist nicht identisch mit dem Erleben von Zugehörigkeit auf Seiten des betroffenen Menschen, ein

2 Aufgrund des knappen Raumes kann ich diese Entwicklungen nur in verkürzter Weise nachzeichnen. Selbstverständlich geschehen derartige Entwicklungen allmählich und deuten sich bereits Jahrzehnte zuvor an. Für die deutsche Diskussion möchte ich exemplarisch nur die Kind-Umfeld-Analyse (Sander) nennen, die bereits in den 80er Jahren ein situationsbezogenes Verständnis von Behinderung unter Berücksichtigung der strukturellen Bedingungen und unter Einbeziehung des sozialen Netzes des Kindes (der Eltern) entwickelte.

Phänomen, das auch die deutsche Gemeindepsychologie und -psychiatrie beschäftigt (vgl. u.a. Angermeyer 1984, Keupp 2000).

Taylor/Racino/Walker (vgl. 1992) entwickeln daher eine sozialräumliche Perspektive, die die handlungsleitenden Prinzipien der *Individualisierung* und *Regionalisierung* ergänzen soll[3]: In Bezug auf Kinder mit Behinderung bedeutet dies, dass sie gar nicht erst ausgeschlossen werden sollen. Ihre Versorgung soll durch kommunale Strukturen gesichert werden, sie sollen zunächst die Dienste und Einrichtungen nutzen, die von allen Kindern in Anspruch genommen werden und spezialisierte Dienstleistungen nur so weit, wie andere Möglichkeiten nicht ausreichend sind. Eine sozialräumliche Perspektive richtet sich aber eben nicht vorrangig auf die Integration von einzelnen Gruppen, die von sozialem Ausschluss bedroht sind. Sie intendiert eine umfangreichere Partizipation von allen Menschen am Leben der Gemeinde, größere Autonomie sowie Wahl- und Entscheidungsmöglichkeiten. Das Engagement für die Schaffung einer Gesellschaft, die behinderten Menschen Teilhabe ermöglicht, ist nach Auffassung der Autoren zugleich Einsatz für die Schaffung einer Gesellschaft, die allen ihren Mitgliedern Teilhabe ermöglicht. Der Umgang mit Armut, Wohnversorgung, Ernährung, Beschäftigung, Bildung, Nahverkehr und Erholung, der die Lebensbedingungen von Menschen mit Behinderung betrifft, ist ebenso relevant für andere, traditionell diskriminierte Gruppen der Gesellschaft. Sonderlösungen für Menschen mit Behinderung dagegen haben in der Vergangenheit häufig neue Zugangsbarrieren entstehen lassen. Sozialräumliche Lösungen für alle versprechen nach Auffassung der Autoren am ehesten nicht nur die Integration entrechteter und sozial abgewerteter Gruppen, sondern die Weiterentwicklung der Gemeinden und der Gesellschaft als Ganzer. Es geht nicht um eine Integration einzelner in eine davon prinzipiell nicht tangierte Gesellschaft und um die weitest mögliche Assimilation der integrierten Menschen, sondern um eine Gesellschaft, die beständige Anstrengungen unternimmt, den für soziale Systeme typischen Schließungsprozessen entgegen zu steuern, mit dem Ziel einer größtmöglichen Offenheit für unterschiedliche Menschen und ihre Bedürfnisse und Interessen.[4]

---

3 Eine sozialräumliche Perspektive einzunehmen bedeutet, von dem realen Bewegungsradius des betroffenen Kindes und seiner Familie auszugehen. Während beispielsweise eine von der Wohnung des Kindes 10km entfernte Sonderschule durchaus zur Wohnregion gehört, liegt sie bereits außerhalb des Sozialraumes des Kindes und seiner Angehörigen.

4 Diese Debatte wird auf den ersten Blick durch die angelsächsischen Länder dominiert und scheint beispielsweise für die skandinavischen Länder weniger relevant zu sein. Sie findet in Skandinavien aber ebenso statt, wie Sandvin beschreibt: „The social policy debate in scandinavia is undergoing ideological changes. The traditionally strong support for the distinctive features of the scandinavian welfare states, like equality, centralization, and universal social programmes, are gradually declining, and are

Auch in der Bundesrepublik Deutschland sind diese Gedanken zu finden, beispielsweise im Sozialgesetzbuch (SGB) IX. Auch in Bezug auf das Zusammenleben auf kommunaler Ebene lassen sich diese Gedanken verschiedentlich wiederfinden: beispielsweise in Konzepten zur Stadt- und Gemeindeentwicklung, die der Desintegration verschiedener Bevölkerungsgruppen entgegenzuwirken versuchen (vgl. BFSFJ 1996, Blanke 2001), in dem Bedürfnis einer wachsenden Zahl von Menschen nach sinnvollen Beziehungen und einer „besseren" Lebenswelt, oder in verschiedenen Formen des Engagements, beispielsweise in Bürgerinitiativen. Ein Beispiel für die Verknüpfung von Stadtentwicklung mit Fragen der Unterstützung behinderter Mitbürger ist die „Aktion Menschenstadt" des Behindertenreferats der Stadt Essen, die eine Stärkung der Selbsthilfekräfte im Sinne des „empowerment", die Unterstützung von selbstbestimmter Lebensgestaltung und Teilhabe durch personenbezogene Unterstützung (Assistenzdienste) und eine Förderung und Weiterentwicklung der Integrationsfähigkeit des Gemeinwesens umzusetzen sucht (vgl. v. Lüpke 2000, 15). Ein weiteres Beispiel ist das hier vorgestellte Modellvorhaben, das ebenfalls eine Weiterentwicklung des Hilfesystems durch Vernetzung anstrebte.

7.3 Leben in der Gemeinde – Rückblick und Weiterentwicklung

Zum Thema der Zugänglichkeit des Hilfesystems für Familien mit behinderten Kindern und zur Vernetzung der Angebote untereinander gibt es kaum Literatur. Literatur findet sich vor allem zu Einzelthemen (z.B. familienunterstützende Dienste, Kinder in Heimen, vgl. 7.4), und noch immer kommen wichtige Impulse zur Weiterentwicklung des Hilfesystems aus dem Bereich „Wohnen und Leben (erwachsener Menschen) in der Gemeinde", in den viel Zeit, Forschungsgelder und Interesse investiert wurde. Eine der wenigen relevanten Studien, die die USA, Schweden, Norwegen und Großbritannien einbezieht, beschäftigt sich daher mit dem Thema „Deinstitutionalisierung und Leben in der Gemeinde" (Mansell/Ericsson 1996a).

7.3.1 Deinstitutionalisierung im politischen Kräftespiel

Die Bedeutung des Normalisierungsprinzips für die Deinstitutionalisierung in diesen Ländern ist unbestritten. In ihrer Zusammenfassung der Beiträge aus den einzelnen Ländern weisen die Herausgeber des Bandes (Man-

being replaced by values that emphasize individual freedom and diversity, community and network, and decentralisation of public services. There is growing political support for private and voluntary arrangements as alternatives to the public sector. (...) Decentralization and privatization have been general features in most western countries in the 1980s ..., and Communitarism and the renaissance of the idea of civil society seem to be the dominant ideologies in the 1990s ... " (1996, 185).

sell/Ericsson 1996c, 243ff.) aber darauf hin, dass es weitere Gründe für den Erfolg der Deinstitutionalisierungsbemühungen gibt: Danach ist die Deinstitutionalisierung in den analysierten Ländern auch darum erfolgreich gewesen, weil sie aus der Perspektive der Verantwortlichen kostenneutral zu realisieren war. Die Gründe hierfür waren unterschiedlich, beispielsweise ist in Großbritannien für gemeindenahe Wohnformen eine Mischfinanzierung möglich, durch welche die für die Deinstitutionalisierung verantwortliche Gesundheitsbehörde (National Health Service) zu Lasten der Behörde für Soziales (Social Service) entlastet wurde. In den USA schien es nicht sinnvoll, in Institutionen zu investieren, solange die Gefahr bestand, dass diese trotz interner Verbesserungen durch Gerichtsurteile als verfassungswidrig erklärt werden konnten. In den skandinavischen Ländern war ein starkes Bestreben vorhanden, die Lebensbedingungen von Menschen mit Behinderung in Institutionen denen in der Gemeinde anzugleichen, was auf Grund der hohen Standards der schon bestehenden gemeindeintegrierten Wohnformen sehr teuer gewesen wäre. Wenn man davon ausgeht, dass handfeste Kosten-Nutzen-Rechnungen die Deinstitutionalisierung vorangetrieben haben, so folgern die Autoren, ist es ratsam zu beobachten, wie sich die politischen Einflussfaktoren weiterentwickeln. Wenn auch keine radikale Umkehrung der Politik der vergangenen 25 Jahre zu erwarten ist, so doch eine schleichende ‚Reinstitutionalisierung'. Eine solche ist zumindest für Großbritannien, wo es einen Interessenverband zugunsten der Betreuung in Institutionen gibt (Rescare), nicht unwahrscheinlich. Für die Situation in der Bundesrepublik folgt, dass das Anwachsen der Heimplätze für Kinder mit Behinderung nicht ausschließlich unter den Gesichtspunkten ‚Höhe des Hilfebedarfs' und ‚Funktionsfähigkeit des Hilfesystems', sondern ebenso unter finanzierungspolitischen Gesichtspunkten betrachtet werden muss, d.h. unter Berücksichtigung des hinlänglich bekannten Problems der geteilten Kostenträgerschaft. Solange es einfacher ist, einen Heimplatz für ein Kind zu bekommen als eine regelmäßige, umfangreiche Betreuung des Kindes in der Familie zu gleichen oder geringeren Kosten, kann man die Notwendigkeit stationärer Hilfen nicht ernsthaft einzuschätzen versuchen. Eine konsequent am Normalisierungsprinzip orientierte Politik müsste die Entwicklung und Finanzierung von Alternativen in den Mittelpunkt des planerischen Handelns stellen.

7.3.2 Weiterentwicklung des Lebens in der Gemeinde

Ist die Konzentration auf die Deinstitutionalisierung überhaupt die richtige Herangehensweise? Welche Verbesserungen hat nun das Leben in der Gemeinde gebracht? Die Autoren gehen an dieser Stelle weder auf die Ergebnisse empirischer Untersuchungen bezüglich des Kompetenzzuwachses der Bewohner nach einem Umzug noch auf die subjektive Lebensqualität ein, die insbesondere in den skandinavischen Ländern ein wichtiges Orientierungsprinzip darstellt. Ihr Augenmerk liegt vor allem auf dem Umstand, dass in allen Ländern ein sukzessives Wiederaufleben institutioneller Praktiken zu beobachten ist, das von allen Autoren des Sammelbandes besorgt zur Kenntnis genommen wird. Auch dieses Ergebnis deckt sich mit unseren Ergebnissen in Bezug auf die stationäre Versorgung von Kindern und Jugendlichen, weshalb die Erklärungen und Folgerungen mehrerer Autoren im Folgenden kurz dargestellt werden sollen. Die Beiträge werden von Mansell/Ericsson dahingehend eingeteilt, ob sie, wie Ericsson (Schweden) und Allard (USA) die Rolle des Menschen mit Behinderung in den Vordergrund rücken oder wie Felce (Großbritannien) eine gezielte Personalentwicklung und Unterstützungsplanung (Professionalisierung). Beide Vorschläge schließen sich m.E. nicht gegenseitig aus, sondern ergänzen sich eher, ein Schluss, zu dem auch Simons/Watson (1999, 3) für Großbritannien kommen.

Menschen mit Behinderung als Bürger

Ericssons Beitrag über die Situation in Skandinavien (1996, 81ff.) erläutert ausführlich, dass die Anerkennung eines Menschen mit Behinderung als Bürger die Voraussetzung dafür sei, dass das Hilfesystem tatsächlich seine Bedürfnisse und Wünsche befriedige. Er setzt an bei der Frage der Planung neuen Wohnraums nach der Schließung von Institutionen, die seines Erachtens bisher vor allem unter dem Gesichtspunkt geschehen sei, welche Kompetenzen ein Mensch mit Behinderung habe (competence perspective). Dementsprechend wurden Typen von Wohnformen und Häusern entwickelt, und das am besten Passende wurde jeweils zugewiesen. Die von Ericsson geforderte Perspektive (citizen perspective) geht davon aus, dass der Lebensort zum Zuhause werden soll. Dazu sei eine individuelle Planung für jeden einzelnen Menschen notwendig – analog zu der Planung, die die Wohnungssuche, das Bauen oder Renovieren von Häusern für nicht behinderte Menschen begleitet, und die eine individuelle Passung entsprechend ihrer Bedürfnisse, ihres Lebensstils und Geschmacks ermöglicht. Ericssons Ausführungen zum privaten Wohnraum ähneln in vielem den Ausführungen O'Briens zum „supported living“ in den USA, die an anderer Stelle bereits für die deutschsprachige Diskussion aufbereitet wurden und hier aus Mangel an Raum nicht ausführlich berücksichtigt werden können (vgl. Krüger 2000, Lindmeier/Lindmeier 2000a, 2000b, 2001).

Weiterentwicklung des Unterstützungssystems

Die Ausführungen Allards (1996, 97ff.) zum „Leben mit Unterstützung“ (supported living) konzentrieren sich auf die Rolle des Menschen mit Behinderung als Organisator seiner Unterstützungsleistungen. Sie sollen

- auf einem individuellen Plan beruhen,
- flexible Unterstützungsleistungen ermöglichen,
- Entscheidungsmöglichkeiten und Wahlfreiheit ermöglichen und fördern,
- die Nutzung eigenen Wohnraums als Mieter oder Eigentümer ermöglichen,

- bei der Herstellung und Aufrechterhaltung von Beziehungen in die Gemeinde behilflich sein,
- die Bereitstellung von Unterstützung von der Bereitstellung von Wohnraum trennen,
- eine individuumsorientierte Finanzierung vorantreiben,
- formelle und informelle Unterstützungsmöglichkeiten nutzen und mit ihrer Hilfe kreative, unbürokratische Antworten auf Unterstützungsbedarf schaffen,
- und schließlich alle Menschen mit Unterstützungsbedarf einschließen, d.h. niemanden auf Grund des Umfangs seines Unterstützungsbedarfs ausschließen (ebd., 103).

Allard erwähnt zwar die Bedeutung informeller Unterstützungsleistungen, geht aber weniger als andere Vertreter auf die Bedeutung des Unterstützerkreises für den jeweiligen Menschen ein.

Brücken bauen durch Unterstützerkreise

Unterstützerkreise sind Gruppen, die aus Familienmitgliedern, Freunden und Freundinnen, Nachbarn und Mitarbeitern von Einrichtungen der Behindertenhilfe bestehen; häufig werden sie durch einen Moderator unterstützt. Sie werden von einem Menschen mit Unterstützungsbedarf gebeten, für ihn oder sie zu planen und dauerhafte Unterstützung bei der Entwicklung und Umsetzung von Vorstellungen eines ‚besseren Lebens' zu leisten (vgl. Peterson 1996; Lindmeier/Lindmeier 2000a, 316f.; 2000b, 156f.) Der Unterstützerkreis ist ein Mittel zur Stärkung des sozialen Netzes aller Beteiligten. Bei der Planung mit Familien führt allein die Existenz eines Unterstützerkreises, dessen Mitglieder gemeinsam mit den Eltern (und dem Kind) planen, zu erheblicher Entlastung der Eltern bzw. der Mutter.

Zunächst konzentriert sich die Arbeit darauf, Menschen in der näheren Umgebung zu finden, die zu einer Teilnahme bereit sein könnten, wobei nach den bisherigen Erfahrungen viele Menschen gern bereit sind mitzumachen, wenn klar ist, dass sie nicht die alleinige Verantwortung für Erfolg und Misserfolg der Planung haben, sondern sie in einer Gruppe teilen. Es ist günstig, wenn Personen einbezogen werden, deren soziale Netze groß sind, die aus unterschiedlichen Berufen kommen etc. Viele Menschen, die bereit sind, sich in dieser Weise zu engagieren, tun dies, weil sie es für sinnvoll halten und dadurch als bereichernd für ihr eigenes Leben erachten.

Die weitere Arbeit eines Unterstützerkreises orientiert sich an den oben erwähnten Planungsmethoden, wobei die Wahl der Methode von den Zielen und von den anstehenden Entscheidungen (z.B. Freizeitsituation, berufliche Integration, Um- oder Auszug oder lediglich die Weiterentwicklung einer insgesamt befriedigenden Lebenssituation).

Bei der Realisierung der Perspektiven zeigt es sich, dass die verschiedenen Mitglieder des Unterstützerkreises unterschiedliche Kompetenzen und Ressourcen haben: sehr häufig gelingt es, Freizeitinteressen oder berufliche Möglichkeiten direkt über Mitglieder des Unterstützerkreises oder über ihre Beziehungen zu weiteren Personen zu erschließen.

Aktive Unterstützung

In der Regel wird davon ausgegangen, dass sich ein höherer Personalschlüssel in Einrichtungen der Behindertenhilfe in Form einer Erhöhung der Interaktionen zwischen Personal und den dort betreuten Personen auswirken werde. Eine Reihe von empirischen Untersuchungen in den USA widerlegte diese Annahme so eindeutig, dass sogar von einem „Mythos der Unterbesetzung" (Landesman 1988, vgl. zusammenfassend Felce 1996, 121) gesprochen wird. Statt einer Erhöhung des direkten Kontaktes mit Bewohnern und Bewohnerinnen führte eine bessere personelle Besetzung zu einer Erhöhung organisatorischer Aktivitäten, eine Untersuchung ergab sogar eine leichte Reduktion des direkten Kontaktes mit einzelnen Bewohnern (Duker et al. 1991). Generell reagieren Mitarbeiter vor allem auf unangepasstes Verhalten und auf Signale, die von den Bewohnern und Bewohnerinnen ausgehen. Von den Signalen von Bewohnern werden vor allem die konkreteren, leicht interpretierbaren Kontaktaufnahmen leichter behinderter Bewohner beachtet. Die Häufigkeit der Interaktion mit schwer behinderten und stillen Bewohnerinnen und Bewohnern sowie mit Bewohnern, die sich selbst beschäftigen, ist weitaus geringer. Bei den Interaktionen selbst überwiegen unspezifische, allgemeine Interaktionen deutlich gegenüber spezifischen, zielorientierten Interaktionen.

Diese Ergebnisse verändern sich, wenn das Personal systematisch angeleitet wird, von sich aus mit den Bewohnern und Bewohnerinnen in Kontakt zu treten. Hierzu wurde in Großbritannien ein Unterstützungskonzept entwickelt, das aus Modulen besteht. Ein Modul richtet sich auf die Interaktion mit Bewohnern in Bezug auf Aktivitäten des täglichen Lebens, in die sie systematisch einbezogen werden sollen, wobei für jeden Bewohner eine individuelle Planung vorgenommen wird (activity modell). Das zweite Modul richtet sich auf die Unterstützung einzelner Bewohner und Bewohnerinnen bei der Durchführung eigener, von ihnen gewählter Aktivitäten (supportive model). Nach Aussagen Felces fällt es denjenigen Mitarbeitern, die bereits Erfahrungen mit dem Aktivitätsmodell haben, leichter, Bewohnern bei der Durchführung selbst gewählter Tätigkeiten zu unterstützen. Diese Tätigkeit ist deshalb schwieriger, weil zunächst eine andere Fokussierung der Wahrnehmung der Mitarbeiterinnen und Mitarbeiter entwickelt werden muss, die sich traditionell eher an den Bedürfnissen der Institution – ‚Aufmerksamkeit verstärkt dann, wenn es für den reibungslosen Ablauf des Gruppengeschehens notwendig ist' – ausrichtet.

Dedifferenzierung
Eine wichtige Forderung von Vertretern des Lebens in der Gemeinde war die Forderung, die Ressourcen der Gemeinde, die Dienstleistungen für alle Bürger auch für Menschen mit Behinderung zugänglich zu machen. Unter Bezug auf die norwegische Entwicklung weist Sandvin (1996, 185ff.) auf die Gefahren dieser Entwicklung hin: Er interpretiert die Forderung nach Dezentralisierung, Entbürokratisierung, Deregulierung und Entprofessionalisierung, wie er sie in Norwegen wahrnimmt, als Antwort auf die Differenzierungsprozesse innerhalb der Gesellschaft, die von vielen Menschen als zu weitgehend erlebt werden (ebd., 195). Allerdings sei mit der von ihm als „Dedifferenzierung" zusammengefassten Entwicklung die unrealistische Annahme verbunden, die lokalen Gemeinden könnten wieder zu funktionieren beginnen wie in vormoderner Zeit und Hilfebedarfe durch freiwilliges Engagement, Nachbarschaft- und Verwandtenhilfe auffangen – eine Annahme, die auch in der bundesdeutschen Diskussion um freiwilliges soziales Engagement teilweise aufscheint (vgl. Kap. 5). Mansell/Ericson fordern daher unter Bezug auf Sandvin in ihrem abschließenden Kapitel: „If reentry into the mainstream of society means providing whatever special help is needed to ensure equal access to social goods ..., then dedifferentiation has to avoid special needs becoming invisible" (1996c, 249). Damit bestätigen die Autoren die Auffassung Nirjes und Perrins, die die Annahme, spezielle Hilfen seien mit dem Normalisierungsprinzip unvereinbar, als eines der zentralen Missverständnisse bezüglich des Normalisierungsprinzips bezeichnen (vgl. 1994, 204).

Zusammenfassung
Zusammenfassend lässt sich im Hinblick auf die Situation in der Bundesrepublik Deutschland sagen, dass sowohl der Ansatz der Weiterentwicklung des bestehenden stationären Sektors als auch die Entwicklung von Alternativen nicht nur parallel zueinander möglich sind, sondern sich auch gegenseitig positiv beeinflussen können. So hat das Konzept des „supported living" dazu beigetragen, gruppenbezogene Planung zugunsten individueller Planung zurückzudrängen, während andererseits die systematische Schulung der Mitarbeiter bei der Unterstützung von Menschen mit Behinderung nicht nur ihrer Unterstützung im Wohnheim, sondern auch im eigenen Wohnraum dienlich sein kann. Eine Beachtung des Umstandes, dass Menschen mit Behinderung zwar zunächst die gleichen Dienstleistungen nutzen sollen wie andere Menschen, aber gegebenenfalls besondere Unterstützung benötigen, kann verhindern, dass Menschen die notwendigen Unterstützungsleistungen vorenthalten werden oder – im Falle von Kindern – ihre Betreuung den Familien ohne angemessene Unterstützung überlassen wird.

7.4 Unterstützungsstrukturen für Familien mit behinderten Kindern in ausgewählten Ländern

Wie weit spiegeln sich die referierten Entwicklungslinien in der Unterstützung von Kindern und Jugendlichen mit Behinderung?

7.4.1 Großbritannien[5]

Obwohl verschiedene Gesprächspartner[6] aus Großbritannien auf die Notwendigkeit von Studien hinwiesen, die – analog zu unserem Forschungsprojekt – die Vernetzung von Angeboten der Behindertenhilfe untersuchen, waren keine derartigen Arbeiten zu finden. Ein Grund für dieses Defizit scheint das noch immer zu geringe Wissen zu einzelnen Bereichen zu sein, das zunächst die Durchführung von Untersuchungen von begrenzter Reichweite erforderlich macht. Ein weiterer Grund scheint mir eine andere Formulierung der Fragestellung zu sein. In Großbritannien werden zur Zeit im Gesundheitssektor, der allgemeinen Schule, der Erwachsenenbildung und Behindertenhilfe vor allem Zugangsbarrieren in den Mittelpunkt gestellt – entsprechend der oben beschriebenen Grundorientierung. In Bezug auf existierende Angebote wird dabei untersucht, wer sie in Anspruch nimmt, welche Gruppen unterrepräsentiert oder gar ausgeschlossen sind. Zur Bekämpfung sozialer Ausgrenzung wurde sogar eine eigene „Social exclusion unit" gebildet, sie ist Teil des Kabinetts und direkt dem Premierminister unterstellt. Ihr Zweck ist die Koordination und Entwicklung verschiedener Projekte, die Umsetzung fällt nicht in ihr Ressort, sondern in das des betreffenden Ministeriums, dem so Hinweise für eine zielgenauere Verwendung der Mittel gegeben werden sollen (vgl. u.a. SEU 1998a).

Das System der sozialen Sicherung in Großbritannien unterscheidet sich stark von dem der Bundesrepublik Deutschland (für eine Zusammenfassung vgl. Blanke u.a. 2001, 121ff.). Die Bausteine des Unterstützungssystems für Menschen mit Behinderung sind dennoch ähnlich denen der Bundesrepublik, wenn auch andere Akzentuierungen deutlich werden.

---

5 Im Folgenden ist immer dann von Großbritannien die Rede, wenn sich die Aussagen – bei allen regionalen Unterschieden – auf England, Schottland, Nordirland und Wales beziehen, beispielsweise die recht allgemeinen Aussagen zur Entwicklung der Versorgungsstruktur. Je unübersichtlicher die Datenlage ist, desto stärker muss die Reichweite der Aussagen eingegrenzt werden: an diesen Stellen ist genau bezeichnet, von welchem Teil Großbritanniens die Rede ist. In der Regel beziehe ich mich – trotz interessanter Entwicklungen in Schottland – lediglich auf England.

6 Gespräche mit Mitarbeiterinnen von Forschungseinrichtungen und von einzelnen Diensten, im einzelnen: mehrere Mitarbeiterinnen des Norah Fry Research Centre; Mitarbeiterin des Shared Care Network, Dachverband; Leiterin, Mitarbeiterinnen sowie ehrenamtliche und professionelle Betreuungspersonen des Shared Care-Dienstes Brighton and Hove Link Plus; Care manager des Cheviots Children's Centre in Enfield/London).

Die Situation von Familien mit geistig behinderten Kindern

Eine neuere Publikation von MENCAP (Royal Society for mentally handicapped Children and Adults, vergleichbar mit der Bundesvereinigung Lebenshilfe) beschäftigt sich mit der Situation von Familien mit geistig behinderten Kindern; sie trägt den bezeichnenden Titel „Left in the Dark" („Im Dunkeln gelassen, im Ungewissen gelassen") (1997). Sie stellt die Ergebnisse einer Untersuchung von MENCAP in ausgewählten Bezirken Englands und die daraus gezogenen Schlussfolgerungen dar. 1000 Eltern von Kindern bis zum Alter von 11 Jahren wurden durch einen Fragebogen zu den Fragekomplexen Diagnosemitteilung, gewünschte und erhaltene Unterstützung, Veränderungen innerhalb der Familie und Veränderungen hinsichtlich der beruflichen Tätigkeit der Eltern durch die Behinderung des Kindes befragt. Alle Kinder besuchten Sonderschulen.

Die Untersuchung bezieht den Heimsektor nicht ein, sie richtet sich an die Eltern junger Kinder und legt einen Schwerpunkt auf die Mitteilung der Diagnose und die darauf folgende Zeit. Eltern mit sehr schwer behinderten Kindern sind nicht als gesonderte Gruppe ausgewiesen, auch zu mehrfach behinderten Kindern gibt es keine Aussagen. Die Untersuchung ist daher nur bedingt vergleichbar mit dem in diesem Band vorgestellten Forschungsprojekt. Viele Aussagen der Eltern zu ihrer Situation im Hilfesystem zeigen allerdings ähnliche Problemlagen, so dass ein Vergleich sinnvoll erscheint.

Die *Diagnosemitteilung* erfolgte nur selten vor oder direkt nach der Geburt (12%), mehr als 40% der Eltern erfuhren erst im 2. Jahr oder später von der geistigen Behinderung. Viele berichten, mit ihren Sorgen bezüglich der Entwicklung des Kindes nicht ernst genommen oder abgewiesen worden zu sein. Die Mitteilung der Behinderung wird in vielen Fällen als wenig einfühlsam beschrieben, die Möglichkeiten des Kindes wurden in der Regel defektorientiert beschrieben. Nur 15% beschrieben die Professionellen, meist Ärzte und Kinderärzte, als „in Bezug auf die Zukunft des Kindes ermutigend", 36% als „unterstützend". Viele Professionelle werden zudem als wenig kompetent beschrieben, nur 23% waren mit dem Fachwissen der Professionellen zufrieden. 33% der Betroffenen waren allein, ohne ihren Partner, dem „Diagnoseschock" ausgesetzt.

Fast alle Eltern geben *Veränderungen im Familiensystem* oder hinsichtlich der *Berufstätigkeit* an. Fast 90% der Eltern geben an, dass ihre anderen Kinder durch die Behinderung des Kindes beeinträchtigt worden seien, viele Partnerschaften ebenso. 23% der Eltern gaben an, einer der Partner habe seine/ihre Berufstätigkeit wegen der Betreuung des behinderten Kindes aufgeben müssen, die berufstätigen Eltern beschrieben sich als sehr gestresst durch die mehrfache Belastung.

Viele Eltern erhielten *Unterstützung* durch „voluntary organisations" (freigemeinnützige Träger wie MENCAP), wobei finanzielle Hilfen (40%) und familienentlastende Dienste (23%) am häufigsten genannt wurden. Allerdings erhielten nur 7% Beratung (counselling). Die Interviewer kamen zu dem Schluss, dass Beratung wesentlich stärker nachgefragt würde, wenn den Eltern die Existenz von Beratungsangeboten bekannt wäre. Das Zitat einer Mutter zeigt dies deutlich: „Ich war etwas naiv, als sie diagnostiziert wurde. Ich dachte, jemand werde Kontakt zu mir aufnehmen und sagen, was ich als nächstes tun solle. Das ist jetzt neun Jahre her, und bis jetzt gab es nichts dieser Art“ (MENCAP 1997, 23; Übersetzung B.L.).

Was erwarten die Eltern? Die *Wünsche der Eltern* lassen sich dahingehend zusammenfassen: Verständnis für ihre Situation, einen langfristigen und vertrauten Ansprechpartner, der sich auf die gesamte Situation der Familie einlässt und ausreichende Informationen vermittelt und schließlich Unterstützung, die wirklich passt, die schnell und unkompliziert da ist, wenn sie gebraucht wird.

Die Realität ist ähnlich unübersichtlich und uneinheitlich wie in der Bundesrepublik auch: Viele Eltern schätzen die Kompetenz der Ärzte in medizinischen Fragen, wünschen aber eine stärker kompetenzorientierte Beschreibung des Kindes und seiner Fähigkeiten. Viele Eltern hätten sich nach der Diagnosemitteilung Kontakt zu anderen Eltern gewünscht. In Fällen, in denen die Diagnose nicht eindeutig ist, wünschen sie sich mehr Flexibilität von Seiten der Behörden.[7]

Viele Eltern beschreiben den Wunsch nach mehr Information bei gleichzeitigem Unvermögen, diese wirklich aufzunehmen. Sie wünschen sich Verständnis für ihre besondere Situation.

Es ist auch in Großbritannien schwer, Informationen über Unterstützung und Beratung zu bekommen. Viele Eltern fühlen sich nach einiger Zeit zwar gut informiert und gut versorgt, schreiben dies aber allein ihrer Hartnäckigkeit und ihrem Einsatz zu. Die Eltern wünschen sich mehr Stimmigkeit und Passung der verschiedenen Angebote, der Information und Unterstützung der Eltern und der Arbeit mit dem Kind.

Ganz wichtig ist die Integration der Unterstützung in eine langfristige Lebensplanung, die frühzeitig sich verändernde Bedarfslagen des Kindes und der Familie beachtet.

Die *Folgerungen* aus den Untersuchungsergebnissen ähneln zum Teil den Folgerungen aus unserer Arbeit (vgl. Kap. 8), auf Grund der anderen Ausrichtung der Untersuchung zeigen sich allerdings auch Unterschiede.

---

7 Da in der Bundesrepublik Deutschland ein Kind, das von Behinderung bedroht ist, so behandelt wird wie ein Kind mit bereits eingetretener Behinderung, ist die Situation hierzulande für Eltern weniger schwierig. In Großbritannien ist es in diesen Fällen ungleich schwerer, den Anspruch auf Unterstützung geltend zu machen.

- MENCAP empfiehlt eine „aufsuchende Dienstleistung“ durch eine „Schlüsselperson“, die den Familien langfristig Unterstützung und Wertschätzung bietet und die nötigen Informationen in die Familie bringt. Diese Dienstleistung sollte vom Zeitpunkt der Diagnose an unentgeltlich und für das ganze Leben des behinderten Menschen zur Verfügung stehen.
- Diese Dienstleistung sollte Wissen und Können anderer Eltern einbeziehen und die sehr unterschiedlichen Bedürfnisse der Familien und ihrer behinderten Angehörigen beachten.
- Das Recht auf diese Dienstleistung und ihre Finanzierung sollte gesetzlich verankert werden. Sie bietet eine Koordination der Leistungen des Gesundheitswesens, der Sozialbehörde und des Bildungssektors zu Gunsten des Kindes.
- Die Professionellen im Gesundheitswesen sollten, unabhängig von Status und Berufserfahrung, zu regelmäßiger Fortbildung zum Thema geistige Behinderung/Entwicklungsverzögerung verpflichtet werden.
- Eltern sollen, wann immer möglich, nicht allein mit der Diagnose konfrontiert werden, sondern in Gegenwart des anderen Elternteils oder einer vertrauten Person.
- Eltern, für deren Kinder nur eine unklare Diagnose vorliegt, erhalten Anspruch auf Beratung und Unterstützung (vgl. MENCAP, 25).

Beachtenswert für die deutsche Diskussion erscheinen m.E. besonders zwei Punkte:

- Der Beratung und Koordination wird eine Schlüsselstellung bei der Allokation der Hilfen zugewiesen.
- Der langfristigen, persönlichen Begleitung und Beratung der Familien wird eine hohe Bedeutung zugewiesen.

Obwohl in Großbritannien in der Regel großer Wert auf eine gute Zugänglichkeit von Informationen durch den Einsatz von Dolmetschern, einfacher Sprache, Braille oder Kassetten gelegt wird, wird dies in dieser Publikation gar nicht erwähnt. Möglicherweise liegt der Grund darin, dass viele Eltern mitteilten, für Informationen nur begrenzt aufnahmefähig gewesen zu sein: Hier ist die persönliche Information durch eine vertraute Person, die den richtigen Zeitpunkt und eine angemessene „Dosierung“ der Informationen einschätzen kann, von zentraler Bedeutung.

Case management

Kinder und Erwachsene mit Behinderung haben Anspruch auf die Leistungen eines „case manager“ (Unterstützungsmanager oder -koordinator), der Unterstützungsleistungen mit ihnen plant und koordiniert. Die Qualität dieser Tätigkeit ist abhängig von den in der Region vorhandenen Angeboten, an die verwiesen werden kann, dem Zeitbudget, das für jeden Einzelfall zur Verfügung steht, und von der Kompetenz des Unterstützungsmanagers, die

Belange der Familie und des Kindes bzw. des Erwachsenen mit Behinderung zu verstehen und einen fruchtbaren Verständigungsprozess einzuleiten. Das Unterstützungsmanagement wird überwiegend als adäquate Methode der individuellen Planung angesehen, wenngleich es auf Grund von Überlastung der Unterstützungsmanager durch hohe Fallzahlen nicht überall angemessen umgesetzt ist. Die schlechte Umsetzung des Unterstützungsmanagements insbesondere für Kinder mit Behinderung zeigt sich an den Forschungsergebnissen zu Familien mit geistig behinderten Kindern.

Frühförderung

Die Frühförderung scheint weniger ausgebaut als in der Bundesrepublik Deutschland, sie wird überwiegend in Form wenig professionalisierter Hausfrühförderung (portage) durchgeführt. Die Frühförderung in der Bundesrepublik ist dagegen ein Unterstützungssystem, das in Bezug auf die Arbeit mit dem Kind, mit den Eltern und der interdisziplinären Kooperation weiterführende Konzepte entwickelt hat. Folglich geschieht es, dass die Frühförderung häufig nicht nur für die ersten Lebensjahre, sondern bis weit in das Schulalter hinein faktisch Aufgaben des Unterstützungsmanagements übernimmt, nämlich Beratung und zentrale Anlaufstelle in allen mit der Behinderung und der Inanspruchnahme von Unterstützung zusammenhängenden Fragen. Eine Einführung von Unterstützungsmanagement in der Bundesrepublik Deutschland müsste diese gewachsenen Strukturen gebührend berücksichtigen.

Schule

Die große Mehrheit der Kinder mit Behinderung, im Folgenden analog zur englischen Terminologie Kinder mit besonderem Förderbedarf (special needs) genannt, besucht wie in der Bundesrepublik Deutschland Sonderschulen. Schulische Inklusion scheint in Großbritannien ein großes Problem darzustellen, denn nicht nur die Integration behinderter Kinder ist mangelhaft, sondern auch die Zahl der nicht behinderten Schulabbrecher ist hoch (vgl. MacDonald 1997, SEU 1998b).

Eine stärkere Individualisierung des Bildungsweges von Kindern mit besonderem Förderbedarf durch jährlich zu revidierende Förderpläne ist in den letzten Jahren durchgesetzt worden, dabei wird auch der Übergang zum Erwachsenenalter durch einen sogenannten „Übergangsplan" (transition plan) berücksichtigt. Der Übergangsplan sieht eine relativ starke Beteiligung der Eltern und des Jugendlichen vor (vgl. Lindmeier u.a. 2000, 154f.) und ist anschlussfähig an das Unterstützungsmanagement. Die Förderpläne könnten einen Ansatz darstellen, vor der Heimeinweisung eines Kindes eine gründliche Bestandsaufnahme einschließlich der wünschenswerten weiteren Entwicklung vorzunehmen, wenn sie in ähnlich ausführlicher Form wie der Übergangsplan, allerdings mit anderen Einzelfragen, durchgeführt würden. Ein grundlegendes Problem des Übergangsplans ist aber die Kooperation zwischen den beteiligten Stellen, die auf Grund ihrer unterschiedlichen

Problemwahrnehmung vieles unterschiedlich beurteilen. Trotz der Stärkung der Position des Jugendlichen bleibt eine Dominanz der Experten bestehen, unter anderem durch die Festschreibung der Fragen durch das Kultusministerium (vgl. DEPARTMENT FOR EDUCATION 1994, 118). Sie soll eine zu enge und standardisierte Durchführung des Verfahrens verhindern und stellt somit einen Schutz der Betroffenen dar, verhindert aber zugleich, dass aus der individuellen Situation heraus mit dem Jugendlichen und seiner Familie im Sinne des empowerments eine eigene Lebensplanung erarbeitet werden kann, wie es bei der individuellen Zukunftsplanung mit Unterstützerkreisen der Fall ist.

Kurzzeitbetreuung und Familienunterstützende Dienste

Kurzzeitbetreuung kann insgesamt für 90 Tage im Jahr und jeweils höchstens 4 Wochen am Stück in Anspruch genommen werden (Children Act 1989, Regulation 13, volume 3, zit. nach Robinson/Lenehan o.J). Ähnlich wie in der Bundesrepublik Deutschland gibt es unterschiedliche Formen der Kurzzeitbetreuung.

Hospize und Krankenhäuser: Kinder mit hohem Pflegebedarf und schwer oder progredient erkrankte Kinder können in Einrichtungen der Gesundheitsbehörden, in Hospize und Krankenhäuser, vorübergehend aufgenommen werden. Die Eltern dieser Gruppe von Kindern schätzen die größere Sicherheit, die bessere medizinische und pflegerische Versorgung sowie die Möglichkeit einer längerfristigen, beispielsweise mehrwöchigen Unterbringung (vgl. Robinson/Jackson 2000).

Stationäre Einrichtungen der Kurzzeitpflege: Traditionell wurden Kinder in Krisensituationen in Heime aufgenommen; häufig war dies der wenig geplante Beginn einer langfristigen Heimaufnahme. Auch heute gibt es insbesondere für schwer behinderte Kinder und Kinder mit hohem Pflegebedarf die Möglichkeit, vorübergehend in stationären Einrichtungen der Kurzzeitpflege aufgenommen zu werden. Diese Unterbringungsform nimmt in der Bedeutung ab, denn da sie wesentlich teurer ist als die Gastfamilien (vgl. unten), werden von vielen Sozialbehörden die Budgets gekürzt, wodurch sich die Platzzahlen verringern. Von Eltern werden die gleichen Charakteristika geschätzt wie bei der Inanspruchnahme der Hospize und Krankenhäusern: größere Verlässlichkeit, längere Zeiträume, professionelle Betreuung und Pflege auch bei schwierigen Verhaltensweisen und seltenen Pflegeproblemen (z.B. Sondenernährung). Eingestreute Kurzzeitplätze in Heimen, die als Dauerlebensort gelten, scheinen keine Bedeutung zu haben, ein Grund ist möglicherweise der andere Charakter der Heime als „residential schools“ (vgl. unten).

Freizeitgestaltung durch „befrienders“: Dieses Angebot richtet sich weniger an Kinder als an Jugendliche (und Erwachsene): Durch Koordinatoren werden Kontakte zu gleichaltrigen Jugendlichen oder zu Erwachsenen hergestellt, welche die Jugendlichen mit Behinderung zu Freizeitaktivitäten begleiten. Diese „befriender" oder genannten Begleiter und Begleiterinnen arbeiten ehrenamtlich, sie werden in Großbritannien zur Erleichterung der Teilnahme an Freizeitangeboten und Bildungsangeboten in der Erwachsenenbildung eingesetzt (vgl. hierzu ausführlich Lindmeier et al. 2000). Von den Jugendlichen und ihren Familien wird die größere „Normalität" der Freizeitgestaltung sowie die bessere soziale Integration durch den Kontakt selbst, durch den Abbau von Schwellenängsten und das Vertrautwerden mit den kulturellen Einrichtungen des Wohnortes geschätzt.

„Sitting services" und „home care services/domciliary services": Diese Angebote betreuen die Kinder und Jugendlichen im eigenen Wohnraum. „Home care services/domiciliary services" erbringen auch etwas längerfristige Betreuungsleistungen (über Nacht) und Pflegeleistungen größeren Umfangs, während die „sitting services" stärker dem „babysitting" für nicht behinderte Kinder ähneln. Diese Angebote scheinen, anders als in der Bundesrepublik Deutschland, weniger relevant zu sein als die Gastfamilien (vgl. unten).

Freizeit- und Ferienangebote: Jugendclubs, Ferienlager und Ferienfahrten stellen die Freizeitgestaltung der Kinder und Jugendlichen selbst in den Mittelpunkt, erfüllen aber zugleich auch eine Entlastungsfunktion für die Eltern. Sie nehmen, wie in der Bundesrepublik Deutschland, an Bedeutung zu, möglicherweise deshalb, weil Eltern sich die eigene Entlastung eher zugestehen, wenn ihr Kind zugleich ein attraktives Angebot zur Freizeit- oder Feriengestaltung mit Gleichaltrigen erhält (vgl. hierzu Günther 2001).

Aufnahme in Gastfamilien: Eine sehr verbreitete, insbesondere von Eltern kleiner Kinder gewünschte Form der Unterstützung ist die Inanspruchnahme eines „shared care"-Dienstes. „Shared care", geteilte Betreuung und Pflege, ist die Bezeichnung familienunterstützender Dienste, die Kinder mit Behinderung in Gastfamilien vermitteln; diese Dienste sind in einem eigenen Dachverband, dem Shared care Network (1989 gegründet), organisiert. Die Gastfamilien nehmen die Kinder unentgeltlich auf. Sie werden durch Koordinatoren geworben und in ihrer Tätigkeit durch regelmäßige telefonische und direkte Kontakte unterstützt und beraten.

Seit Inkrafttreten des „Children Act" (1989) müssen die Gasteltern sehr sorgfältig ausgewählt werden, um eine größtmögliche Sicherheit der Kinder zu gewährleisten (vgl. Norah Fry Research Centre 1994; Robinson/Weston/Minkes 1995; Robinson o.J.-Pamphlet 2; 1999; o.J.-Pamphlet 4). Die Gastfamilien müssen ein polizeiliches Führungszeugnis vorlegen und einen sehr ausführlichen Fragebogen zum Lebenslauf ausfüllen, der von den Koordinatoren überprüft wird, indem beispielsweise Arbeitgeber, die frühere Schule etc. angerufen und um Bestätigung gebeten wird. Diese Überprüfung der potentiellen Gasteltern ist mit 40 Stunden für die Fachkräfte des Dienstes sehr aufwendig. Sie wird aber – auch von Praktikern – für notwendig gehalten, weil in Großbritannien während der letzten Jahre eine Auseinandersetzung über (sexuelle) Gewalt gegen behinderte Kinder und Erwachsene stattgefunden hat, welche die Aufmerksamkeit der Professionellen für die Verbreitung von (sexueller) Gewalt geschärft hat. Es soll möglichst ausgeschlossen werden, dass Menschen Gasteltern werden, die in der Vergangenheit in Bezug auf diese Verhaltensweisen auffällig geworden sind oder gar einschlägig vorbestraft sind.

Kulturelle Vielfalt wird dagegen gefördert. Weniger übliche Familienformen, beispielsweise Alleinstehende oder Alleinerziehende oder homosexuelle Paare sind als Gasteltern „erlaubt“ und erwünscht. Ethnische Minoritäten werden gezielt angesprochen (vgl. unten), da Eltern meist Gasteltern der gleichen ethnischen Gruppe bevorzugen. An eine behindertengerechte Ausstattung der Wohnung und an den verfügbaren Raum werden ausgesprochen niedrige Anforderungen gestellt. Wenn die Gasteltern meinen, ihr Gastkind mit eingeschränkter Gehfähigkeit könne von ihnen die Treppe hinauf getragen werden, dann wird dies als zufriedenstellende Lösung angesehen, ebenso, wenn die Gasteltern das Gastkind im Kinderzimmer ihres Kindes oder ihrer Kinder schlafen lassen. Eine Gesprächspartnerin sagte, eines der von ihr betreuten drei Kinder werde allmählich recht schwer, aber solange die Eltern es täglich schafften, das Kind zu heben, werde sie es wohl auch schaffen.

Eine Professionalisierung der Gasteltern ist ausdrücklich nicht erwünscht. Allerdings werden Einführungskurse abgehalten, in denen Menschenbild und Betreuungsprinzipien von „shared care“, Notfallmaßnahmen bei Unfällen und ähnliches thematisiert werden. Außerdem gibt es Treffen und regionale Konferenzen für Eltern, Gasteltern und Kinder, die die Möglichkeit zum Austausch und zur Information über einzelne Themen bieten. Sie werden von den Regionalverbänden des Shared Care Network organisiert.

Nachdem erste Forschungsberichte (Robinson/Stalker 1991a, 1991b) ergeben hatten, dass einzelne Gruppen von Kindern unterrepräsentiert waren, wurden während der letzten Jahre die Anstrengungen verstärkt, diese Gruppen gezielt einzubeziehen. Bei den meisten Anbietern bestehen Wartelisten, und auf diesen Listen sind Kinder, die älter als 10 Jahre alt sind, Kinder, die gehoben/getragen werden müssen, und Kinder mit schwierigem Verhalten überrepräsentiert (vgl. Robinson 1994, 43).

Für Kinder mit sehr hohem Betreuungsbedarf wurden Mittel für bezahlte Kurzzeitbetreuungspersonen bereitgestellt. Der hohe, auch medizinische Pflegebedarf dieser Kinder ebenso wie der hohe Betreuungsaufwand auf Grund von schwierigem Verhalten macht professionelle Kenntnisse wünschenswert, ihre Betreuung ist zudem – aufgrund des hohen zeitlichen Aufwands – mit der Wochenend- oder Tagesorganisation von Gastfamilien häufig nicht in Einklang zu bringen. Eine Bezahlung dagegen erlaubt es den Betreuungspersonen, diese Tätigkeit als eine Art Nebentätigkeit – als Ersatz oder Ergänzung einer beruflichen Tätigkeit – einzuplanen (vgl. Prewett 2000).

Andere unterrepräsentierte Gruppen tauchten nicht einmal auf den Wartelisten auf, obwohl Unterstützungsbedarf ebenso anzunehmen war, beispielsweise asiatische und schwarze Kinder. Sie wurden durch eine stärker auf die jeweilige Gruppe und ihre kulturellen Gewohnheiten bezogene Ausrichtung der Angebote einbezogen, nach Aussage von Robinson mit Erfolg. Hierzu wurden insbesondere in Orten und Stadtteilen mit großen Anteilen der jeweiligen Bevölkerungsgruppen die Informationsmodi und Rekrutierungsstrategien geändert und bevorzugt Mitarbeiterinnen der gleichen Bevölkerungsgruppe eingesetzt. Eltern ethnischer Minderheiten bevorzugen nämlich eine Unterbringung in Institutionen gegenüber der Unterbringung in einer ‚fremden' ethnischen Gruppe. Sie sind aber durchaus interessiert an der Vermittlung von Gastfamilien der eigenen ethnischen Gruppe. Diese Erkenntnis ist möglicherweise relevant für die weitere Planung für ethnische Gruppen, die durch die in der Bundesrepublik Deutschland bestehenden familienunterstützenden Dienste ebenfalls weniger gut erreicht werden als deutsche Familien.

Für die Bundesrepublik Deutschland erscheint das Modell „shared care" schwer zu übertragen: Es existiert bereits ein anders strukturiertes, aber ebenfalls etabliertes System der Familienunterstützenden Dienste. Die Ergebnisse zur Angebotserhebung zeigen zudem eine kaum vorhandene Vernetzung mit freiwilligem Engagement gerade in den weniger traditionsreichen Arbeitsfeldern, zu denen die Familienunterstützenden Dienste gehören. Dennoch ist der Vergleich interessant:

Jüngere Eltern in Großbritannien verbinden mit der Unterbringung in Gastfamilien mehr ‚Normalität' für ihre Kinder und beurteilen dies positiv. In mehreren Gesprächen wurde ich darauf aufmerksam gemacht, dass gerade kleine Kinder in die Familie gehören und dass behinderte Kinder in geringerem Umfang die Erfahrung machen, bei Freunden und Freundinnen zu übernachten, dass also für sie diese Form der Betreuung sehr günstig sei. Auch die Eltern seien flexibler als bei der Nutzung eines „sitting service", da sie ausgehen oder zu Hause bleiben könnten; und viele Eltern empfänden es als besonders erholsam, die freie Zeit zu Hause zu verbringen.

Ein großer Teil der deutschen Eltern wünscht sich dagegen professionelle Betreuung, großenteils sogar zusätzliche Förderung, allerdings besteht hier die Alternative der Gasteltern auch nicht. Eine Entscheidungslinie, die sich im Vergleich elterlicher Wünsche in Bezug auf Familienunterstützende Dienste andeutet, könnte „größtmögliche Normalität versus bestmögliche Förderung" lauten. Diese unterschiedliche Grundorientierung – „möglichst große Normalität einschließlich sozialer Integration oder möglichst gute und professionelle Förderung, Pflege und medizinische Versorgung" liegt möglicherweise auch anderen Entscheidungen von Eltern und den sie beratenden Professionellen zu Grunde, beispielsweise der Entscheidung für eine integrative oder Sonderbeschulung oder der Entscheidung über eine Heimaufnahme. Eine Empfehlung an das deutsche Hilfesystem müsste dann dahingehen, diese unterschiedlichen Grundorientierungen wahrzunehmen und Angebote zu schaffen, die beides möglichst gut verbinden (vgl. hierzu die Ausführungen zur Dedifferenzierung).

Heime für Kinder mit Behinderung

Die folgenden Ausführungen beziehen sich auf den ersten Bericht eines noch laufenden Forschungsprojekts (vgl. Abbot/Morris/Ward 2000), da es sonst kaum verlässliche Informationen gibt; ergänzend wurden einige Informationen aus mehreren Expertengesprächen herangezogen. Die Untersuchung basiert auf einer umfangreichen Stichprobe in England, sie kommt nicht zu einer Einschätzung der Gesamtzahl der in Heimen lebenden Kinder und lässt eine Reihe von weiteren Fragen offen, die für unseren Forschungszusammenhang relevant sein könnten, beispielsweise nach der Ausschöpfung von Alternativen zur Heimaufnahme, zur Befristung von Heimaufenthalten und zur Stellung von Heimen im Hilfesystem.

Wie in der Bundesrepublik Deutschland gibt es auch in Großbritannien Pflegefamilien für Kinder mit Behinderung – übrigens auch für Erwachsene mit Behinderung. Der größte Teil der Kinder mit Behinderung, die nicht in ihrer Familie leben, lebt allerdings in sogenannten „residential schools“, das heißt in Internaten. Diese sind in Großbritannien stärker anerkannt als Wohnheime, da es eine lange Tradition der Beschulung in Internaten auch für nicht behinderte Kinder gibt. Allerdings sind die Bildungsbedürfnisse des Kindes nie der alleinige Grund für die Aufnahme, ein Teil der Bildungsbehörden geht sogar davon aus, es gäbe keinerlei bildungsbezogene Gründe für die Internatsunterbringung.

Der Aufenthalt in den residential schools soll an das Schuljahr gebunden sein: die Ferien sollen die Kinder bei ihren Eltern oder, wenn kein Kontakt mehr vorhanden ist, in „shared care“- Arrangements verbringen. Es gibt allerdings auch sogenannte „48-52 week placements“ (vgl. Abbot/Morris/Ward 2000, 13). Genaue Angaben zur Häufigkeit können kaum gemacht werden, da die Bewilligungspraxis sehr unterschiedlich ist (von 0-71% in verschiedenen zuweisenden Stellen). Der Forschungsbericht enthält aber Hinweise darauf, dass den zuweisenden Institutionen ebenso wie den Eltern in der Praxis nicht immer klar ist, wer in welcher Weise für das Kind und seine Belange zuständig ist, wem also Sorgerecht und Erziehungspflichten obliegen.

Die Wahrscheinlichkeit einer Heimeinweisung ist innerhalb des Landes sehr unterschiedlich, hängt also von einer Vielzahl von Umständen (der Angebotsstruktur der Region, den Eigenschaften der beratenden Institution bzw. der beratenden Person, den Eigenschaften des Kindes und denen seiner Familie etc.) ab. Die Zusammenarbeit der beteiligten Behörden, nämlich der für Bildung und Soziales zuständigen Behörden, ist eher gering, dies betrifft sogar die jeweilige Information über eine Platzierung, soweit diese nicht auf Grund einer gemeinsamen Finanzierung notwendig ist. Die gemeinsame Finanzierung nimmt allerdings zu, und in Folge dessen auch grundlegender Informationsaustausch, der aber noch er nicht als entwicklungsbezogene Planung anzusehen ist. Die Sozialbehörde suchte des öfteren auch den Standpunkt des betroffenen Kindes zu ermitteln – ein Hinweis darauf, dass das dort angesiedelte case management zumindest im Prinzip „greift“, die Bildungsbehörde konsultierte das betroffene Kind in der Regel nicht. Systematische Unterstützung und Hinweise für die Eltern hinsichtlich der Frage, wie sie den Kontakt zu ihren Kindern am Besten aufrecht erhalten sollten, gab es in der Regel nicht, diese schwierige Frage blieb allein dem Ermessen des zuständigen case managers überlassen. Auch die Regelung von Reisekosten scheint uneinheitlich und nicht immer im Interesse einer engen Bindung zwischen Kind und Eltern geregelt zu werden. Besonders in der Arbeit mit Eltern erweist es sich als schwierig, dass schon am Wohnort der Eltern zwei Behörden für die Vermittlung zuständig sind, im Heim kommen noch weitere Ansprechpartner für die Eltern hinzu. Diese Schwierigkeiten konterkarieren die Bedeutung, die dem Aufwachsen von Kindern in ihrer Familie zugebilligt wird.

Insgesamt wird die Platzierung von Kindern in Heimen, insbesondere bezogen auf die häufige Fremdplatzierung bestimmter Gruppen von Kindern, von den beteiligten Professionellen kritisch gesehen. Als Ziel wird eine Bestandsaufnahme und Entwicklung von Alternativen angesehen.

Ziel des zweiten Teils der Studie ist eine genauere Analyse der Entscheidungsprozesse in vier Regionen, die in die erste Studie einbezogen worden waren.

Umwandlung einer stationären Einrichtung

Auch in Großbritannien gibt es demnach Bedarf an stationären Angeboten; die im Folgenden skizzierte Umwandlung des Cheviot’s Children Centre von einer stationären Einrichtung in eine Art Familienzentrum für Kinder mit Behinderung und ihre Familien ist daher als Ausnahme anzusehen. Ich erwähne sie dennoch, weil sie in dieselbe Richtung weist wie das abschließend beschriebene Konzept einer Umwandlung von Heimen in Kompetenzzentren (vgl. Kap. 8). Grund für die Umwandlung war der Leitgedanke der Deinstitutionalisierung, der zu der Annahme führte, Kinder mit Behinderung sollten nicht stationär betreut werden. Stattdessen sollten die Angebote in der Gemeinde ausgebaut werden, die Eltern besser informiert und frühzeitig unterstützt werden. Das Heim, in dem 8 Kinder mit Behinderung lebten, war eine regionale Einrichtung in einem Ballungsraum, was die Umstrukturierung erleichterte. Es wurde seit Beginn der 80er Jahre allmählich aufgelöst, indem frei werdende Plätze nicht wieder belegt wurden. Das Gebäude beherbergt heute die aus der Sozialbehörde ausgelagerten „case manager“ für Kinder mit Behinderung des Bezirks, die Koordinationsstelle eines „shared care“-Dienstes und eines „befriender“-Dienstes sowie eine Spielzeugausleihe, wie sie in Großbritannien häufig anzutreffen sind. Außerdem gibt es (Ferien-)Spielgruppen, einen „sitting service“ und einen „home care service“. Es wird die gesamte Bandbreite familienunterstützender Angebote mit Ausnahme des stationären Bereichs vorgehalten.

Interessant an dieser Umwandlung ist die Erfahrung, dass nachgefragt wird, was bekannt ist, und dass auf dem Weg in die obere Etage zu den Besprechungsräumen die im Haus vorhandenen oder von dort aus koordinierten Unterstützungsangebote zu sehen sind, wodurch den Eltern greifbare Vorstellungen vermittelt werden. Durch die enge Zusammenarbeit des Unterstützungsmanagements mit den vorhandenen Diensten und die in diesem Bezirk praktizierte konsequente Ausschöpfung der Möglichkeiten ambulanter Unterstützung ist es möglich, auch umfangreichen Bedarfslagen innerhalb der Familie zu entsprechen. Als Beispiel nannte eine Unterstützungsmanagerin des Zentrums die Bereitstellung mehrstündiger Leistungen eines „home care service“ an mehreren oder allen Wochentagen. Sie räumte allerdings ein, dass es Familien gäbe, für die nur eine Unterbringung des Kindes außer Haus noch in Frage käme, in der Regel seien dies Familien, die zu lange zu wenig unterstützende Angebote erhalten hätten und deren Kräfte erschöpft seien. In diesen Fällen wird auch die Unterbringung in einer „residential school“ oder in einer Pflegefamilie ermöglicht. Die Kooperation mit anderen Anbietern vor Ort einschließlich der Gesundheitsbehörden und Schulen sei ein Weg, Familien früher zu erreichen, um lang anhaltende Überforderungssituationen der Familien im Vorfeld von Fremdplatzierungen zu vermeiden. Diese Einrichtung scheint darum so erfolgreich zu arbeiten, weil sie mit einigen der Forderungen von MENCAP (vgl. oben) ernst macht: Das Vorhandensein eines zentralen Ansprechpartners, die Koordination der Angebote und eine gute Erreichbarkeit sind hier gewährleistet. Die Einrichtung ist allerdings kein überregionales, sondern ein konsequent regional ausgerichtetes Zentrum, dessen Versorgungsauftrag lediglich für einen Stadtteil, nämlich einen Bezirk Londons, besteht.

7.4.2 Dänemark

Ergänzend zu den Ausführungen zu Großbritannien möchte ich einige Ergebnisse einer Erkundungsstudie zu Kindern in Heimen in Dänemark nennen, die während des Pilotprojekts zum Forschungsprojekt durchgeführt wurde (vgl. Thimm u.a. 1999, 149ff.). Da die Ergebnisse bereits veröffentlicht sind, kann ich mich auf eine zusammenfassende Diskussion beschränken:

- Die Heime sind wesentlich kleiner als in der Bundesrepublik, ihr Einzugsbereich ist eine ‚Amtskommune‘ (3, 6, 9 Plätze in den untersuchten Heimen), das ist die den Kommunen übergeordnete Organisationseinheit.
- Amtskommunen müssen für die Unterbringung der Kinder Sorge tragen, wenn die Eltern mit der Betreuung überfordert sind. Wenn die bestehenden Möglichkeiten nicht ausreichen, werden, so hat es die Studie für die

Amtskommune Störströmsamt ergeben, neue Möglichkeiten geschaffen. Langjährige Wartelisten oder eine Ablehnung von Aufnahmeanträgen wegen problematischen Verhaltens oder hohen Betreuungsbedarfs scheint es nicht zu geben.

- Die Kinder besuchen örtliche Sonderklassen, keine Heimsonderschulen.
- Trotz der Aufnahme aller Kinder ist der Anteil der in Heimen untergebrachten Kinder mit 5% geringer als in der Bundesrepublik Deutschland.
- In Dänemark wird eine intensive Diskussion um Lebensqualität geführt. Dies scheint sich auch im Heimalltag niederzuschlagen: „Auffällig ... war, dass immer wieder das Wort „Fröhlichkeit" im Zusammenhang mit dem gemeinsamen Alltag von Bewohnern und Mitarbeitern fiel" (Thimm et al. 1999, 157). Subjektiv hohe Lebensqualität, die Achtung von Grundrechten und die Schaffung einer "fröhlichen" Atmosphäre sind Leitgedanken der Betreuung.

7.5 Zusammenfassung und Folgerungen

Bei allen Unterschieden weisen die beobachteten Tendenzen in dieselbe Richtung: gesellschaftliche Teilhabe, Anerkennung von Menschen mit Behinderung als Bürger mit bestimmten Rechten und (subjektive) Lebensqualität als Maßstab wirkungsvoller Unterstützung sind als Ziele der Weiterentwicklung der Unterstützungssysteme überall anzutreffen. Bei der Weiterentwicklung selbst wird die stärkere Einbeziehung von Nutzern und Angehörigen und die Entwicklung eines neuen Selbstverständnisses bzw. anderer Qualifikationsprofile auf Seiten der Professionellen gefordert. Auch die noch bestehenden Probleme ähneln sich.

7.5.1 Abbau von Informationsdefiziten und Kommunikationsbarrieren

Bedarfsbezogene Planung

Es gibt zu wenig Wissen über bestimmte Gruppen von Menschen mit Unterstützungsbedarf und über neue Bedarfslagen (beispielsweise sondenernährte oder langzeitbeatmete Kinder), dementsprechend werden sie bei der Planung nicht ausreichend berücksichtigt. Dasselbe gilt für Menschen mit anderer Muttersprache, anderen Sitten und anderen Traditionen im Umgang mit Behinderung.

Klare Zuständigkeiten

Als günstig, insbesondere für Menschen mit hohem Unterstützungsbedarf, ist das Vorhandensein *eines* zuständigen ersten Ansprechpartners in Form eines Unterstützungsmanagers. Eine transparente Organisation der Zuständigkeit und des Finanzierungsmodus ist sehr hilfreich. Die Zerstückelung der Zuständigkeiten führt, wie die Ausführungen zu Großbritannien zeigen, zu einer schlechten Informationslage zwischen den einzelnen zuständigen Behörden und Institutionen zu Lasten des Kindes und seiner Familie. Trotz Vorhandensein von Unterstützungsmanagement sind manche Eltern selbst in einer ähnlichen Rolle wie ein Unterstützungsmanager, indem sie umfangreichen Hilfebedarf durch die Nutzung verschiedener Formen der Unterstützung Stück für Stück „zusammenbasteln". Ein Teilbereich der Information ist die Information über die Finanzierung der Unterstützung. Für die Bundesrepublik Deutschland ist durch das SGB IX eine Verbesserung der Situation zu erwarten.

Verständliche Information für Nutzer und Angehörige
Ein Ergebnis zahlreicher Expertengespräche war, dass schriftliche Information besser genutzt wird, wenn sie in der Formulierung verständlich ist und die Sprache der Adressatengruppe benutzt (das bedeutet z.B. Informationen in einfacher Sprache, Braille oder Kassettenform, Videos mit Gebärdensprache ebenso wie in der Muttersprache einzelner ethnischer Gruppen). In diesem Bereich ist beispielsweise Großbritannien wesentlich weiter als die Bundesrepublik, allerdings weist das SGB IX auf die Notwendigkeit hin Kommunikationsbarrieren abzubauen (vgl. § 23, §57).

Beratungsangebote
Trotz der Verbesserung schriftlicher Informationen, auch durch die Informationstechnologie, behält die mündliche Information ihre hohe Bedeutung, weil sie die Möglichkeit der Beratung einschließt und eine Orientierungsfunktion hat.

Servicestellen, wie sie das SGB IX vorsieht, weisen daher in die richtige Richtung. Ebenso wichtig ist aber die Beratung durch Gleichbetroffene in Form von Selbsthilfegruppen und Netzwerken Betroffener. Ihre Beteiligung an den Servicestellen ist ebenfalls vorgesehen, es ist aber zum jetzigen Zeitpunkt noch schwer abzusehen, in welcher Form die bestehenden Beratungsstrukturen in sinnvoller Weise mit den neuen Servicestellen verbunden werden können.

7.5.2 Planung der Unterstützung

Das SGB IX nimmt durch die Zielsetzung „Selbstbestimmung und Teilhabe" (§1) und die Berücksichtigung des Wunsch- und Wahlrechtes der Leistungsberechtigten diese international diskutierten Prämissen deutlich auf. Welche Formen der im Weiteren genannten Formen der Planung in welchem Umfang genutzt werden, lässt sich noch nicht abschätzen. Bei der Entscheidung sollten Erfahrungen bei der Umsetzung des Hilfeplanverfahrens des KJHG einbezogen werden: nicht in jedem Fall ist es sinnvoll, die Zusammenarbeit zwischen der koordinierenden Stelle und dem Leistungsberechtigten mit einem aufwendigen, „großen" Verfahren zu beginnen, da dies auch eine Hürde bei der Inanspruchnahme von Leistungen darstellen kann. Wenn z.B. eine Familie lediglich einen Kindergartenplatz für ihr Kind benötigt und ansonsten zu diesem Zeitpunkt keinerlei Unterstützungsbedarf äußert, ist es u.U. nicht sinnvoll, zu diesem Zeitpunkt mit der Familie weitergehende Angebote zu diskutieren oder einen Unterstützerkreis aufzubauen.

Personenbezogene Planung mit den Betroffenen

Eine stärkere Orientierung an der individuellen Bedarfslage und den Wünschen der Nutzer wird schon seit langem gefordert und durch verschiedene Maßnahmen zu realisieren versucht, beispielsweise durch eine Orientierung am Lebenslauf und eine bessere Planung der ‚ökologischen Übergänge' im Leben von Menschen mit Hilfebedarf. Hierzu gehört auch die Einbeziehung der Betroffenen und ihrer Angehörigen in die Planung. Eine Kontinuität von Beratungspersonen über die gesamte Kindheit und Jugend, beispielsweise in der Person eines Unterstützungsmanagers, ist hier sinnvoll. Bislang nimmt diese Rolle häufig eine kompetente und den Eltern sympathische Person im Unterstützungssystem ein, beispielsweise eine Frühförderin, die Krankengymnastin oder der Hausarzt. Diese Personen bieten emotionalen Rückhalt, sie stoßen aber meist dort an fachliche Grenzen, wo es um finanzierungsrechtliche Kenntnisse, die nicht ihre eigentliches Arbeitsfeld betreffen, und um systematisches Wissen aus anderen Professionen geht. Die Vermittlung an andere Angebote und Dienste erfolgt dann eher zufällig, wie es die Angebotserhebung in erschreckender Deutlichkeit gezeigt hat (vgl. Kap.3.2).

Personenbezogene Planung mit Unterstützerkreisen

Dem Ansatz, personenbezogene Planung unter Leitung des betroffenen Menschen und unter Beteiligung seiner Freunde, Verwandten und von Professionellen zu betreiben, kommt derzeit eine Schlüsselrolle bei der Planung von Angeboten zu (vgl. Simons/Watson 1999, 49).

Für Kinder und Erwachsene mit hohem Unterstützungsbedarf und ihre Angehörigen halte ich diese Methode für besonders wichtig. Diese Familien sind noch abhängiger von den bestehenden Angeboten als Familien mit leichter behinderten Kindern. Sie sind tendenziell noch stärker zeitlich eingebunden und haben noch größere Sorge um die Zukunft ihrer Kinder als andere Eltern, da sie vielerorts die Erfahrung machen, dass selbst Sonderschulen und spezielle Angebote auf ihr Kind nicht eingerichtet sind. Für diese Familien bedeutet es einen Schritt aus dem ‚bloßen Funktionieren' im Alltag heraus, mit anderen, ihnen zugewandten Menschen zusammen über die Zukunft ihres Kindes nachzudenken, Hoffnungen und Träume zu entwickeln. In diesem geschützten Raum kann es für Eltern möglich werden, Unterstützungsarrangements zu entwerfen, die eine Heimaufnahme nicht notwendig werden lassen. Und auch wenn eine Heimaufnahme als die beste Lösung erscheinen sollte, kann das Fortbestehen des Unterstützungskreises und weitere Planungstreffen den Kontakt zu dem Kind aufrechterhalten und dem Kind somit sein soziales Netz erhalten. Bei einer Veränderung der Situation, beispielsweise durch den Wunsch des Kindes und/oder der Eltern, das Heim zu verlassen, kann durch die Planung mit dem Unterstützerkreis – zu dem in diesem Fall natürlich auch wichtige Bezugspersonen aus dem Heim gehören würden – ein neues Arrangement realisiert werden.

7.5.3 Vorhandensein ausreichender und qualitativ guter Angebote

Angebote und Dienste zur Unterstützung von Familien mit behinderten Angehörigen müssen überall und im notwendigen Umfang vorgehalten werden. Diese einfache Forderung ist schwer zu verwirklichen. Dabei zeigt sich, dass in Ländern mit stärker marktwirtschaftlich organisierten Strukturen größere Unterschiede hinsichtlich der regionalen Versorgung, aber auch viel innovatives Potential und interessante Einzelprojekte vorhanden sind. Eine Aufgabe bei der Weiterentwicklung des Angebots für Kinder mit Behinderung und ihre Familien ist es zu gewährleisten, dass das Wunsch- und Wahlrecht der Familien tatsächlich ausgeübt werden kann, weil die von ihnen präferierten Angebote tatsächlich auch für sie vorhanden sind.

8. Gemeinwesenorientierte Wende in der Behindertenhilfe – Impulse

(W. Thimm)

„Sozialpolitik vollzieht sich in Jahrzehnten; die Menschen, deren Lebenslage von der Sozialpolitik beeinflußt wird, denken in Jahren, ja in Monaten“ (Christian v. Ferber 1989, 248).

8.1 Bewertende Einschätzungen des Modellvorhabens

In evaluationstheoretischer Hinsicht wird das Modellvorhaben unter prozessorientierten (formativen) Gesichtspunkten und nicht an einem vorab definierten Produkt ausgerichtet (summativ) bewertet werden müssen.

Im Vordergrund standen im Forschungsprozess als gemeinsamen Lernprozess – wie schon eingangs erwähnt – eine gemeinsame Vergewisserung und Bewertung vorhandener Praxis zwischen Vertreterinnen und Vertretern aus den Modellregionen untereinander und mit uns, dem Forschungsteam, und von Fall zu Fall mit weiteren hinzugezogenen Expertinnen und Experten. Hervorzuheben ist die große Aufgeschlossenheit der Fachleute aus den Regionen gegenüber theoriegeleiteten Überlegungen aus dem Projekt. Die oft beschriebene Kluft zwischen Theorie und Praxis – sie muss nicht sein! Wir glauben, dass es uns auch gelungen ist, die Steuerungs- und Optimierungsfunktion des gesamten Vorhabens bei allen Beteiligten zu verdeutlichen. Es muss aber kritisch angemerkt werden, dass entsprechende Steuerungs- und Optimierungsprozesse nicht in dem ursprünglich geplanten Umfang (z.B. über Regionalkonferenzen) in Gang gesetzt werden konnten.

Neben vielen Unwägbarkeiten eines solchen offenen Vorgehens, wie es im Modellvorhaben praktiziert wurde, seien zwei Bereiche hervorgehoben, die besonders viel Arbeitszeit in Anspruch nahmen.

1. Unterschätzt hatten wir den Zeitaufwand für die Erhebungen der Angebotsstruktur in den Regionen. Diese Schwierigkeiten zeigen einmal mehr, dass in den allermeisten Fällen niemand einen Gesamtüberblick über Stärken und Schwächen der regionalen Hilfelandschaft hat. Hier muss dringend Abhilfe geschaffen werden. Ein erster Schritt dazu könnte sein, dass ein Ansprechpartner in der Region die Verantwortung zur Einführung und Fortschreibung des von uns entwickelten Familienratgebers übernimmt.

2. Während der Projektlaufzeit entschieden wir uns, nicht zuletzt auf Drängen aus der Praxis, die Elternbefragungen quantitativ so auszuweiten, dass aussagekräftige Daten im Hinblick auf die Regionen zu erwarten waren. Wenn dieses möglicherweise auch nicht für alle Regionen einlösbar sein wird, so liegen sowohl für weiter regionsspezifische Erhebungen als auch für Elternbefragungen einzelner Heime brauchbare Instrumente vor.

Bei der Gesamtbewertung des Modellvorhabens ist sicherlich nicht zu unterschätzen, welche Impulse von den unterschiedlichsten Begegnungen und Formen des Erfahrungsaustausches zwischen ganz unterschiedlichen Fachleuten ausgehen werden. Dabei können wir keine Abschätzung abgeben über die zusätzlichen Wirkungen, die von zahlreichen, eng mit der Forschungsarbeit verbundenen Studierenden in den sonderpädagogischen Studiengängen, die als zukünftige Multiplikatoren anzusehen sind, ausgehen werden.

Zwei Beispiele dafür, welche Kompetenzen sich dabei angehende Diplompädagoginnen aneignen konnten und welche respektvolle Anerkennung das bei erfahrenen Praktikerinnen und Praktikern fand, wurden in Kap. 4 dokumentiert (4.3 Kurzzeitbetreuung; 4.4 Langzeitbeatmete Kinder).

8.2 Informieren – Beraten – Kooperieren!

Die unseren regionalen Analysen (Kap. 3) vorangestellte vergleichende Darstellung der Einschätzungen und Planungen im Hinblick auf die Situation von Familien mit behinderten Kindern in den Bundesländern (Kap. 2) förderte eine außerordentliche Heterogenität in der Berichterstattung zu Tage. Die Annahme ist nicht unberechtigt, dass sich dahinter große Disparitäten zwischen den einzelnen Bundesländern hinsichtlich der Art, des Umfanges und der Effektivität der Hilfen für diese Familien verbergen. Dramatisch zeigen sich dann solche – fast ist man geneigt zu sagen: mehr oder weniger dem Zufall überlassene – Unterschiede auch in den von uns untersuchten Regionen. *Von gleichen, wohnortunabhängigen Chancen, die gesetzlich möglichen Unterstützungsleistungen am Wohnort zu erhalten, kann nicht die Rede sein.*

Angesichts der erheblichen Kompetenzen der Bundesländer bei der konkreten Ausgestaltung des Behindertenhilfesystems sollten dringend Richtlinien zur Sozialbericht-(Behindertenbericht-)erstattung erarbeitet werden. Ohne einheitliche Vorgaben zur Analyse des Ist-Standes und für darauf aufbauende Planungen sind weder länderinterne noch ländervergleichende Aussagen zur Qualität der Hilfen für behinderte Menschen und ihre Familien möglich.

Im Mittelpunkt unseres Interesses stand im Modellvorhaben der individuelle Hilfe- und Unterstützungsbedarf von Familien mit behinderten Kindern. Die Bewältigung der besonderen Aufgaben, mit denen diese Familien konfrontiert werden, hängt in entscheidendem Maße von ihrem unmittelbaren

Lebensumfeld ab, der „Feinstruktur der sozialräumlichen Bedingungen“ (v. Ferber 1989, 262). Wir stellen die Lage dieser Familien in Bezug zu den für das Alltagsleben entscheidenden allgemeinen sozialräumlichen Lebensbedingungen von Kindern und ihren Familien. Diese umfassen weit mehr als nur die aus dem engeren Bereich der Behindertenhilfe resultierenden Hilfen.

Über Einzelkontakte des Forschungsteams mit den Kooperationspartnern vor Ort, Adressenrecherchen und schriftliche Befragungen wurde in Abstimmung mit den Partnern in den Modellregionen ein Überblick über die Versorgungslandschaft erstellt. Die Ergebnisse wurden über Zwischenberichte allen Projektpartnern zugänglich gemacht und auf Gesamtkonferenzen mit dem Forschungsteam und untereinander diskutiert. Dadurch wurden Vergleiche zwischen den Regionen möglich, Disparitäten sichtbar, höchst unterschiedliche regionale Ausgangslagen und Besonderheiten diskutiert und Anregungen für die ‚eigene' Region aufgegriffen. Mit wenigen Ausnahmen stellten sich für alle Regionen vorrangig folgende Aufgaben:

- Verbesserung der Informationslage und der Beratungsangebote;
- Verbesserung der Kooperation innerhalb des Angebotssystems der Behindertenhilfe;
- Vernetzungen mit anderen auf Familien und Kinder bezogenen Hilfestrukturen (Kinder- und Jugendhilfe, regionale Schul- und Familienpolitik; Selbsthilfeaktivitäten und freiwilliges bürgerliches Engagement).

Auf den Gesamtkonferenzen wurden mögliche Wege dazu angeregt.

Diese Notwendigkeiten wurden in den Familienbefragungen bestätigt. Die problematische Situation vieler Familien mit einem behinderten Kind ist auch auf Informations- und Beratungsdefizite, auf das Fehlen oder die Dislokation an sich möglicher Unterstützungsangebote, mangelnde Kooperation innerhalb des Systems der Behindertenhilfe und der Behindertenhilfe mit anderen kinder- und familienbezogenen Hilfepotentialen einer Wohnregion zurückzuführen. Einzelne Faktoren können dominierend auftreten, in der Regel ist aber eine Kumulierung der genannten Defizite festzustellen.

Mit wenigen Ausnahmen (in unseren Modellregionen nur in Bielefeld) stehen von Anbietern und Trägern der Behindertenhilfe unabhängige zentrale Auskunftspersonen oder -stellen für Rat und Hilfe suchende Eltern nicht zur Verfügung. Die Gestaltung der Informationswege, bislang geprägt von Zufälligkeit, Undurchschaubarkeit und voller Barrieren, hat oberste Priorität. Eine regionale Datenbank, wie sie mit dem von uns entwickelten und erprobten Informationssystem Familienratgeber bereit gestellt wurde (Kap. 3.1), könnte ein erster Schritt zur nachhaltigen Verbesserung sein. Sie sollte möglichst einer zentralen, trägerunabhängigen Stelle zugeordnet sein. Nach unseren Erfahrungen profitieren neben den Eltern als Adressaten vor allem auch die in der Praxis tätigen Fachleute davon.

Eltern und Fachleute messen „Beratung“ unterschiedlichster Inhalte und Intensität große Bedeutung zu. Von beiden Seiten werden Möglichkeiten dazu als nicht ausreichend empfunden.

Die in den Einrichtungen tätigen oder mit offenen Hilfen betrauten Fachkräfte der Behindertenhilfe fühlen sich fachlich nicht ausreichend gerüstet, vermissen die Koordination in ‚ihrer‘ Region, beklagen, dass für Gespräche und Beratung „keine Zeit“ vorhanden sei, da solche Leistungen letztlich nicht finanziert werden. Die Behindertenfachleute in Leitungsfunktionen sehen sich selbst fast nur noch als „Finanzjongleure im Hilfedschungel“.

Generell besteht ein großer Beratungsbedarf bei den Müttern als Hauptbetreuungspersonen hinsichtlich der eigenen Lebensperspektiven. Konkrete Probleme, die eines fachlichen Rates bedürften, sind u.a.: zu starke Kindfixierung, Verhäuslichung, Loslassen-Können und Berufsperspektiven. Die übergroßen und über einen nicht absehbaren Zeitraum zu erbringenden Pflege- und Betreuungsleistungen drohen die Mütter auf einen als überholt empfundenen Aspekt der Mutterrolle zu fixieren. Nicht selten haben sie mit den unausgesprochenen Erwartungen zu kämpfen, dass die Aufgabe der Berufstätigkeit von ihnen erwartet werde und die Sorge um das behinderte Kind vorrangig von ihnen getragen werden sollte. Gesprächs- und Beratungsinhalte, haben sich mehr als das wohl in der Praxis geschieht, an Folgen des familialen Wandels und damit verbundenen veränderten Ansprüchen von Frauen und Müttern an das Leben auszurichten. Vermutlich spielen auch hier Informations- und Beratungsmängel mit eine Rolle. So überrascht die Tatsache, dass einerseits von den Eltern vorrangig Bedarfe an Hilfen „in Notfällen“ und an anderen „kurzfristig abrufbaren, flexiblen“ Unterstützungen angegeben werden, Lösungen aber nicht primär aus dem professionellen Hilfesystem erwartet werden, sondern von Familienangehörigen. An anderen Stellen der Befragung wird deutlich, wie sehr die Hilfepotentiale aus der Familie restlos ausgeschöpft sind. Wir vermuten, dass in diese resignativ erscheinende Perspektive, auch in Notfällen und bei anderen kurzfristig auftretenden Entlastungswünschen dieses eben auch noch der Familie aufbürden zu müssen, neben mangelndem Wissen um solche Hilfen auch Erfahrungen eingegangen sind, dass solche Hilfen nicht bezahlbar sind oder überhaupt nicht im Umfeld der Familie vorhanden sind.

Von einem erhöhten Informations- und Beratungsbedarf ist bei den Eltern auszugehen, die sich mit Notwendigkeit und der Möglichkeit der Heimaufnahme ihres Kindes auseinandersetzen.

Die Ergebnisse der Elternbefragungen bezüglich der Einschätzung der schulischen Situation, die Wünsche nach besserer Förderung des Kindes, aber auch der bei vielen Eltern erkennbare Wunsch nach integrativen Formen der Beschulung bieten insgesamt kein einheitliches Bild und lassen unterschiedlich Interpretationen zu. Informationslücken spielen aber auch hier mit Sicherheit eine Rolle.

Im Abschnitt 5.2 sind in der Zusammenführung der Ergebnisse aus unseren Angebotserhebungen und den Elternbefragungen eine Reihe von Vorschlägen zur Verbesserung der regionalen Informations- und Beratungsnetze abgeleitet worden.

Von Praktikerinnen aus unseren Untersuchungsregionen werden beispielhafte Lösungen benannt, die auf dem persönlichen Engagement einzelner beruhen, sich als äußerst effektiv erweisen, das generelle strukturelle Problem der unzureichenden Berücksichtigung bei den finanzierbaren Aufgaben aber nicht lösen können.

Vielerorts werden die Möglichkeiten zu „Zwischen-Tür-und-Angel-Gesprächen" genutzt (beim Bringen oder Abholen eines Kindes, bei zufälligen Zusammentreffen außerhalb der Dienstzeiten). Zu bedenken sei auch, inwieweit nicht die Pflichtbesuche des Pflegedienstes, soweit sie z.B. von der Leitung eines FED übernommen werden, als Chance zum intensiven Austausch zwischen Familien und den Fachleuten genutzt werden könnten. Von anderen Praktikerinnen wurde auf die Möglichkeiten zur Finanzierung von „Beratung" nach dem KJHG hingewiesen.

Ein weiteres generelles Ergebnis, die unterschiedlichen Untersuchungsbereiche betreffend, ist, dass die Zusammenarbeit zwischen den Professionellen und den Eltern dringend der Intensivierung und Verbesserung bedarf. Das betrifft ganz besonders die Eltern, die für ihre Kinder eine Heimaufnahme in Erwägung ziehen und deren Kinder schließlich in einem Heim der Behindertenhilfe leben. Alle Anbieter von Hilfen für die Familien, in ganz besonderer Weise aber die Heimträger und das Personal in stationären Einrichtungen müssten sich immer wieder in Erinnerung rufen, dass professionelle Dienste nicht Aufgaben und Leistungen der Familie ersetzen, sondern sich grundsätzlich als Ergänzung und Unterstützung zu definieren hätten.

Eltern als Experten in eigener Sache – diese Forderung ist unter Behindertenfachleuten fast ein Allgemeinplatz geworden; sich den Herausforderungen zu stellen, sie auch zu erfüllen, fällt aber im Berufsalltag nicht leicht.

Gemeinsame Veranstaltungen, Gespräche (Fortbildungen, Seminare), die von trägerunabhängigen Experten angeboten werden, könnten für Eltern und Personal ein hilfreiches Forum zur gegenseitigen Verständigung bieten (siehe dazu das in Kap. 4 dokumentierte Elternseminar).

Wir empfehlen, über solche (möglichst trägerunabhängige) Foren hinausgehend, in den Regionen systematisch Einschätzungen der Hilfelandschaft durch die Eltern selbst einzuholen. Das könnte in Anlehnung an den von uns entwickelten Fragebogen zu unseren Elternerhebungen geschehen (abrufbar unter REHAPLAN). Unseren Kooperationspartnern wurde das Befragungsinstrument zur Verfügung gestellt.

Der Aufklärung bedarf ein weiteres Ergebnis unserer Elternbefragungen: Oberste Priorität hat aus der Sicht der Eltern die Verbesserung der finanziellen Situation. Die Aufschlüsselung, um welche erhöhte finanzielle Belastungen es sich handelt, ergibt ein uneinheitliches Bild (Kapitel 3; 3.3.4). Bei Interpretationsversuchen und weiteren Untersuchungen sollte u.a. folgendes beachtet werden: Wegen der mangelnden förderrechtlichen Absicherung offener Hilfen (FED/FUD) entstehen – regional unterschiedlich – nicht unerhebliche Beteiligungsentgelte für die Eltern. Nicht auszuschließen ist allerdings, dass bei vielen Eltern mögliche finanzierbare Hilfen nicht bekannt sind („Finanzierungsdschungel"!). Zu beachten wäre auch, welche Rolle die Inanspruchnahme von alternativen „Außenseiter"-Methoden spielt, die nicht durch Krankenkassen oder Eingliederungshilfe anerkannt werden. Dieses zwischen Eltern und Fachkräften der Behindertenhilfe (und nicht nur Ärzten!) tabuisierte Thema verweist auf eine weitere Kommunikationsbarriere hin.

8.3 Vernetzungs- und Kooperationsfelder

8.3.1 Regionale familiale Lebenslagen

Die ursprüngliche Absicht, im Modellvorhaben eine Verknüpfung zu leisten zwischen unseren regionalen Erhebungen zur Behindertenhilfelandschaft und Daten aus den Arbeiten des Deutschen Jugendinstitutes München an einem regional angelegten „Familienatlas" (Bertram u.a. 1993, Familienatlas I; Bauerreiss u.a. 1997, Familienatlas II) konnte nicht realisiert werden. Gründe dafür wurden am Ende von Abschnitt 3.2 kurz angesprochen. Als zu groß erwiesen sich die noch zu lösenden methodologischen Probleme. *Hier liegt ein Forschungsdesiderat vor, dessen Bearbeitung von großem Gewinn sein könnte für die effektive Gestaltung regionsspezifischer Unterstützungsstrukturen für Familien und ihre behinderten Kinder.* Um die Fortsetzung dieses vielversprechenden Forschungsansatzes anzuregen, sollen einige Beispiele unserer Überlegungen mitgeteilt werden. Ein generelles Ergebnis der Arbeiten am Familienatlas ist es, dass bei der Beurteilung von familialen Lebenslagen von starken Unterschieden in den regionalen Ausgangslagen auszugehen ist.

Beispiel 1: Zur Heterogenität der Auswahl unserer Modellregionen
Im Familienatlas II wurden die insgesamt 328 Kreise der westlichen Bundesländer sowie 217 Kreise der neuen Bundesländer einer Analyse unterzogen, ob sich Ähnlichkeitsmuster hinsichtlich familienrelevanter Variablen finden ließen. Es stellte sich heraus, dass ein Vergleich auf der Ebene der Bundesländer keine geeignete Basis darstellt, um Ähnlichkeiten von familiären Lebenslagen darzustellen. Die Streuungen hinsichtlich „familienrelevanter Variablen" ist innerhalb der Bundesländer größer als innerhalb von

auszumachenden sechs Mustern in den alten Bundesländern. Darüber hinaus ist eine größere Gruppe von 105 (von 328) Kreisen der alten Bundesländer keinem einheitlichen Muster zuzuordnen. Ebenso ließen sich für die 217 Kreise der neuen Bundesländer keine einheitlichen Muster finden (Familienatlas II, S. XIX). Die Kreise Stormarn, Hamburg, Cloppenburg und Frankfurt gehören zu der genannten Restkategorie von 105 Kreisen, die einerseits größere Distanzen zueinander sowie andererseits zu den anderen Gruppierungen aufweisen. Bremen und Bielefeld gehören einem Cluster von 27 Kreisen an (Schwerpunkt westliches NRW). Schwäbisch Hall, Bad Kreuznach und Oberallgäu gehören einem über die gesamte westliche Bundesrepublik gestreuten Cluster von 106 Kreisen an, der Saar-Pfalz-Kreis und Kempten einem Cluster von 28 Kreisen, dessen Schwerpunkt ebenfalls im westlichen Nordrhein-Westfalen liegt.

Innerhalb der Cluster weisen die Kreise jeweils „gleiche Muster über familienrelevante Variablen" auf (ebd., S. XVIII). Nicht vertreten ist eine Gruppe von 47 ähnlichen Kreisen, die im wesentlichen in Bayern, zu einem kleineren Teil in Baden-Württemberg und im westlichen Rheinland-Pfalz liegen. Bauerreiss u.a. räumen ein, dass die „Gruppierungen aber (leider) nicht selbsterklärend" seien, um „eine theoretisch begründete und praktisch handhabbare Typisierung der Kreise der Bundesrepublik als Basis für die Erklärung regionaler Unterschiede der familialen Situation" vornehmen zu können (ebd., S. XX).

Beispiel 2: Wertemuster (Familienatlas I, 57ff.)

In der Diskussion um gesellschaftlichen Wandel gilt es zu berücksichtigen, dass „unterschiedliche kulturelle Traditionen" über eine bloße Stadt-Land-Typisierung hinausgehend beachtet werden sollten. Im Familienatlas I finden sich hierzu einige regionsspezifisch nutzbare Hinweise (I, 57ff.). Wir gehen davon aus, dass nicht nur das Vorhandensein und die Erreichbarkeit von Hilfen für Familien mit einem behinderten Kind, also die Ressourcen des Behindertenhilfesystems in einer Region, sondern auch das „Klima", d.h. Leitvorstellungen für das Leben im näheren Umfeld einer Familie einen Einfluss auf die Bewältigungsstrategien haben. Differieren nun aber wichtige Leitvorstellungen innerhalb der Bundesrepublik, so sind in der Diskussion um optimale Hilfen für diese Familien mögliche regionsspezifische Unterschiede in Wertvorstellungen zu beachten. Aus den Untersuchungen zum Familienatlas I wurden zwei wahrscheinlich auch für unsere Fragestellungen bedeutsame Wertemuster identifiziert und in ihren regionsspezifischen Ausprägungen dargestellt. Das „postmaterialistische Wertemuster" bedeutet eine starke Orientierung an Werten wie Selbstverwirklichung und persönliche Freiheit. Mit „materialistischer Orientierung" ist ein Wertemuster gemeint, in dessen Mittelpunkt ökonomische Sicherheit und Ordnung stehen. Hier klingen milieutheoretische Überlegungen an, wie sie z.B. von Schulze (Die Erlebnisgesellschaft, 1993) vorgelegt wurden.

Nach einer vorsichtigen und vorläufigen Abschätzung darf im Hinblick auf unsere Regionen vermutet werden, dass es Unterschiede im Werteklima gibt. Nach den regionalen Zuordnungen im Familienatlas I ergibt sich folgendes (S.75):

Tab. 1: Wertemuster der Regionen

Orientierung	Region
Materialistisch	Cloppenburg, Schwäbisch-Hall
Eher materialistisch	Bad Kreuznach, Ost-Allgäu, Saar-Pfalz, Zerbst
Postmaterialistisch	Bielefeld, Frankfurt, Hamburg, Neubrandenburg
Eher postmaterialistisch	Stormarn, Bremen, Kempten, Berlin (Ost), Cottbus, Dresden

Hinzugezogen haben wir Angaben aus dem Familienatlas I zu Erziehungsorientierungen

Im Familienatlas I wird auf regionale Unterschiede hinsichtlich zentraler Erziehungsorientierungen hingewiesen, die ebenfalls auf den Familiensurveys des Deutschen Jugendinstitutes (1988 bzw. 1990) beruhen. In unseren Regionen zeigen sich folgende Orientierungen zur Erziehungsorientierung „Pflicht und Leistung" ab:

Tab. 2: Ausprägungsgrade der Erziehung zu „Pflicht und Leistung" (vs. „Kooperation und Selbstverwirklichung")

schwach	eher schwach	eher stark	stark
Hamburg Cloppenburg Bremen Bielefeld Frankfurt Berlin Cottbus Dresden	Kempten Zerbst Arnstadt Bad Kreuznach	Stormarn Schw. Hall	Oberallgäu Saar-Pfalz Neubrandenburg

Im hohen Maße erklärungsbedürftig ist dabei der Wert für Cloppenburg, handelt es sich hier doch um einen kinderreichen, katholisch geprägten ländlichen Kreis, der eher eine starke Orientierung an den Werten Pflicht und Leistung erwarten ließe. Fast spiegelbildlich zu den gefundenen Ergebnissen verhalten sich die Ergebnisse zur Orientierung an den Erziehungsorientierungen „Kooperation und Selbstverwirklichung" (I, S. 67).

Beispiel 3: Ausgewählte Variablen
(Auszug aus: Christian Alt, Regionale familiale Lebenswelten – Eine empirische Fiktion? Vortrag auf der Konferenz des Modellvorhabens „Familialer Wandel und Konsequenzen für die Behindertenhilfe", 19. Oktober 2000, Oldenburg. Projektbericht)

„Ausgewählt wurden die folgenden fünf Variablen:

- Verfügbare Kindergartenplätze je 1000 Kinder von 3 bis unter 6 Jahre;
- Prozentanteil der Bedarfsgemeinschaften (Sozialhilfe) von Alleinerziehenden mit Kindern unter 18 Jahren;
- Prozentanteil der Bedarfsgemeinschaften (Sozialhilfe) von Ehepaaren mit Kindern unter 18 Jahren an den Bedarfsgemeinschaften insgesamt;
- Empfänger laufender Hilfe zum Lebensunterhalt außerhalb von Einrichtungen pro 1000 Kinder zwischen 11 und 18 Jahren;
- Als schwerbehindert geltende Minderjährige je 1000 Minderjährige am Jahresende 1997.

Für die ausgewählten Modellstandorte ergibt sich dabei folgende Information aus der Regionaldatenbank (vgl. Tabelle 1).

Diese Tabelle zeigt für jeden Modellstandort den „exakten" Wert für die einzelnen Variablen. So ergibt sich jetzt die tatsächliche Differenz bei den angebotenen Kindergartenplätzen für jeweils 1000 Kinder von Hamburg und dem Ilm-Kreis. Nahezu dreimal so viele Kindergartenplätze werden im Ilmkreis gemessen an der Situation in Hamburg angeboten. Andererseits hat der Ilmkreis mit 81 schwerbehinderten Jugendlichen bezogen auf 10000 Kinder im Vergleich zu Dresden mit 354 Jugendlichen nur etwa ein Viertel so viele Kinder ausgewiesen.

Die Information dieser Tabelle verdeutlicht die Unterschiede, die zwischen den einzelnen Kreisen bestehen. Damit erfüllt dieses Vorgehen voll und ganz den Tatbestand einer sehr dezidierten Deskription der Kreise. Dies kann aber lediglich die Basis sein für einen weitergehenden Strukturvergleich der Regionen. Sinnhafte Informationen lassen sich damit erst erzielen, wenn wir in der Lage sind, diese sehr differenzierte Information in Modelle einfließen zu lassen, die Konstellationen oder Muster von Bedingungsfaktoren herausarbeiten, die die Zusammenhänge spezifizieren. Mit anderen Worten, wir müssen ganz konkrete Annahmen über die Wirkungszusammenhänge erarbeiten, mit deren Hilfe die Informationen der Regionaldatenbank die Gestalt von Indikatoren annehmen können.

Tab. 1 : Anteilswerte ausgewählter Variablen für die Modellstandorte

	Stormarn	**Hamburg**	**Cloppenburg**	**Bremen**	**Bielefeld**
Plätze in Kindergärten	684	593	727	802	680
Alleinerz. m. Kind SozH.	23,0	19,5	22,0	22,8	15,9
Ehepaare m.Kind SozH.	14,2	12,1	17,6	10,4	15,6
Kinder m. SozH.	49	151	60	188	82
Minderj. Schwerbeh.	109	115	99	95	120
	Frankfurt	**Kreuznach**	**Schwäb. Hall**	**Kempten**	**Oberallgäu**
Plätze in Kindergärten	928	1095	1071	988	805
Alleinerz. m. Kind SozH.	15,9	21,7	26,9	25,3	35,2
Ehepaare m.Kind SozH.	9,7	11,8	14,3	5,5	7,1
Kinder m. SozH.	99	56	38	53	16
Minderj. Schwerbeh.	89	87	99	89	86
	Saar	**Berlin**	**Cottbus**	**Brandenburg**	**Dresden**
Plätze in Kindergärten	1005	828	1138	1240	1292
Alleinerz. m. Kind SozH.	18,3	20,1	26,7	31,4	24,3
Ehepaare m.Kind SozH.	11,6	11,6	10,7	10,8	12,2
Kinder m. SozH.	48	102	29	28	61
Minderj. Schwerbeh.	88	113	146	138	354
	Zerbst	**Ilm-Kreis**			
Plätze in Kindergärten	1220	1438			
Alleinerz. m. Kind SozH.	22,5	26,1			
Ehepaare m.Kind SozH.	15,5	11,2			
Kinder m. SozH.	25	28			
Minderj. Schwerbeh.	102	81			

Quelle: DJI-Regionaldatenbank

Sollen relevante Handlungsanweisungen das Ziel anstehender Analysen sein, so würde eine mögliche Vorgehensweise die sein, Minimal- oder Maximalanforderungen im Kontext der Fragestellung zu definieren. Diese Information ließe sich über die Regionaldatenbank erstellen und mögliche Abweichungen, ähnlich wie in den Beispielen oben ausgeführt, darstellen. Damit können vorhandene Defizit aber auch Vorbildliches in Form von Karten sichtbar gemacht werden. Es ließen sich dann Interventionen oder benötigte Veränderung der Angebotsstruktur herausarbeiten“ (Ch. Alt 2000).

8.3.2 Behindertenhilfe – Kinder- und Jugendhilfe – Schulentwicklung

Es ist ein hervorstechender Befund aus unseren regional ausgerichteten Aktivitäten, dass das lokale System der Behindertenhilfe mit der Kinder- und Jugendhilfe in den meisten Fällen so gut wie gar nicht vernetzt ist. Kontakte zu Initiativen freiwilligen bürgerlichen Engagements (z.B. zum Seniorensektor, zu Kontaktbörsen, zu Freiwilligenzentren) bestehen nur in Ansätzen und auch nur in Ausnahmen. Entwicklungen im Schulbereich im Hinblick auf die schulische Integration behinderter Kinder beziehen Hilfen für behinderte Kinder im außerschulischen Bereich nicht in ihre Planungen ein. Zwischen den medizinischen und therapeutischen Hilfen, die für unseren Adressatenkreis von besonderer Bedeutung sind, und den Angeboten der Behindertenhilfe bestehen ebenfalls wenig Kooperationsbeziehungen.

Institutionalisierte Formen der regionalen Zusammenarbeit sind, mit wenigen Ausnahmen, in den Regionen relativ schwach ausgeprägt. Dabei wird von Fachkräften auf den Zeitfaktor hingewiesen. Dieses Argument ist nicht von der Hand zu weisen. Es ist aber auch nicht auszuschließen, dass Leistungserbringer in der Behindertenhilfe von der Notwendigkeit fester Strukturen einer Quervernetzung, vor allem auch im Hinblick auf die Gesamtentwicklung kinder- und familienfreundlicher regionaler Infrastrukturen, nicht überzeugt sind.

Die Beurteilungen der Eltern, die immer wieder beklagte mangelnde Transparenz, die an massive Ungerechtigkeit grenzenden Disparitäten länder- und regionsspezifischer Angebotsstrukturen, erhebliche Angebotsdefizite in einzelnen Regionen, die relative Isolierung des stationären Angebotes, nicht genutzte Möglichkeiten der Kooperation mit der Kinder- und Jugendhilfe vor Ort und schließlich die sich als nachteilig auswirkende Lücke zwischen der außerschulischen Behindertenhilfelandschaft und dem schulischen Sektor, das alles müsste auch Fachkräfte von der Notwendigkeit überzeugen, sich für die Etablierung vernetzender und koordinierender lokaler Strukturen einzusetzen.

Unsere Appelle an die Verantwortlichen im Behindertenhilfesektor, sich stärker als bisher um die Einbindung in die anderen regionalen Sozialpolitikfelder zu kümmern, richten sich aber in gleicher Weise an die kommunalen Sozialplaner. Hier werden in den meisten Fällen die Belange von Familien mit behinderten Angehörigen gar nicht wahrgenommen. Sie stehen nicht im Brennpunkt des öffentlichen Interesses wie Probleme der Kinder- und Jugendhilfe oder der Sozialhilfe.

Ein bedarfsgerechtes Unterstützungssystem für behinderte Menschen und ihre Familien setzt ein Zusammenwirken der unterschiedlichen, regional (örtlich) ausgerichteten Politikbereiche in Städten, Kommunen und Landkreisen voraus. „Örtliche Sozialplanung“ als Summe regionaler sozialplanerischer Aktivitäten richtet sich auf das Territorium einer Selbstverwaltungskörperschaft (Stadt, Gemeinde, Landkreis). Sie fasst alle Einzelplanungen zur örtlichen sozialen Infrastruktur zusammen (Arbeitsmappe örtliche Sozialplanung 1993, 11f.).

Abb. 1: Regionale Infrastruktur: Hilfen für Behinderte Kinder und ihre Familien.

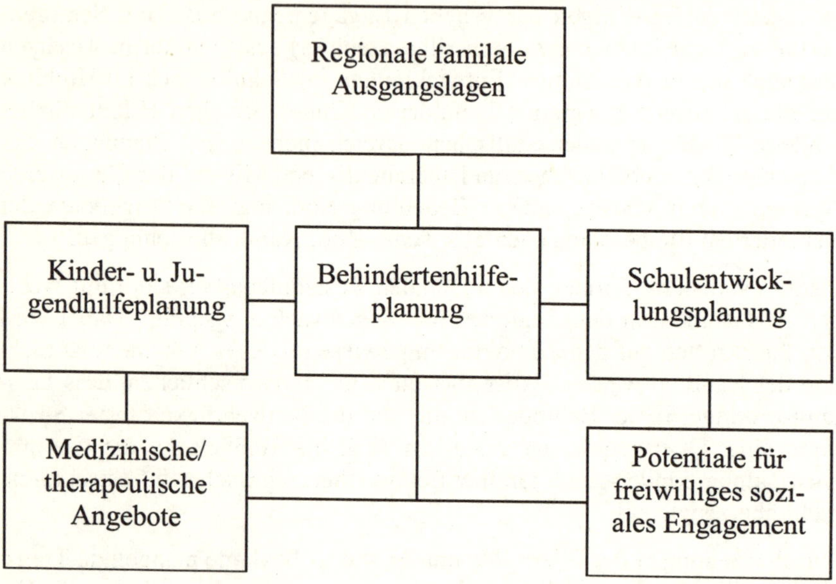

Sowohl der Achte als auch der Zehnte Jugendbericht der Bundesregierung weisen auf die zwingend notwendige Zusammenarbeit zwischen Schule und Kinder- und Jugendhilfe hin. Ausdrücklich wird die Forderung erhoben, die Schule als einen sozialen Ort in einem Netzwerk zu bestimmen, in dem sich kind- und jugendgemäße Identitäten heranbilden können, bezogen auf „Modernisierungsfolgen". Im Zehnten Bericht wird dazu auf eine ganze Reihe von Voraussetzungen und Beispielen hingewiesen (z.B. „Vielfalt außerschulischer Betreuung", Bundesministerium für Familie 1998, 219).

Die Bildungskommission NRW weist in ihrem Gutachten „Zukunft der Bildung – Schule der Zukunft" (1995) mit ihren Leitvorstellungen von der „Schule als Haus des Lernens" und als „Lern- und Lebensraum" ebenfalls auf die dringend notwendige Verzahnung von Schule und Kinder- und Jugendhilfe hin. „Historisch gewachsene Grenzen zwischen Pädagogikbereichen wie Schule, Kinder- und Jugendhilfe" und – so ist hinzuzufügen – Behindertenhilfe werden der Lebenswirklichkeit von Kindern und Jugendlichen nicht mehr gerecht.

Angemahnt wird also auch hier vor allem die bessere Koordination und Kooperation der Hilfen vor Ort. Schulpolitische Aktivitäten, z.B. im Hinblick auf lokale Integrationsprojekte, Hilfen für benachteiligte Kinder und

Jugendliche und ihrer Familien nach dem BSHG und nach dem KJHG bedürfen vielerorts noch der Abstimmung. Auch die KMK-Empfehlungen 1994 zur sonderpädagogischen Förderung sprechen in einem kurzen Abschnitt die fehlende Kooperation vor Ort zwischen „Schulen, Gesundheits-, Sozial- und Jugendämtern", „den schulpsychologischen, schul- und fachärztlichen Diensten, Einrichtungen der Frühförderung, weiteren Fachleuten und Institutionen, Arbeitsämtern, Kammern, Betrieben und Erziehungsberechtigten im Interesse einer abgestimmten ganzheitlichen Förderung" an. Eine breitere Diskussion steht in der Sonderpädagogik noch aus. Warzecha und Heimlich diskutieren solche Kooperationsprobleme (Schmetz/Wachtel 1998) und weisen auf die Notwendigkeit der besseren Abstimmung von Schulgesetzgebung und Jugendhilfe hin (1998, 425). Unter ausdrücklichem Bezug auf die Familien- und Jugendhilfeberichterstattung, die von ähnlichen modernitätstheoretischen Überlegungen ausgehen, wie sie von uns mehrfach angesprochen wurden, fordert Heimlich ein mit familien- und jugendpolitischen Initiativen vernetztes, nachbarschaftlich-, stadtteil-, regionalorientiertes sonderpädagogisches Dienstleistungssystem. Kinder- und Jugendhilfe gehören traditionsgemäß, auch in den Ausbildungen, in den Verantwortungsbereich der Sozialpädagogik/Sozialarbeit.

Die Trennung der unterschiedlichen Pädagogikbereiche wie Schul-, Sozial- und Sonderpädagogik entspricht nicht mehr den tatsächlichen Bedürfnissen von Kindern und Jugendlichen. Wenn man sich einmal die in §1 des KJHG umrissene Aufgabenstellung der Kinder- und Jugendhilfe vor Augen hält, wird deutlich, dass Sonderpädagogik gut daran täte, die Entwicklungen in diesem Bereich zur Kenntnis zu nehmen. Die Positionierung der Beschulung behinderter Kinder in einer Region kann ohne Einbeziehung der Kinder- und Jugendhilfe nicht gelingen. Es heißt im KJHG (§1): Es ist Aufgabe der Kinder- und Jugendhilfe, „positive Lebensbedingungen für junge Menschen und ihre Familien sowie eine kinder- und familienfreundliche Umwelt zu erhalten oder zu schaffen."

Im Zehnten Kinder- und Jugendbericht (BMFSFJ 1998) wird mit Nachdruck die Integration der BSHG-Hilfen zur Eingliederung für behinderte Kinder und Jugendliche in den Kinder- und Jugendhilfebereich gefordert. Die Ergebnisse aus unserem Modellvorhaben unterstreichen diese Notwendigkeit eindrücklich. Die Barrieren zwischen diesen Bereichen erweisen sich als großes Hindernis zur Optimierung der Hilfen für Familien mit behinderten Kindern.

Die Hilfen nach dem BSHG sind zudem zentral an professionelle Dienste gebunden und primär auf das behinderte Kind ausgerichtet und nicht auf das System Familie. Es hat den Anschein, dass viele Fachleute in ihrer Orientierung diese einseitige Perspektive übernommen haben. Auch bei den Hauptbetreuungspersonen wird bei „Hilfebedarf" zunächst einmal an das behinderte Kind gedacht und nicht an Hilfen, die sich primär an sie richten.

Die systemisch (auf das Gesamtsystem Familie) ausgerichtete Perspektive des KJHG könnte die klientenzentrierte Ausrichtung der Eingliederungshilfe aufbrechen und damit den Bedürfnissen der (nichtbehinderten) Familienmitglieder eher gerecht werden. Damit würde das Hilfespektrum z.B. um institutionelle Entlastungsangebote für Kleinkinder und Schulkinder (Krippen, Kinderhorte), um familienorientierte Angebote (Familienhilfe in Ergänzung zum traditionellen FED-Angebot), nicht zuletzt aber um die Möglichkeit einer integrierten Hilfeplanung, wie sie im KJHG vorgesehen ist, erweitert werden. Eine solche Hilfeplanung ließe sich ohne Schwierigkeiten z.B. den Frühförderstellen angliedern, die von Eltern behinderter Kinder hoch akzeptiert werden.

Die von unseren Kooperationspartnern in Einzelfällen berichteten lokalen Initiativen in diesen Bereichen, den Graben zwischen BSHG und KJHG zu überspringen, sind nachahmenswerte Beispiele. Eine gesicherte Basis für das Zusammenwirken beider Bereiche setzt aber eine rechtliche Verankerung voraus.

Die derzeit bestehenden Defizite, die sich durch mangelnde Vernetzung ergeben, können nur aufgehoben werden, wenn regionale Konferenzen der Behindertenhilfeplanung etabliert und mit der Jugendhilfeplanung eng verbunden werden. Das ist in gleicher Weise für die regionale schulische Planung für alle Kinder (also unter Einschluss der „Kinder mit sonderpädagogischem Förderbedarf") zu fordern.

8.3.3 Bürgerschaftliches Engagement

Sowohl die gesellschaftstheoretischen und professionstheoretischen Erkenntnisse zum bürgerlichen sozialen Engagement (vgl. Kap. 6) als auch die z.T. differenzierten Vorstellungen der Bundesländer Bayern, Niedersachsen und Sachsen (vgl. Kap. 2) müssten von den maßgeblichen Trägern der Behindertenhilfe (Caritas, Diakonie, Lebenshilfe) aufgegriffen werden. Eine klare Aussage darüber, wie man sich die Positionierung des Freiwilligensektors im System der Behindertenhilfe vorstellt, sollte bald erarbeitet werden.

Die Aufforderung, das Feld der Behindertenhilfe bei Programmen zur Aktivierung freiwilligen sozialen Engagements mit in den Blick zu nehmen, geht aber in gleicher Weise an alle Initiatoren solcher Programme (z.B. Freiwilligenzentren des Deutschen Caritasverbandes; Freiwilligenagenturen; Seniorenzentren).

Literaturanalysen und Ergebnisse unserer Regionalerhebungen zeigen neben anderen Aspekten: Die dringend notwendige Bestimmung des Verhältnisses zwischen professioneller Behindertenhilfe und dem sich neu formierenden Sektor des freiwilligen bürgerlichen Engagements wird von den Professionellen auch als Zeitfaktor gesehen. Hier bieten sich zwei Wege an:

zunächst einmal sollten die schon genutzten Freiwilligenpotenziale gesichtet, regionale Entwicklungen (z.B. entstehende Seniorenzentren oder Freiwilligenagenturen) registriert und vorhandene Ressourcen überprüft werden. Möglicherweise ergeben sich hier schon Chancen, Freiwilligengewinnung und -anleitung einer anderen Stelle zu übertragen. Mittelfristig müssen solche Vernetzungsaufgaben aber in den Leistungskatalog bei Vergütungsvereinbarungen mit den Kostenträgern aufgenommen werden.

Ein zweiter, vielversprechender Weg wäre es, sich um die Ansiedlung einer solchen Aufgabe an einer träger- und anbieterunabhängigen Stelle zu bemühen (Freiwilligenagentur, -zentrum; Behindertenbeirat; Behindertenkoordinator).

8.3.4 Heime als Dauerlebensorte?

Die Notwendigkeit der Aufnahme eines behinderten Kindes in ein Heim interpretieren wir als problematisches Verhältnis zwischen dem Hilfebedarf einer Familie und dem regionalen Unterstützungssystem.

Diese eingangs (Kap. 1, 1.3.2) aufgestellte Hypothese wurde bei der vergleichenden Gegenüberstellung der Ergebnisse unserer Elternbefragungen zugespitzt in der Frage: Warum kommt es bei einer Teilgruppe von Eltern zur Aufnahme des behinderten Kindes in ein Heim, während der überwiegende Teil behinderter Kinder in der Familie verbleibt? Es wurden folgende Unterschiede zwischen diesen beiden Elterngruppen festgestellt (vgl. 5.1):

- Die Heimkinder sind nach Einschätzungen ihrer Eltern häufiger sehr schwer behindert als die zu Hause lebenden Kinder.
- Sie benötigen (vor der Heimaufnahme) im größeren Maße Betreuung, insbesondere auch nachts.
- Der Sozialstatus der Heimeltern ist in der Tendenz niedriger als bei der anderen Elterngruppe. Der Anteil der Alleinerziehenden ist deutlich höher (fast 26 % gegenüber 18 %).
- Das familiale Hilfepotenzial scheint in höherem Maße ausgereizt zu sein als bei den anderen Eltern.
- Mit dem tendenziell höheren Hilfebedarf der Heimeltern korrespondiert, dass sie professionelle Hilfe in höherem Maße in Anspruch nehmen, gleichzeitig aber auch, mehr als die anderen Eltern, darüber hinausgehende Bedarfe an Unterstützungsleistungen angeben. Sie haben vor dem Zeitpunkt der Trennung von ihrem Kind vor allem kurzfristig abrufbare Unterstützungen aus dem professionellen Hilfesystem sowie Kurzzeitentlastungen an Wochenenden, in Krisensituationen und in den Ferien vermisst.
- In jedem einzelnen Punkt sind die Unterschiede zwischen beiden Elterngruppen aber nicht so gravierend, als dass damit die Frage, aus welchen

Gründen Eltern sich für eine stationäre Einrichtung entscheiden, eindeutig zu beantworten wäre. Wertet man die genannten Punkte als Risikofaktoren, so drängt sich kein einzelner Risikofaktor in besonderer Weise hervor, es sind aber auch keine typischen Risikokonstellationen erkennbar. Mit anderen Worten: zu jeder Familie, deren Kind in einem Heim lebt, lässt sich mit großer Wahrscheinlichkeit eine Familie mit zu Hause lebendem behinderten Kind finden, die identische Situationsmerkmale aufweist.

Die Ergebnisse unserer Erkundungen erlauben keine abschließende Antwort auf die Frage, in welchem Umfang Heime als Dauerlebensorte für behinderte Kinder bei einem weiteren – an Grundsätzen der Normalisierung der Lebensbedingungen in einer regionalen Hilfestruktur ausgerichteten – Ausbau des Hilfesystems vorgehalten werden müssten. Wir können auch nicht die Frage beantworten, für welche behinderten Kinder und für welche Familien stationäre Plätze notwendig sind.

1. In der Bundesrepublik ist z.Z. von einer geschätzten Zahl von 13.500 in Heimen der Behindertenhilfe lebenden Kindern und Jugendlichen auszugehen. Inwieweit diese Bestandszahl auch den tatsächlichen Bedarf widerspiegelt, kann nicht gesagt werden. Bislang vorliegende Schätzungen, die zumeist nicht zwischen Bedarf und Bestand trennen, müssen nach unseren Berechnungen nach unten korrigiert werden.
2. Es ist davon auszugehen, dass auch in einem reich gegliederten System der Hilfen für behinderte Menschen und ihre Familien, wie es die Bundesrepublik und auch andere ökonomisch vergleichbare Länder aufweisen, eine bestimmte Anzahl stationärer Plätze für behinderte Kinder und Jugendliche vorgehalten werden muss.
3. Die vorhandenen stationären Angebote (Heime für behinderte Kinder und Jugendliche) sind konsequent in eine regionale Behindertenhilfeplanung als Teil örtlicher Sozialplanung einzubeziehen.
4. Heime für behinderte Kinder und Jugendliche müssten bereit sein und dazu in die Lage versetzt werden, sich bei einem weiteren Ausbau der Hilfen für Familien mit behinderten Kindern als ein ergänzendes Angebot in einem differenzierten regionalen Angebotssystem zu verstehen und entwickeln zu dürfen. Eine enge Vernetzung mit allen in einer Region zur Verfügung stehenden Hilfen für Familien wird mittelfristig dazu führen, dass sich die Aufgaben dieser Heime wandeln. Veränderung des Aufgabenspektrums der Heime und damit untrennbar verbunden eine Veränderung des Selbstverständnisses dieser Heime, so möchten wir die zukünftige Entwicklung schlagwortartig zusammenfassen.
5. Erst im Zusammenwirken von örtlicher Familienpolitik, regionsbezogenen Schulentwicklungen für das gemeinsame Lernen behinderter und nicht behinderter Kinder, lokaler Kinder- und Jugendhilfestruktur und Wohnort bezogener, aufeinander bezogener Versorgungsbausteine teil-

stationärer und offener Hilfen für behinderte Kinder und ihre Familien werden Voraussetzungen geschaffen für die Entwicklung bedarfsgerechter stationärer Hilfen.

Wir stehen hier vor einer Entwicklungsaufgabe, wie sie sich auch im Bereich der Weiterentwicklung der schulischen Förderung behinderter Kinder und Jugendlicher stellt. Die wesentlichen Grundsätze dazu sind in den „Empfehlungen zur sonderpädagogischen Förderung in den Schulen der Bundesrepublik Deutschland" der Kultusministerkonferenz vom 6.5.1994 niedergelegt. Unter der Zielperspektive einer weitgehenden schulischen Integration bahnt sich für das bestehende Sonderschulwesen ein grundlegender Funktionswandel an. In Orientierung an dem jeweiligen sonderpädagogischen Förderbedarf eines Kindes werden zunächst die individuellen Bedürfnisse dieses Kindes in den Blickpunkt genommen, unabhängig von dem möglichen Ort der sonderpädagogischen Förderung. Neben den Sonderschulen als den traditionellen Orten sonderpädagogischer Förderung werden andere Realisierungsformen aufgezeigt, z.B. sonderpädagogische Förderung behinderter Kinder an den allgemeinbildenden Schulen, an denen zusätzlich Sonderpädagogen unterrichten (sonderpädagogische Grundversorgung) oder sonderpädagogische Versorgung in diesen Schulen durch ein Ambulanzlehrersystem. Die bestehenden Sonderschulen übernehmen als regionale und überregionale sonderpädagogische Förderzentren auch die Sicherstellung des sonderpädagogischen Förderbedarfes der behinderten Schüler in den allgemeinbildenden Schulen.

Sie haben damit eine doppelte Funktion: Als Sonderschulen stellen sie die angemessene pädagogische Förderung behinderter Kinder sicher, für die diese (noch) nicht in integrierten Formen möglich ist. Sie tragen aber auch gleichzeitig dort die Verantwortung, wo schon jetzt der Verbleib eines behinderten Kindes in der allgemeinbildenden Schule erwünscht und möglich ist. Die Sonderschule entwickelt sich so allmählich vom alleinigen Ort sonderpädagogischer Förderung auch zu einem Ressourcenzentrum für die sonderpädagogische Förderung außerhalb der Sonderschule in einer Region.

8.4 Planungsräume

Ausgehend von unseren eigenen regionalen Erhebungen, den Familienbefragungen, den Bestandsaufnahmen zum stationären Sektor und unter Berücksichtigung einer vorsichtig geschätzten Behinderungsprävalenz im Kindesalter schlagen wir als groben *Orientierungsrahmen zur regionalen Berichterstattung und Planung* folgende sozialräumliche Größenordnungen vor:

Abb 2: Planungsregionen

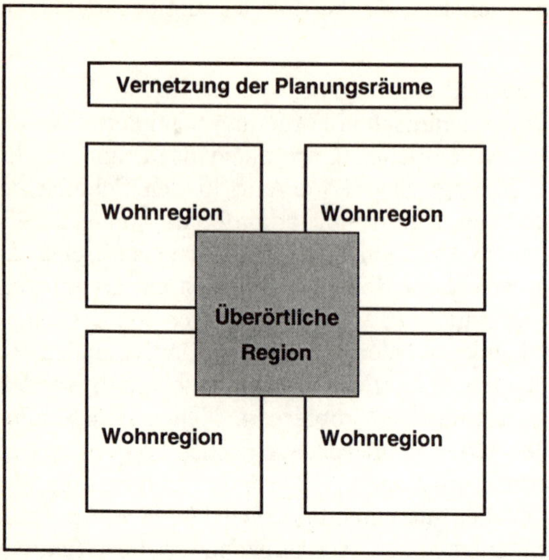

Planungsregion 1 (Wohnregion): Bezug etwa 100.000 Einwohner. Hier leben in etwa 100 Familien mit einem minderjährigen behinderten Kind.

Planungsregion 2 (Überörtliche Region): Sie umfasst 4 Wohnregionen mit insgesamt etwa 400.000 Einwohnern.

Für solche Planungsräume sollten relevante Daten zu regionsspezifischen familialen Lagen abgerufen werden (vgl. 8.3.1).

In der *Planungsregion 1 (Wohnregion)* sind in Abstimmung der Anbieter im Bereich der Behindertenhilfe untereinander, mit den allgemeinen schulischen Einrichtungen und den Angeboten aus der Kinder- und Jugendhilfe ortsnahe Bausteine der Grundversorgung sicherzustellen. Dazu zählen vor allem:

- Ein zuverlässiges Informationssystem; Frühberatungs- und Förderangebote; Tagesstätten- und Kindergartenplätze für beeinträchtigte Kinder im Rahmen der allgemeinen Angebote; differenzierte Angebote zur schulischen Förderung, wie sie z.B. in Niedersachsen mit den regionalen Integrationskonzepten eingefordert werden; Familienentlastende/Familienunterstützende Dienste; Selbsthilfegruppen (z.B. Familiengesprächskreise; Peer Counseling); Kontakte zu freiwilligem sozialen Engagement in der politischen Gemeinde/der Kirchengemeinde (z.B. Patenfamilien/Patengroßeltern; Initiativen zum „Seitenwechsel" wichtiger Persönlichkeiten in der Gemeinde).
- Gut ausgebaute familienunterstützende Dienste (FED/FUD) sollen wegen der Vielfalt ihrer Angebote (auch im pflegerischen Bereich) und wegen ihrer großen Nähe zu den Familien als zentrale Ansprechstelle koordinie-

rende Aufgaben in einer Region übernehmen. Diesen Diensten könnte eine entscheidende beratende Rolle zukommen, wenn Familien in Erwägung ziehen, das behinderte Kind in ein Heim zu geben. Die familienentlastenden Dienste in Wohnregionen und das Kinderheim als überregionales Zentrum müssten besonders eng miteinander kooperieren. In anderen Regionen zeigt es sich, dass Frühförderstellen, auch Jahre nach der Inanspruchnahme, großes Vertrauen genießen. Sie könnten also hier koordinierende und lenkende Aufgaben übernehmen.

Planungsregion 2 (überörtliche Region): Nicht alle Hilfen für Familien mit behinderten Kindern können im unmittelbaren Wohnumfeld, in der Wohnregion vorgehalten werden. So könnten sich z.B. die Träger von stationären Angeboten für behinderte Kinder und Jugendliche bei ihren Überlegungen zur Regionalisierung und Dezentralisierung und der damit verbundenen Chance, andere Aufgaben zur überörtlichen Versorgung zu übernehmen, an einer überörtlichen Region orientieren. Zu den Versorgungsbausteinen einer überörtlichen Region sind vorrangig zu rechnen:

Wohnheimplätze für behinderte Kinder und Jugendliche (nach heutigen Erkenntnissen etwa 40 Plätze); spezielle diagnostische, therapeutische, fördernde Angebote als Dienstleistungen an die Wohnregionen; Kurzzeitbetreuungsangebote (-pflege; -entlastung; -behandlung, Bedarf ca. 4-5 Plätze); Ferienangebote; spezielle Bildungsangebote für Eltern/interessierte Laien; Fortbildungsangebote.

Sich wandelnde *Heime* für Kinder könnten solche Funktionen als *überörtliches Dienstleistungszentrum* übernehmen.

Nach unserer Einschätzung dürfte die enge Verzahnung der Wohnregionen mit einem solchen überörtlichen Zentrum, zu dessen Kernangebot etwa 30 bis 40 stationäre Plätze als Dauerlebensort gehören, am ehesten gesichert werden durch Fachkräfte aus der Wohnregion, die eine besonders intensive Beziehung zu Eltern haben (z.B. Frühförderstellen; Familienentlastende Dienste). Man wird Fragen nach der Notwendigkeit von Heimen für behinderte Kinder als Dauerlebensorte, nach ihrer Größenordnung und danach, für welchen Personenkreis sie insbesondere notwendig sind, Fragen danach, ob andere Angebote eine substituierende Wirkung haben oder aber gar eine Zubringerfunktion erfüllen, man wird all diese offenen Fragen zum Heimsektor nur beantworten können, wenn wir auf eine längere Phase einer konsequenten Verzahnung der teilstationären und offenen Hilfen einer Wohnregion mit auf diese Wohnregionen bezogenen und für Eltern in zumutbarer Nähe liegenden kleineren Heimen zurückblicken können.

Bei allen Überlegungen zur Dezentralisierung der stationären Hilfen müssen zunächst regionale Disparitäten Schritt für Schritt ausgeglichen werden, in der Regel über Satellitenbildung bestehender Einrichtungen, seltener über Neugründungen, da ja insgesamt der Bedarf als gedeckt angesehen werden kann. Eine solche Entwicklung verlangt von dem Personal gegebenenfalls den beruflichen Einsatzort zu wechseln oder auch anders akzentuierte Tätigkeiten zu übernehmen. Die dabei entstehenden Probleme sollten nicht unterschätzt werden: Im Bereich der schulischen Integration scheitern so manche Blütenträume an der mangelnden Bereitschaft von Sonderschullehrern zur Flexibilität und Mobilität. Dies kann so weit gehen, dass schließlich der Integrationsgedanke grundsätzlich in Frage gestellt wird.

Das sich wandelnde Aufgabenspektrum bestehender Wohneinrichtungen für Kinder wird im Papier des Landschaftsverbandes Westfalen-Lippe beschrieben. Dort wird auch angesprochen, dass bei einer besseren Vernetzung mit den regionalen Angeboten mit allen bestehenden Möglichkeiten am Wohnort/in der Wohnregion der Eltern des Kindes Chancen für eine Rückführung eines Heimkindes bestehen („Reintegration in das Herkunftsmilieu"). Einmal Heim – immer Heim, es bedarf ganz besonderer Anstrengung, um diese entstandene Praxis aufzubrechen!

Greifen wir noch einmal das diesem Schlusskapitel vorangestellte Motto (Ch. V. Ferber) auf, in dem auf die Kluft zwischen längerfristig agierender Sozialpolitik und den aktuellen alltäglichen Bedürfnissen der Adressaten hingewiesen wird. Das Modellvorhaben wollte mit der konsequenten Ausrichtung an Lebensräumen das facettenreiche Hier und Jetzt der Lebenssituation von Familien und ihren behinderten Kindern ins öffentliche Rampenlicht rücken.

Literatur

Abbot, D.; Morris, J.; Ward, L. (2000): Disabled children and residential schools. A study of local authority policy and practice. Bristol: Norah Fry Research Centre University of Bristol

Allard, M.A. (1996): Supported living policies and programmes in the USA. In: Mansell, J.; Ericsson, K. (Hrsg.): Deinstitutionalization and Community Living. Intellectual disability services in Britain, Scandinavia an the USA. London u.a., 97-116

Alt, Ch. (2000): Regionale familiale Lebenswelten – eine empirische Fiktion?, 19.10.2000. In: Modellvorhaben: Wege der Unterstützung von Familien mit behinderten Kindern. Jahresbericht 2000; Oldenburg, 152-166

Angermeyer, M.C. (1984): Mitten in der Gemeinde und doch allein? Eine quantitative Untersuchung des sozialen Netzwerks von Bewohnern psychiatrischer Übergangswohnheime. In: Gruppenpsychotherapie – Gruppendynamik 19, 313-333

Arbeitsstelle REHAPLAN (2000): Modellvorhaben Wege der Unterstützung von Familien mit behinderten Kindern. Oldenburg. (Info-Broschüre)

Atteslander, P. (1995): Methoden der empirischen Sozialforschung. Berlin, New York

Barber, B. (1994): Starke Demokratie. Berlin.

Bauereiss, R.; Bayer, H.; Bien, W. (2000): Familienatlas II: Lebenslagen und Regionen in Deutschland, Opladen

Beck U. u.a. (1994): Individualisierung in modernen Gesellschaft. Frankfurt/Main.

Beck, I. (1994): Neuorientierung in der Organisation pädagogisch-sozialer Dienstleistungen für behinderte Menschen: Zielperspektiven und Bewertungsfragen. Frankfurt

Beck, U. (1983): Jenseits von Klasse und Schicht? Frankfurt/Main.

Beher, K. u.a. (2000): Strukturwandel des Ehrenamtes. Weinheim.

Beher, K. u.a. (1998): Das Ehrenamt in empirischen Studien – ein sekundäranalytischer Vergleich. Stuttgart.

Behindertenkoordinator Bielefeld. (o.J.) http://www.bielefeld.de/de/rv/beiraete/behindert/behind_hilfe 05.03.2002

Beratungsstelle für Menschen mit Behinderungen Bielefeld. (o.J.) http://www.bielefeld.de/de/gs/bssn/bmmb/ 05.03.2002

Bertram, H. u.a. (1993): Familienatlas I. Opladen (Deutsches Jugendinstitut)

Bertram, H., Nauck, B. und Klein, T. (Hrsg.) (2000): Solidarität, Lebensformen und regionale Entwicklung, Opladen

Blanke, B u.a. (2001): Bürgerengagement und aktivierender Staat. Opladen.

Böttner, R.; Hamel, T.; Kniel, A.; Windisch, M. (1997): Lebensqualität durch Offene Hilfen: Entwicklung und Bedeutung der Offenen Hilfen für behinderte Menschen und ihre Angehörigen in Hessen. Marburg

Boudah, D.J.; McCorkle, L.S. ([2]1999): Inclusion. In: Reynolds, C.; Fletcher-Janzen, E. (Hrsg.): Encyclopedia of Special Education. New York, 828-833

Braun, D. (1983): Elternarbeit mit Kindern, Jugendlichen, deren Geschwistern und Eltern im Rahmen eines heilpädagogischen Kinder- und Jugendheimes. In: Nachrichtendienst des Deutschen Vereins für öffentliche und private Fürsorge 10 (63), 308-310

Breitenbach, E.; Ebert, H. (1998): Die Schule für Geistigbehinderte aus Sicht der Eltern. In: Behindertenpädagogik 37, 1 http://bidok.uibk.ac.at/bhp/bhp19814.html 23.07.2001

Brönneke, M. (1988): Familientherapie in der Heimerziehung: Bedingungen, Chancen und Notwendigkeiten. In: Praxis der Kinderpsychologie und Kinderpsychiatrie 3 (6), 220-226

Bundesministerium für Arbeit und Sozialordnung (BMA 1994): Die Lage der Behinderten und die Entwicklung der Rehabilitation. Dritter Bericht der Bundesregierung. Bonn

Bundesministerium für Arbeit und Sozialordnung (BMA 1998): Die Lage der Behinderten und die Entwicklung der Rehabilitation. Vierter Bericht der Bundesregierung. Bonn

Bundesministerium für Familie, Senioren, Frauen und Jugend (1998): Zehnter Kinder- und Jugendbericht. Bonn

Bundesministerium für Familie, Senioren, Frauen und Jugend (Hrsg.) (1996): Handbuch der örtlichen und regionalen Familienpolitik. Stuttgart u.a.

Bundesministerium für Familie, Senioren, Frauen und Jugend (Hrsg.); Institut für Entwicklungsplanung und Strukturforschung GmbH an der Universität Hannover (IES): Handbuch der örtlichen und regionalen Familienpolitik. Stuttgart, Berlin, Köln 1996

Bundesvereinigung Lebenshilfe e.V. (Hrsg.) (1995): Wohnen heißt zu Hause sein, Handbuch für die Praxis gemeindenahen Wohnens von Menschen mit geistiger Behinderung. Marburg. Darin: Lebenshilfe Nordrhein-Westfalen: Konzeption »Kurzzeitunterbringung und Kinderheime für geistig behinderte Kinder und Jugendliche in Nordrhein-Westfalen«, 61-68; Lebenshilfe Münster: Konzeption für das Wohnnest Münster, 57-59

Bundesvereinigung Lebenshilfe e.V. (Hrsg.) (2001): Kurzzeiteinrichtungen für Menschen mit (geistiger) Behinderung: Kurzzeitpflege, Kurzzeitunterbringung. (http://www.lebenshilfe.de/fachfragen/OH/kurzzeiteinr/kurzzeit.htm)

Bürli, A. (1997): Sonderpädagogik international: Vergleiche, Tendenzen, Perspektiven. Luzern

Dahrendorf, R. (1979): Lebenschancen. Anläufe zur sozialen und politischen Theorie, Frankfurt

Department for Education (1994): Code of Practice on the identification and assessment of special educational needs. Central Office of Information. London

Department Of Health (1999): The Children Act Guidance and Regulations Vol. 6: Children With Disabilities. London

Der Behindertenbeauftragte des Landes Berlin (2000): „Barrieren müssen fallen!“. Erster Bericht über Verstöße gegen die Regelungen zur Gleichstellung von Menschen mit Behinderungen in Berlin

Deutscher Verein für öffentliche und private Fürsorge (Hrsg.) (1993): Arbeitsmappe örtliche Sozialplanung. Frankfurt

Dittrich, G. (1998): Behinderte Kinder in Kindertagesstätten: Wie steht es mit der Entwicklung von Integrationsplätzen in den Institutionen Krippe, Kin-

dergarten, Hort? Welche Qualität braucht Integration? In: Gemeinsam leben 6, 3, 100-104
Duker P.C. et al. (1991): Occupational conditions initiatives towards mentally retarded residents: Clues for intervention. In: American Journal on Mental Retardation 95, 388-396
Eckert, A.G. (2001): Erfahrungen und Bedürfnisse von Eltern behinderter Kinder als Grundlage familienorientierter Angebote in der Heilpädagogik. Diss. Köln
Eickelpasch, R. (1997): Postmoderne Gesellschaft. München
Emerson, E.; Hatton, Ch. (1996): Impact of deinstitutionalization on service users in Britain. In: Mansell, J.; Ericsson, K.: Deinstitutionalization and Community Living. Intellectual disability services in Britain, Scandinavia an the USA. London u.a., 169-184
Endruweit, G. (2000): Milieu und Lebensstil. – Nachfolger des Schichtenkonzeptes? München
Engelbert, A. (1994): Familien mit behinderten Kindern. In: Grunow, D. u.a.: Gesundheit und Behinderung im familialen Kontext. DJI, 137-174
Engelbert, A. (1999): Familien im Hilfenetz: Bedingungen und Folgen der Nutzung von Hilfen für behinderte Kinder. Weinheim, München
Engelbrech, G. (2001): Der Arbeitsmarkt für Mütter und Väter – Zwischen Hindernissen und neuen Perspektiven. In: Netzwerk für örtliche und regionale Familienpolitik. Die Geschlechterrollen in der Familie und ihrem Umfeld – Handlungsanforderungen vor dem Hintergrund sozialen Wandels. Dokumentation des Fachgesprächs am 19. November 2001 in Schwerin, 7-16
Ericsson, K. (1996): Housing for the person with intellectual handicap. In: Mansell, J.; Ericsson, K. (Hrsg.): Deinstitutionalization and Community Living. Intellectual disability services in Britain, Scandinavia an the USA. London u.a., 81-95
Etzioni, A. (1998): Die Entdeckung des Gemeinwesens: Ansprüche, Verantwortlichkeiten und das Programm des Kommunitarismus. Frankfurt/Main.
Etzioni, A. (1999): Die Verantwortungsgesellschaft. Berlin.
Evangelische Stiftung Alsterdorf; Bundesverband Evangelische Behindertenhilfe (BEB) (Hrsg.) (2000): Selbstbestimmung von Menschen mit Behinderung. Dokumentation des Kongresses community care vom 23.-25.10.2000. Hamburg
Felce, D. (1996): Quality of support for ordinary living. In: Mansell, J.; Ericsson, K. (Hrsg.): Deinstitutionalization and Community Living. Intellectual disability services in Britain, Scandinavia an the USA. London u.a., 117-133
Ferber, Chr. v. (1997): Selbsthilfe und Selbsthilfeunterstützung in der Bundesrepublik Deutschland. Stuttgart. S. 3-6
Ferber, Chr. v.: Normalisierung als sozialpolitische Leitidee. In: Normalisierung – eine Chance für Menschen mit geistiger Behinderung. Hrsg.: Bundesvereinigung Lebenshilfe für geistig Behinderte e.V., Marburg 1986, 79-90
Finke, R. (1998): Organisatorische Rahmenbedingungen. In: Netzwerk Rundbrief. Netzwerk für örtliche und regionale Familienpolitik. Dezember 1998, 13-16
Friedrichs, J. (1990): Methoden empirischer Sozialforschung. Opladen
Für eine Zukunft in Solidarität und Gerechtigkeit. Wort des Rates der evangelischen Kirche in Deutschland und der deutschen Bischofskonferenz zur wirt-

schaftlichen und sozialen Lage in Deutschland (1997). Hannover (Gemeinsame Texte 9)
Gaskin, K. u.a. (1996): Ein neues bürgerschaftliches Europa. Freiburg 1996
GKinD (Gesellschaft der Kinderkrankenhäuser und Kinderabteilungen in Deutschland) (Hrsg.) (2001) Versorgung langzeitbeatmeter Kinder und Jugendlicher – Dialogtagung betroffener Eltern. Gründungsversammlung „INTENSIVkinder zu hause“ in Bonn
Gnielczyk, P. u.a. (1999): Schulsponsoring heute. Hamburg
Gross, P.; Badura, B. (1977): Sozialpolitik und soziale Dienste. Entwurf einer Theorie personenbezogener Dienstleistungen. In: Soziologie und Sozialpolitik, Hrsg. Ch. v. Ferber u. F.X. Kaufmann. Opladen
Günther, K. (2001): Kurzzeitbetreuung von Kindern und Jugendlichen mit Behinderungen. Bestandsaufnahmen und Interviews zu Kurzzeitangeboten in ausgewählten Bundesländern. Carl von Ossietzky Universität Oldenburg (unveröffentl. Diplomarbeit)
Häußler, M.; Wacker, E.; Wetzler, R. (1996): Lebenssituation von Menschen mit Behinderung in privaten Haushalten. Bericht zu einer bundesweiten Untersuchung im Forschungsprojekt „Möglichkeiten und Grenzen selbständiger Lebensführung“. Baden-Baden
Häußler, M.; Bormann, B. (1997): Studie zur Lebenssituation von Familien mit behinderten Kindern in den neuen Bundesländern. Abschlußbericht im Auftrag des Bundesministeriums für Gesundheit. Baden-Baden
Hummel, K. (1995): Bürgerengagement: Seniorengenossenschaften, Bürgerbüros und Gemeinschaftsinitiativen. Freiburg
Jakob G. u.a., (1995): Die etwas andere Professionalität. Weinheim
Jeltsch-Schudel, B. (1990): Bewältigungsformen von Familien mit geistig behinderten Söhnen und Töchtern: Gespräche mit Müttern und anderen Familienangehörigen über ihren Alltag mit einem geistig behinderten Kleinkind, Schulkind oder Erwachsenen. Berlin
Kemme, M. (1999): Zum Verhältnis von Familie und Heim – Möglichkeiten der Kooperation zwischen MitarbeiterInnen in Heimen für Kinder und Jugendliche mit Behinderungen und den Eltern. Unveröffentlichte Diplomarbeit. Universität Oldenburg
Keupp, H. (1990): Lebensbewältigung im Jugendalter aus der Perspektive der Gemeindepsychologie. Förderung präventiver Netzwerkressourcen und Empowermentstrategien. In: Risiken des Heranwachsens. Materialien zum 8. Jugendbericht, Band 3, Sachverständigenkommission 8. Jugendbericht (Hrsg.), Weinheim
Keupp, H. (1994): Ambivalenzen postmoderner Identität. Frankfurt/Main
Keupp, H. (2000): 25 Jahre Gemeindepsychiatrie. In: Evangelische Stiftung Alsterdorf; Bundesverband Evangelische Behindertenhilfe (BEB) (Hrsg.): Selbstbestimmung von Menschen mit Behinderung. Dokumentation des Kongresses community care vom 23.-25.10.2000. Hamburg
Keupp, H. (2000): Der Sozialstaat auf dem Prüfstand. Berlin
Keupp, H. (2000): Eine Gesellschaft der Ichlinge? München
Kinderheilstätte Nordkirchen (1988): Anpassung oder Dialog – Pädagogisches Konzept des Wohnbereiches der Kinderheilstätte Nordkirchen. Unveröffentlichtes Dokument

Kinderheilstätte Nordkirchen (1992): Stellungnahme zur Entwicklung des Wohnkonzeptes in der Kinderheilstätte Nordkirchen. Unveröffentlichtes Dokument

Kinderheilstätte Nordkirchen (2001): Was uns wichtig ist – Pädagogisches Konzept des Wohnbereiches der Kinderheilstätte Nordkirchen. Unveröffentlichtes Dokument

Klages, H. (1998): Engagement und Engagementpotential in Deutschland. Speyer

Klages, H. und Gensicke, Th. (1999): Wertewandel und bürgerschaftliches Engagement an der Schwelle zum 21. Jahrhundert. Speyer

Klauß, Th. (1993): Trennung auf Zeit: Die Bedeutung eines Kurzzeitheimes und anderer Institutionen für Familien mit geistig behinderten Kindern. Heidelberg

Klauß, Th.; Wertz, P. (1988). Eltern Behinderter und Erzieher im Heim. Konflikte und Chancen der Zusammenarbeit. In: Sozialpädagogik6, 285-291

Klauß, Th.; Wertz-Schönhagen, P. (1993): Behinderte Menschen in Familie und Heim. Grundlagen der Verständigung und Möglichkeiten der Kooperation zwischen Eltern und Betreuern. Weinheim

Klauß, Th.: Trennung auf Zeit (1993): Die Bedeutung eines Kurzzeitheimes und anderer Institutionen für Familien mit geistig behinderten Kindern. Heidelberg

Kneer, G. (1997): Zivilgesellschaft. München

Kreuzer, M. (Hrsg.) (1999): Behindertenhilfe und Sonderpädagogik: Erfahrungen und Beispiele aus Dänemark. Neuwied, Berlin

Krüger, C.: Supported Living: „Ich bin über 40 Jahre alt. Dies ist mein eigener Schlüssel. Zum allerersten Mal habe ich einen eigenen Schlüssel." In: geistige Behinderung 39 (2000), 112-124

Kuhnt, M. (1996): Familienzentren. Konzept einer lebenslagen- und lebensphasenorientierten Familienarbeit. Hannover

Landesman, S. (1988): Preventing ‚institutionalization' in the community. In: Janicki, M.P.; Krauss, M.W.; Setzers, M.M. (Hrsg.): Community Residences for Persons with Developmental Disabilities: Here to Stay. Baltimore, 105-116

Landschaftsverband Westfalen-Lippe/LWL (1999): Kinder und Jugendliche mit Behinderungen in Westfalen-Lippe, eine Bestandsaufnahme bestehender und geplaner stationärer Einrichtungen. Münster

Lang, R. (2000): Zur gesellschaftlichen Dimension von Corporate Citizenship: Unternehmen als engagierte „Bürger" im Gemeinwesen. Hamburg

Lanners, R.; Lambert, J.-L. (1999): Die Bedürfnisse der Eltern behinderter Kleinkinder. In: VHN, Jg. 68, 36-47

Lindmeier, B.; Lindmeier, Ch. (2000a): Wohnen oder Unterbringung? – Integrative Wohnkonzepte in Großbritannien. In: Hans, M.; Ginnold, A. (Hrsg.): .): Integration von Menschen mit Behinderung – Entwicklungen in Europa. Neuwied, Berlin, 299-326

Lindmeier, B.; Lindmeier, Ch. (2000b): Vom *independent living* zum *supported living* – Neue Perspektiven für ein selbstbestimmteres Leben von Menschen mit (geistiger) Behinderung? In: Färber, H.-P.; Lipps, W.; Seyfarth, Th. für die Körperbehindertenförderung Neckar-Alb (Hrsg.): Wege zum selbstbestimmten Leben trotz Behinderung. Tübingen, 144-163

Lindmeier, B.; Lindmeier, Ch. (2001): Supported Living – ein neues Konzept des Wohnens und Lebens in der Gemeinde für Menschen mit (geistiger) Behinderung. In: Behinderte in Familie, Schule und Gesellschaft 24, 39-49

Lindmeier, B.; Lindmeier, Ch.; Ryffel, G.; Skelton, R. (2000): Integrative Erwachsenenbildung für Menschen mit Behinderung. Praxis und Perspektiven im internationalen Vergleich. Neuwied, Berlin

Luhmann, M. (1973): Formen des Helfens im Wandel gesellschaftlicher Bedingungen. In: Gesellschaftliche Perspektiven der Sozialarbeit, Bd. 1, Neuwied/Berlin

Luhmann, N. (1996): Jenseits von Barbarei. In: Miller, M./Soeffner, H.-G. (Hrsg.): Modernität und Barbarei. Soziologische Zeitdiagnose am Ende des 20. Jahrhunderts. Frankfurt am Main 1996, 219-230

Lüpke, Kl. v. (2000): Aktion Menschenstadt. Für eine neue Qualität von Behindertenarbeit – für eine neue Qualität von Stadtkultur. Essen, Februar 2000 (unveröffentl. Manuskript)

Mansell, J.; Ericsson, K. (1996a): Deinstitutionalization and Community Living. Intellectual disability services in Britain, Scandinavia an the USA. London u.a.

Mansell, J.; Ericsson, K. (1996b): Introduction: towards deinstitutionalization. In: Mansell, J.; Ericsson, K. (Hrsg.): Deinstitutionalization and Community Living. Intellectual disability services in Britain, Scandinavia an the USA. London u.a., 1-16

Mansell, J.; Ericsson, K. (1996c): Conclusion: integrating diverse experience. In: Mansell, J.; Ericsson, K.: Deinstituionalization and Community Living. Intellectual disability services in Britain, Scandinavia an the USA. London u.a., 241-253

McDonald, R. (Hrsg.) (1997): Youth, the ‚underclass' and Social Exclusion. London, New York

Mencap (1997): Left in the Dark. A Mencap on the challenges facing the UK's 400.000 families of children with learning disabilities. London: Mencap National Centre

Mencap Information Service, General Information (21/03/2001): Opening the Doors to Short-term Breaks: How to access and influence provision of short-term breaks in your area. London: Mencap National Centre

Metzler, H. u.a. (1997): Die Wende in der Behindertenhilfe. Tübingen

Metzler, H.; Wacker, E. (1990): Fremdunterbringung schwerbehinderter Kinder und Jugendlicher. In: Sachverständigenkommission zur Erstellung des Achten Jugendberichts (Hrsg.): Materialien zum Achten Jugendbericht, Band 3. Weinheim, 340-400

Meyer, W.; Thimm, W. (2002): Zur Situation langzeitbeatmeter Kinder und Jugendlicher und ihrer Familien – behindertenpädagogische und familienpolitischer Aspekte – Expertise. Schriftenreihe des Bundesministerium für Familie, Senioren, Frauen und Jugend

Modellprojekt Familien- und Kinderfreundlichkeit in der Kommune (o.J.) (http::/www.ies.uni-hannover.de/FAVP3/projekt.html) 19.02.2002

Müller, S. (1998): Darf helfen, wer will? Notizen zum sozialen Ehrenamt. Tübingen.

Mutius, B. v., (2000): Was Unternehmen mit sozialer Verantwortung gewinnen können. Hamburg

Netzwerke Offener Hilfen für Menschen mit Behinderung. Forschungsprojekt (o.J.): Vernetzung als Qualitätsmerkmal kommunaler Systeme Offener Hilfen für Menschen mit Behinderungen und ihre Angehörigen im Auftrag des Ministeriums für Arbeit, Soziales und Stadtentwicklung, Kultur und Sport des Landes Nordrhein-Westfalen. http://www.uni-siegen.de/~zpe/NetOH.htm 01.03.2002

Neumeyer, W. (1996): Heimerziehung und Familienarbeit: Konzepte, Probleme, Lösungen. In: Unsere Jugend (3), 120-130

Nirje, B.; Perrin, B. (1994): Das Normalisierungsprinzip und seine Missverständnisse. In: Fischer, U. et al. (Hrsg.): Wohnen im Stadtteil für Erwachsene mit schwerer geistiger Behinderung.WISTA-Experten-Hearing 1993. Reutlingen, 203-207

Norah Fry Research Centre University of Bristol (o.J.): The Children Act: has it changed anything? A detailed look at services for disabled children. Papers from a conference held on 28th June 1994 at the Gloucestershire Country Cricket Ground, Bristol

Oelschlägel, D. (2000): Vernetzung und Ressourcenbündelung im Gemeinwesen. Berlin

Olk, Th. (1987): Das soziale Ehrenamt. Köln

Olk, Th. (1999): Die freie Wohlfahrtspflege auf dem Prüfstand. Bonn

Peterson, M. (1996): Circles of support. In: The responsive Comunity Vol. 6, 58-63

Prewett, B. (2000): Committed to Caring. Short break careres for children who are hard to place. Bristol: Norah Fry Research Centre University of Bristol

Rauschenbach, Th. (1994): Inszenierte Solidarität: Soziale Arbeit in der Risikogesellschaft. In: Beck, U., Beck-Gernsheim, E. (Hrsg): Riskante Freiheiten, Frankfurt, 89-111

Rawls, J. (1975): Eine Theorie der Gerechtigkeit. Frankfurt

Rawls, J. (1995): Gerechtigkeit als Fairneß: politisch nicht metaphysisch. In: Honneth (Hrsg.), Kommunitarismus. Frankfurt 36-67

Robinson, C. (1994): Making the break from 'Respite care'. A Keynote Review. In: British Journal of learning disabilities 22, 42-45

Robinson, C. (1999): Monitoring Familiy Based Respite Care Arrangements Under The Children Act. Bristol: Norah Fry Research Centre University of Bristol (Pamphlet 3)

Robinson, C. (o.J.): The Recruitment, Approval And Training Of Respite Carers. Bristol: Norah Fry Research Centre University of Bristol (Pamphlet 4)

Robinson, C. (o.J.): Written Agreements With Respite Carers. Bristol: Norah Fry Research Centre University of Bristol (Pamphlet 2)

Robinson, C.; Jackson, K. (2000): The Role Of Children's Hospices In The Provision Of Short-Term Care. Bristol: Norah Fry Research Centre University of Bristol

Robinson, C.; Lenehan, Ch. (o.J.): Voluntary Arrangements For Respite Care: Making Plans with Parents. Bristol, London: Norah Fry Research Centre University of Bristol and Barnados Families Together Project (Pamphlet 1)

Robinson, C.; Stalker, K. (1990): Respite Care – The Consumer's View. Second Interim Report to the Department of Health, London. Bristol: Norah Fry Research Centre University of Bristol

Robinson, C.; Stalker, K. (1991): Respite Care – Summaries And Suggestions. Final Report To The Department Of Health. Bristol: Norah Fry Research Centre University of Bristol
Robinson, C.; Weston, C.; Minkes, J. (1995): Making Progress. Change And Development in Services to Disabled Children Under The Children Act, 1989. Summary of findings from an action research project. Bristol: Norah Fry Research Centre University of Bristol
Robinson, C.; Stalker, K. (1993): Patterns of Provision in Respite Care and the Children Act. In: British Journal of Social Work. Oxford: Oxford University Press, Jg. 23, 45-63
Rössel, F. (1921): Das Helfen in der heilpädagogischen Arbeit (Beiträge zur Grundfrage der Heilpädagogik). Halle 1921
Sander, A. (2000): Einführung – Von anderen lernen. In: Hans, M.; Ginnold, A. (Hrsg.): Integration von Menschen mit Behinderung – Entwicklungen in Europa. Neuwied, Berlin, 13-24
Sander, U. (1990): Die neue Autonomie der Lebensstile. Freiheit ohne Grenzen? Loccum
Sandvin, J. (1996): The transition to community services in Norway. In: Mansell, J.; Ericsson, K.: Deinstituionalization and Community Living. Intellectual disability services in Britain, Scandinavia an the USA. London u.a., 185-196
Sarimski, K. (1996): Bedürfnisse von Eltern mit behinderten Kindern: Erfahrungen mit einer deutschen Fassung der „Family Needs Survey“. In: Frühförderung Interdisziplinär, Jg. 15, 97-101
Schauder, T. (1992): Heimerziehung und Elternarbeit. Über Notwendigkeit und Grenzen der Elternarbeit im Rahmen heilpädagogischer Heimerziehung. In: Zeitschrift für Heilpädagogik 43 (8), 505-515
Schauder, T. (1994). Über die Notwendigkeit von Elternarbeit im Rahmen heilpädagogischer Heimerziehung. In: Jugendwohl 75 (5), 221-225; 263-269
Schöffmann, D. (1990): „Ehrenamtliche werben“ oder „Aktivbürger(innen) für eine sinngeleitete Mitarbeit gewinnen“. Freiburg
Schulze, G. (1992): Die Erlebnisgesellschaft. Frankfurt
Schwerdt, M. (1999): Wohngruppenkonzept für langzeitbeatmete Kinder und Jugendliche. In: Medizinische Klinik 94, 77-80
SGB IX (Sozialgesetzbuch IX) (2001). Rehabilitation und Teilhabe behinderter Menschen. München/Nörtlingen
Simmen, R. (1988). Heimerziehung im Aufbruch. Alternativen zu Bürokratie und Spezialisierung im Heim. Stuttgart
Simons, K.; Watson, D.; The Scottish Office Central Research Unit (Ed.) (1999): The View From Arthurs Seat: A Literature Review of Housing and Support Options 'Beyond Scotland'. Edinburgh: Norah Fry Research Centre University of Bristol
Social Exclusion Unit (SEU) (1998a): Bringing Britain together: a national strategy for neighbourhood renewal. CM 4045. London
Social Exclusion Unit (SEU) (1998b): School Truancy Report. London
Sonderpädagogische Förderung in Schulen 1990 bis 1999. Statistische Veröffentlichungen der Kultusministerkonferenz. Dokumentation Nr. 153 – (April 2001). http://www.kultusministerkonferenz.de/statist/home.htm 25.04.2001

Sozialgesetzbuch – Neuntes Buch – (SGB IX) (2001). Rehabilitation und Teilhabe behinderter Menschen vom 19.06.2001: http://www.behindertenbeauftragter.de/SGB_IX.htm 01.03.2002

Sozialministerium Baden-Württemberg (1996[3]): Einrichtungen für Behinderte in Baden Württemberg. Ein Wegweiser

Staatsministerium für Soziales, Gesundheit und Familie, Freistaat Sachsen (1999): Dienste und Angebote zur Hilfe und Selbsthilfe. 39-47.

Stalker, K.; Robinson, C. (1991a): „Out Of Touch – The Non-Users Of Respite Care Services." Third Interim Report. Bristol: Norah Fry Research Centre University of Bristol

Stalker, K.; Robinson, C. (1991b): „Yor're On The Waiting-List." Families Waiting for Repsite Care Services. Fourth Interim Report. Bristol: Norah Fry Research Centre University of Bristol

Ständige Konferenz der Kultusminister der Länder der BRD (KMK) (1994): Empfehlungen zur sonderpädagogischen Förderung in den Schulen der Bundesrepublik Deutschland. Beschluss der Kultusministerkonferenz vom 6. Mai 1994. In: Zeitschrift für Heilpädagogik (1994), 484-494

Stark, W. (1993): Die Menschen stärken. Empowerment als eine neue Sicht auf klassische Themen von Sozialpolitik und sozialer Arbeit. Berlin

Sturzenhecker, B. (1999): Freiwillige fördern. Weinheim

Taylor, S.; Racino, J.A.; Walker, P. (1992): Inclusive Community Living. In: Stainbeck, W.; Stainbeck S. (Eds.): Controversal issues confronting special education: divergent perspectives. Needham Heights, Massachusetts, 299-312

Theunissen, G. u. Plaute, W. (1995): Empowerment und Heilpädagogik. Ein Lehrbuch. Freiburg

Thiersch, H. (1997): Lebensweltorientierte Soziale Arbeit. Aufgaben der Praxis im sozialen Wandel. 3. Auflage. Weinheim

Thimm, W. (1978): Versuch einer Ortsbestimmung professioneller Behindertenhilfe. Dokumentation Werkstättentag 1978. 1. Bundeskonferenz Werkstätten für Behinderte. Düsseldorf

Thimm, W. (1999a): Zur Lebenssituation behinderter Kinder und Jugendlicher morgen: Gesellschaftspolitische und behindertenpädagogische Perspektiven. Zeitschrift für Heilpädagogik 50 (8/1999), 377-285

Thimm, W. (1999b): Gleichheit und Verschiedenheit. Über Zieldimensionen behindertenpädagogischen und sozialpolitischen Handelns. In: D. Schmetz und P. Wachtel (Hrsg.): Entwicklungen, Standorte, Perspektiven. Sonderpädagogischer Kongress der VDS 1998. Würzburg, 296-203

Thimm, W. u.a. (1999): Kinder und Jugendliche in Heimen der Behindertenhilfe und Alternativen zur Heimunterbringung – Erkundungsstudien -. Dokumentation. Materialien zur Familienpolitik Nr. 2, Bundesministerium für Familie, Senioren, Frauen und Jugend. Bonn

Thimm, W.; Akkermann, A.; Hupasch-Labohm, M.; Krauledat, S.; Meyners, C.; Wachtel, G. (1997): Quantitativer und qualitativer Ausbau ambulanter Familienentlastender Dienste (FED). Abschlußbericht. Schriftenreihe des Bundesministeriums für Gesundheit, Band 80. Baden-Baden

Thimm, W., Ferber, Ch. v. u.a. (1985): Ein Leben so normal wie möglich führen... . Zum Normalisierungskonzept in der Bundesrepublik Deutschland und in Dänemark. Marburg

Thimm, W. u.a. (2001): Dokumentation zur Konferenz „Heime für Kinder und Jugendliche mit Behinderungen: Dezentralisierung und Regionalisierung“ am 29./30.03.2001 in Nordkirchen. Oldenburg

UNESCO-Kommission (Österreich) (1996): Pädagogik für besondere Bedürfnisse: Die Salamanca-Erklärung und der Aktionsrahmen zur Pädagogik für besondere Bedürfnisse. Linz

Verband katholischer Einrichtungen der Heim- und Heilpädagogik e.V. (Hrsg.) (1989). Familienarbeit in der Heimerziehung. Beiträge der Erziehungshilfe, Freiburg/Breisgau

Wacker, E. u.a. (1998): Leben im Heim. Angebotsstrukturen und Chancen selbständiger Lebensführung in Wohneinrichtungen der Behindertenhilfe. Abschlussbericht. Schriftenreihe des Bundesministeriums für Gesundheit. Band 102. Baden-Baden

Walzer, M (1992b): Sphären der Gerechtigkeit. Ein Plädoyer für Pluralität und Gleichheit. Frankfurt

Walzer, M. (1992a): Zivile Gesellschaft und amerikanische Demokratie. Berlin

Wedekind, R. (1985): Geistig behinderte Menschen und ihre Familien in Dänemark und der Bundesrepublik Deutschland: Eine vergleichende Analyse der Sozialpolitik und ihrer Wirkungen für Menschen mit geistiger Behinderung und für Familien mit geistig behinderten Kindern in den beiden Staaten. Weinsberg

Wendt, R. (1995): Professionelle Sozialarbeit und freiwilliges Bürgerengagement sind kein Widerspruch. Berlin

Wendt, R. (1998): Das soziale Ehrenamt und seine Interpretation: Vereinnahmung von Bürgern? Berlin

Willems, H. (1999): Abschied nehmen – Das Erleben von Eltern behinderter Kinder in Kurzzeitpflegeeinrichtungen. Unveröffentlichte Diplomarbeit, Fachhochschule Osnabrück

Williams, V.; Robinson, C. (1999): In Their Own Right. Bristol: Norah Fry Research Centre University of Bristol

Wirth, W. (1982): Inanspruchnahme sozialer Dienste. Frankfurt/M.

Wolfensberger, W. (1991): Die Bewertung der sozialen Rollen. Eine kurze Einführung zur Bewertung der sozialen Rollen als Grundbegriff beim Aufbau von Sozialdiensten. Genf

Zentrum für Planung und Evaluation Sozialer Dienste der Universität-Gesamthochschule Siegen (1999): Familienentlastende Dienste in Nordrhein-Westfalen: Entwicklung, Politik und Qualitätsstandards. Siegen

Nachwort – auch als Vorwort zu lesen
(W. Thimm)

Ein behindertes Kind ist kein Störfall und das System der beruflich erbrachten Hilfen für behinderte Kinder und ihre Familien ist keine Reparaturwerkstatt. Alltagserfahrungen aus Begegnungen mit diesen Familien, aber auch unsere Ergebnisse der Elternbefragungen bezeugen: Eltern nehmen die besonderen Herausforderungen an, die ein Kind mit Beeinträchtigungen an sie stellt. Sie bemühen sich, diesem Kind in jeder Hinsicht gerecht zu werden und vermitteln uns: Auch dieses Kind wird geliebt, auch dieses Kind ist Quelle der Freude.

Die vielfältigen Aspekte des Helfens, die Helfen in seiner gesamten anthropologischen Tiefe ausloten, die von Hilfsbedürftigkeit als zum Wesen des Menschen gehörender Grundbefindlichkeit ausgehen, umfassen mehr als das Helfen in organisierten Beziehungen oder, noch weiter verengt, Helfen als sozialer Dienstleistung. Die Analyse des sozialpolitisch gesteuerten, organisierten Zusammenhanges zwischen hilfsbedürftigen Mitbürgern und eines zum solidarischen Bedarfsausgleich verpflichteten Sozialstaates, der auf dieses Ziel hin ausgerichteten Strukturen, sind zwingend notwendig zur immer neuen Anpassung von Unterstützungsleistungen und -bedarfen, zur Überprüfung der Effektivität und für die Überwachung unter Gesichtspunkten der Gerechtigkeit. Darauf waren auch unsere Analysen im Modellvorhaben ausgerichtet. Die damit unvermeidbar einhergehende Verengung der Perspektive, der nüchterne Duktus der Sprache, der Hilfetatbestände in den Horizont der Machbarkeit hineinholt: Das alles rückt nur einen Teil der Lebenssituation einer Familie mit einem behinderten Kind in den Blick.

Wir haben uns in der gemeinsamen Arbeit im Modellvorhaben gegenseitig daran erinnert, dass unsere wissenschaftlichen und berufspraktischen Bemühungen notwendigerweise aus der Komplexität des Helfens auswählen. Die theoretisch geleitete Rückbesinnung auf das „Helfen in der heilpädagogischen Arbeit“ wird von einem bedeutenden frühen Vertreter der Heilpädagogik als Wissenschaft, Fritz Rössel, sogar zur „Grundfrage der Heilpädagogik“ erhoben (Rössel 1931).

> *Mit Akten des Helfens sind gemeint:*
>
> *„aushelfen, nachhelfen, mithelfen, behilflich sein, Hilfestellung leisten, fördern, unter die Arme greifen, stützen, beispringen, einspringen, unterstützen, zur Seite stehen, aufrichten, sich einsetzen, etwas abnehmen, berücksichtigen, schonen, vorbeugen, aus dem Wege räumen, schützen, sorgen, pflegen, retten; ja auch: trösten, bedauern und raten“ (Rössel 1931, 21).*

Das jeweils dem eigenen Berufshandeln Zugewiesene im Blick sollten Experten im System der Behindertenhilfe sich hin und wieder Rössels „Phänomenologie des Helfens“ vor Augen führen. So werden uns Grenzen unseres Berufshandelns bewusst, Grenzen des Machbaren, aber auch die Ergänzungsbedürftigkeit unserer Tätigkeiten.

Professionelle Kompetenz heißt auch: Bereitsein zur Verantwortungsübernahme, sich über die fachlich kompetente Ausübung der beruflichen Tätigkeit hinausgehend auch als Bürgerin und Bürger für die gesellschaftliche Teilhabe beeinträchtigter Menschen und ihrer Familien einzusetzen.

Damit nun unser spezieller Blick auf Bedürfnisse eines anderen Menschen diesen Menschen nicht auf unsere beruflichen Teilaspekte reduziert, ihn damit möglicherweise zum Objekt degradiert, bedarf es einer alle Aspekte beruflicher wie alltäglicher helfender Beziehungen umfassenden Grundausrichtung auf den anderen Menschen. Dieser Modus des Annäherns an den anderen, um ihn zu erkennen als den anderen und nicht um seiner habhaft werden zu können, ist in der jüdisch-christlichen Tradition die Liebe. Auf der höchsten Stufe der Erkenntnis nähere ich mich dem anderen voller Sympathie in Liebe. Ohne sie ist nichts.